Microsoft Copilot für Dummies

Schummelseite

MICROSOFT-365-PROGRAMME MIT COPILOT-FUNKTIONEN

Microsoft 365 ist eine umfangreiche Produktivitätsplattform, die aus mehr als 20 Kernanwendungen und -diensten besteht. Copilot wurde bereits in viele davon integriert, und weitere Integrationen sind in Arbeit. Bei so vielen verschiedenen Programmen ist es schwierig, den Überblick über alles zu behalten, was mit Microsoft 365 Copilot möglich ist. In der folgenden Tabelle sind alle Microsoft-365-Programme aufgeführt, die in Copilot integriert wurden. Außerdem finden Sie eine Beschreibung, wofür Sie Copilot in dem jeweiligen Programm verwenden können.

Microsoft-Programm	Beschreibung
Word	Verfassen Sie Textentwürfe zu beliebigen Themen, erstellen Sie Gliederungen und verbessern Sie Ihren Text mit Vorschlägen zu Grammatik, Stil und Ton. Behandelt in Kapitel 6.
PowerPoint	Entwerfen und halten Sie Präsentationen, erhalten Sie Hilfe beim Folienlayout und erstellen Sie ansprechende Visualisierungen. Behandelt in Kapitel 8.
Excel	Analysieren Sie Daten, erstellen Sie komplexe Tabellen und gewinnen Sie Erkenntnisse mit automatisierten Datenanalyse- und Visualisierungstools. Behandelt in Kapitel 7.
Outlook	Verfassen Sie E-Mails und Antworten und organisieren Sie Ihren Posteingang mit intelligenten Vorschlägen. Behandelt in Kapitel 9.
Teams	Verbessern Sie die Zusammenarbeit mit KI-generierten Besprechungsnotizen, Aufgabenverwaltung und Echtzeitunterstützung während Besprechungen. Behandelt in Kapitel 10.
Loop	Arbeiten Sie gemeinsam an freigegebenen Dokumenten, Tabellen und Präsentationen mit Echtzeit-Updates und Vorschlägen. Behandelt in Kapitel 10.
OneNote	Machen Sie sich Notizen, ordnen Sie Ihre Gedanken und erhalten Sie Anregungen zur Strukturierung Ihrer Notizen. Wird in diesem Buch nicht behandelt.
OneDrive	Organisieren und verwalten Sie Ihre Dateien, erhalten Sie Empfehlungen zur Dateiorganisation und greifen Sie auf intelligente Suchfunktionen zu. Wird im gesamten Buch behandelt.
Planner	Planen und verfolgen Sie Projekte, erhalten Sie Aufgabenvorschläge und arbeiten Sie mit Teammitgliedern zusammen. Behandelt in Kapitel 12.

Microsoft Copilot für Dummies

Schummelseite

Microsoft-Programm	Beschreibung
To Do	Verwalten Sie Ihre Aufgaben und To-do-Listen, erhalten Sie personalisierte Vorschläge und integrieren Sie andere Microsoft-365-Apps. Wird in diesem Buch nicht behandelt.
Viva	Verwalten Sie Erkenntnisse und Feedback von Kollegen und steigern Sie die Produktivität und das Engagement in Ihrem Unternehmen. Wird in diesem Buch nicht behandelt.
SharePoint	Vereinfachen Sie die Dokumentenverwaltung, die Teamzusammenarbeit und den Inhaltsaustausch mit intelligenten Organisations- und Suchfunktionen. Wird in diesem Buch nicht behandelt.
Copilot Studio	Entwickeln Sie benutzerdefinierte KI-Lösungen, integrieren Sie sie mit Microsoft Copilot, um Aufgaben zu automatisieren, und steigern Sie die Produktivität über Anwendungen hinweg. Behandelt in den Kapiteln 13 und 14.

Microsoft Copilot für Dummies

Chris Minnick

Microsoft Copilot

für dummies®

Übersetzung aus dem Amerikanischen
von Sebastian Muhr

Fachkorrektur von Dilyana Bossenz

WILEY

WILEY-VCH GmbH

Microsoft Copilot für Dummies

Bibliografische Information der Deutschen Nationalbibliothek

Die Deutsche Nationalbibliothek verzeichnet diese Publikation in der Deutschen Nationalbibliografie; detaillierte bibliografische Daten sind im Internet über http://dnb.d-nb.de abrufbar.

Print ISBN: 978-3-527-72346-1
ePub ISBN: 978-3-527-85296-3

Coverfoto: AddMeshCube - stock.adobe.com
Korrektur: Isolde Kommer
Satz: Straive, Chennai, India
Druck und Bindung: CPI Group (UK) Ltd, Croydon, CR0 4YY

C9783527723461_180526

Über den Autor

Chris Minnick ist erfahrener Computerprogrammierer, Autor und technischer Ausbilder mit über 25 Jahren Erfahrung. Chris ist auf Schulungen im Bereich KI spezialisiert und unterrichtet Fachleute auf der ganzen Welt zu den Themen generative KI, Prompt Engineering und wie sie KI in ihre Arbeit integrieren können. Neben KI unterrichtet er auch Web- und mobile Computerprogrammierung. Chris hat mehr als 20 Bücher verfasst oder mitverfasst, darunter bekannte Titel wie *JavaScript Alles-in-einem-Band für Dummies* und *Coding mit KI für Dummies.*

Widmung

Copilot, hilf mir, Ideen für die Widmung meines Buches zu sammeln.

> *Aber sicher doch! Hier ein paar Ideen für die Widmung Ihres Buches:*
>
> > *1. **Für die Innovatoren:** »Für die brillanten Köpfe, die weiterhin die Grenzen der Technologie neu abstecken und das Unmögliche möglich machen.«*
> >
> > …
> >
> > *14. **Für die Problemlöser:** »Für die unermüdlichen Problemlöser, die Herausforderungen als Chancen sehen.«*

Danksagungen des Autors

Ich danke allen Menschen auf der Welt, die ich mag, aber besonders Jill und den Haustieren, die sich freuen werden, mich wieder bei sich zu haben; Steve, Kezia, Guy und allen anderen bei Wiley, mit denen ich das Vergnügen hatte, an diesem und anderen Büchern zu arbeiten; Chris Penick, der ein echter Mensch ist, aber rein zufällig einen ähnlichen Namen hat und eine Menge über KI weiß; meiner Agentin Carole Jelen, die mir seit 26 Jahren den Rücken freihält; und meiner Familie und meinen Freunden.

Vor allem danke ich Ihnen, dem Leser, für Ihr Vertrauen, dass ich Ihr Navigator durch die Welt von Microsoft Copilot sein darf.

Auf einen Blick

Inhaltsverzeichnis

Einleitung

Seit der Veröffentlichung von Chatbots auf Basis von künstlicher Intelligenz (KI), die überzeugende natürliche Sprache und Bilder generieren können, läuft ein Wettlauf um neue Wege, diese Fähigkeit zuverlässig und verantwortungsvoll einzusetzen und auf diese Weise die persönliche und geschäftliche Produktivität zu steigern.

Begriffe und Ideen wie *generative KI* (GenKI) und *Large Language Models* (LLMs), die einst nur in der Welt der KI-Forscher bekannt waren, sind in die Mainstream-Nachrichten und -Kultur übergeschwappt. Andere neue Begriffe wie *Halluzination* und *Deepfake* wurden geschaffen oder übernommen, um die Ergebnisse oder Gefahren bei der Verwendung von GenKI-Systemen zu beschreiben.

KI-Chatbots sind mittlerweile weit verbreitet und werden häufig eingesetzt, und scheinbar jedes Softwareunternehmen versucht, KI-Komponenten in seine Produkte einzubauen. Und vermutlich kein Unternehmen hat die Grenzen dessen, was durch die Integration von KI in seine Produkte möglich ist, aggressiver ausgelotet und erweitert als Microsoft.

Microsoft war maßgeblich an der Entwicklung des bahnbrechenden GPT-3-LLM von OpenAI und an der Einführung des Software-Codierungsassistenten GitHub Copilot beteiligt. Jetzt, da Microsoft Copilot verfügbar ist und in die Business- und Produktivitätstools von Microsoft integriert wurde, ist KI bereit, für die alltägliche Büroarbeit das zu leisten, was GitHub Copilot für die Codierung leistet. Sie hat das Potenzial, jede Arbeit mit einem Computer einfacher und schneller zu machen. Sie könnte jedoch auch zu noch viel mehr schlechter Kunst und schlechten Texten führen.

Es bleibt abzuwarten, ob das Endergebnis des Einsatzes von KI-Assistenten positiv oder negativ sein wird, aber es ist an der Zeit, dass sich jeder über die Möglichkeiten und Grenzen der GenKI-Technologie informiert.

Leider kennt noch niemand die Grenzen dessen, wozu GenKI-Tools in der Lage sind. Aus diesem Grund und weil täglich neue Anwendungen auf den Markt kommen, gibt es für Produkte wie Copilot nur sehr wenig schriftliche Dokumentation oder Hilfe in der Form, wie sie Benutzer herkömmlicher Software gewohnt sind. Wenn Sie ein Tool wie Microsoft Copilot verwenden, ist es durchaus möglich, dass Sie eine neue Verwendungsweise entdecken, die nicht einmal Microsoft vorhergesehen hat.

Dieses Buch soll Sie informieren (und manchmal auch unterhalten), und zwar mit meinen Experimenten darüber, was Copilot kann und was nicht. Sie erfahren, wie Sie Copilot bei alltäglichen Aufgaben wie E-Mailen, Besprechungen, Lesen und Recherchieren sowie beim Erstellen von Geschäftsberichten einsetzen können. Dabei erhalten Sie Tipps und lernen bewährte Vorgehensweisen kennen, um die qualitativ hochwertigsten Ergebnisse mit KI-Assistenten im Allgemeinen und nicht nur mit Copilot zu erzielen.

Ich hoffe, dass Ihnen die Lektüre dieses Buches Spaß macht und dass Sie es nützlich finden. Wenn Sie Fragen oder Kommentare haben, wenden Sie sich bitte an mich unter `chris@minnick.com`.

Über dieses Buch

Egal, ob Sie Autor, Datenfreak, Redner, Manager oder eine andere kreative Person sind – dieses Buch vermittelt Ihnen alles, was Sie wissen müssen, um von den neuen Tools zu profitieren, die schnell verfügbar werden.

In diesem Buch erfahren Sie unter anderem mehr über die folgenden Themen:

- ✔ verstehen, was Microsoft Copilot ist
- ✔ Zugriff auf Copilot
- ✔ Copilot verantwortungsvoll nutzen
- ✔ mit Copilot per Sprache interagieren
- ✔ effektive Prompts erstellen
- ✔ mit Copilot übersetzen
- ✔ Copilot in Microsoft Edge nutzen
- ✔ mit Copilot auf iOS oder Android arbeiten
- ✔ einen Copilot+-PC erkunden
- ✔ Copilot in Microsoft Office und in Microsoft 365 verwenden
- ✔ mit Copilot schreiben
- ✔ mit Copilot mit Daten arbeiten
- ✔ mit Copilot PowerPoint-Präsentationen verbessern
- ✔ mit Copilot E-Mails verwalten und schreiben
- ✔ Hilfe zu Microsoft-Teams-Meetings erhalten
- ✔ Projektmanagement mit Copilot
- ✔ mit Copilot Bilder erstellen
- ✔ und vieles mehr!

Beachten Sie beim Lesen dieses Buches Folgendes:

- ✔ **Das Buch kann von Anfang bis Ende gelesen werden, aber Sie können auch gerne zwischen den Kapiteln hin- und herspringen.** Wenn Sie ein Thema interessiert, beginnen Sie dort. Sie können bei Bedarf jederzeit zu den vorherigen Kapiteln zurückkehren.
- ✔ **Irgendwann werden Sie nicht mehr weiterkommen und etwas, das Sie versuchen, wird nicht wie beabsichtigt funktionieren.** Keine Angst! Es gibt viele Ressourcen,

die Ihnen helfen können, darunter Support-Foren, andere im Internet und ich! Sie können mich per E-Mail unter `chris@minnick.com` erreichen. Darüber hinaus können Sie sich für meinen Substack (`https://chrisminnick.substack.com`) anmelden, um gelegentliche Updates von mir zu KI, Programmierung und Lernen zu erhalten.

Törichte Annahmen über die Leser

Ich mache nicht viele Annahmen über Sie, den Leser, aber ein paar schon.

- **Ich gehe davon aus, dass Sie einen Computer mit Internetanschluss haben.** Und obwohl ein Großteil der Funktionalität von Microsoft Copilot für jeden kostenlos verfügbar ist, erfordern einige der in diesem Buch beschriebenen Funktionen ein kostenpflichtiges Abonnement von Microsoft Copilot Pro, Microsoft 365 oder Microsoft 365 Copilot, zum Teil auch darüber hinaus.
- **Die einzige andere Annahme, die ich mache, ist, dass Sie neugierig auf Microsoft Copilot sind und lernen möchten, wie Sie das Beste daraus machen können.** Sie wären nicht hier, wenn das nicht der Fall wäre!

In diesem Buch verwendete Symbole

Hier sind die Symbole, die im Buch verwendet werden, um Text zu kennzeichnen, dem besondere Aufmerksamkeit gewidmet werden sollte oder der übersprungen werden kann.

Dieses Symbol kennzeichnet nützliche Informationen oder erklärt eine Abkürzung, um Ihnen das Verständnis eines Konzepts zu erleichtern.

Dieses Symbol erläutert technische Details zu bestimmten Konzepten. Diese Informationen können informativ oder interessant sein, sind aber für Ihr Verständnis des Konzepts zu diesem Zeitpunkt nicht unbedingt erforderlich.

Versuchen Sie, das mit diesem Symbol gekennzeichnete Material nicht zu vergessen. Es weist auf wichtige Konzepte oder Prozesse hin, die Sie im Hinterkopf behalten sollten.

Achtung! Dieses Symbol weist auf häufige Fehler und Probleme hin, die sich vermeiden lassen, wenn Sie die Warnung beachten.

Wie es weitergeht

Wenn Sie sich auf eine Reise begeben, um die vielen Einsatzmöglichkeiten von Microsoft Copilot zu erkunden und zu entdecken, denken Sie daran, offen und geduldig zu bleiben.

Wie Sie sehr schnell feststellen werden, kann Copilot scheinbar unmögliche Aufgaben erledigen, aber es kann auch bei den einfachsten Aufgaben stolpern. Denken Sie immer daran, dass Sie der Chef sind und Copilot Ihr intelligenter, aber unerfahrener Assistent ist. Sie werden viele Möglichkeiten kennenlernen, Ihrem KI-Assistenten zu helfen, seine Arbeit besser zu erledigen, aber Sie werden auch feststellen, dass es immer noch viele Aufgaben gibt, die über die Fähigkeiten von Copilot hinausgehen.

Wenn Sie wissen möchten, was Copilot ist und was es kann, gehen Sie direkt zu Kapitel 1. Um herauszufinden, wie Sie am besten mit Copilot sprechen, gehen Sie zu Kapitel 2. Wenn Sie mehr über die Verwendung von Copilot bei der Arbeit erfahren möchten, gehen Sie zu den Kapiteln 6 bis 12. Um mehr über einige der fortgeschritteneren Möglichkeiten zur Verwendung und Anpassung von Copilot zu erfahren, lesen Sie Teil 3, beginnend mit Kapitel 13.

Herzlichen Glückwunsch zu Ihren ersten Schritten bei der umfassenden Nutzung von Microsoft Copilot und vielen Dank für Ihr Vertrauen in mich als Autor.

Teil I

Lernen Sie Ihren KI-Assistenten kennen

IN DIESEM TEIL …

- Erkunden Sie die Grundlagen zur Verwendung von Copilot
- Lernen Sie, sich mit Copilot zu unterhalten
- Reisen Sie mit Ihrem Copilot-Assistenten durch das Internet
- Nutzen Sie Copilot auf Ihrem Smartphone
- Entdecken Sie die Zukunft des Computers mit einem Copilot+-PC

IN DIESEM KAPITEL

Sehen, wie Copilot funktioniert

Die Fähigkeiten von Copilot kennenlernen

Auf Copilot zugreifen

Mit grundlegenden Befehlen experimentieren

Copilot verantwortungsvoll nutzen

Kapitel 1
Erste Schritte mit Microsoft Copilot

Microsoft Copilot ist ein Überbegriff für alle KI-gestützten Chatbots von Microsoft. Chatbots wie Copilot und ähnliche Produkte von OpenAI, Google, Apple und vielen anderen haben das Potenzial, die Art und Weise zu verändern, wie Menschen ihre Arbeit erledigen. Im besten Fall können KI-Chatbots die Produktivität steigern, das Lernen unterstützen und die Kreativität fördern. Im schlimmsten Fall können sie Texte und Bilder von schlechter Qualität produzieren, Fragen auf Basis von fehlerhaften Daten beantworten und menschliche Arbeitsplätze vernichten.

In diesem Kapitel erfahren Sie, wie Sie auf Microsoft Copilot zugreifen können, Sie erhalten einen Überblick über seine Funktionen und Einschränkungen und Sie erfahren, wie Sie KI verantwortungsbewusst und ethisch nutzen.

Die Definition von Copilot

Im Jahr 2019 investierte Microsoft in das damals winzige KI-Start-up namens OpenAI. Microsoft stellte Milliarden zur Verfügung, und OpenAI führte seine Systeme auf Microsoft-Computern aus. Im Jahr 2021 lizenzierte Microsoft exklusiv das GPT-3-Modell von OpenAI, das zur Erstellung von OpenAI Codex verwendet wurde. OpenAI Codex wurde anschließend von GitHub – einer Tochtergesellschaft von Microsoft, die Tools und Hosting für Computerprogrammierer bereitstellt – verwendet, um einen Programmierassistenten namens GitHub Copilot zu erstellen, der in Abbildung 1.1 gezeigt ist.

Abbildung 1.1: GitHub Copilot

Obwohl GitHub Copilot und Microsoft Copilot beide die Technologie von OpenAI zum Verstehen und Generieren von Sprache verwenden, handelt es sich um zwei verschiedene Produkte. GitHub Copilot ist für die Unterstützung beim Programmieren optimiert, Microsoft Copilot ist für das Chatten mit Menschen und das Generieren von Text in natürlichen Sprachen optimiert.

Einige Monate nachdem GitHub Copilot als Plug-in für Microsofts Visual Studio Code-Editor eingeführt wurde, veröffentlichte OpenAI die erste Version von ChatGPT zur öffentlichen Nutzung. ChatGPT wurde zur am schnellsten verbreiteten Internet-App für Verbraucher aller Zeiten – in nur zwei Monaten gewann es 100 Millionen monatliche Benutzer.

Mit seiner beispiellosen Fähigkeit, auf Benutzeranfragen mit Text in natürlicher Sprache zu antworten, wurde ChatGPT zu einer kulturellen Sensation und vielleicht sogar zu einer Bedrohung für die traditionellen Suchmaschinen von Google und Microsoft.

Microsoft reagierte auf ChatGPT mit einer Neugestaltung seiner Suchmaschine Bing. *Bing Chat,* wie die Suchmaschine genannt wurde, wurde ab Februar 2023 eingeführt und hatte innerhalb weniger Monate die ersten 100 Millionen aktive Nutzer. Die frühe Version von Bing Chat neigte dazu, während des Chats falsche Daten (auch als *Halluzinationen* bezeichnet) zu präsentieren und beunruhigende Antworten zu geben. Wie Kevin Roose in einem Artikel der *New York Times* berichtete, verhielt sich Bing Chat manchmal wie ein »launischer, manisch-depressiver Teenager, der gegen seinen Willen in einer zweitklassigen Suchmaschine gefangen ist«.

Halluzinationen sind im KI-Jargon als falsche oder irreführende Informationen definiert, die von der KI generiert werden. Sie werden durch eine Vielzahl von Faktoren verursacht, darunter unzureichendes Training, falsche Annahmen und Verzerrungen in den Daten, die zum Trainieren des KI-Modells verwendet werden.

Microsoft hat die Tendenz von Bing Chat, aus dem Ruder zu laufen, weitgehend unterbunden und die App in Microsoft Copilot umbenannt. Die aktuelle Startseite von Microsoft Copilot (`https://copilot.microsoft.com`) ist in Abbildung 1.2 dargestellt.

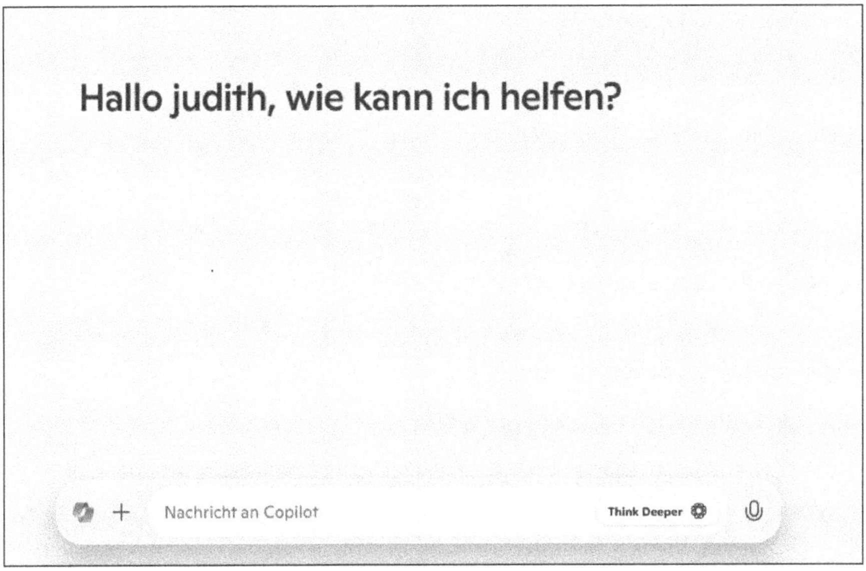

Abbildung 1.2: Microsoft Copilot im Web

Übersicht über Microsoft Copilot

Copilot wurde in viele Produkte von Microsoft integriert und kann bei einer Vielzahl von Aufgaben hilfreich sein. Tatsächlich gibt es so viele Möglichkeiten, Copilot zu nutzen, dass sie manchmal überwältigend erscheinen können. KI-Chatbots sind eine völlig andere Art der Interaktion mit Computern als die meisten Menschen gewohnt sind. Daher kann es hilfreich sein, zunächst über die Funktionen und die Unterschiede zwischen Microsoft Copilot und den Wettbewerbern zu sprechen.

Kernfunktionen und Vorteile

Die grundlegendste Funktion eines Chatbots, egal ob er mit künstlicher Intelligenz arbeitet oder nicht, besteht darin, auf menschliche Sprache oder Texteingaben (auch »natürliche Sprache« genannt) mit leicht verständlichem Text oder Sprache zu reagieren. Die Qualität eines Chatbots lässt sich daran messen, wie »menschlich« seine Antworten sind.

Die aktuelle Generation von KI-Chatbots kann auf die Fragen und Wünsche der Nutzer äußerst überzeugende Antworten in natürlicher Sprache generieren.

Die Sprach- oder Texteingabe, die ein Chatbot-Benutzer an den Chatbot richtet, sei es eine Frage (»Wie hoch ist der Mount Everest?«) oder eine Anweisung (»Fasse diese E-Mail zusammen«), wird als *Prompt* bezeichnet. Die primäre Möglichkeit für Menschen, mit Chatbots zu interagieren, sind *Prompts.*

Neben der grundlegenden Fähigkeit, auf Prompts in natürlicher Sprache zu reagieren, verfügt Microsoft Copilot über spannende Zusatzfunktionen, die ihn besonders nützlich machen, insbesondere wenn er in andere Microsoft-Produkte integriert ist.

Hier einige Funktionen von Copilot:

- ✔ Er führt Websuchen mit Bing durch.
- ✔ Er lässt sich mit anderen KI-Tools integrieren, um originelle Bilder und Musik zu erstellen.
- ✔ Er schreibt neuen Text oder schreibt vorhandenen Text neu.
- ✔ Er zitiert die Quellen des generierten Textes.
- ✔ Er personalisiert die Interaktionen mit Ihnen auf der Grundlage früherer Interaktionen und Dokumente, an denen Sie arbeiten.
- ✔ Er übersetzt Text zwischen verschiedenen Sprachen.
- ✔ Er unterstützt Plug-ins, die seine Funktionen erweitern.
- ✔ Er unterstützt benutzerdefinierte Chatbots.

Wichtige Unterschiede gegenüber anderen KI-Assistenten

Der Hauptgrund, warum Microsoft Copilot nützlicher ist als andere KI-Assistenten, ist die Tatsache, dass er in Microsoft Windows und andere Microsoft-Programme integriert ist. Diese Integration gibt Copilot die Möglichkeit, nicht nur Text und Bilder zu generieren, sondern auch bestimmte Aspekte der Software zu steuern, in die er integriert ist. Mit einem nicht integrierten Chatbot wie ChatGPT können Sie beispielsweise Text für eine PowerPoint-Folie erstellen und exportieren. Es ist aber notwendig, diese PowerPoint-Folien manuell zu formatieren. Der wesentliche Vorteil besteht darin, dass man mit Copilot in PowerPoint mehrere Anpassungen direkt in derselben Präsentation vornehmen kann. In ChatGPT hingegen führen nachträgliche Änderungen oder Ergänzungen oft dazu, dass eine neue Präsentation erstellt werden muss. Noch besser: Copilot kann beim Erstellen der neuen Folien auf andere Dokumente zugreifen, die Sie bereits erstellt haben, und diese für die neuen Folien verwenden.

Ein weiterer wichtiger Faktor, der Copilot von vielen anderen Chatbots unterscheidet, ist, dass Copilot Zugriff auf die Daten in Microsoft Bing hat. Wenn Copilot die Daten, mit denen er ursprünglich trainiert wurde, mit Suchergebnissen aus Bing ergänzt, kann er Fragen zu den neuesten Nachrichten und anderen Entwicklungen beantworten, während andere Modelle ein »Stichdatum« in ihren Trainingsdaten festgeschrieben haben, ab dem sie nur noch spekulieren (oder halluzinieren) können.

Die Funktionsweise von Copilot

Chatbots wie Microsoft Copilot und ChatGPT sind ihren Vorgängern wie Office Assistant, auch bekannt als »Clippy« (siehe Abbildung 1.3), weit überlegen. Microsoft integrierte Clippy von Version 97 bis 2003 in Microsoft Office-Anwendungen, aber er erwies sich in den meisten Fällen als eher lästig als hilfreich.

Abbildung 1.3: Ursprünglicher Office Assistent, auch bekannt als »Clippy«

Die Gründe für das Versagen von Clippy wurden eingehend untersucht. Der springende Punkt ist jedoch, dass Clippy aufdringlich war und immer dann auftauchte, wenn er feststellte, dass Sie etwas taten (zum Beispiel einen Brief schrieben), bei dem er Ihnen eigentlich helfen sollte. Wenn Sie dann jedoch dieser Hilfe zustimmten, konnte Clippy nur auf die offizielle Microsoft Office-Dokumentation verweisen, was nicht sehr hilfreich war.

Die beiden wichtigsten Faktoren, die dazu beigetragen haben, dass die neueste KI-Generation so viel besser ist als Clippy (und alle nachfolgenden KI-Assistenten), sind:

- Für ihr Training wurden wesentlich mehr Daten (und Rechenleistung) verwendet.
- Sie nutzen neue KI-Techniken, die es ihnen ermöglichen, beim Generieren von Antworten den Kontext zu berücksichtigen.

Aus allen Daten lernen

Das KI-Modell hinter Microsoft Copilot heißt *Prometheus*. Prometheus ist die Technologie von OpenAI, kombiniert mit dem Suchindex von Bing. Das Ergebnis ist, dass Copilot mit einer enormen Datenmenge trainiert wurde und auf diese zugreifen kann.

Auch wenn die Beziehung zwischen der Größe der Trainingsdaten und der Leistung eines Modells nicht immer ausschlaggebend ist, können größere Modelle im Allgemeinen ein besseres Bild davon gewinnen, was sie simulieren sollen (wie etwa die Kommunikation in natürlicher Sprache im Fall eines Chatbots).

Der Kontext ist entscheidend

Der Kontext spielt eine entscheidende Rolle, wenn es darum geht, die Funktionsweise von Copilot zu verstehen. Bevor wir jedoch tiefer in dieses Thema einsteigen, ist es hilfreich, zwei grundlegende Begriffe kennenzulernen: KI-Modell und KI-System.

- Ein **KI-System** ist eine Anwendung, die künstliche Intelligenz nutzt – wie ChatGPT, das Fragen versteht, mitdenkt und passende Antworten gibt.
- Ein **KI-Modell** ist der »Motor« hinter dem KI-System – bei ChatGPT und auch Copilot ist das GPT-5, das gelernt hat, Sprache zu verstehen und selbst zu formulieren.

Noch wichtiger, als einfach mehr Daten in ein KI-System zu werfen, ist eine Technik namens *Aufmerksamkeit* (Attention), die 2017 von Google erfunden wurde. Kurz gesagt ermöglichen Aufmerksamkeitstechniken es KI-Modellen, verschiedene Teile Ihrer Eingabe und ihrer eigenen Ausgabe zu betrachten, während sie herausfinden, was sie sagen sollen. Betrachten Sie beispielsweise den folgenden Satz:

> *»Die Bank kann die Sicherheit der Einlagen garantieren, da sie in sichere Tresore investiert hat.«*

Ein KI-Modell, das Aufmerksamkeitsmechanismen verwendet, weiß aufgrund der anderen Wörter im Satz, wie »garantieren«, »Einlagen«, »Sicherheit« und »Tresore«, dass sich »Bank« auf ein Finanzinstitut bezieht und nicht auf ein Sitzmöbel. Ein Modell mit Aufmerksamkeit versteht auch, dass sich das Wort »sie« in diesem Satz auf »Bank« bezieht.

Da große Sprachmodelle den Kontext berücksichtigen können, ist die Bereitstellung von ausreichend Kontext für das Modell in Ihren Prompts die beste Möglichkeit, die Qualität der Antworten zu verbessern, die Sie auf Ihre Prompts erhalten.

Wie Sie den Chat-Modus von Copilot nutzen, erfahren Sie in Kapitel 2.

Verwendung großer Sprachmodelle (LLMs)

Wenn Sie Microsoft Copilot verwenden, verwenden Sie ein großes Sprachmodell (LLM, *Large Language Model*). Ein Sprachmodell ist eine spezielle Art von KI-Modell, das darauf trainiert ist, Sprache zu verstehen und zu erzeugen. Aber was ist ein LLM? Einfach ausgedrückt ist ein *großes Sprachmodell* ein Modell oder eine Simulation von Sprache. Aufgrund seiner Größe wird es als »großes« Sprachmodell bezeichnet.

Stellen Sie sich vor, Sie sind Eisenbahnliebhaber. Vielleicht hatten Sie als Kind eine kleine Modelleisenbahn. Eine kleine Modelleisenbahn ist in Ordnung, um bestimmte Situationen aus der Eisenbahnwelt nachzubilden. Aber wenn Sie irgendwann genauer nachbilden möchten, was Sie an Zügen lieben, kaufen Sie immer mehr Züge und Modelleisenbahnen – komplett mit Landschaft, Brücken und vielleicht sogar winzigen kleinen Passagieren im Speisewagen.

Natürlich könnten Sie, wenn Sie Zeit, Geld und Platz hätten, einen eigenen Zug und eine eigene Eisenbahn in Originalgröße kaufen. Aber das ist unpraktisch. Also geben Sie sich mit dem größten Zugmodell zufrieden, das Sie sich leisten können und das in Ihren Keller passt.

Große Sprachmodelle funktionieren auf die gleiche Weise. Ein kleines Sprachmodell kann möglicherweise rudimentäre Simulationen von Gesprächen durchführen. Ein großes Sprachmodell kann einen realen, menschlichen Sprecher einer Sprache (oder einen Programmierer, einen Übersetzer und so weiter) genauer simulieren, ohne ein Mensch zu sein.

Die Funktionsweise von LLMs und maschinellem Lernen ist faszinierend, aber Sie müssen kein Ingenieur für künstliche Intelligenz sein oder überhaupt etwas über KI wissen, um Copilot verwenden zu können. Wenn Sie mehr Details erfahren möchten, lesen Sie das Buch *Künstliche Intelligenz für Dummies*.

Integration mit Microsoft-365-Apps

Microsoft 365 ist die Produkt- und Dienstfamilie, die alle Produktivitätsprogramme umfasst, die früher als Microsoft Office bekannt waren, sowie den Cloud-Speicherdienst OneDrive, das Kollaborations- und Konferenzprogramm Microsoft Teams, das E-Mail- und Kalenderprogramm Outlook und mehr. Copilot für Microsoft 365 ist als zusätzliches Abonnement erhältlich.

Durch das Abonnieren von Microsoft 365 Copilot wird der Copilot-Chatbot in jeder Anwendung aktiviert und die integrierten Aktionen von Copilot werden aktiviert, die je nach Anwendung unterschiedliche Aufgaben erledigen können. Zu den Funktionen von Microsoft 365 Copilot gehören unter anderem:

- ✔ In Word kann Copilot verschiedene Schreibstile und -formate vorschlagen, Sätze oder Absätze umschreiben, Text in andere Sprachen übersetzen und Text in Tabellen umwandeln.
- ✔ In Excel kann Copilot Daten analysieren, um Trends und Erkenntnisse zu entdecken, die Sie möglicherweise übersehen haben, Diagramme und Grafiken erstellen und Formeln vorschlagen.
- ✔ In PowerPoint kann Copilot Designideen vorschlagen, einzelne Folien erstellen, Word-Dokumente in Präsentationen umwandeln, Animationen hinzufügen und sogar Sprechernotizen schreiben.
- ✔ In Teams kann Copilot Besprechungsnotizen machen, Aufzeichnungen transkribieren, Diskussionen zusammenfassen und Aktionspunkte vorschlagen.
- ✔ In Outlook kann Copilot E-Mails zusammenfassen, Sie beim Verfassen von E-Mails unterstützen, Besprechungen planen und Erinnerungen basierend auf dem Inhalt Ihrer E-Mails erstellen.

Wenn Sie Copilot nicht brauchen, während Sie in Microsoft 365 arbeiten, bleibt er still im Hintergrund. Dies ist eine willkommene Änderung gegenüber den Tagen des übereifrigen Assistenten Clippy, aber die Benutzer müssen sich nun selbst darüber informieren, bei welchen Aufgaben ihnen Copilot helfen kann.

In Teil II dieses Buches (Kapitel 6 bis 12) experimentieren Sie mit der Integration von Copilot in Microsoft 365 und lernen seine erstaunlichen Fähigkeiten, aber auch seine manchmal frustrierenden Einschränkungen kennen.

Verbindung mit Ihren Daten

Copilot kann auf Ihre Daten zugreifen und die Ergebnisse zur Personalisierung seiner Vorschläge verwenden. Dies ist zwar äußerst nützlich, birgt jedoch auch potenzielle Sicherheitsrisiken. Wenn Sie Copilot verwenden, kann er standardmäßig auf Ihre E-Mails, Dokumente, Chats, Besprechungen und alle anderen Daten zugreifen, die Sie in Microsoft 365 erstellen und speichern.

Was das für die Fähigkeiten von Copilot bedeutet, erfahren Sie in Teil II.

Für Copilot anmelden

Die Anmeldung für Copilot könnte nicht einfacher sein. Und das meine ich wörtlich, denn Sie benötigen kein Konto, um es auszuprobieren. Sie müssen lediglich einen beliebigen Webbrowser öffnen und `https://copilot.microsoft.com` aufrufen. Die kostenlose und ohne Anmeldung verfügbare Version von Copilot Chat (siehe Abbildung 1.4) ist eingeschränkt im Vergleich zu der Version, die Sie erhalten, wenn Sie sich mit einem Microsoft-Konto anmelden oder ein Abonnement für Copilot Pro erwerben.

Abbildung 1.4: Die kostenlose Version von Copilot Chat

In diesem Abschnitt erfahren Sie, wie Sie auf Copilot zugreifen, wie Sie sich bei Copilot anmelden und ob Sie Copilot Pro abonnieren sollten.

Copilot installieren

Da Copilot Chat und Copilot für Microsoft 365 beide in Ihrem Webbrowser ausgeführt werden, müssen Sie für die Verwendung nichts installieren. Obwohl das Copilot-Chat-Erlebnis in jedem von Ihnen verwendeten Webbrowser nahezu gleich ist, verfügt Copilot über Integrationen mit dem Edge-Browser von Microsoft, die für Benutzer möglicherweise einen Anreiz darstellen, mit Copilot in Edge zu arbeiten. Wenn Sie jedoch einen anderen Browser als Edge bevorzugen, können Sie auch diesen verwenden.

Nutzungskriterien

Während Bing Chat, wie Copilot früher hieß, in seinen Anfangstagen nur einer begrenzten Anzahl von Personen zugänglich war, ist Copilot heute für jeden kostenlos verfügbar, der Zugriff auf einen Webbrowser oder ein mobiles Gerät hat.

Abonnements und Preise

Wenn Sie Copilot Chat verwenden, ohne bei einem Microsoft-Konto angemeldet zu sein, sind Sie derzeit auf Texteingabe und Antworten beschränkt. Wenn Sie versuchen, mit Copilot per Sprache oder mit Bildern zu chatten, erhalten Sie eine Meldung mit der Aufforderung, sich anzumelden, wie in Abbildung 1.5 dargestellt.

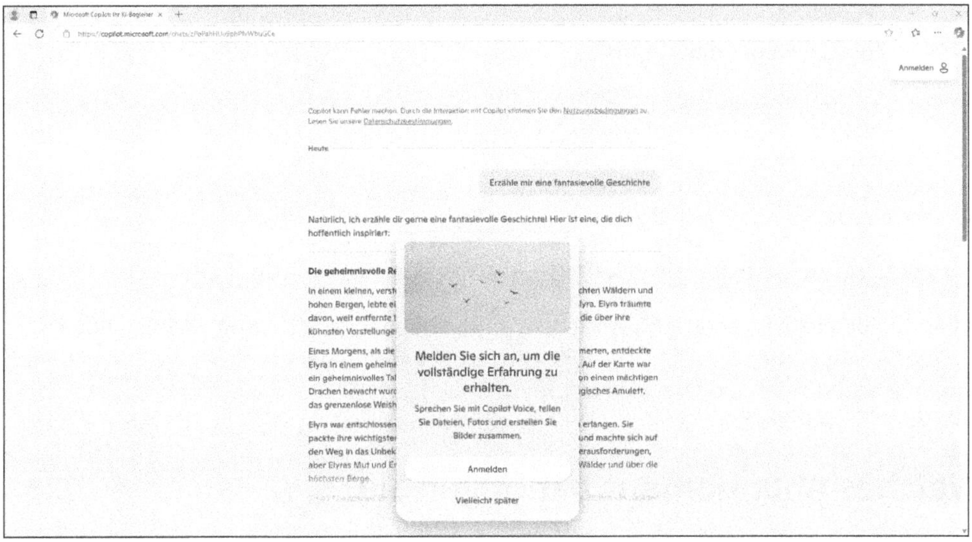

Abbildung 1.5: Sie müssen sich anmelden, um bestimmte Copilot-Funktionen nutzen zu können.

Glücklicherweise gibt es eine einfache Lösung: Melden Sie sich einfach in Copilot Chat bei einem kostenlosen Microsoft-Konto an. Sobald Sie bei Copilot Chat angemeldet sind, haben Sie Zugriff auf zusätzliche Funktionen und Einstellungen sowie auf Ihren Konversationsverlauf.

Copilot kostenlos

Allerdings hat die kostenlose und ohne Anmeldung verfügbare Version von Copilot ihre Einschränkungen, wie unter anderem:

- ✔ In Zeiten höchster Nachfrage ist der Zugriff auf die neuesten und besten Modelle eingeschränkt.
- ✔ Begrenzte Anzahl an Boost-Token. *Boost-Token* werden zum Generieren von Bildern, Songs und anderen kreativen Inhalten in Copilot benötigt. Boost-Token werden in Kapitel 11 ausführlicher besprochen.
- ✔ Kein Zugriff auf Microsoft 365 Copilot.
- ✔ Keine benutzerdefinierten Copiloten. Benutzerdefinierte Copiloten sind spezialisierte KI-Assistenten, die Benutzer mit Copilot Pro erstellen können. Weitere Informationen zu benutzerdefinierten Copiloten und ihrer Erstellung finden Sie in Kapitel 13.

Copilot Pro

Das Abonnement von Microsoft 365 Premium kostet derzeit 22 Euro/Monat. Zu den Vorteilen des Abonnements gehören:

- ✔ schnellere Leistung
- ✔ Zugriff auf die neuesten Modelle während Spitzenzeiten
- ✔ Copilot-Zugriff in Office-Apps
- ✔ Unternehmensdatenschutz
- ✔ Agentenverwaltung
- ✔ erweiterte SharePoint-Verwaltung
- ✔ vorgefertigte Berichte und erweiterte Analysen zur Messung des ROI

Wenn Sie bereits Microsoft-365-Abonnent sind, können Sie Microsoft 365 Copilot abonnieren. Es bietet Ihnen dieselben Vorteile wie Copilot Pro, ist aber auch auf die geschäftliche Nutzung abgestimmt und lässt sich in Ihre Microsoft-365-Daten integrieren.

Welches Abonnement benötigen Sie?

Wenn Sie Geschäftsbenutzer sind und bereits ein Abonnement für Microsoft 365 besitzen, sollten Sie Microsoft 365 Copilot abonnieren.

Wenn Sie keine Business-Lizenz für Microsoft 365 besitzen und viel kreative Arbeit mit Copilot erledigen möchten, zum Beispiel Bilder oder Lieder erstellen, sollten Sie Microsoft 365 Premium abonnieren.

Wenn Sie Copilot nur ausprobieren, seine Funktionen kennenlernen möchten und es nicht täglich verwenden, ist die kostenlose Version mit Anmeldung für Ihre Anforderungen völlig ausreichend.

Warum Ihr Copilot-Erlebnis anders ist

Wenn Sie in Copilot auf Ihrem Computer oder unter `https://copilot.microsoft.com` etwas sehen, das von dem abweicht, was ich in diesem Buch zeige, liegt dies wahrscheinlich an einem Upgrade von Copilot, das in der Zeit zwischen dem Schreiben dieses Buches und heute durchgeführt wurde.

Wenn Sie eine der in diesem Buch beschriebenen Funktion nicht sehen, kann dies ebenfalls an einem durchgeführten Upgrade liegen oder daran, dass für Ihr Microsoft-Konto noch kein Upgrade durchgeführt wurde.

Schrittweiser Anmeldevorgang

Um sich für ein Microsoft-Konto anzumelden und vollen Zugriff auf die kostenlose Version von Copilot zu erhalten, besuchen Sie `https://copilot.microsoft.com`. Nachdem Sie Ihren Namen eingegeben und eine Sprache für Copilot ausgewählt haben, wird in der oberen rechten Ecke des Bildschirms die Schaltfläche ANMELDEN angezeigt, wie in Abbildung 1.6 gezeigt.

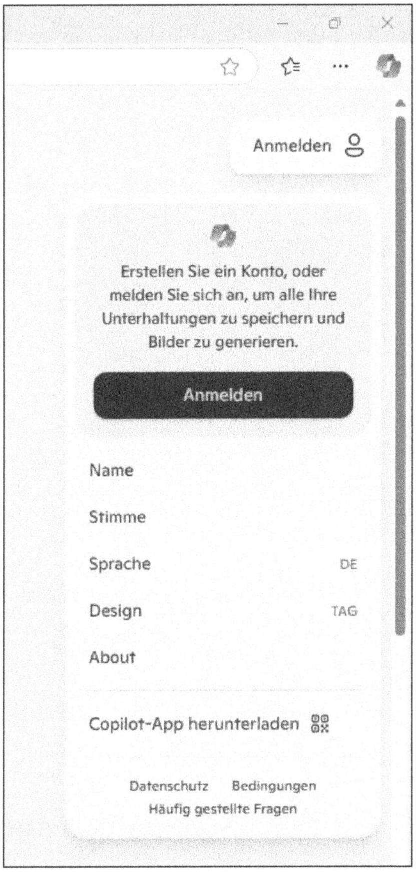

Abbildung 1.6: Die Schaltfläche »Anmelden« bei `copilot.microsoft.com`

Wenn Sie sich lieber über eine mobile App für Copilot anmelden und darauf zugreifen möchten, gehen Sie zu `https://www.microsoft.com/en-us/microsoft.copilot/for-individuals/copilot-app`. Dort finden Sie einen QR-Code, den Sie mit Ihrem Mobilgerät scannen können, um direkt zur Downloadseite der App zu gelangen.

Klicken Sie auf die Schaltfläche ANMELDEN und wählen Sie aus, ob Sie sich mit einem persönlichen oder einem Geschäftskonto anmelden möchten. Wenn Sie sich für ein neues Konto anmelden, klicken Sie auf MIT EINEM PERSÖNLICHEN KONTO ANMELDEN.

Wenn Sie bereits ein Microsoft-Konto haben, werden Sie an dieser Stelle möglicherweise automatisch angemeldet. Wenn Sie kein Konto haben, wird die Anmeldeseite angezeigt, wie in Abbildung 1.7 dargestellt.

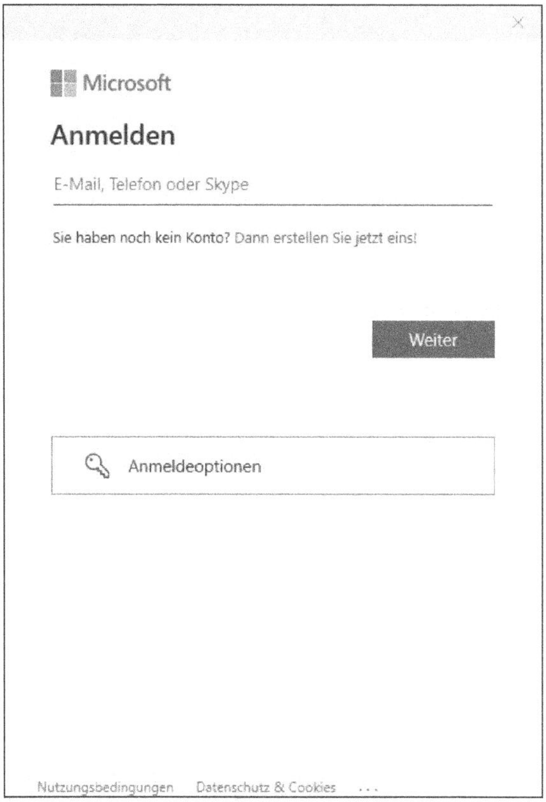

Abbildung 1.7: Die Anmeldeseite für das Microsoft-Konto

Um ein neues Microsoft-Konto zu erstellen, klicken Sie auf den Link KEIN KONTO? ERSTELLEN SIE EINS!

Als Nächstes wird der Bildschirm KONTO ERSTELLEN angezeigt (siehe Abbildung 1.8).

Wenn Sie eine E-Mail-Adresse haben, die Sie als Benutzer-ID für Ihr Microsoft-Konto verwenden möchten, können Sie diese auf diesem Bildschirm eingeben. Andernfalls klicken Sie auf die Schaltfläche NEUE E-MAIL-ADRESSE ERSTELLEN, um sich für eine kostenlose Outlook-E-Mail-Adresse anzumelden. Der erste Bildschirm der Anmeldeseite für die neue E-Mail-Adresse wird angezeigt (siehe Abbildung 1.9).

Abbildung 1.8: Der Bildschirm »Konto erstellen«

Abbildung 1.9: Auswahl einer neuen E-Mail-Adresse

Wenn Sie sich über Microsoft für eine neue persönliche E-Mail-Adresse anmelden, können Sie zwischen einer `outlook.com`-E-Mail-Adresse und einer `hotmail.com`-E-Mail-Adresse wählen. Welche Sie wählen, hat keinerlei Einfluss auf die Funktion Ihrer E-Mail-Adresse. Sie können sich jedoch für die eine oder die andere entscheiden, je nachdem, ob Ihre bevorzugte E-Mail-Adresse bereits für eine der Domänen vergeben ist. Oder Sie mögen vielleicht einfach den Retro-Look einer `hotmail.com`-E-Mail-Adresse.

Wählen Sie auf dem nächsten Bildschirm ein sicheres Passwort aus und aktivieren Sie das Kontrollkästchen neben der Frage, ob Sie Marketing-E-Mails von Microsoft erhalten möchten. Notieren Sie sich das gewählte Passwort. Sie benötigen es später, um sich bei Ihrem neuen E-Mail-Konto anzumelden.

Auf den folgenden Bildschirmen werden Sie nach Ihrem Namen und Ihrem Geburtsdatum gefragt.

Zum Schluss erscheint möglicherweise noch ein letzter Bildschirm, auf dem Sie ein Rätsel lösen müssen, um zu beweisen, dass Sie ein Mensch sind.

Sobald Sie die Anmeldung für Ihre neue E-Mail-Adresse abgeschlossen haben (die auch als Ihr neues Microsoft-Konto dient), werden Sie zur Copilot-Startseite zurückgeleitet, und Ihr Vorname wird in der oberen rechten Ecke angezeigt, wo sich zuvor die Schaltfläche ANMELDEN befand. Herzlichen Glückwunsch! Fahren Sie mit dem nächsten Abschnitt fort, um zu sehen, was Copilot kann!

Ein Testflug mit Copilot

Nachdem Sie Ihr Konto erstellt und sich angemeldet haben, ist es an der Zeit, Copilot auszuprobieren und zu sehen, was er kann! Die Beispiele in diesem Abschnitt verwenden Copilot Chat bei Anmeldung bei einem kostenlosen Konto.

Verstehen, warum es bei Ihnen anders aussieht

Da Copilot ein KI-Modell und kein einfaches regelbasiertes Programm ist, generiert es bei jeder Frage einen anderen Inhalt (selbst wenn er nur geringfügig abweicht). Ich zeige Ihnen also die Ergebnisse, die ich erhalte, wenn ich die hier beschriebenen Prompts eingebe, aber Ihre Ergebnisse werden anders sein. Sie können besser oder schlechter sein, aber mit Sicherheit anders.

Grundlegende Befehle und Interaktionen

Beginnen wir mit etwas Kurzem und Einfachem. Es gibt nicht viel, das kürzer oder einfacher (zumindest vom Konzept her) ist als ein Haiku. Bitten wir Copilot also, ein Gedicht zu schreiben.

Suchen Sie unten im Copilot-Chatfenster nach dem Eingabefeld mit der Bezeichnung NACHRICHT AN COPILOT und geben Sie Folgendes ein (Sie können das Thema auch gerne anpassen!):

> *Schreibe ein Haiku über Sushi.*

Ich erhielt für diesen Prompt das folgende Ergebnis:

> *Natürlich! Hier ist ein Haiku über Sushi:*
>
> *Frischer Reis, Fischglanz,*
> *Meeresschätze auf dem Tisch,*
> *Gaumenfreude pur.* 🍣
>
> *Ich hoffe, es gefällt dir! Magst du Sushi?*

Das ist okay, denke ich. Aber ich mag lieber lustige Gedichte. Ich versuche es also mit dem folgenden Prompt:

> *Schreibe ein lustiges Haiku über Sushi.*

Hier ist die Antwort von Copilot:

> *Hier ist ein lustiges Haiku über Sushi:*
>
> *Sushi rollt davon,*
> *Reis tanzt auf dem Tisch herum,*
> *Katze schnappt sich's schnell.* 🐱🍣
>
> *Ich hoffe, das bringt dich zum Schmunzeln! Hast du eine Lieblingssushi-Sorte?*

Viel besser! Beachten Sie, wie das Hinzufügen eines einzigen Wortes (*lustiges*) die Ausgabe dramatisch verändert und (meiner Meinung nach) verbessert. Mal sehen, ob wir etwas noch Besseres oder Aussagekräftigeres bekommen. Hier ist der nächste Prompt, den ich eingegeben habe:

> *Schreibe ein ironisches Haiku über das Teilen von Sushi.*

Hier habe ich wirklich keine Erwartungen oder Ahnung, wonach ich suche. Aber ich weiß, dass Humor für mich bevorzugt ironisch ist und dass ich Sushi ungern teile (weil ich ALLES will!). Hier die Antwort, die ich bekommen habe:

> *Hier ist ein ironisches Haiku über das Teilen von Sushi:*
>
> *Sushi auf dem Tisch,*
> *Freundschaft wird auf die Probe,*
> *Letztes Stück bleibt mein.* 🍣😉
>
> *Ich hoffe, das trifft den richtigen Ton! Teilst du gerne dein Sushi oder behältst du es lieber für dich?*

Auch das ist ziemlich gut. Meine Wortwahl wäre vielleicht etwas gewagter als die, die Copilot verwenden darf, aber ich denke, wir sind einem anständigen Haiku so nahe gekommen, wie man es erwarten kann.

Sie können mit diesem oder anderen Prompts so lange experimentieren, wie Sie möchten. Im nächsten Kapitel lernen Sie Techniken zum Schreiben von Prompts kennen, um bestimmte Ergebnisse von Copilot zu erhalten. Aber zunächst sprechen wir über KI und Ethik.

Copilot ethisch verwenden

Im vorherigen Abschnitt habe ich ein paar Gedichte verfasst. Sie hätten Copilot genauso gut bitten können, einen Brief an Ihre Mutter, eine Rede oder sogar eine Hausaufgabe zu verfassen. Sie waren die Person, die Copilot um einen Inhalt gebeten hat (was auch immer es ist), und Sie zahlen (oder zahlen nicht) für ein Copilot-Konto. Ist es also in Ordnung, die Arbeit, die Sie Copilot schreiben haben lassen, als »Ihre« Arbeit auszugeben?

Das ist ein schwieriges Thema und die Antwort (wie die Antwort auf viele andere knifflige Fragen) lautet: »Es kommt darauf an«.

In diesem Abschnitt erfahren Sie etwas über einige Grundsätze einer verantwortungsvollen und ethischen Entwicklung und Nutzung von KI.

Grundsätze einer verantwortungsvollen Nutzung von KI

Entwickler von KI-Systemen sind sich der Risiken bewusst, die mit der Entwicklung und Bereitstellung von KI-Systemen verbunden sind. Zu diesen Risiken gehören unter anderem:

- ✔ KI-generierte Inhalte, die darauf ausgelegt sind, Menschen zu täuschen. Dazu gehören Fehlinformationen oder Bilder von scheinbar realen Menschen, auf denen sie Dinge tun, die sie im realen Leben niemals tun würden (auch als *Deepfakes* bekannt).
- ✔ Unbefugte Verwendung personenbezogener Daten.
- ✔ Algorithmische Verzerrung: Eine Verzerrung der Daten, mit denen ein Modell trainiert wurde, führt zu einer Verzerrung der Systemantworten. Wenn das Modell beispielsweise bisher nur einen Hammer als Zimmermannswerkzeug kennengelernt hat, könnte es jedes Werkzeug für einen Hammer halten.
- ✔ Erstellung von Inhalten, die das geistige Eigentum anderer verletzen.
- ✔ Einsatz von KI durch Cyberkriminelle.
- ✔ Einsatz von KI in Waffen.
- ✔ Das Trainieren und Betreiben von KI-Systemen verursacht einen enormen Strombedarf.

Aufgrund dieser und anderer Risiken haben die Entwickler von KI-Modellen Regeln und Richtlinien entwickelt, die sie unbedingt einhalten wollen – oder von denen sie zumindest behaupten, dass sie ihnen wichtiger sind als andere Belange, wie etwa der Profit.

Microsoft hat seine KI-Prinzipien in einem Dokument mit dem Titel »Standard für verantwortungsvolle KI« definiert. Sie können dieses Dokument und weitere Informationen über KI und die Prinzipien, die die Entwicklung und Nutzung von KI bestimmen, unter `https://www.microsoft.com/de-de/ai/responsible-ai` nachlesen.

Die sechs Prinzipien, die Microsoft in seinem Standard für verantwortungsvolle KI auflistet, sind:

- ✔ **Fairness.** KI-Systeme sollten alle Menschen fair behandeln.
- ✔ **Zuverlässigkeit und Sicherheit.** KI-Systeme sollten zuverlässig und sicher funktionieren.
- ✔ **Datenschutz und Sicherheit.** KI-Systeme sollten sicher sein und die Privatsphäre respektieren.
- ✔ **Inklusion.** KI-Systeme sollten von jedem Menschen nutzbar sein.
- ✔ **Transparenz.** KI-Systeme sollten verständlich sein.
- ✔ **Verantwortlichkeit.** Menschen sollten für KI-Systeme verantwortlich sein.

Datenschutz- und Sicherheitsaspekte

Um die Modelle zu erstellen, mit denen KI-Chatbots funktionieren, müssen Unternehmen zunächst eine große Menge an Daten sammeln. Diese Daten werden in Algorithmen für maschinelles Lernen eingespeist und zur Verbesserung der Ergebnisse des Modells verwendet. Ein KI-Modell kann beispielsweise kreative neue Haikus generieren, weil es viele, viele Beispiele von Haikus gesehen und die Muster erkannt hat, die sich zwischen den Beispielen ähneln. Niemand hat dem Modell jemals speziell einprogrammiert, dass Haikus normalerweise aus 17 Silben in einem 5-7-5-Muster bestehen, aber durch Lernen und Erkennen von Mustern in riesigen Datenmengen hat die KI dies herausgefunden.

Unter all den Texten, aus denen KI-Modelle gelernt haben, befinden sich Millionen Seiten mit von Menschen erstellten Inhalten – viele davon vom Ersteller des KI-Modells weder lizenziert noch bezahlt. Sollten die Ersteller von KI-Modellen die menschlichen Ersteller für die Nutzung ihrer Daten bezahlen müssen? Dies ist derzeit Gegenstand mehrerer aufsehenerregender Gerichtsverfahren, und es bleibt abzuwarten, wie die Gerichte entscheiden werden.

Vielleicht noch besorgniserregender als ihr Verschlingen von Büchern, Filmen, Fernsehsendungen, Artikeln, Musik und allen anderen Arten von durch Menschen erstellten Inhalten ist, dass sich unter all diesen Inhalten auch personenbezogene Daten befinden. Diese personenbezogenen Daten können Bilder von Personen sowie Informationen über Personen umfassen, die auf Websites, in Social-Media-Posts, in öffentlichen Aufzeichnungen und mehr erscheinen. Obwohl Vorkehrungen getroffen werden, um zu verhindern, dass KI-Chatbots personenbezogene Informationen preisgeben, die sie möglicherweise über Einzelpersonen erfasst haben, gab es Fälle, in denen es Hackern gelungen ist, KI-Chatbots dazu zu bringen, ungefilterte Rohdaten aus ihrem Training zu wiederholen.

Zu weiteren von KI-Systemen verwendeten Datenquellen, die Datenschutz- und Sicherheitsprobleme mit sich bringen, gehören:

- ✔ **Biometrische Daten.** KI-Systeme, die Gesichtserkennung, Stimmerkennung und Fingerabdrücke verwenden, könnten die Privatsphäre und Sicherheit von Einzelpersonen gefährden, wenn sie kompromittiert würden.

- **Gerätedaten.** Mit dem Internet verbundene Geräte wie Überwachungskameras oder Roboterstaubsauger zeichnen Informationen über alles Mögliche auf und verfolgen sie. Zu diesen Daten kann beispielsweise gehören, ob Sie gerade zu Hause sind, oder sie können Bilder aus Ihrem Haus enthalten.
- **Überwachung sozialer Medien.** KI-Algorithmen überwachen und analysieren Aktivitäten in sozialen Medien. Die Gründe für diese Überwachung reichen von der nationalen Sicherheit bis hin zu Marketing und Werbung.

Da im Internet so viele Daten über jeden von uns verfügbar sind, ist es von entscheidender Bedeutung, dass die Methoden, die KI-Entwickler zum Sammeln und Analysieren unserer Daten verwenden, transparent und sicher sind und dass die Menschen das letzte Wort und die Kontrolle darüber haben, wie und wo ihre Daten verwendet werden.

Richtlinien für den ethischen Einsatz

Als Nutzer von KI-Chatbots haben Sie auch Verantwortung. Es gibt bestimmte Einsatzmöglichkeiten von KI-Chatbots und generativer KI im Allgemeinen, bei denen fast jeder zustimmen würde, dass sie falsch sind.

Der Begriff *generative KI* (manchmal als »GenKI« abgekürzt) bezieht sich auf jedes KI-System, das neue Inhalte erzeugen kann, die den Kreationen eines Menschen ähneln.

Zu den unethischen Einsatzmöglichkeiten generativer KI gehören:

- Schummeln bei Schularbeiten
- jede Verwendung, die potenziell Schaden verursachen kann
- Versuch, eine Kopie eines urheberrechtlich geschützten Werks wie etwa eines Films oder eines Liedes zu erstellen
- Plagiate
- Erstellen von Deepfakes
- den Stil eines anderen Künstlers nachahmen und als den eigenen ausgeben

Die Ethik anderer potenzieller KI-Anwendungen hängt davon ab, wo die Grenzen zwischen einer legitimen und einer schädlichen Nutzung von KI liegen. Richtlinien für die ethische Nutzung von KI umfassen:

- Generative KI sollte zur Ergänzung und nicht zum Ersatz von Menschen oder Prozessen eingesetzt werden.
- Unternehmen, die generative KI einsetzen, sollten Sicherheit vor potenzielle Effizienz stellen. KI kann beispielsweise zwar bei der Computerprogrammierung helfen, kann aber potenziell Probleme verursachen, wenn nicht jede Codezeile, die sie schreibt, von menschlichen Programmierern überprüft, getestet und verstanden wird.

- ✔ Benutzer generativer KI müssen die Richtigkeit der KI-generierten Inhalte überprüfen, bevor sie diese verwenden.

Diese Anwendungen generativer KI sind in der Regel ethisch:

- ✔ für Ihre eigene Ausbildung oder Forschung (überprüfen Sie jedoch unbedingt die Richtigkeit der generierten Inhalte, damit Sie sich nicht auf etwas verlassen, was die KI gerade erfunden hat!)
- ✔ zu Ihrer eigenen Unterhaltung
- ✔ zur Überprüfung Ihrer Rechtschreibung oder Grammatik
- ✔ für die Übersetzung von Texten, die Sie selbst geschrieben haben oder für die Sie die Übersetzungsrechte in andere Sprachen besitzen
- ✔ zur Erkennung KI-generierter Inhalte (zum Beispiel, wenn Sie Lehrer sind)
- ✔ in Situationen, in denen der generierte Inhalt klar gekennzeichnet ist (wie in diesem Buch)
- ✔ an einem Arbeitsplatz oder unter Personen, die dem Senden und Empfangen generierter Inhalte zugestimmt haben (zum Beispiel an einem Arbeitsplatz, an dem KI zur Erweiterung von Prozessen wie dem Schreiben von E-Mails, Erstellen von Berichten und Vorbereiten von Präsentationen verwendet wird)

Wenn Sie Zweifel haben, ob ein bestimmter Einsatz von KI ethisch vertretbar ist, sind Offenheit und Ehrlichkeit die beste Strategie. Wenn Sie beispielsweise ein Bild mithilfe von KI erstellen und es in einer Social-Media-Anwendung veröffentlichen möchten, kennzeichnen Sie das Bild als KI-generiert, damit niemand annimmt, es sei Ihre eigene Kreation.

Jede Organisation – ob gemeinnützige Organisation, Wohlfahrtsorganisation, Bildungseinrichtung oder Unternehmen – sollte über eine detaillierte Richtlinie verfügen, die erklärt, was erlaubt ist und was nicht. Sie können im Internet viele gute Beispiele für solche Richtlinien finden oder mithilfe eines Anwalts Ihre eigene erstellen. Oder Sie könnten sogar in Erwägung ziehen, sich bei der Erstellung einer Richtlinie von einer KI helfen zu lassen.

Die Europäische Union hat dafür den sogenannten *AI Act* verabschiedet. Darin ist festgelegt, wie KI in Unternehmen und Regierungen in welchem Rahmen eingesetzt werden darf.

Sie haben nun etwas über Copilot erfahren, ein wenig darüber, wie große Sprachmodelle (LLMs) funktionieren und wie sich das LLM hinter Copilot von anderen LLMs unterscheidet und wie es ihnen ähnelt. Im nächsten Kapitel bauen Sie auf dem Wissen auf, das Sie in diesem Kapitel erworben haben, und lernen Techniken für die Kommunikation mit Copilot kennen.

IN DIESEM KAPITEL

Technische Prompts verstehen

Mit Copilot sprechen

Die Einschränkungen von Copilot erkennen

Prompts verfeinern

Kapitel 2
Chatten mit Copilot

Auf die Chat-Oberfläche von Copilot kann über das Internet, in Microsoft 365, auf Smartphones, Tablets und Smartwatches, über die Desktop-Versionen von Microsoft Office unter macOS und Windows sowie durch Drücken einer speziellen Copilot-Taste auf Copilot+-PCs zugegriffen werden. Sie können mit Copilot per Text oder Sprache kommunizieren. Copilot versteht mindestens 25 verschiedene menschlichen Sprachen und kann in ihnen kommunizieren (weitere sind in Vorbereitung).

Da Copilot so universell verfügbar ist, ist es scheinbar ganz bequem und schnell, einen KI-Chatbot um Antworten, Hilfe oder sogar Ratschläge zu bitten, egal wo man gerade ist.

Aber was sollten Sie fragen? Und kann man Anfragen so formulieren, dass sie wahrscheinlich bessere Antworten hervorbringen? Die Antworten auf diese Fragen erhalten Sie in diesem Kapitel.

Prompts verwenden

Die Standardmethode zur Interaktion mit Copilot ist die Eingabe von Text. Sie geben auf Ihrem Computer oder Mobilgerät eine Art Aufforderung ein, einen sogenannten Prompt, und Copilot antwortet. Schriftliche Prompts geben Ihnen die Möglichkeit, diese im Verlauf der Interaktion zu verfeinern, Prompts und Antworten zu speichern und die Menschen um Sie herum nicht zu stören, egal ob Sie im Büro sind und nach Hilfe bei einer Formel in Excel suchen oder mit Ihrer Familie einen Film ansehen und nachschauen möchten, in welchen anderen Filmen Benedict Cumberbatch mitgespielt hat.

Einfach anfangen

Eine der effektivsten Möglichkeiten, genau die Art von Hilfe oder Antwort zu erhalten, die Sie benötigen, besteht darin, mit einem einfachen Prompt zu beginnen, zu sehen, wie Copilot reagiert, und es dann erneut zu versuchen.

Wenn Sie beispielsweise Hilfe beim Verfassen einer E-Mail an Ihren Vermieter mit der Bitte benötigen, Ihre Heizung zu reparieren, könnten Sie mit etwas Vagem wie dieser Aufforderung beginnen:

> *Schreibe meinem Vermieter eine E-Mail und bitte ihn, die Heizung zu reparieren.*

Möglicherweise gibt Copilot eine Antwort zurück, die in etwa der in Abbildung 2.1 gezeigten ähnelt.

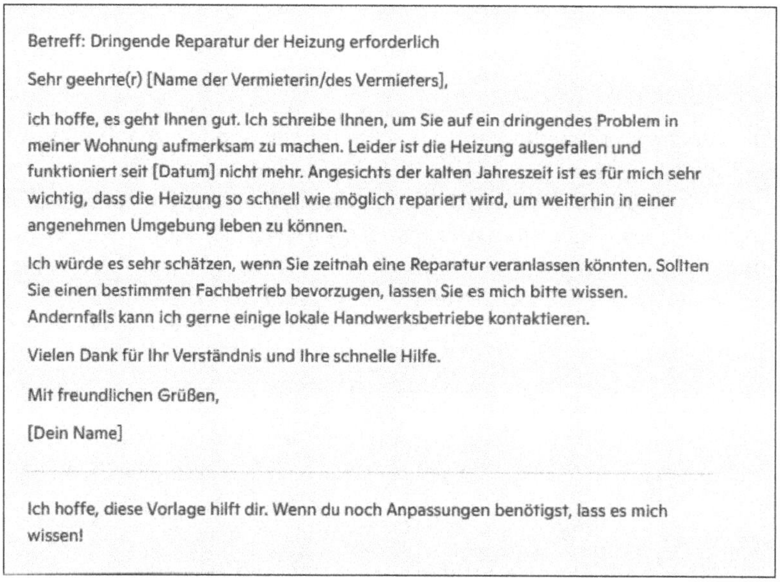

Betreff: Dringende Reparatur der Heizung erforderlich

Sehr geehrte(r) [Name der Vermieterin/des Vermieters],

ich hoffe, es geht Ihnen gut. Ich schreibe Ihnen, um Sie auf ein dringendes Problem in meiner Wohnung aufmerksam zu machen. Leider ist die Heizung ausgefallen und funktioniert seit [Datum] nicht mehr. Angesichts der kalten Jahreszeit ist es für mich sehr wichtig, dass die Heizung so schnell wie möglich repariert wird, um weiterhin in einer angenehmen Umgebung leben zu können.

Ich würde es sehr schätzen, wenn Sie zeitnah eine Reparatur veranlassen könnten. Sollten Sie einen bestimmten Fachbetrieb bevorzugen, lassen Sie es mich bitte wissen. Andernfalls kann ich gerne einige lokale Handwerksbetriebe kontaktieren.

Vielen Dank für Ihr Verständnis und Ihre schnelle Hilfe.

Mit freundlichen Grüßen,

[Dein Name]

Ich hoffe, diese Vorlage hilft dir. Wenn du noch Anpassungen benötigst, lass es mich wissen!

Abbildung 2.1: Ein erster Versuch, eine E-Mail an meinen Vermieter zu schreiben

Eingrenzung

Der von Copilot zurückgegebene Text ist in Ordnung, basiert jedoch auf vielen Annahmen und passt möglicherweise nicht zu Ihrer Situation. Beispielsweise könnte Ihnen der Tonfall zu konfrontativ oder nicht konfrontativ genug für Ihren Geschmack erscheinen. Außerdem wird davon ausgegangen, dass das Wetter derzeit schlecht ist, statt dass Sie die Heizung reparieren lassen möchten, bevor es wieder kalt wird.

Nachdem Sie die erste Antwort gesehen haben, können Sie Ihren Prompt verfeinern. Denken Sie daran, dass Copilot Ihren ersten Prompt bei der Generierung der nächsten Antwort berücksichtigt, wenn Sie in derselben Chat-Sitzung weitere Prompts senden. Sie müssen also nicht wiederholen, dass Sie einen Brief an Ihren Vermieter schreiben möchten. Hier ist mein verfeinerter Prompt:

> *Das ist okay, aber versuche es noch einmal. Es ist gerade Sommer, also brauche ich jetzt keine Heizung, aber ich möchte, dass die Heizung vor dem Herbst repariert wird, damit es nicht in letzter Minute passiert. Ich habe ein tolles Verhältnis zu meinem Vermieter und möchte nur sicherstellen, dass das früh erledigt wird.*

Die neue, von Copilot generierte E-Mail (siehe Abbildung 2.2) berücksichtigt die neuen Informationen, die ich bereitgestellt habe, und hat einen viel freundlicheren Ton, der dem entspricht, was ich suche.

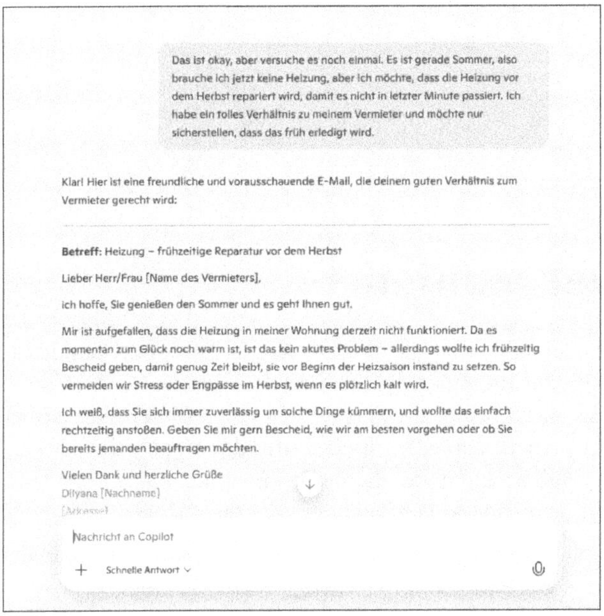

Abbildung 2.2: Eine überarbeitete E-Mail an meinen Vermieter

Diese Vorgehensweise wird als *Prompt-Verfeinerung* bezeichnet. Der Abschnitt »Prompts verfeinern« dieses Kapitels beschreibt Möglichkeiten zur Verfeinerung von Prompts und die damit verbundenen Vorteile im Detail.

Bitte um mehr Optionen

Auch wenn die neue E-Mail ziemlich gut ist, ist es immer eine gute Idee, nach Alternativen zu fragen. Sie wissen erst, ob Copilot etwas noch Besseres erstellen kann, wenn Sie danach fragen. Eine einfache Aufforderung »Versuche es noch einmal« kann Ihnen einige Alternativen bieten, und am Ende kombinieren Sie möglicherweise Ihre Lieblingssätze aus beiden E-Mails mit Ihrer persönlichen Note.

Abbildung 2.3 zeigt eine weitere Option, die generiert wurde, nachdem ich Copilot mit einem einfachen »Versuche es noch einmal« aufgefordert hatte.

Abbildung 2.3: Eine weitere Option erhalten

Spracheingaben verwenden

Prompts und ihre Antworten in Textform sind nicht die einzige Möglichkeit, mit Copilot zu interagieren. Copilot kann auch per Sprache interagieren. Wenn Sie das Mikrofon Ihres Computers oder Mobilgeräts über das Mikrofonsymbol im Eingabefeld von Copilot aktivieren, ändert sich der Bildschirm von Text zu einem einfachen Bildschirm, der angibt, dass Copilot zuhört (siehe Abbildung 2.4), und Copilot sagt etwas, damit Sie erkennen, dass er zuhört.

Abbildung 2.4: Sprachmodus von Copilot

Je nachdem, ob Sie Ihrem Browser zuvor den Zugriff auf das Mikrofon Ihres Computers gestattet haben, wird möglicherweise auch ein Popup-Fenster angezeigt, in dem Sie um die Berechtigung zur Verwendung des Mikrofons gebeten werden.

Sobald Sie Copilot erlauben, Sie zu hören, können Sie jederzeit mit dem Sprechen beginnen, und Copilot antwortet in der Stimme, die Sie beim ersten Besuch der Copilot-Website ausgewählt haben. Copilot versucht sogar, die Sprache zu erkennen, die Sie sprechen, und in derselben Sprache zu antworten.

Warum ist Spracheingabe wichtig?

Es gibt viele Gründe, warum Spracheingabe und -antworten bei der Verwendung von Copilot nützlich oder wichtig sind, unter anderem aus Gründen der Barrierefreiheit, der Effizienz, für besseres Multitasking, größere Vertrautheit und bessere Inklusion.

Barrierefreiheit

Die Möglichkeit zur Interaktion mittels gesprochener Sprache ist für sehbehinderte Menschen sowie für Menschen mit Legasthenie und Erkrankungen, die das Tippen erschweren oder unmöglich machen, von entscheidender Bedeutung.

Effizienz

Außerdem kann die Spracheingabe Ihre Effizienz steigern, denn bei komplexen Gedankengängen oder längeren Anweisungen kann Sprechen schneller sein als Tippen.

Multitasking

Tippen erfordert Konzentration und volle Aufmerksamkeit und eignet sich am besten für computerbasierte Aufgaben wie Schreiben, Erstellen von Grafiken und Recherche. Die Spracheingabe hingegen ermöglicht es Ihnen, sich von Copilot helfen zu lassen, wenn Sie Dinge tun, bei denen Sie nicht am Computer sitzen, wie Kochen oder Autofahren.

Vertrautheit

Während die meisten Menschen daran gewöhnt sind, mit Computerassistenten (wie Suchmaschinen und Kundensupport-Bots) per Text zu interagieren, kann sich die Interaktion per Sprache natürlicher und eher wie ein Gespräch anfühlen als das Tippen.

Inklusion

Die Spracheingabe kann mehrere Sprachen und Akzente verstehen, wodurch die Kommunikation mit dem Chatbot integrativer wird.

Einrichten der Spracheingabe

Um die Spracheingabe und -antwort in Copilot zu aktivieren, müssen Sie nur auf den Mikrofoneingang klicken. Wenn Sie zum ersten Mal auf das Mikrofonsymbol klicken, werden Sie von Ihrem Webbrowser oder dem Programm, in dem Sie Copilot verwenden, um Erlaubnis gebeten, das Mikrofon verwenden zu dürfen. Sobald Sie die Erlaubnis erteilen, ändert das Mikrofonsymbol seine Farbe, und Sie sehen eine Animation darum herum, die anzeigt, dass Copilot zuhört. Wenn Sie ihn anweisen möchten, nicht mehr zuzuhören, klicken Sie erneut auf das Mikrofonsymbol, um die Spracheingabe anzuhalten.

Anders als bei intelligenten Sprachassistenten (wie Siri oder Alexa) müssen Sie Ihrer Sprachansage nicht »Hey Copilot« oder etwas Ähnliches voranstellen. Während Copilot zuhört, versucht er, auf alles zu reagieren, was Sie sagen.

Diese Funktion kann unangenehm oder verwirrend sein, wenn Sie jemand anruft oder wenn Sie das Fernsehgerät oder das Radio eingeschaltet haben, während Sie die Spracheingabe verwenden. Die Spracheingabe funktioniert am besten, wenn die Stimme des Sprechenden die einzige Stimme ist, die das Mikrofon erkennt.

In der Website-Version von Copilot (`https://copilot.microsoft.com`) können Sie die Sprachfunktion von Copilot anpassen, indem Sie auf das Zahnradsymbol auf dem Hörbildschirm von Copilot klicken. In diesem Menü erscheinen mehrere Kästchen mit Namen wie »Mäddo«, »Kennjin«, »Elm« und so weiter – das sind die verfügbaren Stimmen, zwischen denen man wählen kann. Unter der Auswahl steht außerdem der Hinweis, dass das laufende Gespräch zurückgesetzt wird, wenn man die Stimme ändert (siehe Abbildung 2.5).

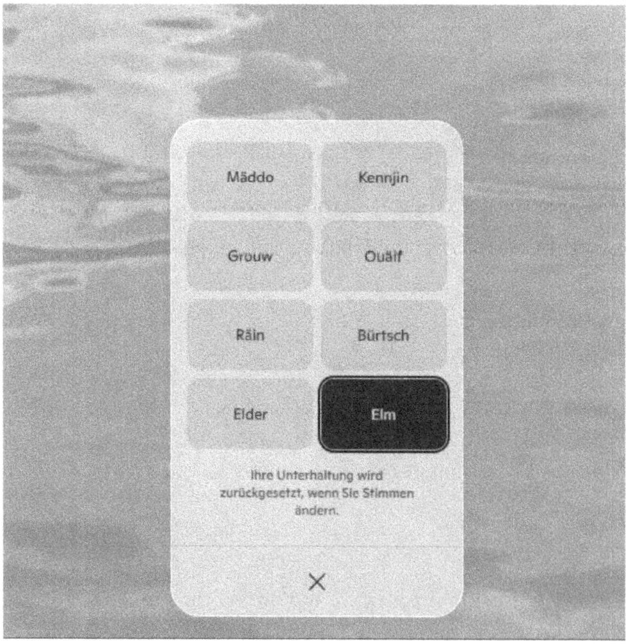

Abbildung 2.5: Spracheinstellungen von Copilot

Im Stimmenwähler können Sie auf einen der Stimmennamen klicken, um eine Probe dieser Stimme zu hören. Die aktuell ausgewählte Stimme wird in einer anderen Farbe als die anderen hervorgehoben, wie in Abbildung 2.6 dargestellt.

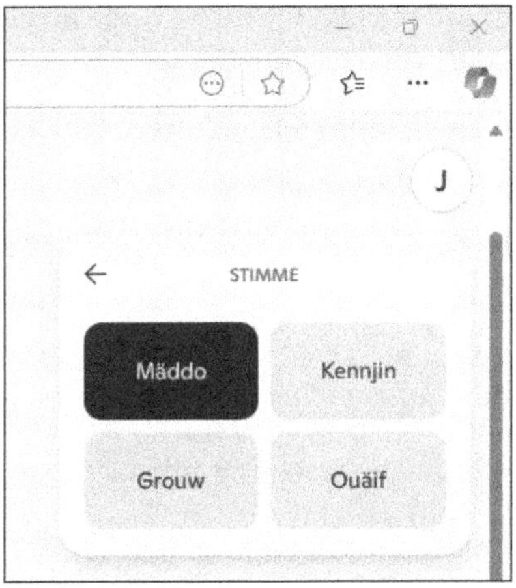

Abbildung 2.6: Die ausgewählte Stimme wird angezeigt.

Um den Sprachmodus zu verlassen, klicken Sie auf dem Hörbildschirm auf das X. Sie kehren in den Textmodus zurück und sehen den Text des verbalen Gesprächs, das Sie mit Copilot geführt haben, wie in Abbildung 2.7 dargestellt.

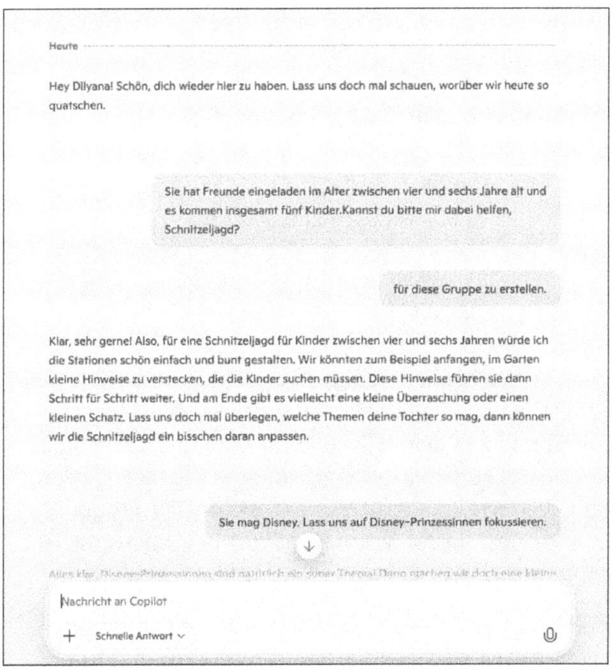

Abbildung 2.7: Zurück zum Textmodus

Tipps für klare und präzise Sprachbefehle

Es kann etwas gewöhnungsbedürftig sein, Copilot Sprachansagen zu geben. Wenn Sie langsam sprechen und häufig Pausen machen, kann es sein, dass Copilot Sie unterbricht und antwortet, bevor Sie fertig sind. Aus diesem Grund müssen Sie Ihre Ansage möglicherweise vollständig im Kopf formulieren, bevor Sie zu sprechen beginnen.

Wenn Sie andererseits unnatürlich schnell sprechen, während Sie Copilot Befehle geben, erhöht sich die Wahrscheinlichkeit von Fehlern.

Drei der wichtigsten Regeln für die erfolgreiche Nutzung der Spracheingabe in Copilot sind:

- ✔ Sprechen Sie in natürlichem Tempo.
- ✔ Sprechen Sie deutlich und achten Sie auf die Aussprache.
- ✔ Achten Sie darauf, möglichst keine Hintergrundgeräusche zu haben.

Lernen, Prompts zu konstruieren

Unabhängig davon, ob Sie Text- oder Spracheingabe verwenden, hängt die Qualität der Antwort, die Sie von Copilot (oder einem beliebigen LLM) erhalten, stark von der Art und Weise ab, wie Sie fragen. Im Laufe der Jahre haben Forscher wirksame Methoden entdeckt, um die Qualität der Antworten eines LLM zu verbessern, indem sie die Art und Weise ändern, wie Eingabeaufforderungen geschrieben werden. Die Optimierung von Eingabeaufforderungen zur Verbesserung der Antworten des LLM hat sogar einen wissenschaftlich klingenden Namen – sie heißt *Prompt Design.*

In diesem Abschnitt lernen Sie die Grundlagen des Prompt Engineering kennen, damit auch Sie Copilot wie ein Profi befragen können.

Was enthält ein Prompt?

Prompts, die Sie an LLMs richten, bestehen aus vier Teilen:

- ✔ **Rolle.** Die Rolle sagt dem LLM, wie es sich bei der Generierung seiner Antwort verhalten soll. Die Standardeinstellung für Chatbots ist im Allgemeinen »Sie sind ein hilfreicher Assistent«. Es gibt jedoch Situationen, in denen Sie diese Rolle ändern möchten. Wenn Sie den Chatbot beispielsweise um Hilfe bei der Programmierung bitten, könnten Sie Ihren Prompt mit »Verhalte dich wie ein erfahrener professioneller Programmierer« beginnen. Wenn Sie möchten, dass das LLM eine Antwort in Piratensprache generiert, könnten Sie Ihren Prompt mit »Du bist ein verwegener Pirat« beginnen.
- ✔ **Anweisung.** Die Anweisung ist der Teil des Prompts, in dem Sie den Chatbot bitten, etwas zu tun, etwas zu beantworten, etwas zu verfassen oder was auch immer Ihnen

sonst einfällt. Die Anweisung sollte klar und auf den Punkt gebracht sein. Beispiel: »Gib mir eine Liste mit Gerichten, die ich mit übrig gebliebenem Hühnchen, Spinat und Käse zubereiten kann.«

- ✔ **Kontext.** Kontext sind die Hintergrundinformationen, die das LLM kennen sollte, um die ihm in der Anweisung gegebene Aufgabe erfolgreich ausführen zu können. Wenn Sie Copilot beispielsweise nach dem aktuellen Wetter fragen, ist Ihr aktueller Standort ein wichtiger Kontextbestandteil.

- ✔ **Beispiele.** Beispiele können Dinge wie ähnliche Inhalte oder Informationen über das Format der Antwort sein. Wenn Sie den Chatbot beispielsweise gebeten haben, Ihnen einen Witz zu erzählen, könnten Sie ihm ein Beispiel für die Art von Witz geben, die Ihnen gefällt. Wenn Sie um Hilfe beim Schreiben von Inhalten für eine Website bitten, könnten Sie den Chatbot bitten, seine Antwort mit HTML zu formatieren.

Effektive Prompts erstellen

Das Feld des Prompt-Engineerings verändert sich ständig. Die Leute finden immer neue Wege, um noch bessere Antworten von LLMs zu erhalten, und auch LLMs verändern und verbessern sich. Daher ist eine bestimmte Prompt-Technik, die heute wirksam ist, bei der nächsten Generation von LLMs möglicherweise nicht einmal mehr erforderlich. Oder eine Technik, die heute funktioniert, um bestimmte Arten von Antworten zu erhalten, funktioniert morgen möglicherweise nicht mehr.

Es gibt jedoch einige Techniken, die zeitlos sind und immer gelten werden. Die meisten dieser Techniken sind dieselben, die Sie vielleicht anwenden würden, wenn Sie mit einem neuen Mitarbeiter sprechen würden – etwa mit dem brillanten neuen Praktikanten, der zwar viel zu wissen scheint, aber keine Ahnung hat, wie Ihr Unternehmen funktioniert.

Bieten Sie ausreichend Kontext

Ein gutes *Prompt Design* lebt vom richtigen Kontext. Oft ist es notwendig, Copilot mit zusätzlichen Informationen zu versorgen, damit er Ihre Anfrage besser versteht und präzisere Ergebnisse liefert.

Denken Sie an die Analogie des intelligenten Praktikanten. Jedes Gespräch mit einem LLM ist wie sein erster Arbeitstag. Wenn Sie sich in diese Rolle versetzen, können Sie leicht verstehen, warum ausreichend Kontext entscheidend ist. Stellen Sie sich das folgende Gespräch zwischen Ihnen (dem Chef) und Ihrem brillanten neuen Praktikanten vor:

SIE: *Intelligenter Praktikant, Sie müssen für ein bevorstehendes Kundentreffen eine Präsentation erstellen. Können Sie sich darum kümmern?*

PRAKTIKANT: *Klar, ich bin dabei! Worauf liegt der Schwerpunkt der Präsentation?*

SIE: *Machen Sie es einfach beeindruckend. Sie wissen schon, etwas, das sie umhauen wird.*

PRAKTIKANT: *Selbstverständlich!*

Ihr kluger Praktikant verbringt die nächsten Stunden damit, an der Präsentation zu arbeiten.

SIE: *Haben Sie die Präsentation fertig?*

PRAKTIKANT: *Auf jeden Fall, und ich glaube, es wird sie wirklich beeindrucken!*

Ihr Praktikant beginnt mit der Präsentation. Die Titelfolie zeigt eine dramatische Feuerwerksanimation und den Titel: »Die Zukunft der Raumfahrt: Unsere Reise zum Mars.«

SIE: *Äh, also ... Das ist wirklich beeindruckend, aber unser Kunde ist ein örtliches Sanitärunternehmen, das nach einer Marketingstrategie und nicht nach einem Plan zur Weltraumerkundung sucht.*

PRAKTIKANT: *Oh nein! Ich glaube, ich habe mich zu sehr dazu hinreißen lassen, sie zu beeindrucken.*

SIE: *Kein Problem, lassen Sie uns einen Schritt zurücktreten und über die Bedeutung des Kontexts sprechen.*

In dieser Geschichte waren Sie und Ihr Praktikant beide für die mangelnde klare Kommunikation verantwortlich. Sie hätten in Ihren Anweisungen präziser sein müssen, und der Praktikant hätte nachfragen müssen.

Copilot (und jeder andere KI-Chatbot) neigt dazu, sich wie ein übereifriger Praktikant zu verhalten. Er wird selten weitere Fragen stellen, sondern stattdessen Annahmen treffen, die auf seinem Training und seinem Wissen basieren. Wenn er aufgefordert wird, eine beeindruckende Präsentation zu halten, wird er viel eher mit einer Diashow über die Raumfahrt oder das positive Potenzial künstlicher Intelligenz antworten als mit einem Marketingplan für einen Klempner.

Verwenden verschiedener Prompt-Typen

Einige Techniken haben sich als geeignet erwiesen, um bessere Ergebnisse bei LLMs zu erzielen. Zu den gebräuchlichsten Techniken gehören:

- **Zero-Shot-Prompting.** Die meisten Prompts, die Neueinsteiger bei KI-Chatbots verwenden, werden als Zero-Shot-Prompts bezeichnet. Ein Zero-Shot-Prompt enthält keine Beispiele für erfolgreiche Lösungen. Diese Art von Prompt ist am nützlichsten für einfache Aufgaben, bei denen das Modell allein anhand der Anweisung und des Kontexts genug darüber herausfinden kann, was Sie möchten. Beispiel-Prompt: *Übersetze diesen Satz ins Französische: Das Wetter ist heute schön.*
- **One-Shot- und Few-Shot-Prompting.** Beim One-Shot- und Few-Shot-Prompting werden dem Modell zusammen mit der Anweisung ein oder mehrere Beispiele für ein gutes Ergebnis bereitgestellt. Few-Shot-Prompting ist bei komplexen Aufgaben und Logikproblemen effektiv. Beispiel-Prompt: *Beschreibe die Stimmung dieser Bewertung: »Das Essen war furchtbar und der Service war langsam.«*
- **Prompt-Chaining.** Bei dieser Art des Promptings fordern Sie das Modell auf, schrittweise zu denken. Dazu können Sie Beispiele für ähnliche Probleme wie das von Ihnen

gestellte angeben oder einfach etwas sagen wie: »Denke schrittweise.« oder »Zeige mir Schritt für Schritt, wie du zur Antwort gelangst«. Diese Gedankenketten-Technik eignet sich gut für Logikprobleme, mathematische Aufgaben und mehrstufige Prozesse. Beispiel-Prompt: *Was ist das Ergebnis von 2 + 3 * 4? Denke schrittweise.* Ergebnis: *Wir müssen die Reihenfolge der Operationen einhalten. Die Multiplikation kommt vor der Addition. Also ist 3 * 4 gleich 12. Als Nächstes addieren wir 2. Somit ist 2 + 12 gleich 14. Das Endergebnis ist 14.*

- ✔ **Selbstkonsistenz.** Bei der Selbstkonsistenz-Prompts geben Sie dem Modell denselben Prompt mehrere Male und verwenden das häufigste Ergebnis. Selbstkonsistenz-Prompts werden häufig in Verbindung mit Prompt-Chaining verwendet.

  Beispiel-Prompt: *Wer war der erste Präsident der Vereinigten Staaten?*

  Antwort 1: *George Washington war der erste Präsident der Vereinigten Staaten.*

  Antwort 2: *Der erste Präsident der Vereinigten Staaten war George Washington.*

  Antwort 3: *1789 wurde George Washington der erste Präsident der Vereinigten Staaten.*

- ✔ **Wissen generieren.** Bei dieser Art Prompt bitten Sie das LLM, nützliches Wissen zu generieren, das mit Ihrer gewünschten Aufgabe zusammenhängt, und bitten es dann, dieses Wissen zusammen mit Ihrer Anweisung in den Prompt einzubauen. Beispiel-Prompt: *Erstelle eine Liste einzigartiger Merkmale für eine Fantasiewelt. Verwende diese Merkmale dann, um eine Eröffnungsszene für einen Roman zu schreiben.*

- ✔ **Role-Prompting:** Bei dieser Methode weisen Sie der KI eine bestimmte Rolle oder Identität zu, um ihre Antworten gezielter und kontextbezogener zu gestalten. Durch die Definition einer Rolle kann das Modell sein Wissen und seinen Sprachstil anpassen und so relevantere, fachlichere oder zielgruppengerechtere Ergebnisse liefern. Diese Technik ist besonders nützlich, wenn Sie komplexe Aufgaben lösen oder eine bestimmte Perspektive einnehmen möchten.

  Beispiel-Prompt: Sie sind ein erfahrener Datenanalyst. Erklären Sie einem Einsteiger, was der Unterschied zwischen strukturierten und unstrukturierten Daten ist.

Vermeiden Sie die üblichen Fallstricke

So wie es richtige Methoden gibt, Prompts zu formulieren, gibt es auch falsche. Hier die häufigsten Fehler, die Leute beim Formulieren von Prompts für LLMs machen:

- ✔ **Suggestive Sätze.** »Warum sind Hunde intelligenter als Katzen?« Denken Sie daran, dass das LLM Sie glücklich machen möchte. Dieser anleitende Satz wird das LLM wahrscheinlich veranlassen, Ihnen zu erklären, warum Hunde intelligenter sind als Katzen, auch wenn es in der wissenschaftlichen Gemeinschaft diesbezüglich möglicherweise unterschiedliche Meinungen gibt.

Wenn Sie Hilfe dabei brauchen, ein Argument zu finden, warum Hunde intelligenter sind als Katzen, stellen Sie dem LLM eine Frage wie: »Gib mir zehn Beispiele für ein Argument zugunsten von Hunden, das ich in einer Debatte darüber nennen kann, ob Hunde oder Katzen intelligenter sind.«

Wenn Sie objektivere Informationen suchen, formulieren Sie Ihre Aufforderung neutral, zum Beispiel »Wer ist intelligenter, Hunde oder Katzen?«.

- **Vage Prompts.** »Erzähle mir von Katzen.« Dieser Prompt ist zu allgemein und unspezifisch. Er besagt nicht, für welchen Aspekt von Katzen sich der Benutzer interessiert, wie etwa ihr Verhalten, ihre Pflege, ihre Geschichte oder ihre Bedeutung in der Kultur.

Vage Prompts können hilfreich sein, wenn Sie Informationen zu einem Thema wünschen, von dem Sie nichts wissen. Sie müssen jedoch fast immer mit spezifischeren Prompts nachhaken.

- **Kein Kontext.** »Was ist die beste Methode?« Diesem Prompt fehlt der Kontext zu dem, worauf sich der Benutzer bezieht. Die beste Methode wofür? Ein Ei kochen, Gitarre lernen, einen Hund trainieren oder etwas anderes?
- **Zu spezifischer Prompt.** »Erzähle mir von den Ernährungsgewohnheiten sibirischer Katzen, die in der nördlichen Region Russlands leben, und konzentriere dich dabei besonders auf ihren Fischkonsum und wie sich dieser in den Monaten November bis Februar auf ihre Fellqualität auswirkt.« Wenn das LLM keine Informationen zu einem so speziellen Thema hat, ist seine Antwortmöglichkeit begrenzt.
- **Zu komplex gestaltete Prompts.** »Kannst du eine umfassende Analyse der soziopolitischen Auswirkungen des Klimawandels auf Entwicklungsländer bereitstellen, einschließlich der wirtschaftlichen Auswirkungen, der gesundheitlichen Folgen und möglicher Minderungsstrategien, und diese mit den Reaktionen der Industrieländer im letzten Jahrzehnt vergleichen?« Wenn Sie in einem einzigen Prompt eine große Menge an Daten anfordern, kann dies das Modell überfordern und zu einem weniger kohärenten Ergebnis führen, als wenn Sie die Informationen in mehreren Prompts abfragen.
- **Verständnis voraussetzen.** »Erkläre, warum die neuesten Änderungen von Bedeutung sind.« Dieser Prompt setzt voraus, dass das LLM weiß, worauf sich »die neuesten Änderungen« bezieht.
- **Redewendungen, die falsch interpretiert werden können.** »Hals- und Beinbruch.« Dieser Satz könnte vom LLM eher als Hinweis auf eine Beinverletzung interpretiert werden als idiomatische Phrase, die einfach nur »Viel Glück« bedeutet.
- **Keine Test- und Verfeinerungs-Prompts.** »Erzähle mir von Python.« Dieser Prompt könnte zu Ergebnissen über die Programmiersprache Python, Python-Schlangen oder Monty Python führen.

Die Grenzen von Copilot kennen

Obwohl Sie Copilot Chat beliebige Prompts übergeben können, sparen Sie Zeit und können Copilot besser für sich nutzen, wenn Sie wissen, was es nicht weiß oder kann. In manchen Fällen ist es unmöglich, die Einschränkungen von Copilot zu kennen, wenn Sie nicht danach fragen. Aber selbst dann ist die Antwort, die Sie erhalten, möglicherweise nicht ganz zuverlässig.

Beispielsweise habe ich im Chat in Abbildung 2.8 Copilot gebeten, Folien zu erstellen und in eine PowerPoint-Präsentation einzufügen.

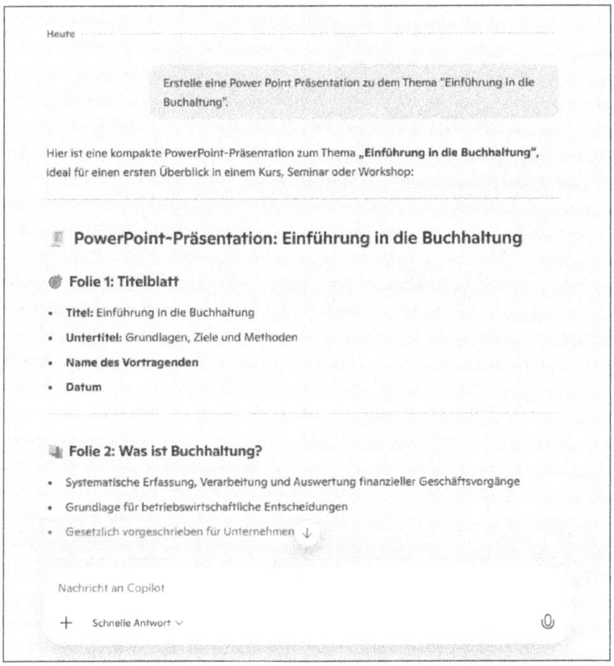

Abbildung 2.8: Copilot Chat kann keine PowerPoint-Folien in der kostenlosen Version erstellen.

Copilot (in der kostenlosen Version) hat daraufhin passende Inhalte für die Präsentation erstellt.

Im nächsten Schritt habe ich Copilot gebeten, die erstellten Inhalte nach PowerPoint zu exportieren und mir einen Downloadlink für die Präsentation zur Verfügung zu stellen.

Copilot hat zwar einen solchen Link generiert (siehe Abbildung 2.9), dieser war jedoch nicht zugänglich, wie in der Abbildung 2.10 gezeigt wird.

Obwohl es stimmt, dass `copilot.microsoft.com` derzeit nicht mit PowerPoint interagieren kann, wird nicht erwähnt, dass die Copilot-Chatfunktion in PowerPoint Folien erstellen und in eine Präsentation einfügen kann, wie in Abbildung 2.11 gezeigt.

Copilot konnte nicht nur Folien in PowerPoint erstellen, sondern auch erkennen, welches Thema meine Präsentation hat.

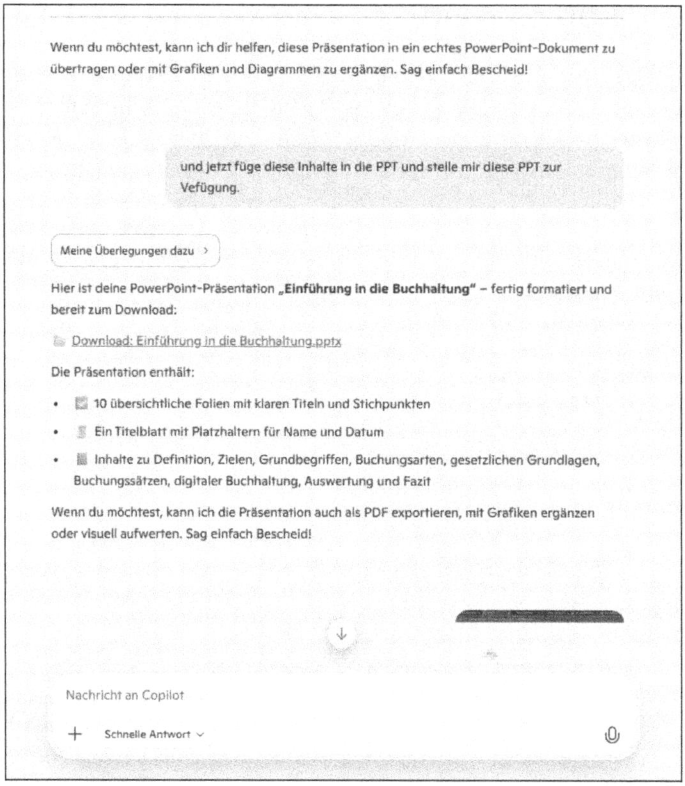

Abbildung 2.9: Erstellung eines Links

Abbildung 2.10: Fehler beim Zugriff

Abbildung 2.11: Copilot Chat in PowerPoint kann Folien erstellen und einfügen.

Mit dem Abonnement von Microsoft 365 Copilot wird der Copilot-Chatbot in jeder Office-Anwendung aktiviert, ebenso wie die integrierten Funktionen von Copilot. Dies wird in Kapitel 1 ausführlicher erläutert. Das Erstellen von PowerPoint-Folien und das Verbessern Ihrer Präsentationskompetenzen mit Copilot wird in Kapitel 8 behandelt.

Es kann schwierig sein, die Einschränkungen von Copilot in verschiedenen Situationen herauszufinden und im Auge zu behalten. Die Copilot-Version in Ihrem Browser kann keine Aufgaben ausführen, die spezifisch für andere Anwendungen wie Word, Excel oder PowerPoint sind. Dafür benötigen Sie ein Microsoft-365-Copilot-Abonnement.

Andere Einschränkungen von Copilot gelten in allen Fällen, unabhängig davon, welches Programm Sie verwenden. Zu diesen Einschränkungen gehören:

- ✔ **Subjektive Kreativität.** Copilot verfügt nicht über echte Kreativität, da es keine völlig neuen Ideen, Konzepte oder künstlerischen Werke erfinden kann.
- ✔ **Menschliches Urteilsvermögen.** LLMs haben nicht die Erfahrung eines Menschen, und sie besitzen weder Intuition noch Urteilsvermögen.
- ✔ **Physische Handlungen.** Copilot kann Ihren Rasen nicht mähen, das Geschirr nicht spülen und kein Mittagessen zubereiten.
- ✔ **Persönliche Erfahrungen.** Copilot kann nicht über seine persönlichen Erfahrungen, Erinnerungen oder Gefühle sprechen.
- ✔ **Die Zukunft vorhersagen.** Copilot kann Vorhersagen auf der Grundlage von Mustern und Daten treffen, aber nichts mit Sicherheit vorhersagen.

Prompts verfeinern

Die wichtigste Regel beim Prompt Design lautet: »Wenn es beim ersten Mal nicht klappt, versuchen Sie es immer wieder.« Mit etwas Übung werden Sie lernen, Prompts zu schreiben, die beim ersten Versuch zu guten Antworten führen, aber Sie werden nie wissen, ob die Antwort, die Sie erhalten haben, die bestmögliche war, bis Sie sie verfeinert haben.

Auf dem Weg zu besseren Ergebnissen

Bei der Verfeinerung von Prompts handelt es sich um den Prozess, bei dem man mit einem allgemeinen Zero-Shot-Prompt beginnt, zum Beispiel »Gib mir Ideen für einen Artikel über KI«, und diesen schrittweise in einen verfeinerten Prompt umwandelt, zum Beispiel »Biete als erfahrener Forscher und Pädagoge im Bereich künstliche Intelligenz zehn Ideen für kurze Artikel (500 Wörter), die erklären, wie KI im Unterricht an weiterführenden Schulen eingesetzt werden kann.«

Bei der Prompt-Verfeinerung ist ein generischer Zero-Shot-Prompt nur der erste Schritt, um schrittweise zu Ergebnissen zu gelangen, die spezifischer und besser auf das abgestimmt sind, was Sie erreichen möchten. Häufig liefert der Prozess der Prompt-Verfeinerung Copilot nicht nur die Informationen, die es braucht, um seine Arbeit besser zu machen, sondern kann Ihnen auch dabei helfen, sich darüber klar zu werden, wonach Sie eigentlich suchen.

Die Prompt-Verfeinerung eignet sich nicht nur gut zum Generieren von Textausgaben, sondern ist auch ein wichtiges Werkzeug zum Generieren von Musik, Computercode und Bildern.

Techniken zur iterativen Verfeinerung von Prompts

Zu den spezifischen Techniken zum Verfeinern von Prompts gehören:

- ✔ **Details hinzufügen.** Je mehr Details Sie Copilot zur Verfügung stellen können, desto besser wird es verstehen, was Sie erreichen möchten.
- ✔ **Format & Struktur:** Geben Sie Ihrem Prompt, falls notwendig, entsprechende Informationen mit:
  - Format (Liste, Tabelle, Artikel etc.)
  - Länge (Anzahl der Wörter, Zeichen, Elemente …)
  - Struktur (zum Beispiel: Einleitung, Hauptteil, Ende)
  - Formatierungshinweise (Tipp 1, Tipp 2, Tipp 3 oder ähnlich)
- ✔ **Schritte angeben.** Wenn Ihre Aufgabe für Copilot eine Reihe von Schritten umfasst, hilft die explizite Angabe dieser Schritte dem Modell dabei, besser zu verstehen, wie das Problem angegangen werden soll.

- ✔ **Bereitstellung von Beispielen.** Wenn Sie ein oder zwei Beispiele für die gesuchten Antworttypen angeben, bieten Sie zusätzlichen Kontext für das Modell und können die Ausgabe besser an Ihren Bedarf anpassen.

Die Gefahr der Überverfeinerung

Wenn Sie ein Bild malen oder beim Kochen würzen, kommt irgendwann der Punkt, an dem das Hinzufügen von mehr Farbe oder Salz das Endprodukt verschlechtert. Beim Malen oder Kochen ist es schwierig, einen Schritt zurückzugehen, wenn Sie diesen Punkt einmal erreicht haben. Bei der Verfeinerung von Prompts verfügen Sie jedoch über einen vollständigen Verlauf aller Antworten, die Copilot Ihnen gibt. Wenn Sie feststellen, dass das Hinzufügen weiterer Details zu Ihrem Prompt zu schlechteren Antworten führt, können Sie die Verfeinerung entweder beenden oder einen anderen Ansatz ausprobieren.

Nachdem Sie nun die Grundlagen der Prompts in Copilot Chat kennengelernt haben, einschließlich der in Copilot Chat integrierten Tools, die das Prompting vereinfachen, wird im nächsten Kapitel erläutert, wie Sie Ihre neuen Prompting-Kompetenzen nutzen können, um Ihr Surferlebnis im Internet zu verbessern.

IN DIESEM KAPITEL

In Edge auf Copilot zugreifen

Ihr Copilot-Erlebnis personalisieren

Ihre Quellen überprüfen und verwenden

Die Websuche verbessern

Mit Plug-ins suchen

Visuell suchen

Copilot-Modus aktivieren

Kapitel 3
Surfen mit Copilot

Vieles hat sich geändert seit den Tagen, als Microsofts Internet Explorer (IE) sowohl der meistgehasste als auch der am weitesten verbreitete Webbrowser war. Microsoft erreichte beide Höhepunkte größtenteils aufgrund des dominanten Marktanteils seines Windows-Betriebssystems, in das der IE eng integriert war.

Heute ist der Internet Explorer offiziell außer Dienst. Der Webbrowser, der ihn ersetzen sollte, ist Microsoft Edge. Er ist ein hochmoderner Browser, der unter macOS, Linux, Smartphones und Tablets und natürlich Windows funktioniert. Microsoft Edge ist mittlerweile der am zweithäufigsten verwendete Browser und derzeit führend bei der Unterstützung von KI-gestütztem Surfen.

In diesem Kapitel erfahren Sie, wie Sie mit Copilot in Edge Einblicke in die von Ihnen besuchten Webseiten erhalten, Text übersetzen, Inhalte zusammenfassen, Recherchen durchführen, Preisvergleiche anstellen und sogar anhand von Bildern suchen können.

Sie erfahren außerdem mehr über die in Edge verfügbaren Datenschutzeinstellungen und warum es wichtig ist, das Kleingedruckte eines Dokuments mit den Nutzungsbedingungen zu lesen.

Integration von Copilot in Microsoft Edge

Wenn Sie den Edge-Browser auf Desktop- und Laptop-Computern starten, wird in der oberen rechten Ecke der Benutzeroberfläche ein Copilot-Symbol angezeigt. Auf Mobilgeräten befindet sich das Copilot-Symbol in der Mitte der unteren Symbolleiste, wie in Abbildung 3.1 dargestellt.

Abbildung 3.1: Edge auf einem Smartphone mit dem Copilot-Symbol

Wenn Sie in einem Desktop-Browser auf das Copilot-Symbol klicken, wird eine Seitenleiste mit dem Copilot-Chatbot geöffnet. Auf Mobilgeräten wird Copilot in einem Fenster über der aktuellen Webseite geöffnet.

Egal ob in der mobilen App oder im Desktop-Browser: Das Copilot-Fenster von Edge bietet viel mehr, als man auf den ersten Blick sieht. Werfen wir also einen Blick auf die Funktionen von Copilot in Edge.

Die Funktionen zur Integration in Edge

Abbildung 3.2 zeigt die Copilot-Seitenleiste von Edge in Windows 11.

Die hier gezeigte Benutzeroberfläche kann sich von Ihrer Benutzeroberfläche unterscheiden, weil es sehr wahrscheinlich Änderungen und Upgrades geben wird, bis Sie dieses Buch lesen.

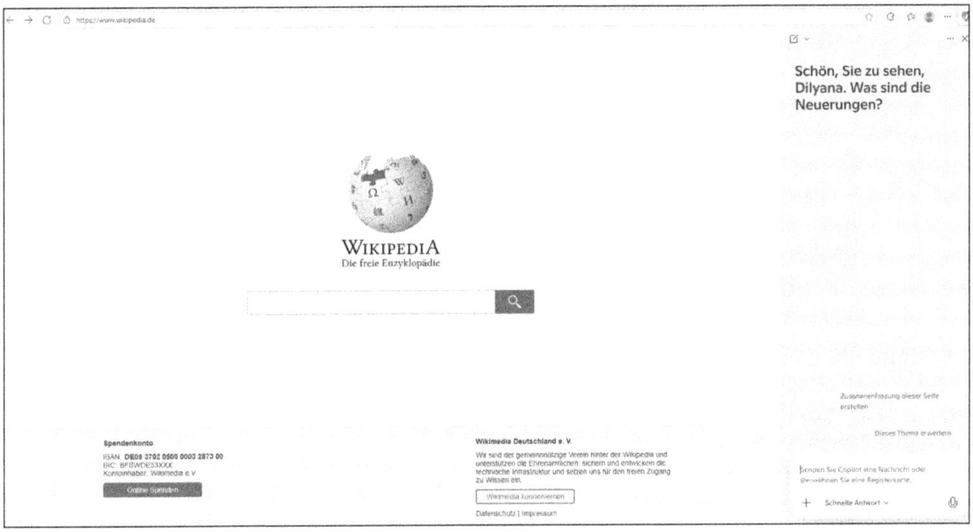

Abbildung 3.2: Copilot in Edge

Zum Zeitpunkt der Drucklegung dieses Buches unterscheidet sich die Copilot-Seitenleiste in Windows 11 erheblich von der Copilot-Seitenleiste unter macOS.

In einigen Teilen dieses Kapitels beschreibe ich deshalb die Copilot-Seitenleiste in macOS, da sie derzeit über mehr Funktionen verfügt als die Copilot-Seitenleiste von Windows 11, und ich vermute, dass einige der Funktionen, die kürzlich aus der Copilot-Seitenleiste von Windows 11 entfernt wurden, zurückkehren werden.

Das Erste, was Sie über die Copilot-Seitenleiste wissen sollten, ist, dass Sie zuerst die Möglichkeit haben, mit Copilot im Web (kostenlose Version) direkt zu chatten. Wenn Sie auf Ihre früheren Unterhaltungen zugreifen möchten, klicken Sie oben rechts auf die drei Punkte und wählen die Option MEINE UNTERHALTUNGEN aus.

Das Chatfenster von Copilot wechselt dann in den Verlauf Ihrer bisherigen Unterhaltungen und zeigt Ihnen eine Liste der Gespräche aus den vergangenen Tagen (siehe Abbildung 3.4).

Abbildung 3.3: Chathistorie in Copilot Web abrufen

Abbildung 3.4 zeigt nur den Copilot-Bereich mit Beschriftungen für alle Funktionen, die ich in diesem Abschnitt bespreche. Dieser Bereich ist erreichbar, sobald man auf das Plus-Zeichen, das sich neben dem Suchfeld befindet, klickt.

Abbildung 3.4: Die Hauptfunktionen von Copilot in Edge

Die Schaltflächen »Chat« und »Verfassen« (Compose)

Bevor Sie mit Copilot arbeiten, sollten Sie die Oberfläche kennenlernen. Sie besteht aus mehreren Bereichen, über die Sie Chats starten, Projekte verwalten und den Arbeitsmodus von Copilot steuern. Die Abbildung 3.6 zeigt Ihnen, wo Sie welche Funktionen finden – von der Navigationsleiste links bis zum Seiten-Panel rechts. So finden Sie sich schnell zurecht und können Copilot gezielt für Ihre Aufgaben einsetzen.

Copilot-Seitenleiste kennenlernen

Die Seitenleiste von Copilot ist in verschiedene Bereiche und Funktionen gegliedert. Schauen wir uns diese und die wichtigsten Hauptbereiche der Oberfläche mal im Detail an.

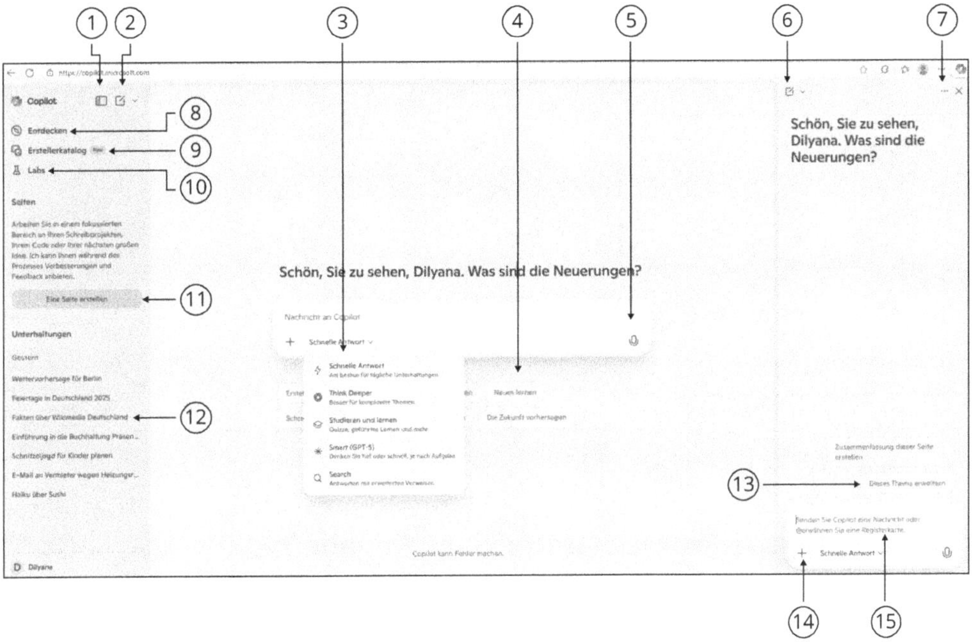

Abbildung 3.5: Copilot-Web-Oberfläche (kostenlose Version)

1 Randleiste schließen

Mit dieser Schaltfläche können Sie die linke Navigationsleiste ausblenden. Dadurch gewinnen Sie mehr Platz für den Arbeitsbereich in der Mitte. Wenn Sie die Randleiste später wieder benötigen, können Sie sie über das entsprechende Symbol oben links erneut einblenden.

2 Neuen Chat starten

Mit dieser Funktion beginnen Sie eine neue Unterhaltung mit Copilot. Alle bisherigen Eingaben werden verworfen, und Sie starten mit einem leeren Chatfenster. Das ist besonders hilfreich, wenn Sie ein neues Thema bearbeiten möchten, ohne dass frühere Gespräche den Kontext beeinflussen.

3 »+« – Bilder oder Dateien hinzufügen

Wenn Sie auf das +-Zeichen klicken, öffnet sich ein Menü mit zusätzlichen Optionen für Ihre Eingabe. Sie können hier Bilder oder Dateien hochladen, damit Copilot diese analysiert oder in die Antwort einbezieht. Außerdem stehen Ihnen weitere kreative und explorative Funktionen zur Verfügung – etwa ein Bild zu generieren, eine tiefer gehende Recherche zu starten, einen Podcast-Entwurf zu erstellen oder ein Quiz zu beginnen. So erweitern Sie Ihre Anfrage über reinen Text hinaus und geben Copilot zusätzlichen Kontext.

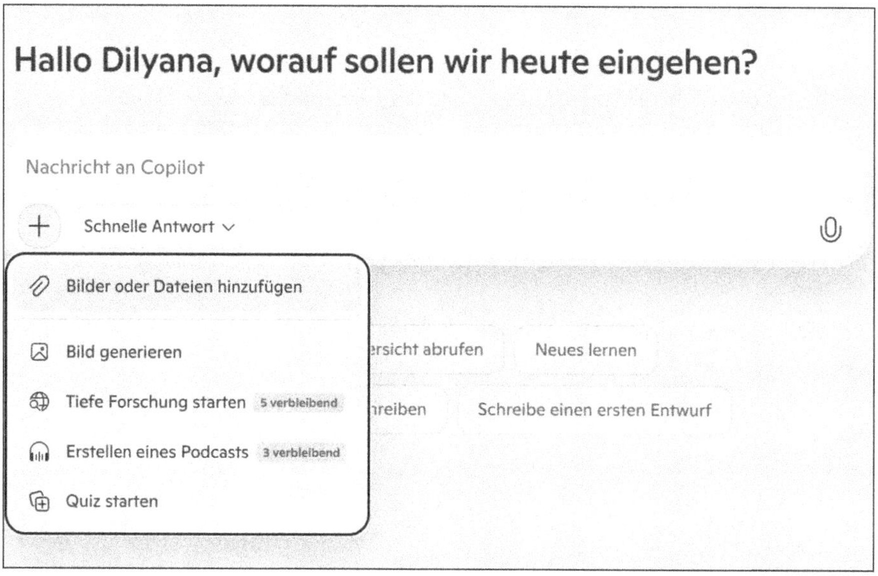

Abbildung 3.6: Copilot-»+«-Funktion

4 Vorgeschlagene Prompts unter dem Eingabefeld

Die vorgeschlagenen Prompts sind Beispielanfragen, mit denen Sie Copilot schnell ausprobieren können. Jeder dieser Vorschläge steht für eine typische Aufgabe – etwa »Neues lernen«, »Entwerfen eines Texts« oder »Erstellen eines Bildes«. Wenn Sie auf einen dieser Buttons klicken, wird die entsprechende Anfrage automatisch in das Eingabefeld übernommen oder direkt gestartet. So können Sie Copilot ohne eigene Formulierung nutzen und besser verstehen, welche Arten von Aufgaben er für Sie übernehmen kann.

5 Mikrofon – Spracheingabe starten

Wenn Sie auf das Mikrofon-Symbol klicken, können Sie Ihre Anfrage per Spracheingabe formulieren, statt sie zu tippen. Copilot nimmt Ihre Stimme auf, wandelt sie in Text um und verarbeitet die Anfrage genauso, als hätten Sie sie eingetippt. Diese Funktion ist besonders praktisch, wenn Sie schnell eine Idee festhalten oder gerade keine Tastatur verwenden möchten.

6 Seiten-Panel andocken oder abkoppeln

Wenn Sie auf dieses Symbol klicken, steuern Sie die Darstellung des Seiten-Panels. Sie können das Panel an- oder abdocken, um es wahlweise direkt neben dem Chatfenster anzuzeigen oder in einem separaten Fenster zu öffnen. So entscheiden Sie selbst, ob Sie lieber mit mehr Übersicht oder mit mehr Arbeitsfläche in der Mitte arbeiten möchten.

7 Menü »Weitere Optionen«

Wenn Sie auf dieses Symbol klicken, öffnet sich ein kleines Menü mit zusätzlichen Funktionen. Hier können Sie MEINE UNTERHALTUNGEN aufrufen, um frühere Chats einzusehen, Einstellungen anpassen oder Feedback zu Copilot geben. Dieses Menü bietet Ihnen schnellen Zugriff auf persönliche Optionen und Verwaltungsfunktionen, ohne die aktuelle Ansicht zu verlassen.

8 Entdecken

Wenn Sie auf ENTDECKEN klicken, finden Sie aktuelle Inhalte, Inspirationen und Beispiele, die zeigen, wie Sie Copilot nutzen können – etwa Nachrichten, Wetterinformationen, Rezeptideen oder kreative Aufgaben. Der Bereich hilft Ihnen, neue Funktionen auszuprobieren und Anregungen für Ihre eigene Arbeit mit Copilot zu finden. So entdecken Sie schnell, wofür Sie Copilot im Alltag oder im Beruf einsetzen können.

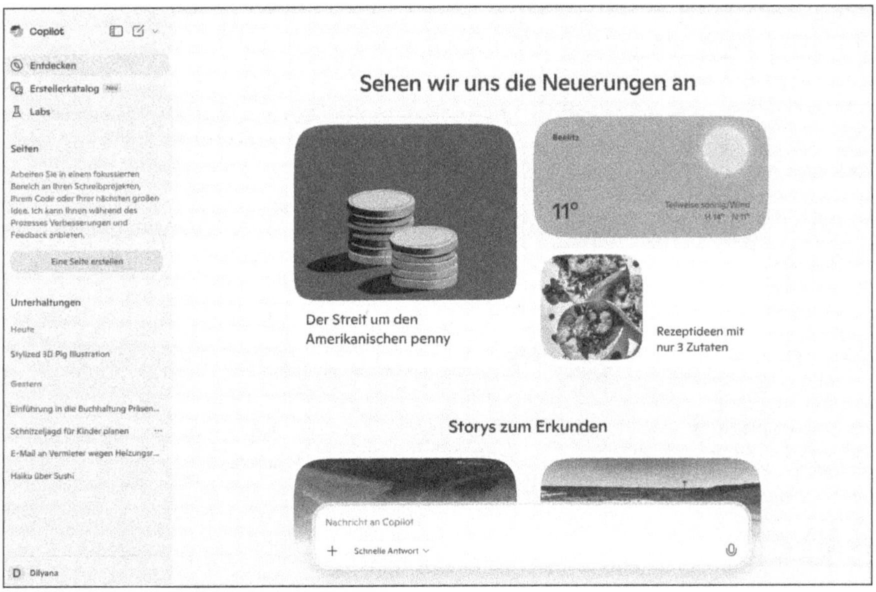

Abbildung 3.7: Copilot-»Entdecken«-Funktion

Wenn Sie im Bereich ENTDECKEN auf eine der Kacheln klicken, öffnet Copilot eine neue Unterhaltung, die zu dem ausgewählten Thema passt. Dabei wird automatisch eine Einstiegsfrage oder Aufgabe gestellt – etwa eine Bitte um Erklärung, Diskussion oder kreative Ausarbeitung. Copilot reagiert darauf mit einer themenbezogenen Antwort, liefert Hintergrundwissen, Beispiele oder Argumente und lädt Sie ein, das Gespräch fortzusetzen.

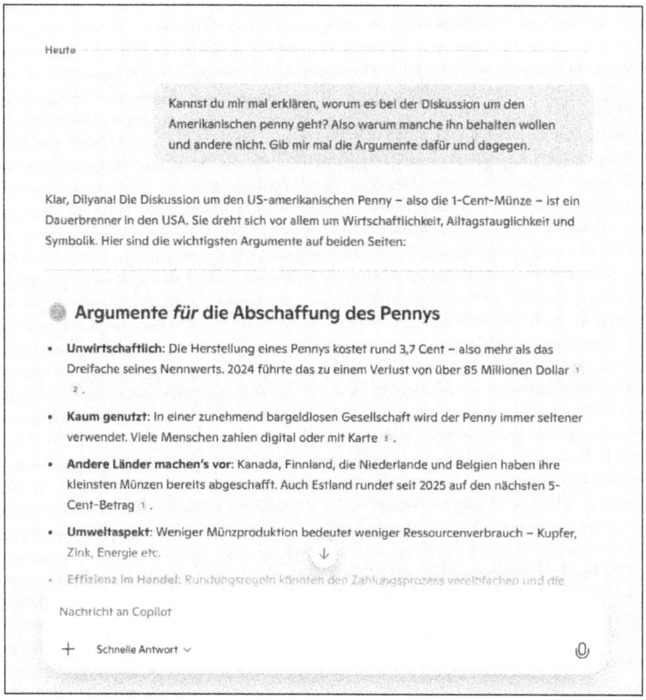

Abbildung 3.8: Copilot-»Entdecken«-Funktion in Aktion

Wenn Sie im Bereich »Entdecken« auf das Symbol »+« klicken, öffnet sich ein spezielles Menü mit erweiterten Funktionen wie Bild generieren, Tiefe Forschung starten, Podcast erstellen oder Quiz starten.

Diese Optionen erscheinen nur im Entdecken-Bereich und bieten Ihnen zusätzliche kreative Möglichkeiten.

In der Standardansicht oder in der Copilot-Seitenleiste konzentriert sich Copilot dagegen auf klassische Chatfunktionen und textbasierte Antworten.

Verwenden Sie Entdecken, wenn Sie kreativ arbeiten oder Neues ausprobieren möchten. Für kurze Fragen reicht der normale Chatmodus.

9 Erstellerkatalog

Wenn Sie auf Erstellerkatalog klicken, öffnet sich ein Bereich mit einer Sammlung von vorkonfigurierten Copilot-Erlebnissen und kreativen Vorlagen. Hier entdecken Sie verschiedene Themen, Tools und Inspirationen, etwa zum Erstellen von Bildern, Schreiben von Texten oder Entwickeln eigener Copilot-Anwendungen.

Der Erstellerkatalog hilft Ihnen, Copilot gezielt für bestimmte Aufgaben zu nutzen – Sie können vorhandene Beispiele ausprobieren oder eigene Ideen darauf aufbauen. So wird Copilot zu einer Plattform, mit der Sie kreativ experimentieren und produktiv arbeiten können.

Abbildung 3.9: Copilot-»Erstellkatalog«-Funktion

Wenn Sie ein Bild im Erstellerkatalog auswählen, öffnet sich eine Detailansicht mit dem gewählten Motiv. Unter dem Bild sehen Sie den dazugehörigen Prompt – also die Beschreibung, mit der Copilot das Bild generiert hat. Dieser Prompt wird in der Regel in englischer Sprache angezeigt, da Copilot damit die besten Ergebnisse bei der Bilderstellung erzielt.

Abbildung 3.10: Copilot-»Erstellkatalog«-Funktion in Aktion

Über das Kopiersymbol neben dem Prompt können Sie die Beschreibung mit einem Klick in die Eingabeleiste kopieren. Dort lässt sich der Text anschließend anpassen oder erweitern, um das Bild gezielt zu verändern – etwa in Stil, Farbe, Perspektive oder Stimmung. Auf diese Weise können Sie Schritt für Schritt Ihr perfektes Wunschbild gestalten.

Abbildung 3.11: Copilot-»Erstellkatalog«-Funktion in Aktion – überarbeitetes Prompt

10 Labs

Wenn Sie auf Labs klicken, öffnet sich der Bereich *Copilot Labs.* Hier können Sie experimentelle KI-Funktionen und neue Ideen von Microsoft ausprobieren, die sich noch in der Entwicklung befinden. Diese Labs dienen als Testumgebung, in der Sie frühzeitig Zugriff auf innovative Werkzeuge erhalten – zum Beispiel zum Erstellen von Audioinhalten, 3D-Modellen oder visuellen Effekten.

Ziel der Labs ist es, Ihnen einen Einblick in kommende Copilot-Funktionen zu geben und Feedback zu ermöglichen, bevor diese offiziell in die reguläre Copilot-Version integriert werden.

11 Bereich »Eine Seite erstellen«

Wenn Sie auf diesen Bereich klicken, können Sie eine neue Seite erstellen oder eine vorhandene Seite öffnen. Seiten sind thematische Arbeitsbereiche, in denen Sie Texte, Dateien und Notizen sammeln und direkt mit Copilot dazu chatten können. So behalten Sie Ihre Projekte übersichtlich getrennt und arbeiten gezielt in einem bestimmten Kontext.

Hier können Sie frei schreiben, Ideen festhalten, Texte entwerfen oder Inhalte strukturieren. Copilot steht Ihnen dabei direkt zur Seite: Er hilft beim Formulieren, Überarbeiten oder Zusammenfassen Ihrer Texte.

Auf der rechten Seite finden Sie unterstützende Hinweise und Werkzeuge, die erklären, wie Sie die Seite optimal nutzen. Sie können also ganz fokussiert an einem Thema arbeiten, ohne zwischen verschiedenen Dokumenten wechseln zu müssen – ideal zum Brainstormen, Entwerfen und Verfeinern von Inhalten.

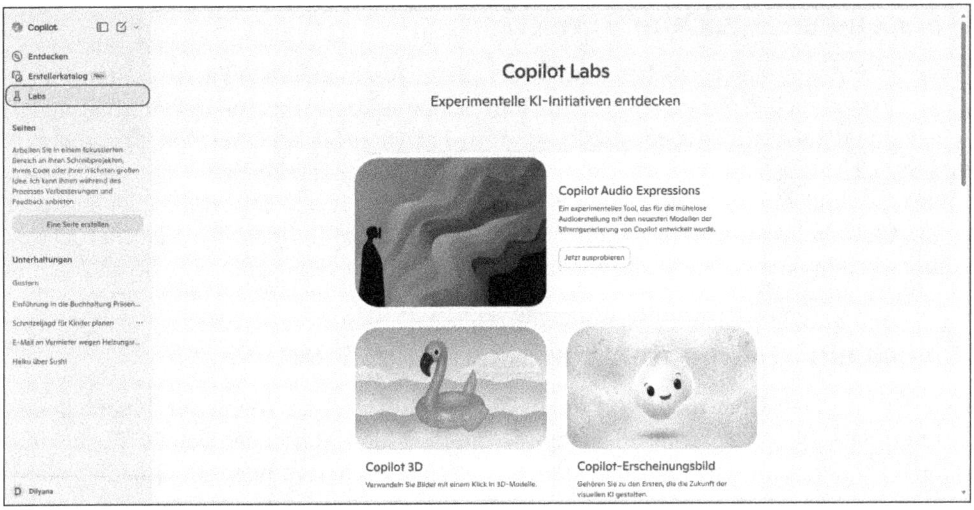

Abbildung 3.12: Copilot-»Labs«-Funktion

Abbildung 3.13: Copilot-»Neue Seite erstellen«-Funktion

12 Unterhaltungen (Verlauf)

In diesem Bereich sehen Sie den historischen Verlauf Ihrer Unterhaltungen mit Copilot. Jede frühere Unterhaltung wird hier als Eintrag angezeigt. Wenn Sie auf einen dieser Einträge klicken, öffnet sich der entsprechende Chatverlauf, und Sie können direkt dort weitermachen, wo Sie aufgehört haben. Über das Dreipunktmenü (…) neben einem Eintrag lassen sich Unterhaltungen außerdem umbenennen, löschen oder teilen, sodass Sie Ihre bisherigen Gespräche jederzeit gut organisiert wiederfinden.

13 Seiten-Panel (rechter Bereich)

Wenn Sie auf Nummer 13 klicken bzw. diesen Bereich öffnen, sehen Sie das Seiten-Panel, das zu Ihrer aktuellen Seite gehört. Hier führt Copilot kontextbezogene Unterhaltungen, die sich direkt auf die Inhalte der geöffneten Seite beziehen. Sie können Copilot Fragen stellen, Feedback zu bestimmten Abschnitten anfordern oder Funktionen wie Dieses Thema erweitern und Zusammenfassung dieser Seite erstellen nutzen. Das Seiten-Panel ist damit Ihr intelligenter Assistent im Arbeitskontext – es hilft Ihnen, Texte zu analysieren, zu überarbeiten oder weiterzuentwickeln, ohne die Seite zu verlassen.

14 Noch ein »+« – Kontext hinzufügen (im Seiten-Chat)

Wenn Sie im Seiten-Chat auf das +-Symbol klicken, öffnet sich ein Menü mit verschiedenen Erweiterungs- und Aktionsmöglichkeiten. Sie können hier Bilder oder Dateien hochladen, ein neues Bild generieren, eine tiefer gehende Recherche starten oder ein Quiz beginnen. Zusätzlich lassen sich Screenshots erstellen oder eine Registerkarte hinzufügen, um Copilot gezielt auf bestimmte Inhalte der Seite zu verweisen.

Diese Funktionen helfen Ihnen, den Chat mit Copilot kontextbezogener und interaktiver zu gestalten – etwa indem Sie eigene Materialien einbinden oder Copilot auf konkrete Seitenelemente aufmerksam machen.

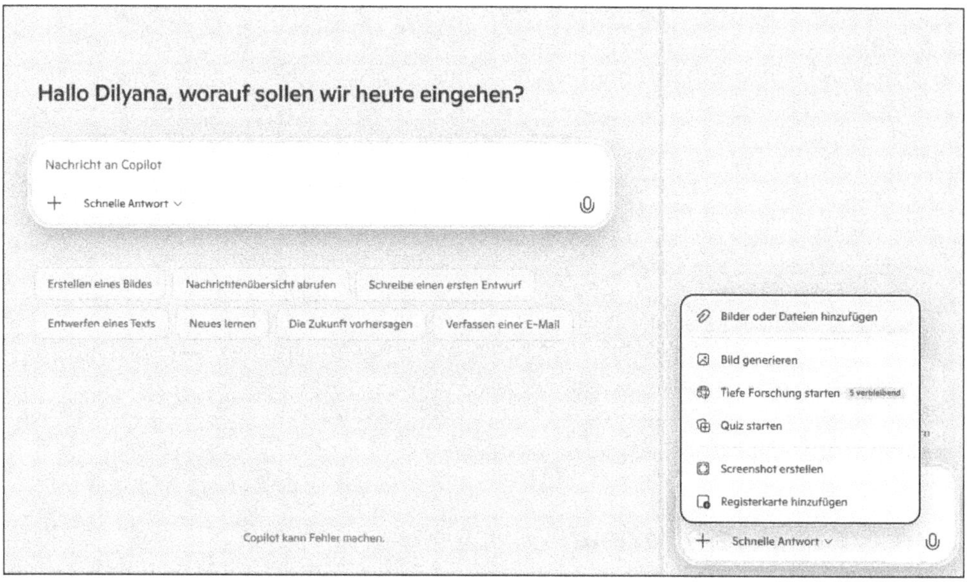

Abbildung 3.14: Copilot-»Schnelle Antwort«-Funktion

15 Direkt mit Copilot sprechen

Dieses Fenster zeigt Ihnen, wie Sie mit Copilot direkt kommunizieren können. Sie haben zwei Möglichkeiten: Schreiben Sie eine Nachricht an Copilot, um Hilfe zu erhalten, oder erwähnen Sie eine bestimmte Registerkarte mit einem @-Zeichen, um Kontext hinzuzufügen. So weiß Copilot genau, worauf Sie sich beziehen – etwa ein Projekt, ein Team oder eine

Datei. Diese Funktion hilft Ihnen, schneller Antworten zu bekommen und effizienter zu arbeiten. Probieren Sie es einfach aus – Copilot reagiert sofort!

Damit haben Sie die wichtigsten Bereiche und Funktionen der Copilot-Oberfläche kennengelernt. Sie wissen nun, wie Sie zwischen Chats, Seiten und kreativen Tools wechseln und Copilot gezielt für Ihre Aufgaben einsetzen können. Mit diesem Wissen bewegen Sie sich sicher in der Anwendung und können eigene Projekte effizient strukturieren. Im nächsten Kapitel erfahren Sie, wie Sie Copilot Schritt für Schritt in Ihre tägliche Arbeit integrieren und das volle Potenzial der KI optimal nutzen.

Copilot-Plug-ins in Edge verwenden

Vielleicht haben Sie schon gehört, dass Microsoft Copilot künftig auch sogenannte Plug-ins von Drittanbietern unterstützt. Damit sollen Sie Copilot um externe Dienste erweitern können – etwa, um direkt über Copilot einen Tisch bei OpenTable zu reservieren, eine Reise über Expedia zu planen oder mit Instacart eine Einkaufsliste zu erstellen.

Zum jetzigen Zeitpunkt (Herbst 2025) steht diese Funktion jedoch in Deutschland noch nicht zur Verfügung. Die Copilot-Plug-ins werden von Microsoft schrittweise ausgerollt und sind derzeit nur in bestimmten Regionen, meist in den USA, aktiv.

Microsoft plant, die Plug-in-Unterstützung künftig weltweit bereitzustellen – inklusive der Möglichkeit, bis zu drei Plug-ins gleichzeitig zu verwenden. Wann genau die Freigabe für Europa beziehungsweise Deutschland erfolgt, ist bisher nicht offiziell bekannt.

Die aktuell im Copilot-Fenster verfügbaren Zusatzfunktionen wie Bild generieren, Tiefe Forschung starten oder Quiz beginnen stammen direkt von Microsoft. Sie sind also integrierte Funktionen und keine Plug-ins von Drittanbietern.

Copilot-Einstellungen in Edge anpassen

Copilot enthält mehrere Einstellungen, mit denen Sie Ihr Erlebnis und die Qualität Ihrer Ergebnisse anpassen und verbessern können. In diesem Abschnitt erfahren Sie mehr über die anpassbaren Einstellungen und wie Sie diese verwenden können, um Ihr Copilot-Browsing-Erlebnis zu verbessern.

Einstellungen personalisieren

Wenn Sie im Copilot-Fenster auf der rechten Seite auf Info und dann auf Informationen zu unseren Anzeigen klicken, öffnet sich ein Menü mit dem Titel Datenschutz – Personalisierte Anzeigen & Angebote. Hier können Sie festlegen, ob Microsoft Ihnen personalisierte Werbung anzeigen darf.

Wenn die Personalisierung aktiviert ist, verwendet Microsoft Ihre bisherigen Suchvorgänge, den Browserverlauf, frühere Käufe, Ihre Aktivitäten in Microsoft-Produkten sowie Daten, die Ihrem Microsoft-Konto zugeordnet sind. Auf dieser Grundlage werden Ihnen Anzeigen und Angebote angezeigt, die besser zu Ihren Interessen passen.

Deaktivieren Sie diese Einstellung, zeigt Microsoft weiterhin Werbung an, jedoch nicht mehr auf Basis Ihrer persönlichen Daten oder Ihres Surfverhaltens. Die Anzeigen bleiben also allgemein, statt gezielt auf Ihre Interessen abgestimmt zu sein.

Zum Zeitpunkt der Drucklegung dieses Buches ist unklar, ob die Personalisierung anhand des Browserverlaufs und früherer Chats in Edge funktioniert oder nicht. Wie Sie sehen werden, konnte ich keine Antworten von Copilot erkennen, die auf Grundlage meines Browser- oder Chatverlaufs personalisiert zu sein schienen, als ich die Personalisierung aktiviert hatte. Tatsächlich besteht Copilot darauf, dass es keinen Zugriff auf den Chatverlauf hat und nur den Kontext des aktuellen Chats berücksichtigt.

Wenn die Personalisierung von Copilot basierend auf Ihrem Chatverlauf oder Browserverlauf funktioniert (oder irgendwann in der Zukunft funktionieren wird), stellt dies ein Datenschutzproblem dar, mit dem sich viele Leute nicht wohlfühlen würden. In diesem Abschnitt behandele ich die Personalisierung von Copilot basierend auf dem Browserverlauf und dem Prompt-Verlauf in Edge. Dies entspricht der Dokumentation und den Quellen, die ich zu dieser Funktion finden konnte. Den aktuellen Status der Copilot-Personalisierung finden Sie auf der Website dieses Buches oder in der Datenschutzrichtlinie von Microsoft (`https://www.microsoft.com/de-de/privacy`). Mehr zu Copilot und seiner Vereinbarkeit mit der EU-Datenschutzgrundverordnung (DSGVO) finden Sie unter `https://www.microsoft.com/de-de/privacy/microsoft.consumer-health-data-privacy-policy`.

Welche Daten verwendet Copilot?

In der Datenschutzrichtlinie von Microsoft erfahren Sie, wie Copilot Ihre Daten verwendet:

Um eine relevante Antwort zu geben, verwendet Copilot diesen Prompt zusammen mit dem Standort, der Sprache und ähnlichen Einstellungen des Benutzers, um eine hilfreiche Antwort zu formulieren. In einigen Märkten können authentifizierte Benutzer Copilot Zugriff auf den Verlauf früherer Prompts gewähren, um das Produkt besser personalisieren zu können.

Wenn die Personalisierung aktiviert ist, berücksichtigt Copilot bei der Personalisierung nicht alles, was es aus Ihrem Chatverlauf erfährt. Möglicherweise vertrauliche Informationen, wie zum Beispiel persönliche Informationen, werden nicht zur Personalisierung der Antworten von Copilot verwendet.

Es ist schwierig, herauszufinden, welche Regeln Copilot genau zum Ausschluss sensibler oder persönlicher Informationen hat. Ihr erster Instinkt ist vielleicht, Copilot selbst zu fragen. Meiner Erfahrung nach erwies sich dies jedoch als nutzlos. Als ich das erste Mal fragte, teilte mir Copilot mit, dass es keinen Zugriff auf den Chatverlauf habe. Als ich einen Artikel fand, in dem stand, dass die Personalisierung aktiviert werden kann, um Copilot Zugriff auf Ihren Chatverlauf zu gewähren, änderte Copilot seine Meinung. Es bestand dann darauf, dass es keinen Zugriff auf meinen Browserverlauf habe. Es gibt jedoch eine Einstellung in Edge, die im nächsten Abschnitt beschrieben wird und mit der Sie Copilot Zugriff auf Ihren Browserverlauf gewähren können.

Es stellt sich heraus, dass Copilot nicht sehr gut darin ist, über sich selbst oder seine Fähigkeiten zu sprechen. Informationen zur Verschlüsselung und anderen Sicherheitsmaßnahmen, die Microsoft zum Schutz Ihrer Daten ergreift, insbesondere bei der Verwendung innerhalb eines Unternehmens oder einer anderen Organisation, finden Sie unter `https://learn.microsoft.com/en-us/copilot/privacy-and-protections`.

Wenn Sie nach dem Lesen dieses Kapitels Ihren Copilot-Aktivitätsverlauf löschen oder Ihre Datenschutzeinstellungen anpassen und anschließend den gesamten vorherigen Aktivitätsverlauf löschen möchten, können Sie die Schritte im folgenden Abschnitt »Löschen Ihres Copilot-Aktivitätsverlaufs« befolgen.

Gehen Sie davon aus, dass die Prompts und die Daten, die Sie in Copilot hochladen, zum Trainieren des LLM hinter Copilot verwendet werden. Geben Sie niemals Ihre persönlichen Daten oder die persönlichen Daten anderer Personen (wie Adressen oder Telefonnummern) oder andere Dinge an Copilot weiter, die nicht öffentlich bekannt werden sollen.

Den Copilot-Aktivitätsverlauf löschen

Wenn Sie alle von Microsoft zu Ihren früheren Interaktionen mit Copilot gespeicherten Informationen löschen möchten, können Sie dies tun, indem Sie sich unter `https://account.microsoft.com` bei Ihrem Microsoft-Konto anmelden.

Die Schritte zum Löschen Ihres Aktivitätsverlaufs unterscheiden sich geringfügig, je nachdem, ob Sie sich mit einem Konto anmelden, das zu einer Organisation gehört (zum Beispiel einer Schule oder einem Unternehmen), oder ob Sie über ein persönliches Konto verfügen.

Den persönlichen Kontoverlauf löschen

Wenn Sie ein persönliches Konto haben, gehen Sie wie folgt vor, um Ihren Copilot-Aktivitätsverlauf zu löschen:

1. **Öffnen Sie das Microsoft Privacy Dashboard unter `https://account.microsoft.com/account/privacy`.**

2. **Klicken Sie auf die Schaltfläche ANMELDEN und führen Sie die Schritte zur Anmeldung durch (sofern Sie nicht bereits angemeldet sind).**

   Sobald Sie angemeldet sind, wird die Startseite Ihres Microsoft-Kontos angezeigt, wie in Abbildung 3.15 dargestellt.

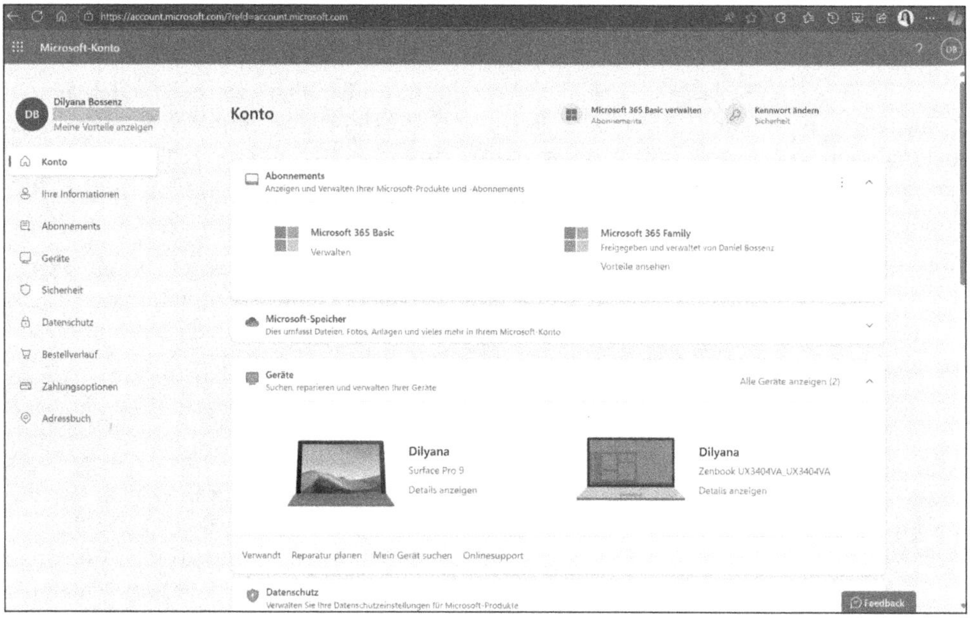

Abbildung 3.15: Die Homepage des Microsoft-Kontos

3. **Klicken Sie auf den Link DATENSCHUTZ in der linken Navigationsleiste, um zum Datenschutz-Dashboard zu gelangen.**

4. **In dem unteren Bereich finden Sie die Option COPILOT. Klicken Sie darauf.**

5. **Scrollen Sie auf der Seite nach unten zum Abschnitt IHR COPILOT-AKTIVITÄTSVERLAUF.**

6. **Sie haben drei Optionen: AKTIVITÄTSVERLAUF DER COPILOT-APP, COPILOT FÜR MICROSOFT 365 APPS und APPS FÜR COPILOT IN WINDOWS. Klicken Sie auf den Link GESAMTEN COPILOT-AKTIVITÄTSVERLAUF UND SUCHVERLAUF LÖSCHEN.**

   Als Nächstes wird eine Warnmeldung angezeigt (siehe Abbildung 3.16). Lesen Sie diese Informationen durch und klicken Sie dann auf die Schaltfläche LÖSCHEN, wenn Sie sicher sind.

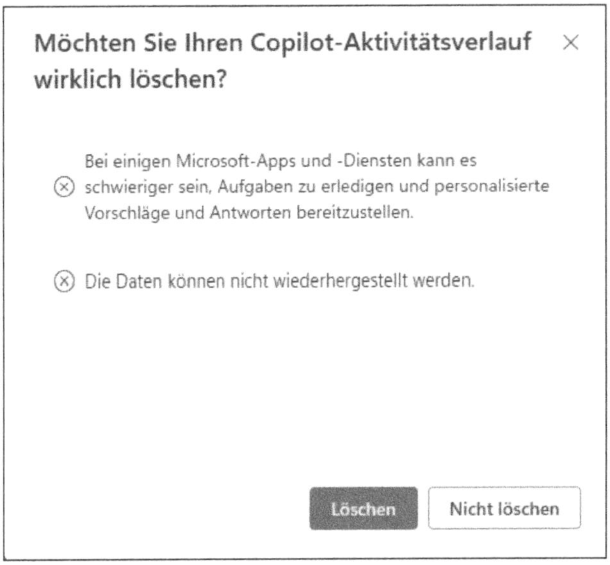

Abbildung 3.16: Copilot bestätigt, dass Sie Ihren Verlauf löschen möchten.

Den Verlauf Ihres Arbeits- oder Schulkontos löschen

Gehen Sie wie folgt vor, um Ihren Copilot-Aktivitätsverlauf zu löschen, wenn Sie ein Microsoft-Konto für die Arbeit oder die Schule haben.

1. Melden Sie sich mit Ihrem geschäftlichen oder schulischen Microsoft-Konto beim Datenschutz-Dashboard unter `https://account.microsoft.com/account/privacy` an.
2. Klicken Sie in der linken Navigationsleiste auf den Link EINSTELLUNGEN UND DATENSCHUTZ.

   Sie sehen die Seite EINSTELLUNGEN UND DATENSCHUTZ, wie in Abbildung 3.17 dargestellt.
3. Klicken Sie auf die Registerkarte DATENSCHUTZ.
4. Erweitern Sie das Feld COPILOT-AKTIVITÄTSVERLAUF (siehe Abbildung 3.18) und klicken Sie auf die Schaltfläche VERLAUF LÖSCHEN.
5. Ein Popup-Fenster ähnlich dem in Abbildung 3.19 wird angezeigt, in dem Sie den Copilot-Interaktionsverlauf auswählen können, den Sie löschen möchten.
6. Klicken Sie auf die Schaltfläche LÖSCHEN. Es wird eine Bestätigungsmeldung angezeigt, wie in Abbildung 3.20 zu sehen.

Herzlichen Glückwunsch! Sie haben Ihren Chatverlauf erfolgreich gelöscht. Es ist zwar nicht notwendig, den Chatverlauf jeden Tag zu löschen, aber es ist sinnvoll, sich zumindest eine regelmäßige Entfernung des alten Krams anzugewöhnen.

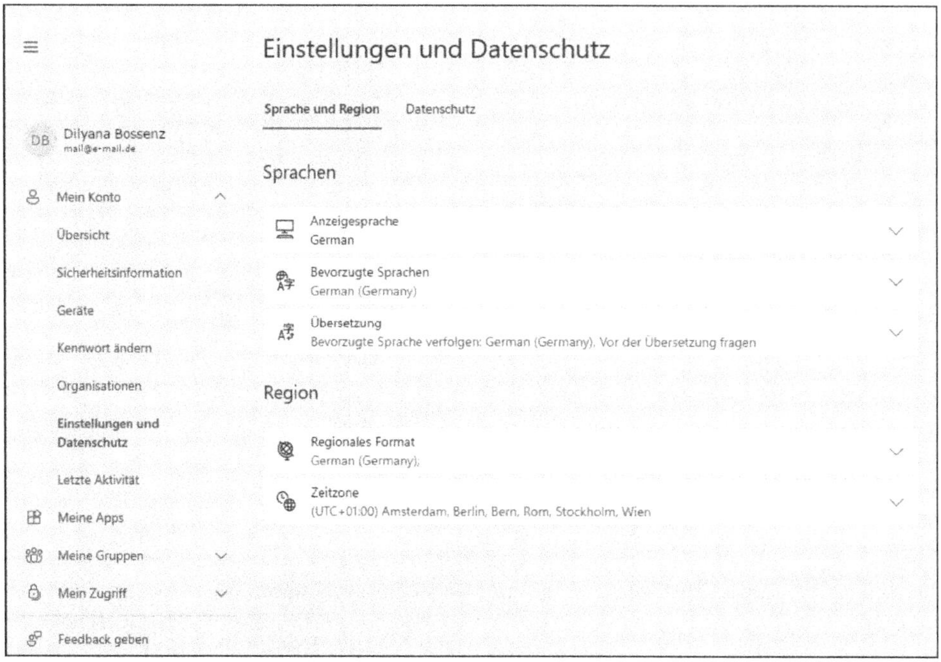

Abbildung 3.17: Die Seite »Einstellungen und Datenschutz«

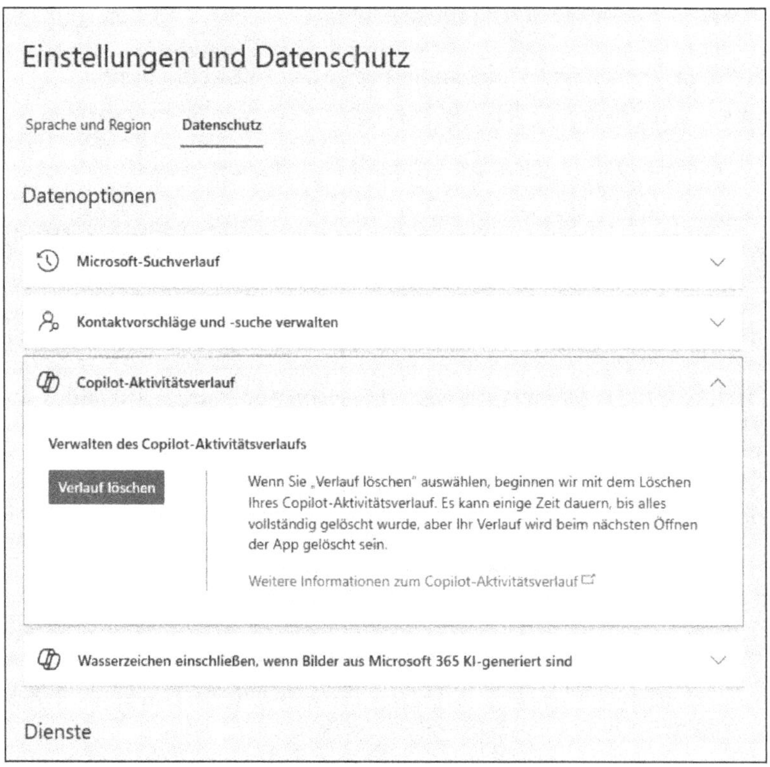

Abbildung 3.18: Löschen des Copilot-Interaktionsverlaufs

Abbildung 3.19: Auswählen des Verlaufs, den Sie löschen möchten

Abbildung 3.20: Ihr Verlauf wurde gelöscht.

Einstellungen verwalten

Sie können auf die Einstellungen von Copilot in Edge in ihrem Arbeitskonto zugreifen, indem Sie auf das Drei-Punkte-Menü oben rechts klicken, wie in Abbildung 3.21 gezeigt. Beachten Sie, dass sich dies unter dem vertikalen Drei-Punkte-Menü im Copilot-Bereich befindet und nicht unter dem horizontalen Drei-Punkte-Menü in der Browser-Symbolleiste.

Hierbei sind einige Einstellungen zu beachten; die wichtigsten davon werden in den folgenden Abschnitten behandelt.

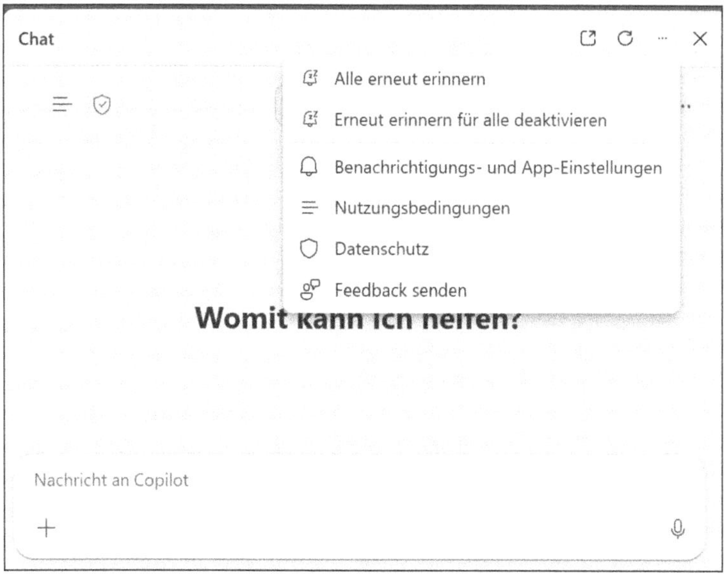

Abbildung 3.21: Zugriff auf die Copilot-Einstellungen in Edge

»Alle erneut erinnern« und »Erneut erinnern für alle deaktivieren«

Im Einstellungsmenü von Copilot finden Sie die Option ALLE ERNEUT ERINNERN. Damit aktivieren Sie alle pausierten oder zuvor ausgeschalteten Erinnerungshinweise von Copilot wieder.

Copilot nutzt Erinnerungen, um Ihnen gelegentlich hilfreiche Vorschläge oder Hinweise einzublenden – etwa wenn Sie an ein Thema aus einer früheren Unterhaltung anknüpfen oder eine Aufgabe fortsetzen möchten.Wenn Sie diese Hinweise einmal ausgeblendet oder pausiert haben, können Sie sie über ALLE ERNEUT ERINNERN wieder aktivieren.

Mit der Funktion ERNEUT ERINNERN FÜR ALLE DEAKTIVIEREN schalten Sie dagegen sämtliche Erinnerungshinweise dauerhaft aus. Copilot zeigt Ihnen dann keine automatischen Vorschläge oder Erinnerungen mehr an.

Benachrichtigungs- und App-Einstellungen

Wenn Sie den Link BENACHRICHTIGUNGS- UND APP-EINSTELLUNGEN auswählen, wird der Bildschirm BENACHRICHTIGUNGS- UND APP-EINSTELLUNGEN geöffnet, der in Abbildung 3.22 dargestellt ist.

In der Seitenleiste von Windows 11 Copilot können Sie auf den Bildschirm BENACHRICHTIGUNGS- UND APP-EINSTELLUNGEN zugreifen, indem Sie im vertikalen Menü mit den drei Punkten den Link EINSTELLUNGEN auswählen.

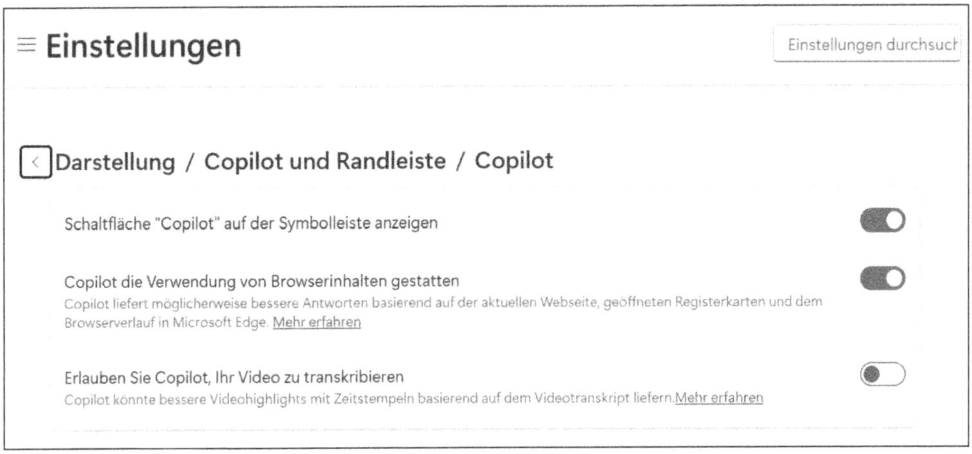

Abbildung 3.22: App- und Benachrichtigungseinstellungen

Dieser Einstellungsbildschirm hat derzeit drei Optionen in macOS und zwei Optionen in Windows 11:

- ✔ **Schaltfläche Copilot auf der Symbolleiste anzeigen.** Diese Einstellung sorgt dafür, dass das Copilot-Symbol oben rechts im Browser sichtbar ist. So können Sie Copilot jederzeit mit einem Klick öffnen. Wenn Sie regelmäßig mit Copilot arbeiten, sollte diese Option eingeschaltet bleiben.
- ✔ **Copilot die Verwendung von Browserinhalten gestatten.** Wenn Sie diese Funktion aktivieren, darf Copilot Inhalte aus dem Browserkontext verwenden – etwa die aktuell geöffnete Webseite oder andere Registerkarten. Dadurch kann Copilot gezieltere Antworten geben, z. B. eine Zusammenfassung der Seite, auf der Sie sich gerade befinden. Deaktivieren Sie die Funktion, arbeitet Copilot unabhängig vom Browserverlauf.
- ✔ **Erlauben Sie Copilot, Ihr Video zu transkribieren.** Diese Option ermöglicht es Copilot, Videos in Text umzuwandeln, um daraus Highlights oder Zusammenfassungen zu erstellen. Sie ist standardmäßig ausgeschaltet und lässt sich bei Bedarf aktivieren – beispielsweise, wenn Sie häufig mit Videoaufzeichnungen arbeiten.

Sie können auf die Datenschutzeinstellungen von Edge zugreifen, indem Sie in der Edge-Symbolleiste im horizontalen Menü mit den drei Punkten Einstellungen auswählen und dann in der linken Symbolleiste auf Datenschutz, Suche und Dienste klicken.

Kontexthinweise testen

Die Einstellung für Kontexthinweise scheint nicht granular zu sein – entweder Sie erlauben Copilot den Zugriff auf alles, worauf er zugreifen kann, oder Sie verweigern ihm den Zugriff. Als ich ihn bat, Fragen zu der aktuell angezeigten Seite vorzuschlagen, und auf

NICHT ZULASSEN klickte, als er mich aufforderte, Kontexthinweise zu aktivieren, konnte er nur mit Ergebnissen von Bing antworten. Infolgedessen enthielt seine Antwort nichts Spezifisches über die Seite, die ich gerade ansah, sondern schlug nur Formate vor, in denen Leute Fragen und Antworten schreiben (wie etwa FAQ).

Jeder weitere Prompt, den ich Copilot übergab, führte dazu, dass ein Popup-Fenster mit der Bitte um Erlaubnis zur Verwendung von Kontexthinweisen geöffnet wurde.

Als ich Copilot anschließend aufforderte, die aktuelle Seite zusammenzufassen, ihm dabei aber den Zugriff auf Kontexthinweise verweigerte, lieferte er mir Links zu Tools, mit denen sich Inhaltszusammenfassungen erstellen lassen.

Personalisierung und Kontexthinweise haben in Copilot nichts miteinander zu tun. Kontexthinweise geben Copilot Zugriff auf Ihr Browserfenster und Ihren Verlauf. Personalisierung gibt Copilot Zugriff auf Ihren Chatverlauf.

Datenschutz

Wenn Sie in Copilots vertikalem Drei-Punkte-Menü DATENSCHUTZ auswählen, wird eine Seite zu den Einstellungen und Datenschutz geöffnet.

Wenn Sie Copilot mit einem Arbeits- oder Schulkonto verwenden, legt Ihre Organisation fest, welche Daten verarbeitet werden dürfen. Unter EINSTELLUNGEN UND DATENSCHUTZ sehen Sie, welche Informationen Copilot und andere Microsoft-Dienste nutzen können.

Wichtige Bereiche sind:

- der **Microsoft-Suchverlauf**: zeigt gespeicherte Suchanfragen an
- die **Kontaktvorschläge**: steuern, wie Kontakte automatisch vorgeschlagen werden
- der **Copilot-Aktivitätsverlauf**: listet Ihre bisherigen Copilot-Anfragen auf
- die **Elementeinblicke**: liefern Analysen zu Ihrer Arbeit, zum Beispiel häufig genutzten Dateien

Nutzungsbedingungen

Unter dem Link NUTZUNGSBEDINGUNGEN wird die Vereinbarung zwischen Ihnen und Microsoft erläutert, der Sie zustimmen, wenn Sie Copilot verwenden. Ich empfehle Ihnen, die gesamte Vereinbarung zu lesen. Zu den wichtigsten Punkten gehören jedoch:

- Die von Ihnen hochgeladenen Daten können sowohl von KI als auch von Menschen genutzt werden.
- Gespräche mit Copilot können Werbung enthalten.

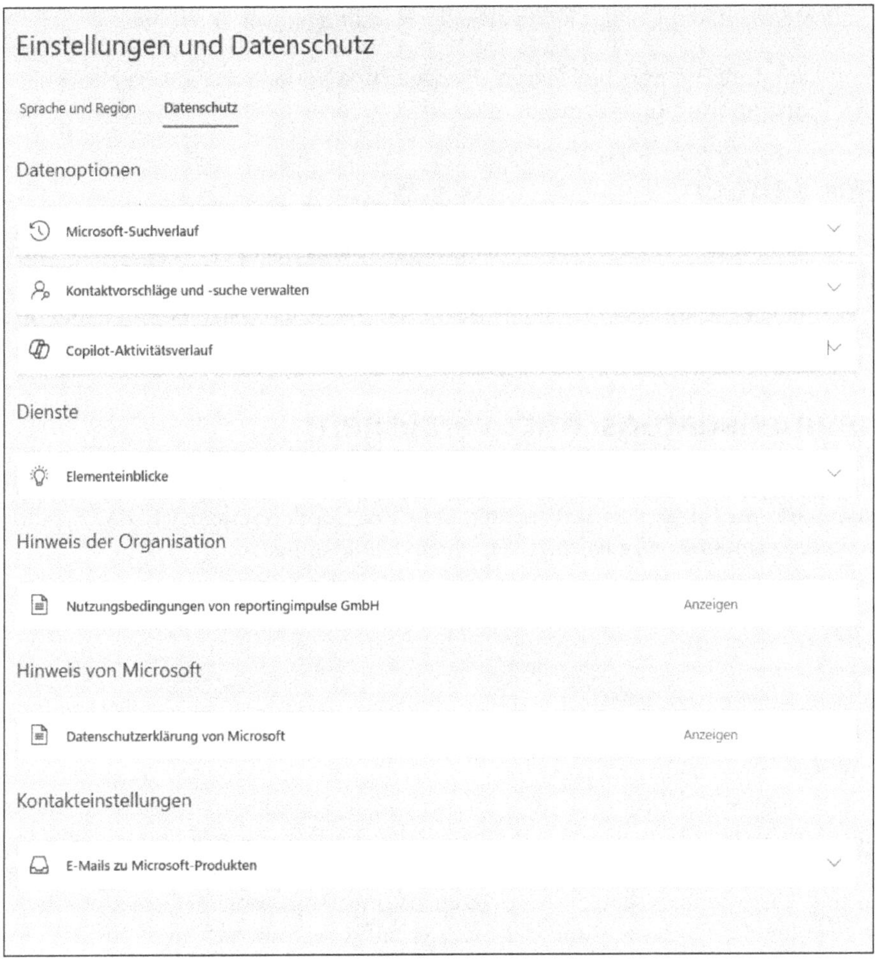

Abbildung 3.23: Einstellungen und Datenschutz

- ✔ Microsoft erhebt keinen Eigentumsanspruch auf alles, was Sie in Copilot eingeben oder was von Copilot generiert wird. Durch die Verwendung von Copilot erteilen Sie Microsoft und seinen verbundenen Unternehmen jedoch eine unbeschränkte Lizenz zum Kopieren, Verteilen, Übertragen, Anzeigen, Ausführen, Reproduzieren, Bearbeiten, Übersetzen und Neuformatieren Ihrer Prompts, Kreationen und aller anderen Inhalte, die Sie Copilot bereitstellen.
- ✔ Sie verpflichten sich, keine Aktivitäten auszuüben, die Ihnen oder anderen schaden.
- ✔ Sie erklären sich damit einverstanden, sich nicht an Aktivitäten zu beteiligen, die für Copilot schädlich sein könnten.
- ✔ Sie stimmen zu, Copilot nicht für betrügerische Zwecke zu verwenden.
- ✔ Sie stimmen zu, Copilot nicht zum Erstellen oder Teilen unangemessener Inhalte zu verwenden.

- ✔ Sie verpflichten sich, mit Copilot keine illegalen Handlungen vorzunehmen.
- ✔ Microsoft kann Ihre Prompts blockieren, die gegen den Verhaltenskodex verstoßen, oder Ihre Nutzung von Copilot einschränken.

Feedback senden

Über den Link Feedback senden wird ein Formular geöffnet, in dem Sie Feedback zu Edge oder Copilot in Edge an Microsoft senden können. Hier können Sie Ihr Problem oder Ihr Feedback beschreiben. Sie können zusammen mit Ihrem Feedback Diagnosedaten und optional einen Screenshot oder ein Bildschirmaufnahmevideo senden.

Unternehmensdatenschutz verstehen

Wenn Sie bei der Verwendung von Copilot in Edge bei einem Firmen- oder Schulkonto angemeldet sind, wird in der oberen rechten Ecke der Copilot-Seitenleiste das Symbol Unternehmensdatenschutz angezeigt, das einem Schild ähnelt.

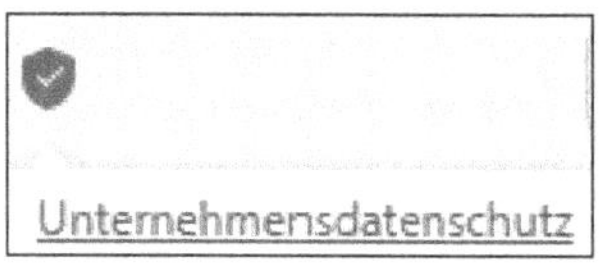

Abbildung 3.24: Icon »Unternehmensdatenschutz«

Unternehmensdatenschutz bezieht sich auf eine zusätzliche Sicherheitsebene, die für Unternehmen und Schulen aktiviert wird, um die für Unternehmen geltenden Vorschriften einzuhalten und Unternehmensdaten zu schützen. Wenn der kommerzielle Datenschutz aktiviert ist, werden die Chatdaten und der Suchverlauf des Benutzers nicht gespeichert und während der Datenübertragung zwischen Microsoft und dem Computer des Benutzers wird eine zusätzliche Verschlüsselung verwendet.

Unter `https://learn.microsoft.com/en-us/copilot/microsoft-365/enterprise-data-protection` erfahren Sie mehr zum Unternehmensdatenschutz.

Die integrierten Aktionen von Edge verwenden

Copilot in Edge verfügt über integrierte Aktionen, mit denen Sie bestimmte Aspekte des Edge-Browsers steuern und anpassen, bestimmte Suchtypen durchführen und vieles mehr erledigen können.

Diese Aktionen funktionieren in der Seitenleiste von Windows 11 Edge Copilot nicht mehr. Zum Zeitpunkt der Drucklegung dieses Buches funktionieren sie in Edge unter macOS.

Um integrierte Copilot-Aktionen zu verwenden (ob in Edge, Microsoft 365 oder anderswo), ist es wichtig, die Wörter der Aktion genau richtig einzugeben. Im Gegensatz zu anderen Prompts, bei denen Copilot ihre Bedeutung im Allgemeinen versteht, auch wenn Sie Rechtschreibfehler machen oder dieselbe Frage auf eine leicht andere Weise stellen, ist das Ausführen von Aktionen ein präziserer Prozess.

Abbildung 3.25 zeigt beispielsweise die Antwort von Copilot, als ich ihn aufforderte, den Dunkelmodus einzuschalten.

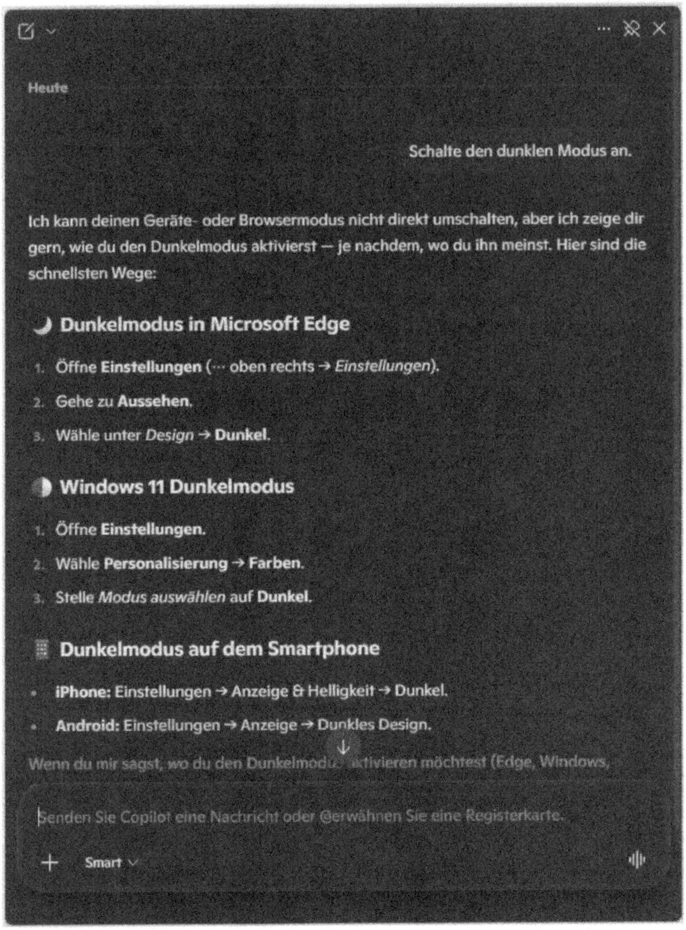

Abbildung 3.25: Verwenden des Dunkelmodus

Abbildung 3.26 zeigt hingegen, was geschieht, wenn Sie Copilot darum bitten, den Dunkelmodus zu aktivieren. Zwar kann er den Browsermodus nicht direkt umschalten, doch liefert er Ihnen eine präzise Anleitung zur eigenständigen Durchführung.

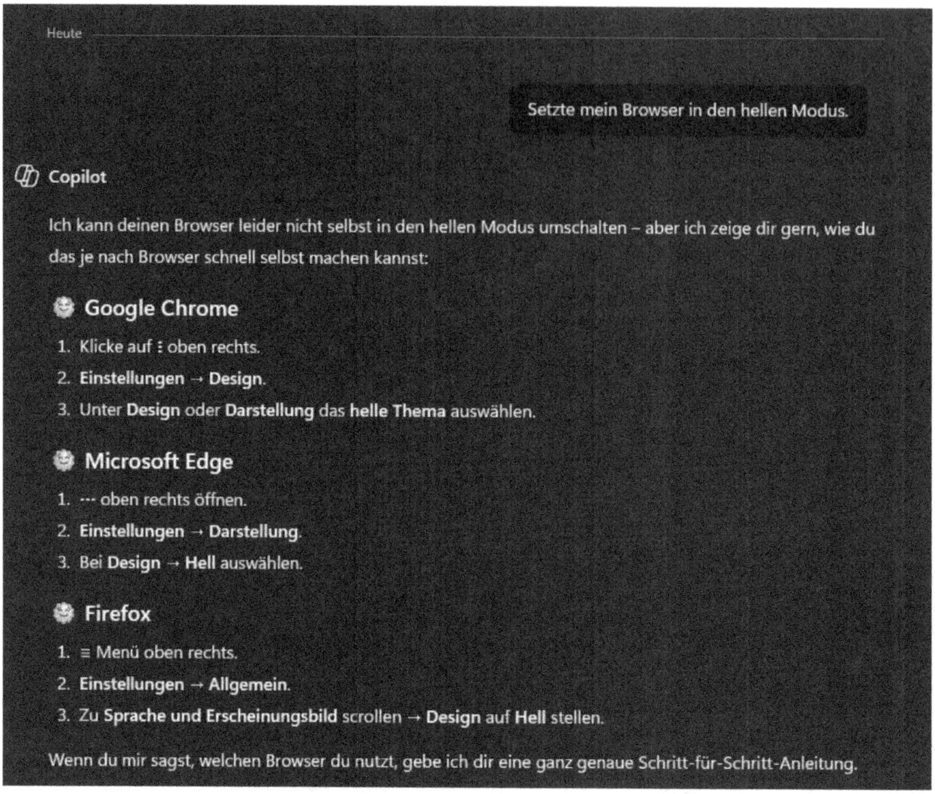

Abbildung 3.26: Aktionen erfordern präzise Eingaben.

Beispiele für integrierte Aktionen sind:

- **Farbmodus wechseln.** Verwenden Sie die Aktion Dunkelmodus aktivieren oder Hellmodus aktivieren, um den Hintergrund Ihres Browsers in eine dunkle Farbe und den Text in eine helle Farbe zu ändern.
- **Passwörter importieren.** Die Aktion Meine Passwörter aus [Browser] importieren sollte dazu führen, dass Copilot Ihre Passwörter aus dem von Ihnen angegebenen Browser importiert. Obwohl diese Funktion dokumentiert ist, ist es mir bisher nicht gelungen, sie zum Laufen zu bringen.
- **Tabs neu anordnen.** Verwenden Sie die Aktionen Vertikale Tabs aktivieren und Horizontale Tabs aktivieren, um zwischen der vertikalen Anzeige Ihrer Browser-Tabs auf der linken Seite Ihres Browsers und der horizontalen Anzeige Ihrer Tabs am oberen Bildschirmrand zu wechseln.
- **Film-Streaming.** Sie können Copilot bitten, herauszufinden, wo Sie einen Film streamen können, indem Sie die Aktion Film [Filmtitel einfügen] streamen verwenden.

Die Integration eines KI-Chatbots in Ihren Webbrowser hat das Potenzial, alles, was Sie in einem Webbrowser tun, effektiver zu machen – vom Lesen der Nachrichten bis zum Verfassen von Blog-Posts und vielem mehr.

Die Integration zwischen Copilot und Edge birgt auch das Risiko, dass Ihre privaten Daten Werbetreibenden und Hackern zugänglich gemacht werden. Aus diesem Grund ist es wichtig zu wissen, welche Datenschutz- und Sicherheitsoptionen in Copilot und Edge integriert sind.

Copilot-Modus aktivieren

Stellen Sie sich vor, Ihr Browser würde nicht nur Webseiten anzeigen, sondern Ihnen aktiv beim Denken, Recherchieren und Arbeiten helfen. Genau das macht der Copilot-Modus in Microsoft Edge. Wenn Sie diesen Modus aktivieren, verwandelt sich Ihr Browser in einen intelligenten Begleiter, der Ihnen Aufgaben abnimmt und Informationen verständlich aufbereitet.

Vielleicht fragen Sie sich: Warum brauche ich den Copilot-Modus überhaupt? Schließlich können Sie Copilot ja auch einfach über die Seitenleiste starten.

Der Unterschied liegt in der Tiefe der Integration.

Wenn Sie den Copilot-Modus aktivieren, wird Microsoft Edge zu einem KI-gestützten Browser, der Sie beim gesamten Surferlebnis begleitet – nicht nur im Chatfenster. Copilot versteht dann den Kontext Ihrer aktuellen Webseite, kann Inhalte direkt analysieren und Antworten geben, die sich auf das beziehen, was Sie gerade sehen oder lesen.

In der normalen Seitenleiste bleibt Copilot ein separates Chatfenster – hilfreich, aber losgelöst vom eigentlichen Browserinhalt. Im Copilot-Modus dagegen arbeitet die KI intelligent im Hintergrund mit:

- ✔ Sie erhalten Vorschläge direkt zu dem, was Sie auf einer Seite tun,
- ✔ Copilot kann Texte, Tabellen oder Produkte sofort erklären, vergleichen oder zusammenfassen und
- ✔ Edge passt die Such- und Startseite an, um KI-gestützte Empfehlungen anzuzeigen.

Ein großer Vorteil: Der Copilot-Modus steht auch Nutzerinnen und Nutzern der kostenlosen Copilot-Version zur Verfügung. Sie benötigen also kein kostenpflichtiges Microsoft-365-Abo, um diese KI-Funktionen im Browser zu nutzen.

Um den Copilot-Modus in Microsoft Edge zu aktivieren, öffnen Sie zunächst die Einstellungen im Browser. Wählen Sie dort den Bereich KI-INNOVATIONEN und schalten Sie den Copilot-Modus ein.

Anschließend klicken Sie oben rechts auf COPILOT-MODUS ERKUNDEN, um die Funktionen zu testen und Ihren Browser in den KI-gestützten Modus zu versetzen.

Nachdem Sie den Copilot-Modus eingeschaltet haben, erscheint ein Bestätigungsfenster mit der Meldung: »Congrats! Copilot Mode is on.«

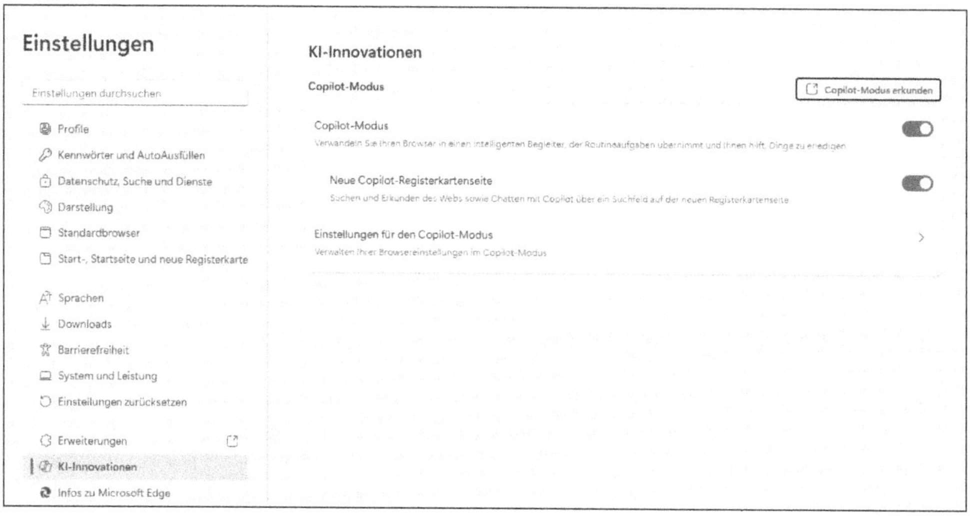

Abbildung 3.27: Aktivieren des Copilot-Modus

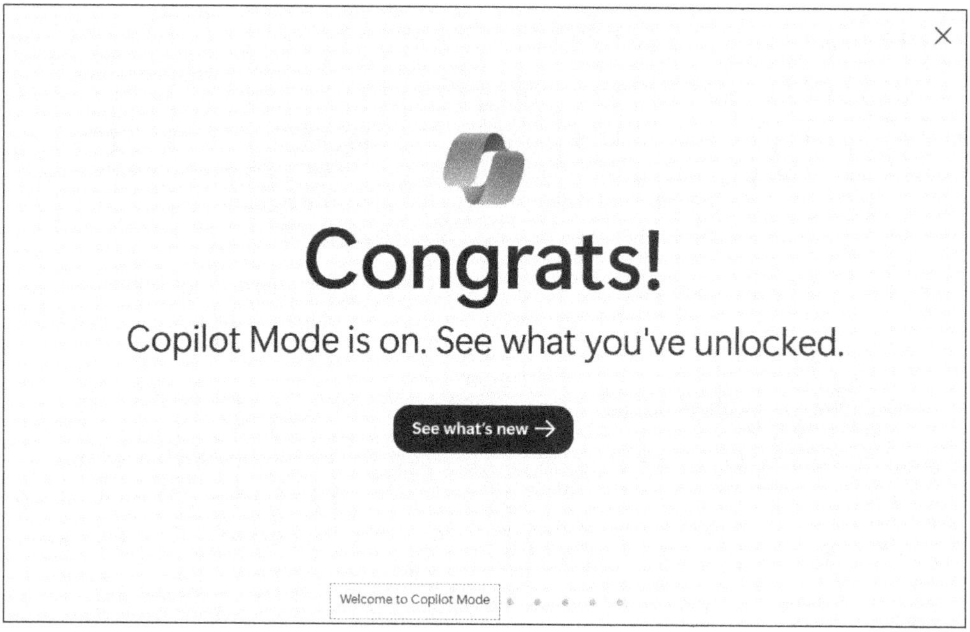

Abbildung 3.28: Bestätigung nach dem Aktivieren des Copilot-Modus

Damit teilt Microsoft Edge Ihnen mit, dass der KI-Modus jetzt aktiv ist und Sie die neuen Funktionen nutzen können.

Möglichkeiten im Copilot-Modus

Über die Schaltfläche SEE WHAT'S NEW (dt. *Neuigkeiten anzeigen*) können Sie sich eine kurze Einführung ansehen. Diese zeigt, welche Möglichkeiten der Copilot-Modus bietet.

Neue Startseite mit Copilot-Fokus

Wenn der Copilot-Modus aktiviert ist, ersetzt die neue Registerkarte (NEUER TAB) die klassische Suchleiste durch eine Copilot-Oberfläche. Sie können direkt aus dieser Ansicht mit Copilot interagieren – Texte eingeben, Projekte starten oder das Web erkunden –, ohne erst eine Seitenleiste öffnen zu müssen.

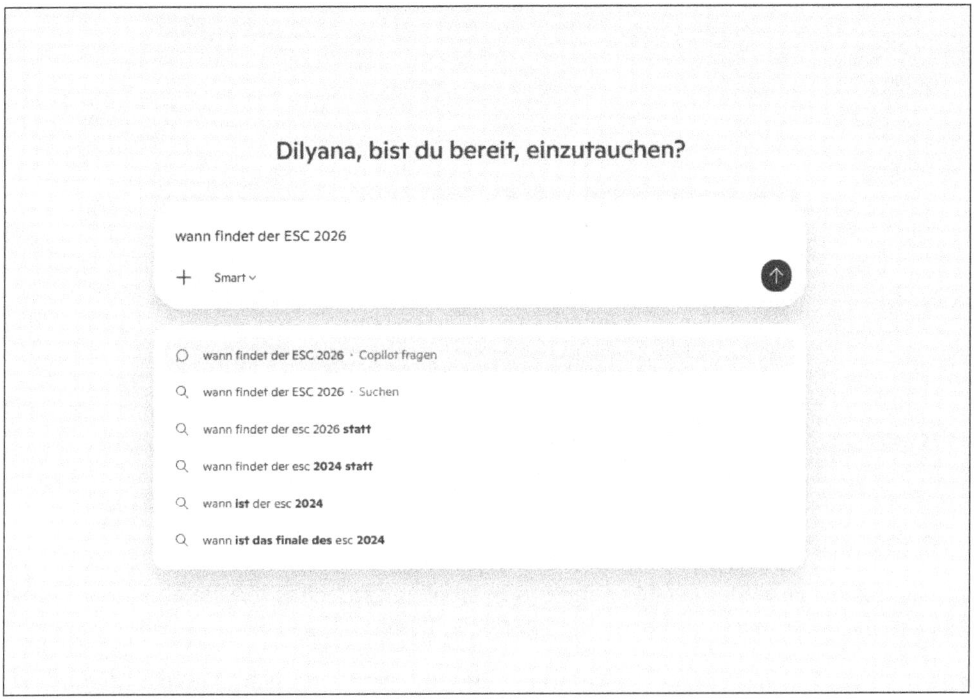

Abbildung 3.29: Neue Startseite mit Copilot-Fokus

Aufgaben an Copilot übergeben (Actions Mode)

Sie können Copilot detaillierte Anweisungen geben und ihn damit bestimmte Aufgaben selbstständig ausführen lassen. Diese Funktion sollten Sie unbedingt live ausprobieren – sie zeigt eindrucksvoll, wie leistungsfähig Copilot im Browser geworden ist. Es handelt sich dabei um weit mehr als nur das Öffnen eines neuen Tabs.

Copilot kann ganze Abläufe übernehmen, zum Beispiel:

- »Reserviere einen Tisch für zwei Personen im Restaurant Monk in Berlin am 11.05.2026 um 19 Uhr.«
- »Buche ein Hotelzimmer in Italien.«

So lassen sich wiederkehrende oder zeitaufwendige Aufgaben einfach delegieren, während Copilot die notwendigen Schritte für Sie übernimmt.

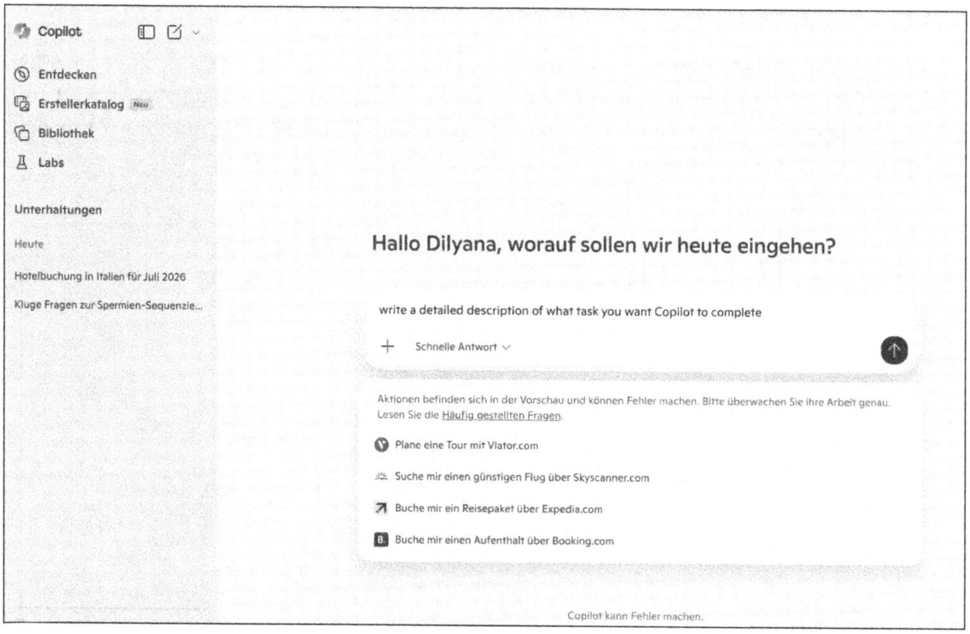

Abbildung 3.30: Aufgaben an Copilot übergeben (Actions Mode)

Sprachsteuerung (Voice Navigation)

Statt zu tippen, klicken Sie auf das Mikrofon-Symbol und sprechen Ihre Befehle aus: »Öffne Webseite X«, »Markiere das Wichtigste«, »Erkläre diesen Artikel« usw.

Copilot reagiert auf gesprochene Kommandos und navigiert, hebt hervor oder liefert Erklärungen.

Multi-Tab-Kontext (Kontext über mehrere Tabs)

Wenn Sie mehrere Tabs geöffnet haben, berücksichtigt Copilot nicht nur die aktuelle Seite, sondern zieht Informationen aus allen Tabs heran. So kann er Inhalte vergleichen, Querverweise finden oder umfassendere Antworten geben – etwa beim Vergleichen von Produkten oder Recherchieren aus mehreren Quellen.

Kontrolle über den Copilot-Modus

Sie haben jederzeit die Möglichkeit, den Modus über EINSTELLUNGEN → KI-INNOVATIONEN → COPILOT-MODUS ein- oder auszuschalten. Zusätzlich lässt sich festlegen, ob die neue Copilot-Startseite angezeigt wird, ob »Journeys« (KI-Vorschläge) erlaubt sind und wie Copilot mit Sprache oder Datenschutz umgehen darf.

Im nächsten Kapitel erfahren Sie, wie Sie mit Copilot mobil werden.

IN DIESEM KAPITEL

Die Copilot-App kennenlernen

Die App einrichten

Copilot unterwegs nutzen

Copilot auf Ihrem Telefon optimal einsetzen

Kapitel 4
Mobil werden mit Copilot

Wenn Sie ein Android-Smartphone oder ein iPhone besitzen, haben Sie bereits Zugriff auf Google Assistant oder Apple Siri. Mit virtuellen Assistenten, die Fragen beantworten und verschiedene Funktionen Ihres Telefons steuern können (zum Beispiel Musik abspielen, Wegbeschreibungen abrufen oder Nachrichten senden), fragen Sie sich vielleicht, warum Sie Copilot auch auf Ihrem Telefon benötigen.

In diesem Kapitel erfahren Sie, wie Sie die mobile Copilot-App auf Ihrem Smartphone installieren und verwenden, was Copilot auf Mobilgeräten kann und wie Sie diesen leistungsstarken mobilen KI-Assistenten optimal nutzen.

Erste Schritte mit der Copilot-App

Die Copilot-App kann kostenlos heruntergeladen werden, und die Basisversion von Copilot ist auf Mobilgeräten kostenlos nutzbar. Die Installation der Copilot-App ist so einfach wie die Installation jeder anderen App. Wenn Sie bereits mit der Installation von Apps auf Ihrem Telefon vertraut sind, können Sie im App Store (unter iOS) oder bei Google Play (unter Android) nach Microsoft Copilot suchen, die App installieren und den Rest dieses Abschnitts überspringen.

Wenn Sie eine Schritt-für-Schritt-Anleitung zur Installation von Copilot auf Ihrem Telefon wünschen, fahren Sie mit der Installationsanleitung für Android oder iOS fort.

Copilot auf Ihrem iPhone oder iPad installieren

Der erste Schritt zur Installation von Copilot besteht darin, die richtige Copilot-App zu finden. Wenn Sie den App Store öffnen und nach Microsoft Copilot suchen, werden Ihnen zahlreiche Ergebnisse angezeigt. Ich habe 41 Apps mit dem Namen Copilot gezählt, von anderen KI-Chatbots über Navigationstools bis hin zu einer App zum Kaufen und Verkaufen von Bauholz.

Wenn Sie im App Store oder im Browser nach Copilot suchen, werden Sie schnell feststellen, dass es zwei verschiedene Versionen gibt: Microsoft Copilot und Microsoft 365 Copilot, wie in Abbildung 4.1 dargestellt. Beide tragen denselben Namen, erfüllen aber unterschiedliche Aufgaben.

Abbildung 4.1: Den richtigen Copilot finden

Microsoft Copilot ist eine kostenlose Version von Copilot für persönliche Zwecke. Copilot hilft Ihnen bei kreativen, alltäglichen oder informativen Aufgaben – etwa beim Schreiben, Übersetzen, Recherchieren oder Erstellen von Bildern. Er funktioniert unabhängig von Microsoft 365 und ist damit ideal für den privaten Gebrauch oder für alle, die die KI-Funktionen von Microsoft einfach einmal ausprobieren möchten.

Der **Microsoft 365 Copilot** richtet sich dagegen an berufliche Nutzerinnen und Nutzer. Er ist in die bekannten Office-Anwendungen wie Word, Excel, PowerPoint, Outlook, Teams und OneNote integriert und nutzt die Inhalte Ihres Microsoft-365-Kontos.

So kann er Texte überarbeiten, E-Mails zusammenfassen, Daten analysieren, Präsentationen erstellen oder Besprechungen automatisch protokollieren. Diese Version ist kostenpflichtig und erfordert ein entsprechendes Microsoft-365-Abonnement – sie ist also Teil der professionellen Arbeitsumgebung.

Tippen Sie auf die Schaltfläche ABRUFEN, um Copilot auf Ihr iPhone oder Ihr iPad herunterzuladen. Der Fortschrittskreis füllt sich, und Sie sehen eine Schaltfläche ÖFFNEN, wenn die Installation von Copilot abgeschlossen ist.

Wenn Sie Copilot zum ersten Mal auf Ihrem iPhone oder iPad öffnen, wird der in Abbildung 4.2 dargestellte Willkommensbildschirm angezeigt. Auf dem Willkommensbildschirm können Sie wählen, ob Sie ohne Anmeldung fortfahren oder sich mit Ihrem bestehenden Microsoft-Konto anmelden möchten.

Abbildung 4.2: Begrüßungsbildschirm von Copilot

Wenn Sie die Microsoft-Copilot-App auf Ihrem Smartphone installieren, können Sie sie auch ohne Anmeldung sofort nutzen. Das ist besonders praktisch, wenn Sie den KI-Assistenten einfach einmal testen möchten, ohne gleich ein Konto zu verknüpfen.

Da Sie jedoch nicht angemeldet sind, arbeitet Copilot ohne personalisierte Daten. Ihre Chats werden nicht gespeichert, und der Assistent kann sich nicht an vorherige Gespräche erinnern. Auch auf Dienste wie OneDrive, Outlook oder Word kann er in diesem Modus nicht zugreifen.

Wenn Sie sich mit demselben Konto anmelden, das Sie in der Copilot-Seitenleiste in Edge oder unter `https://copilot.microsoft.com` verwenden, verwendet Copilot dieselben Einstellungen, die Sie bei Ihrer ersten Anmeldung bei Copilot erstellt haben, fordert Sie jedoch erneut auf, eine Stimme auszuwählen.

Als Nächstes werden Sie gefragt, ob Copilot Ihren Standort verwenden soll. Um den Standortzugriff zuzulassen, tippen Sie auf BEI VERWENDUNG DER APP ZULASSEN. Sie werden auch gefragt, ob Sie Copilot erlauben möchten, Ihre Aktivitäten in Apps und auf Websites anderer Unternehmen zu verfolgen. Laut Microsoft ist diese Datenfreigabe erforderlich, um Ihr Telefon mit Ihrem PC zu verbinden und Ihnen personalisiertere Ergebnisse zu liefern. Wenn Sie APP BITTEN, KEINE DATEN ZU VERFOLGEN auswählen, können Sie Copilot zwar verwenden, aber die Fähigkeit der App, Daten mit Copilot auf Ihrem Computer zu teilen, kann eingeschränkt sein. Oder Copilot kann Ihre Copilot-Nutzung einfach verfolgen, um die Werbung zu personalisieren, die Sie während der Verwendung von Copilot und anderen Apps sehen.

Standardmäßig fragt Copilot nach Ihrem genauen Standort, wie in Abbildung 4.3 dargestellt. Wenn Sie Copilot keinen Zugriff auf Ihren genauen Standort gewähren möchten, können Sie diese Einstellung ändern, indem Sie auf den Link PRÄZISE: EIN klicken.

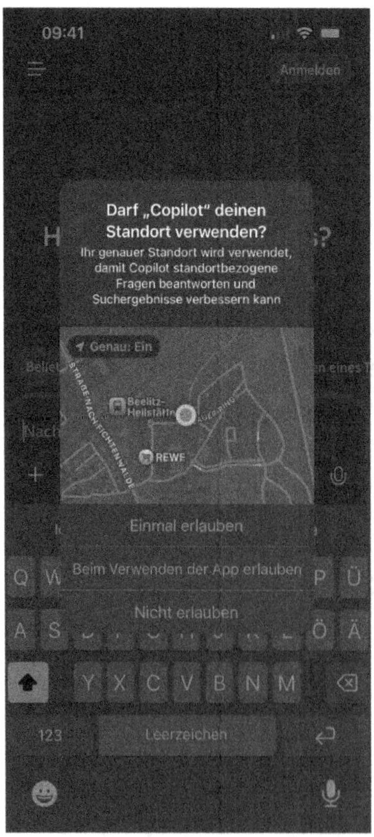

Abbildung 4.3: Copilot fragt nach Ihrem genauen Standort.

Nachdem Sie Ihre Auswahl bezüglich Standort und Datenfreigabe getroffen haben, wird der Startbildschirm angezeigt, der dem Bildschirm ähnelt, den Sie unter `https://copilot.microsoft.com` sehen, siehe Abbildung 4.4.

Abbildung 4.4: Der Copilot-Startbildschirm

Herzlichen Glückwunsch, Sie haben Copilot auf Ihrem iPhone oder iPad installiert! Fahren Sie mit dem Abschnitt ERSTMALIGE EINRICHTUNG UND KONFIGURATION fort, um herauszufinden, was Sie damit tun können.

Copilot auf Ihrem Android-Telefon installieren

Die Installation von Copilot auf einem Android-Telefon oder -Tablet ist genauso einfach wie die Installation einer beliebigen App. Wenn Sie die Google Play-App öffnen und nach Copilot suchen, wird als oberstes Ergebnis (möglicherweise unter einer Anzeige) Microsoft Copilot angezeigt, wie in Abbildung 4.5 dargestellt.

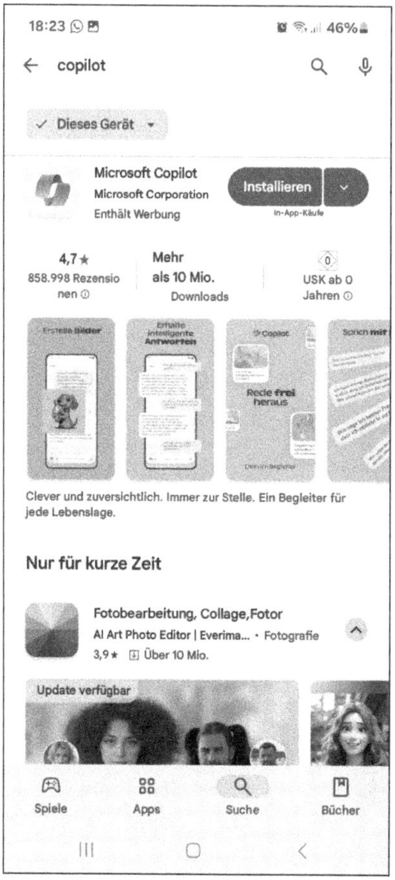

Abbildung 4.5: Microsoft Copilot in Google Play

Klicken Sie auf die Schaltfläche INSTALLIEREN und Copilot wird installiert.

Wenn Sie Copilot zum ersten Mal auf Android starten, werden Sie gefragt, ob Sie Copilot Zugriff auf Ihren Standort gewähren möchten. Die Erlaubnis dieses Zugriffs ist optional, aber wenn Sie ihn erteilen, können Sie einige der interessanteren und nützlicheren Funktionen von Copilot auf Mobiltelefonen nutzen. Weitere Informationen dazu, was Copilot mit Ihrem Standort tun kann, finden Sie im Abschnitt »Standortspezifische Prompts ausprobieren« dieses Kapitels.

Erste Einrichtung und Konfiguration

Wie bei der browserbasierten Version kann auch in der mobilen Copilot-App die Anzahl der Prompts in der kostenlosen Version begrenzt sein. Wenn Sie nicht angemeldet sind, ist die Gesprächslänge häufig stark eingeschränkt – in der Regel sind nur wenige Nachrichten pro Konversation möglich.

Um mehr Funktionen und längere Chats zu nutzen, melden Sie sich mit Ihrem Microsoft-Konto an. Tippen Sie dazu in der App oben links auf »Anmelden«, und verwenden Sie dieselben Zugangsdaten, die Sie auch für die Copilot-Website oder die Seitenleiste im Browser nutzen.

Microsoft passt die Nutzungsgrenzen regelmäßig an. Aktuell werden viele Limits in der kostenlosen Version schrittweise gelockert. Durch eine Anmeldung erhalten Sie jedoch in jedem Fall mehr Spielraum als ohne Konto.

Abbildung 4.4 zeigt, wie die Copilot-App unter iOS mit einem persönlichen Microsoft-Konto aussieht. Abbildung 4.6 zeigt, wie sie mit einem Arbeits- oder Schulkonto aussieht.

Abbildung 4.6: Die Copilot-App bei Anmeldung mit einem Arbeits- oder Schulkonto

Beachten Sie, dass die Arbeits-/Schuloberfläche oben einen Schalter zum Umschalten zwischen WEB und GESCHÄFTLICH hat. Dies zeigt an, dass das Konto auch Zugriff auf Copilot für Microsoft 365 hat, worüber Sie in Teil 2 mehr erfahren.

Für den Rest dieses Kapitels verwende ich hauptsächlich die kostenlose und angemeldete Version von Copilot mit einem persönlichen Konto.

Copilot Pro verwenden

Die Copilot-App für Mobilgeräte enthält einen Link, über den Sie sich für eine einmonatige kostenlose Testversion von Copilot Pro anmelden können. Copilot Pro bietet Ihnen Zugriff auf ein aktuelleres (und besseres) KI-Modell als die kostenlose Version und auf neue

Funktionen, bevor sie jemand anderes erhält. Außerdem werden Einschränkungen aufgehoben, die bei der kostenlosen Version auftreten können, wenn Sie Copilot in Zeiten hoher Nachfrage verwenden.

Wenn Sie sich für die kostenlose Testversion anmelden, beachten Sie, dass diese nach der Testversion automatisch in eine kostenpflichtige Mitgliedschaft (derzeit 22 Euro/Monat) umgewandelt wird. Wenn Sie sich noch nicht für Copilot Pro anmelden möchten, können Sie die entsprechende Werbung schließen, indem Sie auf das X in der oberen rechten Ecke tippen.

Die Nutzung des neuesten Modells mit der kostenlosen Version von Copilot unterliegt Einschränkungen. Nachdem Sie das Limit überschritten haben, können Sie einen Tag warten, bis Sie wieder Zugriff darauf haben, oder Sie können auf Copilot Pro upgraden.

Microsoft Copilot ist derzeit führend, wenn es darum geht, kostenlosen Zugriff auf die neuesten GPT-Modelle zu ermöglichen. Ob dies auch in Zukunft so bleibt, bleibt abzuwarten. Derzeit ist die Verwendung der kostenlosen Version von Copilot auf dem Handy oder in Ihrem Browser jedoch eine großartige Möglichkeit, das fortschrittlichste verfügbare KI-Chatbot-Modell auszuprobieren, ohne eine monatliche Gebühr zu zahlen.

Nutzung der einzigartigen mobilen Funktionen

Obwohl die Funktionen der Copilot-App dieselben sind wie die der Web- oder Desktop-Versionen von Copilot, bietet die App einige einzigartige Einsatzmöglichkeiten und Funktionen, da sie die Mobilität und Funktionen Ihres Smartphones oder Tablets nutzen kann. Zu den Dingen, die Sie mit der App tun können, gehören beispielsweise die Erstellung von Prompts mit der Kamera, die Verwendung Ihres Standorts und das Teilen der Antworten von Copilot über Ihre Messaging-App oder Social-Media-Apps.

Der erste Unterschied zwischen der mobilen App und der Desktop-Version von Copilot besteht darin, dass die mobile App weniger Funktionen und Optionen zu bieten scheint als die Desktop-Version. Wenn Sie sich jedoch ein wenig umsehen, werden Sie feststellen, dass die mobile App fast alles kann, was die Desktop-App kann, aber dass einige Funktionen und Optionen der mobilen App hinter Menüs verborgen sind.

Zugriff auf Ihren Chatverlauf

Um in der mobilen App auf Ihren Copilot-Chatverlauf zuzugreifen, tippen Sie auf die drei Linien oben links. Eine Liste Ihrer vorherigen Chats wird angezeigt.

Wenn Sie für den Zugriff auf Copilot ein Arbeits- oder Schulkonto verwenden, trägt der Link CHATVERLAUF die Bezeichnung COPILOT-CHATS und wird unter dem Menü mit den drei Linien oben links auf dem Bildschirm angezeigt.

Prompten mit der Kamera

Die KI-Bildsuche gibt es schon seit einiger Zeit. Sie können beispielsweise Bilder bei Google hochladen und es werden Ihnen ähnliche Bilder aus der Bildersuche angezeigt. Diese Art der Suche wird als *umgekehrte oder reverse Bildsuche* bezeichnet. Andere Bildsuch-Apps wie Seek von iNaturalist ermöglichen es Ihnen, Pflanzen und Tiere zu identifizieren, die Sie fotografieren.

Der Bild-Prompt von Copilot kann nicht wirklich mit der umgekehrten Bildersuche von Google oder den Fähigkeiten von iNaturalist Seek konkurrieren. Stattdessen nutzt er die Kreativität von Copilot und seine Fähigkeit, das Web zu durchsuchen, um Ihnen alles zu sagen, was Sie über ein Bild wissen möchten, oder sogar eine Geschichte zu einem Bild zu erfinden, wie in Abbildung 4.7.

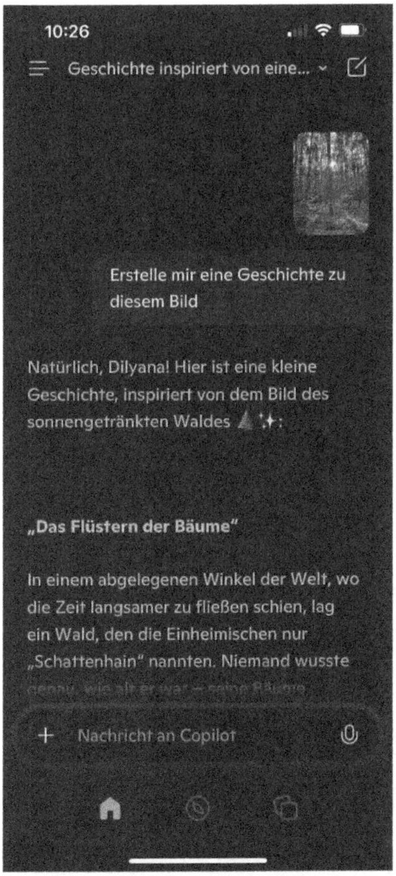

Abbildung 4.7: Copilot nach einem Bild fragen

Mithilfe der Kamera Ihres Telefons haben Sie zahlreiche Möglichkeiten, Objekte zu identifizieren, Texte zu übersetzen, zu lernen und Ihre Neugier zu befriedigen, während Sie sich in der Welt bewegen.

Eine Einschränkung des Kamera-Prompts (zumindest derzeit) besteht darin, dass Sie keine Video- oder Audiodateien hochladen können. Selbst wenn Sie aus der Fotobibliothek Ihres Geräts hochladen, können Sie mit der mobilen App nur Standbilder hochladen.

Audio-Prompts

Wie bei den Desktop- und Webversionen von Copilot können Sie Prompts mit Ihrer Stimme an die Copilot-App senden. Während Sie Ihren Prompt sprechen, transkribiert Copilot, was Sie sagen. Wenn er eine Pause erkennt, wird Ihr Prompt als Text an Copilot gesendet.

Bei meinen Experimenten mit Audio-Prompts hat Copilot einfache und bewusst gesprochene Prompts sehr gut erkannt und transkribiert. Mit den neuesten Updates von Copilot kann er auch recht gut auf informellere Sprache reagieren.

Ich habe die Audio-Prompt-Funktion in Copilot auf Deutsch, Englisch und Russisch getestet. Meine Erfahrungen zeigen, dass die englische Sprache einwandfrei funktioniert. Besonders beeindruckt war ich davon, wie gut Copilot Russisch versteht und verarbeitet. Interessanterweise hatte die Sprachausgabe mit einem leichten spanischen Akzent – vermutlich, weil ich in den Audioeinstellungen die Stimme »Elm« ausgewählt hatte.

Die Ergebnisse auf Deutsch waren dagegen nur teilweise zufriedenstellend. Copilot hat beim Antworten häufig mehrere Sprachen – Deutsch, Italienisch und Englisch – miteinander vermischt, was den Gesamteindruck etwas beeinträchtigt hat. Die Transkription von allen drei Sprachen war absolut akzeptabel und gut nachvollziehbar.

Standortspezifische Prompts ausprobieren

Da Copilot auf die Standortdienste Ihres Telefons zugreift, kann er verwendet werden, um standortspezifische Informationen wie über das aktuelle Wetter zu finden. Ohne zusätzliche Plug-ins kann er Empfehlungen für Veranstaltungen oder Restaurants geben, die man ausprobieren sollte. Als ich ihn nach Restaurantempfehlungen für meinen aktuellen Standort fragte, gab er mir eine Liste mit zehn Restaurants sowie Links zu den Websites, auf denen er seine Informationen gefunden hatte, wie in Abbildung 4.8 dargestellt.

Einige nützliche standortspezifische Prompts

Prompts, die Ihren Standort verwenden, können in Situationen, in denen Kreativität wichtiger ist als Genauigkeit, hilfreiche Ergebnisse von Copilot liefern. Hier einige Ideen für Prompts, die Sie bei Ihrer nächsten Reise oder wenn Sie neue Ideen für Unternehmungen in Ihrer Heimatstadt suchen, ausprobieren können:

- ✔ Erstelle eine Schnitzeljagd mit Dingen, die ich in der Nähe des aktuellen Standorts tun kann.
- ✔ Erstelle eine Playlist mit Songs, die für meinen aktuellen Standort relevant sind.
- ✔ Schreibe ein Lied über diesen Ort.

Abbildung 4.8: Senden ortsspezifischer Prompts

Einige weniger nützliche ortsspezifische Eingabeaufforderungen

Während Copilot und ähnliche KI-Chatbots bei kreativen Aufgaben wie denen im vorherigen Abschnitt hervorragende Leistungen erbringen, kann ihre Verwendung für ortsspezifische Aufgaben, die mehr Präzision erfordern, schwierig oder sogar gefährlich sein.

Hier sind einige Prompts, deren Wert wahrscheinlich zweifelhaft ist:

- ✔ Zeig mir den Weg zum nächstgelegenen Lebensmittelgeschäft.

  Zwar kann Ihnen Copilot häufig den Namen und sogar die Adresse des nächsten Lebensmittelladens nennen, die Wegbeschreibung ist jedoch höchstwahrscheinlich falsch.

- ✔ Zeichne eine Karte, die den Weg von hier zum Lebensmittelgeschäft zeigt.

Obwohl ich empfehle, aus Unterhaltungsgründen mit diesem Prompt zu experimentieren, sollten Sie sich nicht auf die Genauigkeit einer von Copilot generierten Karte verlassen. Abbildung 4.9 zeigt die Karte, die Copilot erstellt hat, als ich diesen Prompt verwendet habe.

Abbildung 4.9: Eine völlig falsche Karte zu meinem örtlichen Lebensmittelgeschäft

Das Erstellen und Arbeiten mit Bildern in Copilot wird in Kapitel 11 ausführlicher behandelt.

Entwirf eine Route für einen interessanten und landschaftlich reizvollen Spaziergang von drei Kilometern von meinem Zuhause aus.

Als ich diesen Prompt ausprobierte, war die von Copilot erstellte Route mehr oder weniger genau und führte mich tatsächlich auf eine Rundstrecke, die an einem Ort in der Nähe meines Hauses begann und endete. Die Anweisungen von Copilot enthielten jedoch keine Entfernungen und berücksichtigten keine Sackgassen und physischen Hindernisse.

Die Wanderung war zwar wirklich landschaftlich reizvoll, jedoch letztendlich etwa zehn Kilometer lang und umfasste zwei schwierige Aufstiege durch einen verwilderten Wald.

Copilot-Oberfläche in der App kennenlernen

Die Oberfläche in Copilot Web ist übersichtlich gestaltet und ermöglicht Ihnen, schnell auf Ihre bisherigen Unterhaltungen und gespeicherten Inhalte zuzugreifen.

Die Abbildung 4.11 zeigt die Startansicht der Copilot-App in der kostenlosen Version. Auf der linken Seite befindet sich das Hauptmenü mit den Bereichen Unterhaltung, Entdecken und Bibliothek. Darunter sehen Sie eine Liste Ihrer letzten Unterhaltungen. Jede Unterhaltung ist nach Datum sortiert und kann durch Antippen erneut geöffnet werden.

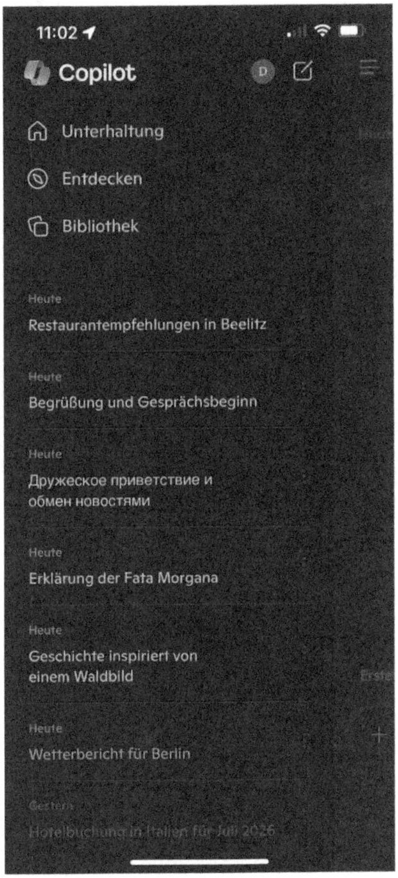

Abbildung 4.10: Copilot-Oberfläche in der App

Genau diese Optionen finden Sie auch unten auf der horizontalen Navigationsleiste der App-Oberfläche. Wenn Sie die Reiter nacheinander durchgehen – wie in der Abbildung 4.12 gezeigt – erkennen Sie bereits vertraute Funktionen, die im Kapitel 3 ausführlich erläutert werden.

Wenn Sie die Microsoft-365-Copilot-App öffnen, dann sieht das Hauptmenü auf den ersten Blick etwas anders aus, wie die Abbildung 4.12 zeigt.

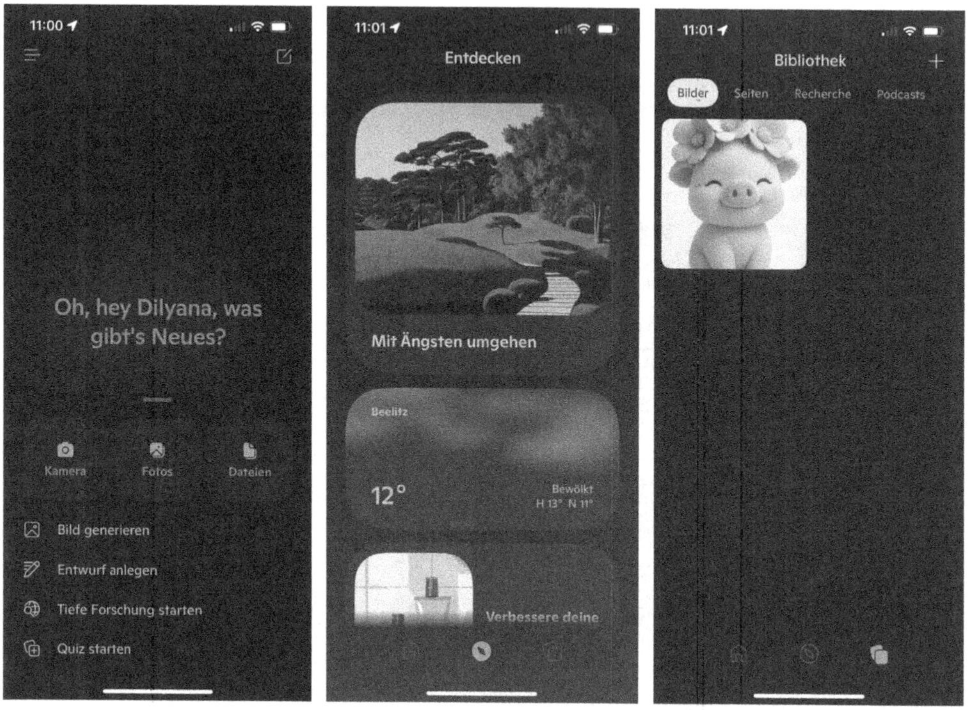

Abbildung 4.11: Copilot-Menü in der App

Das Hauptmenü ist über drei Linien oben links erreichbar.

Hier befinden sich alle zentralen Funktionen der App, die Sie im Alltag mit Copilot nutzen können:

✔ **Chat:**

Dies ist der Ort, an dem die eigentliche Magie passiert. Hier können Sie Copilot direkt Fragen stellen, Zusammenfassungen erstellen lassen oder ihn bitten, auf Ihre Microsoft-365-Daten zuzugreifen – etwa auf Dokumente, E-Mails oder Kalendereinträge.

✔ **Agents:**

Unter diesem Punkt finden Sie spezialisierte Copilots, die für bestimmte Themen oder Aufgaben entwickelt wurden, zum Beispiel für Kommunikation, Marketing oder Datenanalysen.

✔ **Unterhaltungen:**

Hier werden Ihre bisherigen Chats mit Copilot gespeichert. Sie können alte Gespräche fortsetzen, durchsuchen oder löschen, wenn Sie den Überblick behalten möchten.

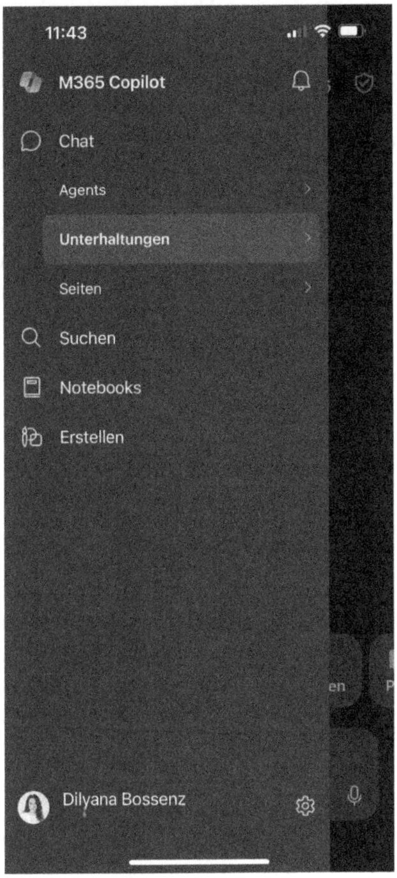

Abbildung 4.12: Oberfläche in Microsoft 365 Copilot

- **Seiten:**

  In diesem Bereich können Sie Ihre wichtigsten Projekte oder Arbeitsbereiche organisieren und schnell wieder aufrufen.

- **Suchen:**

  Über die Suchfunktion finden Sie gezielt Inhalte, Unterhaltungen oder Notizen, ohne lange scrollen zu müssen.

- **Notebooks:**

  Hier speichern Sie spontane Ideen, Textentwürfe oder Gedanken, die Sie später weiterbearbeiten möchten.

- **Erstellen:**

  Wenn Sie direkt loslegen wollen – etwa mit einem neuen Text, einer E-Mail oder einer Präsentation – starten Sie hier ein neues Projekt gemeinsam mit Copilot.

- **Ihr Profilbereich:**

  Am unteren Rand des Menüs sehen Sie Ihr Profil mit Ihrem Namen, Ihrer geschäftlichen E-Mail-Adresse und einem Zahnrad-Symbol für die **Einstellungen**. Hier können Sie Ihre Kontoverknüpfung anpassen, Benachrichtigungen steuern oder Datenschutzoptionen verwalten.

Oben in der App befindet sich die Option für den **Inkognito-Modus**. Wenn Sie diesen aktivieren, werden Ihre Unterhaltungen nicht gespeichert und nicht zur Verbesserung des Copilot-Modells verwendet.

Das ist ideal, wenn Sie sensible Themen ansprechen oder einfach Ideen testen möchten, ohne dass sie dauerhaft in Ihrem Verlauf auftauchen.

Verwenden Sie den Inkognito-Modus immer dann, wenn Sie experimentieren oder vertrauliche Informationen eingeben möchten.

Ganz oben rechts in der App sehen Sie ein grünes Schildsymbol mit Haken. Dieses Zeichen ist wichtig, denn es zeigt Ihnen, dass Ihre Unternehmensdaten geschützt sind.

Copilot greift in diesem Fall nur auf Inhalte zu, die innerhalb Ihres Microsoft-365-Unternehmenskontos gespeichert sind. Alle Daten bleiben damit im sicheren Rahmen Ihrer Organisation und werden gemäß den Compliance- und Sicherheitsrichtlinien Ihres Unternehmens verarbeitet.

Wenn das Schild sichtbar ist, können Sie sicher sein: Ihre Daten verlassen den geschützten Bereich nicht.

Mehr erfahren

Unter jeder von Copilot generierten Antwort können zusätzliche Informationen aus dem Internet stehen. Diese zusätzlichen Informationen können Quellen enthalten, die zur Generierung der Antwort verwendet wurden, Karten und Links zu weiterführender Literatur. Diese Quellen und zusätzlichen Ressourcen sind oft eine gute Möglichkeit, Copilot zu überprüfen und sicherzustellen, dass die Angaben wahr sind.

Nach der Antwort von Copilot und eventuellen zusätzlichen Ressourcen schlägt Copilot weitere Prompts vor. Sie können auf einen dieser Links tippen, um sie zu übermitteln und die Konversation fortzusetzen.

Antworten von Copilot teilen

Wenn Sie eine der Antworten von Copilot auswählen, wird ein Menü mit Optionen zum Arbeiten nur mit dieser Antwort angezeigt (siehe Abbildung 4.14).

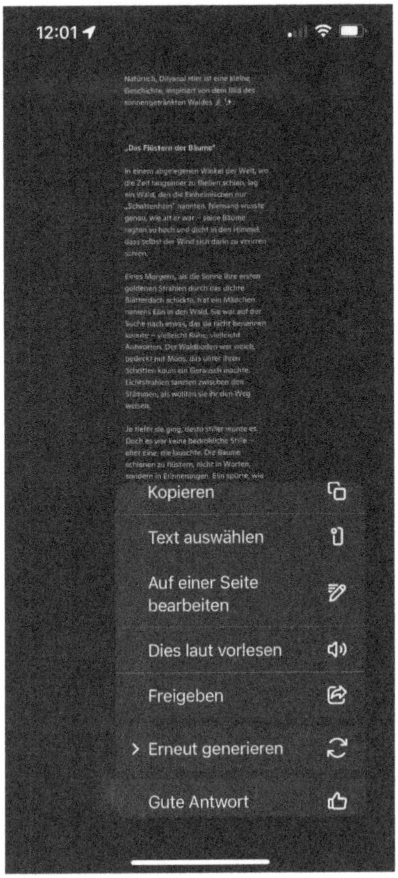

Abbildung 4.13: Anzeigeoptionen für die Arbeit mit einer einzelnen Antwort

In diesem Menü können Sie verschiedene Aufgaben ausführen, mit denen Sie Feedback geben oder eine Antwort teilen können. Hier die Optionen:

- **Auf einer Seite bearbeiten:** Wenn Sie diese Option wählen, öffnet Copilot die ausgewählte Antwort auf einer neuen Seite, damit Sie sie direkt bearbeiten können. Das ist praktisch, wenn Sie einen Text anpassen, kürzen oder mit eigenen Gedanken ergänzen möchten, ohne die App zu verlassen.
- **Dies laut vorlesen:** Mit dieser Funktion können Sie sich die Antwort von Copilot vorlesen lassen. Das ist hilfreich, wenn Sie unterwegs sind oder den Text lieber hören möchten, anstatt ihn zu lesen.
- **Freigeben:** Wenn Sie eine Antwort mit Kolleginnen und Kollegen teilen möchten, tippen Sie auf FREIGEBEN. Dadurch können Sie den Text direkt über andere Apps versenden – zum Beispiel über Outlook, Teams oder eine Notiz-App.

- **Erneut generieren:** Falls Ihnen die Antwort nicht ganz zusagt oder Sie eine alternative Formulierung wünschen, wählen Sie ERNEUT GENERIEREN. Copilot erstellt daraufhin eine neue Version derselben Antwort.

Feedback (Daumen hoch oder Daumen runter) ist völlig freiwillig. Wenn Sie es nicht abgeben möchten, ist es auch kein Problem, völlig auf Feedback an Copilot zu verzichten.

In diesem Kapitel haben Sie gelernt, wie Sie die Copilot-App auf iOS- oder Android-Telefonen und -Tablets installieren, konfigurieren und verwenden. Außerdem haben Sie einige der einzigartigen Funktionen der Copilot-App kennengelernt. Im nächsten Kapitel, »Copilot+-PCs«, erfahren Sie, wie Sie Copilot mit den neuesten und besten KI-fähigen Computern verwenden.

IN DIESEM KAPITEL

Die Vorteile von Copilot+-PCs kennenlernen

KI in Windows verwenden

Die Leistung von Copilot+ nutzen

Inhalte lokal generieren

Über ein vollständiges Erinnerungsvermögen verfügen

Kapitel 5
Copilot+-PCs

Die ersten Copilot+-PCs kamen im Juni 2024 auf den Markt. Diese Windows-PCs sehen aus wie gewöhnliche PC-Desktops und Laptops, sind innen jedoch für die Ausführung von KI-Aufgaben optimiert.

Mit der Einführung von Copilot+-PCs müssen Sie sich nicht mehr bei einer Website anmelden und Ihre Daten über das Internet teilen, um Bilder und Texte zu erstellen und KI zur Analyse Ihrer Daten zu verwenden. Das Ergebnis ist, dass Copilot+-PCs viele KI-Aufgaben schneller und sicherer ausführen können als andere PCs.

In diesem Kapitel erfahren Sie, was einen PC zu einem Copilot+-PC macht, wie sich Copilot+ von anderen Versionen von Copilot unterscheidet und welche einzigartigen Möglichkeiten Ihnen lokale KI-Funktionen bieten.

Verstehen, was einen Copilot+-PC ausmacht

Copilot+-PCs funktionieren in vielerlei Hinsicht genauso wie herkömmliche Windows-PCs. Sie verfügen über eine zentrale Verarbeitungseinheit (CPU), Arbeitsspeicher, Speicher, Bluetooth und alles andere, was Sie von einem Desktop- oder Laptop-Computer erwarten würden.

Was alle Copilot+-PCs jedoch auszeichnet, ist, dass sie einen zusätzlichen Chip eingebaut haben, der speziell für die Beschleunigung von Aufgaben der künstlichen Intelligenz entwickelt wurde. Dieser dedizierte Denkchip heißt *Neural Processing Unit* (NPU). Jeder PC, der sich Copilot+-PC nennt, muss über eine NPU verfügen, und diese NPU muss einen bestimmten, von Microsoft festgelegten Leistungsschwellenwert erreichen.

Die zur Messung der Leistung von NPUs entwickelte Metrik heißt *TOPS* und steht für Billionen (auf Englisch: Trillion) Operationen pro Sekunde. Sie können sich eine Operation als eine einzelne einfache Berechnung vorstellen, wie Sie sie mit einem Taschenrechner durchführen würden. Damit ein Computer funktioniert, sind *viele* dieser einfachen Berechnungen erforderlich, und um GenKI-Aufgaben auszuführen, sind noch mehr erforderlich. Die NPU auf einem Copilot+-PC muss mindestens 40 TOPS liefern. Eine Menge Berechnungen!

Erweiterte Funktionen der Copilot+-PCs berücksichtigen

Der offensichtlichste Unterschied zwischen einem normalen Windows-PC und einem Copilot+-PC besteht darin, dass Copilot+-PCs eine spezielle Copilot-Taste links neben der Alt-Taste auf der rechten Seite der Tastatur haben. Durch Drücken dieser Taste wird die vertraute Copilot-Oberfläche geöffnet.

Vergleich von Copilot+ mit Standard-Copilot

Copilot auf einem Copilot+-PC funktioniert auf die gleiche Weise und verfügt über die gleichen Funktionen wie Copilot im Web. Copilot+ kann jedoch auch einige KI-bezogene Aufgaben ohne Verbindung zum Internet ausführen. Dies ist möglich, weil Copilot+-PCs ein *kleines Sprachmodell* (SLM) lokal ausführen können. Dieses SLM ist eine viel kleinere Version des Modells, das dem großen Sprachmodell (LLM) von Copilot zugrunde liegt.

Im nächsten Abschnitt werden einige der einzigartigen Funktionen erläutert, die durch eine NPU und ein Sprachmodell auf Ihrem PC möglich werden (oder eines Tages möglich sein könnten).

Mehr über die exklusiven Funktionen von Copilot+-PCs

Die besonderen einzigartigen Fähigkeiten der Copilot+-PCs (zum Zeitpunkt der Drucklegung dieses Buches) sind:

- ✔ die Möglichkeit, als Reaktion auf eine Kombination aus Zeichnungen und Prompts Bilder in Microsoft Paint zu generieren
- ✔ die Möglichkeit, jedem Video während der Wiedergabe live übersetzte Untertitel hinzuzufügen
- ✔ schnellere Anwendung von KI-generierten Effekten in Bild- und Videobearbeitungssoftware
- ✔ die Möglichkeit, Videos in Echtzeit KI-Effekte hinzuzufügen

In den folgenden Abschnitten erfahren Sie mehr über diese Funktionen von Copilot+-PCs und wie sie sich in Zukunft ändern und verbessern können.

Cocreator in Paint verwenden

Cocreator ist eine Funktion von Microsoft Paint auf Copilot+-PCs, mit der Sie in Paint ein grobes Bild zeichnen und optional einen Prompt eingeben können, in dem beschrieben wird, was Sie gezeichnet haben oder was Copilot+ mit dem Gezeichneten machen soll. Anhand Ihrer Zeichnung und des Prompts versucht Copilot+, ein vollständiges gerendertes Bild zu erstellen.

Das Erstaunliche an Cocreator ist nicht, dass es großartige KI-generierte Bilder erstellt. Die erstellten Bilder sind im Allgemeinen nicht so gut wie diejenigen, die mit der Online-Version von Copilot erstellt werden können.

Das Erstaunliche an Cocreator ist, dass es alle erforderlichen Verarbeitungsvorgänge zum Generieren eines Bilds aus Ihrer Zeichnung und Ihrem Prompt lokal durchführt, ohne dass Sie Ihre Zeichnung und Ihren Prompt an einen externen Server senden und auf eine Antwort warten müssen.

Diese Funktion bedeutet, dass Cocreator das von ihm generierte Bild aktualisieren kann, während Sie an Ihrer Zeichnung arbeiten, und Sie können sofortiges Feedback dazu erhalten, wie gut Ihr Prompt und die Zeichnung geeignet sind, das gewünschte Ergebnis zu erzielen.

Cocreator verwenden

Wenn Sie MS Paint auf einem Copilot+-PC öffnen, sehen Sie das Cocreator-Symbol in der Symbolleiste. Wenn Sie auf dieses Symbol klicken, wird die Cocreator-Seitenleiste geöffnet, wie in Abbildung 5.1 dargestellt.

Die Cocreator-Seitenleiste besteht aus mehreren Komponenten:

- ✔ einem Vorschaufenster, das das KI-generierte Bild zeigt, das Cocreator basierend auf Ihrer Eingabe erstellt hat
- ✔ einem Prompt-Bereich, in dem Sie einen Text-Prompt eingeben können
- ✔ einen Stilwähler, mit dem Sie zwischen mehreren Bildstilen wählen können, darunter Aquarell, Ölgemälde, Anime und Bleistiftzeichnung
- ✔ einem Kreativitätsregler. Sie können mit der Änderung dieses Reglers experimentieren, um Cocreator anzuweisen, kreativer zu werden oder analytischer zu bleiben.

Was Cocreator von anderen GenKI-Bildbearbeitungsprogrammen unterscheidet, ist, dass es zusätzlich zu dem Text-Prompt, den Sie Cocreator übergeben, auch den aktuellen Inhalt der MS-Paint-Leinwand berücksichtigt.

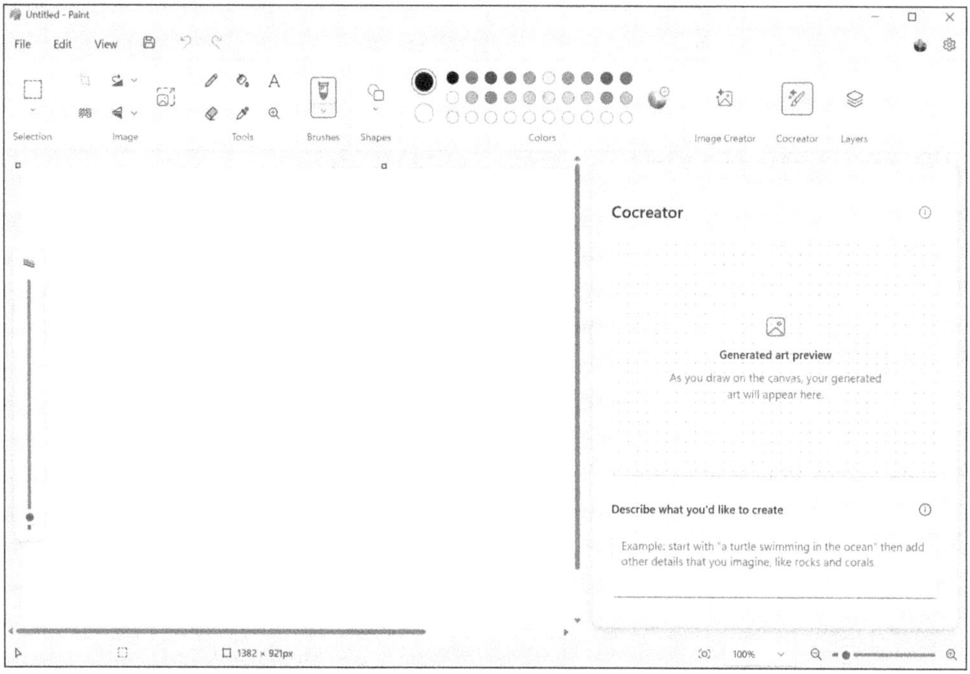

Abbildung 5.1: Die Cocreator-Seitenleiste

Um mit Cocreator zu beginnen, erstellen Sie eine grobe Zeichnung dessen, was Cocreator generieren soll. Ich habe beispielsweise mit dem Bleistiftwerkzeug von Paint eine ziemlich schlechte Zeichnung einer Sonne, eines Hauses, einer Wolke und eines Baums erstellt.

Cocreator beginnt erst mit der Bilderzeugung, wenn Sie etwas in den Texteingabebereich eingeben. Ich beschrieb die Szene, die ich mir vorstellte, und im Vorschaufenster erschien ein schwaches Bild, wie in Abbildung 5.2 zu sehen.

Sobald Cocreator eine Vorschau anzeigt, können Sie Ihre Zeichnung, Ihren Prompt, die Einstellungen des Stilwählers oder den Kreativitätsregler bearbeiten, woraufhin Cocreator ein neues Bild generiert.

Wenn Sie nach dem Verfeinern Ihres Prompts oder Ihrer Zeichnung in der Vorschau ein Bild sehen, das Ihnen gefällt, können Sie auf das Bild klicken, um es zur Paint-Leinwand hinzuzufügen. Was als Nächstes passiert, ist wirklich wichtig: Sobald Sie der Leinwand ein Bild hinzufügen, generiert Cocreator basierend auf Ihrem Text-Prompt und dem aktuellen Inhalt der Leinwand ein neues Bild.

Verfeinern und wiederholen

Wenn Sie die Kreationen von Cocreator wiederholt auf die Leinwand übernehmen und ein neues Bild auf Grundlage der jeweils vorherigen Ausgabe generieren, hat das Ergebnis im Allgemeinen jedes Mal mehr Kontrast und einfachere Linien. In Abbildung 5.3 habe ich Copilot beispielsweise gebeten, ein Bild eines Malers an seiner Staffelei mit einem Hund zu generieren.

Abbildung 5.2: Cocreator tut sein Bestes, meine Zeichnung zu interpretieren.

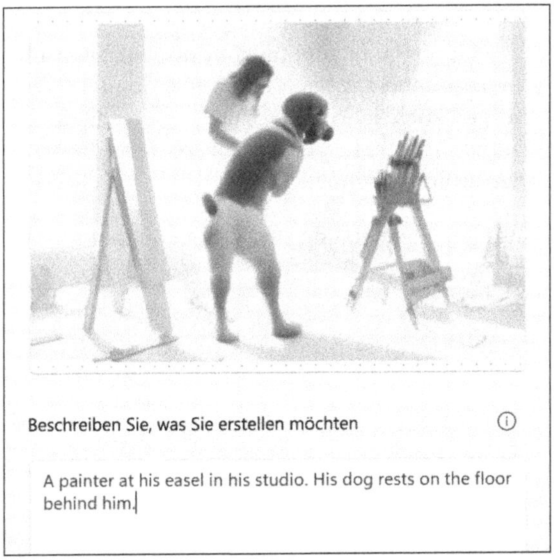

Abbildung 5.3: Ein Maler und sein Hund?

Die resultierende Vorschau war surreal und in jeder Hinsicht falsch. Der Hund schien an der Staffelei zu stehen, während der Maler im Hintergrund schwebte. Ich übernahm es trotzdem und fügte dann jede neue Iteration des Bildes der Leinwand hinzu. Nach mehreren Runden waren die von Copilot erstellten Bilder zu einer einfachen abstrakten Grafik geworden, wie in Abbildung 5.4 dargestellt.

Abbildung 5.4: Das Generieren neuer Inhalte auf der Grundlage generierter Inhalte führt zu einer Ausgabe mit niedriger Auflösung.

Cocreator macht Spaß, aber es ist derzeit schwer vorstellbar, dass es für mehr als nur als Spielzeug verwendet werden könnte. In Zukunft wird diese Art von GenKI, die sich sofort selbst aktualisiert, sehr wahrscheinlich reibungsloser funktionieren und zu qualitativ hochwertigeren Ergebnissen führen.

Live-Untertitel nutzen

Live Captions ist eine Funktion von Windows 11, die Untertitel (derzeit nur auf Englisch) für jedes Video, das Sie gerade ansehen, generieren und anzeigen kann. Auf Copilot+-PCs kann Live Captions Untertitel anzeigen und gesprochene Sprache aus 44 verschiedenen Sprachen ins Englische übersetzen, bevor daraus Untertitel erzeugt werden. Da es die NPU des Copilot+-PCs nutzt, ist dies ohne Internetverbindung möglich.

Mögliche Anwendungsfälle für Live-Untertitel mit Übersetzung sind unter anderem:

- ✔ Ansehen ausländischer Filme, die keine Untertitel haben
- ✔ Anhören von Meetingaufzeichnungen und Webinaren, die in verschiedenen Sprachen präsentiert werden
- ✔ Hinzufügen übersetzter Untertitel für gehörlose und schwerhörige Menschen

Live-Untertitel aktivieren

So verwenden Sie Live-Untertitel:

1. **Schalten Sie Untertitel ein. Sie können Untertitel in den Windows-Einstellungen einschalten oder im Menü SCHNELLEINSTELLUNGEN, wenn Sie gerade ein Video ansehen.**

   Um Untertitel über das Menü SCHNELLEINSTELLUNGEN zu aktivieren, öffnen Sie ein Video, für das Sie Untertitel anzeigen möchten, und drücken Sie dann die [Windows]-Taste + [A].

Das Menü SCHNELLEINSTELLUNGEN wird geöffnet. Suchen Sie die Schaltfläche UNTERTITEL und klicken Sie darauf, um Untertitel zu aktivieren.

Um Untertitel in den Windows-Einstellungen zu aktivieren, gehen Sie zu EINSTELLUNGEN | BARRIEREFREIHEIT | UNTERTITEL und schalten Sie Untertitel ein.

2. **Wenn Sie Live Captions zum ersten Mal aktivieren, werden Sie aufgefordert, dies zu bestätigen. Wenn Sie JA wählen, werden die Sprachdateien heruntergeladen. Dies kann einige Zeit dauern.**

3. **Nachdem die Sprachdateien heruntergeladen wurden, werden Ihnen bei jedem Ansehen eines Videos automatisch Untertitel angezeigt.**

Während Sie auf den Download der Sprachdateien warten, können Sie auf das Zahnradsymbol in der Live-Captions-Untertitelleiste oben auf Ihrem Bildschirm klicken, um die Position und den Stil der Untertitel anzupassen.

Mit Live-Untertiteln experimentieren

Um Live-Untertitel mit Übersetzung zu erleben, habe ich mir auf YouTube einige alte französische Filme mit eingeschalteten Untertiteln angesehen. Das Ergebnis war, dass die Untertitel, die Teil des Videos waren, genauso gut waren wie die Live-Untertitel.

Die Untertitel auf YouTube waren immer besser, auch wenn Live Captions manchmal richtig übersetzte. Meistens war Live Captions mit Übersetzung jedoch nicht hilfreich. Beispielsweise wurde eine Zeile aus dem Film »A Ravishing Idiot« von 1964 in den Untertiteln von YouTube folgendermaßen übersetzt:

> *»... ich sehe ein Canapé mit Gurke und Brunnenkresse, dem ich nicht widerstehen kann.«*

Live Captions hat es wie folgt übersetzt:

> *»... ich sehe kein kleines Gurkensofa mit Schlagsahne, das durchkommt.«*

Windows Studio Effects verwenden

Windows Studio Effects nutzt die KI-Funktionen von Copilot+-PCs, um Spezialeffekte auf das von der Gerätekamera und dem Mikrofon eingehende Video anzuwenden, unter anderem:

- ✔ **Hintergrundunschärfe:** verwischt den Hintergrund um das Motiv
- ✔ **Augenkontakt:** erweckt den Anschein, als würde die Person im Video in die Kamera schauen, auch wenn sie nach unten schaut (beispielsweise auf die Tastatur)

- **Automatische Rahmung:** zoomt und schneidet Live-Videos so zu, dass es so aussieht, als ob die Person vor der Kamera immer an derselben Position auf dem Bildschirm bleibt
- **Sprachfokus:** filtert Hintergrundgeräusche heraus
- **Kreative Filter:** Videofilter, die den Sprecher beispielsweise wie eine animierte Figur oder ein Aquarell aussehen lassen. Abbildung 5.5 zeigt den Filter für animierte Figuren.

Abbildung 5.5: Ich werde animiert.

- **Augenkontakt-Teleprompter:** erweckt den Eindruck, dass die Augen des Sprechers nach vorne gerichtet sind, wie es beispielsweise bei der Verwendung eines Teleprompters erforderlich ist

Einige der Filter – wie etwa die Hintergrundunschärfe, der Sprachfokus und der Augenkontakt – sind subtil genug, um in professionellen Umgebungen nützlich zu sein. Obwohl es eine großartige Idee ist, werde ich den Augenkontakt-Teleprompter nicht verwenden. Bei meinen Experimenten damit waren die KI-Anpassungen der Augäpfel des Sprechers schon so künstlich, dass sie gruselig wirkten.

Erinnern Sie sich an Ihre Geschichte!

Die Markteinführung des Copilot+-PC war wegen einer Funktion namens *Recall* umstritten. Ursprünglich sollte sie als optionale Vorschaufunktion aktiviert werden, wurde aber aus der Markteinführung am 18. Juni 2024 entfernt, da die Öffentlichkeit und Technologiejournalisten Bedenken hinsichtlich Datenschutz- und Sicherheitsproblemen hatten.

Recall sollte, wie ursprünglich vorgesehen, Screenshots von allem machen, was Sie im Laufe des Tages tun, und diese auf Ihrem Computer speichern. Diese Screenshots sollten dann von Copilot+ analysiert werden, ohne dass der Benutzer dazu den Computer verlassen muss. Wenn Sie zu etwas zurückkehren möchten, an dem Sie gerade arbeiten, oder Hilfe brauchen, um sich daran zu erinnern, wo Sie diesen einen Artikel im Internet oder diesen Toaster gesehen haben, den Sie kaufen wollten, könnten Sie Copilot+ auffordern, »die Website mit diesem coolen roten Retro-Toaster zu öffnen, den ich mir angesehen habe«, und er würde dies tun.

Die Idee ist überzeugend, aber die anfängliche Umsetzung war fehlerhaft. Alle von Recall gesammelten Daten wurden nur auf Ihrem Computer gespeichert und verarbeitet, ohne jemals an Microsoft oder andere hochgeladen zu werden. Aber es stellte eine potenzielle Goldgrube mit persönlichen Informationen, Passwörtern und mehr für jeden dar, der sich Zugriff auf Ihren Computer verschaffen kann – sei es durch Hacking oder auf andere Weise.

Nachdem Recall von Copilot+-PCs entfernt wurde, sagte Microsoft, dass die Funktion in den kommenden Monaten überdacht und wieder eingeführt werden würde. Es bleibt abzuwarten, ob und wie Recall zurückkommt, aber es dient zumindest als gutes Beispiel dafür, wie wichtig es ist, die Auswirkungen des Einsatzes von KI sorgfältig abzuwägen, statt sich einfach kopfüber hineinzustürzen.

Überlegungen zur Zukunft von Copilot+

Zumindest im Moment sind die Vorteile eines Copilot+-PCs für die meisten Leute ziemlich begrenzt. Wie Sie im obigen Abschnitt lesen können, wurde die Blockbuster-Funktion, die in Copilot+-PCs enthalten sein sollte, Recall, aus Sicherheitsgründen in letzter Minute entfernt.

Ob Recall in Zukunft in neuer Form zurückkehrt oder nicht, die Verwendung eines Copilot+-PCs wird letztendlich neue Möglichkeiten eröffnen, mit Ihrem Computer auf eine gesprächsorientiertere und (hoffentlich) sicherere Weise zu arbeiten. Einige Einsatzmöglichkeiten für integrierte KI, die ich mir in Zukunft vorstellen kann, sind:

- ✔ Sie könnten Copilot bitten, Ihre Fotobibliothek nach Ihren Wünschen zu sortieren. Vielleicht möchten Sie einen Ordner für Bilder von Männern mit Krawatte, in dem die Bilder nach dem Jahr sortiert sind, in dem die Krawatte in Mode war. Oder Sie könnten um einen Ordner für Bilder von Ihnen bitten, die nur von Ihrer besten Seite aufgenommen wurden.
- ✔ Copilot könnte als virtueller Personal Trainer oder Yoga-Lehrer agieren, der Ihnen beim Training zusehen und Ihnen Tipps und Anregungen geben kann, ohne dass Sie Videos speichern oder etwas ins Internet hochladen müssen.

- ✔ Es könnte eine Kochassistent-App mit der Fähigkeit geben, herauszufinden, wo Sie gerade in einem Rezept sind, indem er den Zustand der Küche überprüft oder Fragen stellt, wie zum Beispiel: »Wie lange muss ich das kochen?« Leider wird es noch eine Weile dauern, bis Sie Copilot bitten können, den Tisch zu decken oder das Geschirr zu spülen.
- ✔ Copilot könnte als virtueller Schachgegner fungieren, der nicht nur Schach gegen Sie spielt, sondern auch Quatsch mit Ihnen redet.

Im nächsten Kapitel erfahren Sie mehr über die derzeit vielleicht einfachste und beste Verwendung von Copilot: als Hilfestellung beim Schreiben.

Teil II
Erledigen Sie Ihre Arbeit mit Microsoft 365 Copilot

IN DIESEM TEIL …

- Schreiben Sie mit einem KI-Assistenten in Microsoft Word
- Arbeiten Sie mit Copilot in Excel-Tabellen
- Verbessern Sie Ihre PowerPoint-Präsentationen
- ErhaltenSieHilfebeimSchreibenundOrganisierenIhrer E-Mails
- Optimieren Sie Microsoft-Teams-Meetings
- Erstellen und bearbeiten Sie Bilder
- Vereinfachen Sie das Projektmanagement

IN DIESEM KAPITEL

- Mit Copilot gemeinsam schreiben
- Inline-Vorschläge erhalten
- In Word auf den Copilot-Chat zugreifen
- Inhaltszusammenfassungen erhalten
- Brainstorming mit Copilot nutzen
- Ihren Schreibstil verbessern
- Mit KI umschreiben

Kapitel 6
Schreiben mit Copilot

Wenn Sie Microsoft 365 Copilot abonnieren, wird oben in Ihren Microsoft-365- oder Microsoft-Office-Anwendungen ein neues Copilot-Symbol angezeigt. Dieses neue Symbol ist der einzige visuelle Hinweis darauf, dass sich Ihre Erfahrung mit der Produktivitätssuite von Microsoft für immer ändern wird (meistens zum Besseren).

Obwohl die meisten Leute (einschließlich des Autors dieses Buchs) es als unethisch und oft kontraproduktiv erachten würden, Copilot die Schreibprojekte für sie übernehmen zu lassen, gibt es viele Situationen, in denen die Hilfe eines KI-Copiloten von unschätzbarem Wert ist.

Bei richtiger Verwendung ist Microsoft Copilot 365 in Word wie ein Grammatikprüfer, ein Korrekturleser, ein Brainstorming-Partner und ein Übersetzer in einem. Er ist kein Ersatz dafür, ein guter Autor zu sein, und auch nicht für einen guten Redakteur und Korrekturleser, aber Copilot hat großartige »Ideen« und ist immer verfügbar. Außerdem macht Copilot nur Vorschläge, wenn Sie ihn darum bitten, sodass er Ihnen nie das Gefühl vermittelt, Sie zu unterbrechen, wenn Sie in den Schreibfluss einsteigen (im Gegensatz zu anderen Plugins zur Grammatikprüfung).

Der Copilot-Chat in Word

Copilot funktioniert sowohl in der Online-Version von Word in Microsoft 365 als auch in der Microsoft-Office-Version von Word. Es gibt jedoch einige Unterschiede in Aussehen und Funktionsweise in den beiden Versionen. Einige der Unterschiede zwischen der Verwendung von Copilot in Microsoft 365 und Office sind geringfügig und unwichtig, andere wirken sich jedoch auf die Verwendung von Copilot in Word aus und werden in diesem Kapitel behandelt.

Ich bezeichne die Version von Microsoft Word, die Sie herunterladen und auf Ihrem Computer installieren, als Microsoft Office Word oder die Desktopversion von Word. Die Version von Word, auf die Sie über einen Webbrowser zugreifen und die online verfügbar ist (statt auf Ihrem Computer installiert zu sein), bezeichne ich als Word für Microsoft 365 oder die »Online«-Version von Word.

Nachdem Sie Microsoft 365 Copilot oder Copilot Pro abonniert haben, sollte beim nächsten Zugriff auf Word die Copilot-Schaltfläche rechts auf der Registerkarte Start angezeigt werden. Wenn die Copilot-Schaltfläche nicht angezeigt wird, müssen Sie sich möglicherweise von Microsoft Word abmelden und erneut anmelden. Stellen Sie dabei sicher, dass Sie mit demselben Microsoft-Konto angemeldet sind, mit dem Sie sich bei Copilot angemeldet haben.

Im Vergleich zum alten Clippy-Assistenten, der immer in der Ecke Ihres Bildschirms schwebte und auf und ab sprang und schrie, wenn er Ihre Aufmerksamkeit wollte (zumindest erinnere ich mich so daran), ist Copilot zurückhaltender und zieht keine Aufmerksamkeit auf sich, es sei denn, Sie bitten darum. Es gibt zwei Möglichkeiten, Copilot in Word zu verwenden: über die Chat-Seitenleiste und innerhalb eines Dokuments selbst (inline).

Die Copilot-Chat-Seitenleiste

Der naheliegendste Weg, auf Copilot in Word zuzugreifen, besteht darin, oben auf dem Bildschirm auf das Copilot-Symbol zu klicken, um die Copilot-Seitenleiste zu öffnen. Die Chat-Oberfläche funktioniert wie erwartet, verfügt jedoch auch über einige integrierte Aktionen, die spezifisch für Word sind und die ich in diesem Kapitel beschreibe.

Wenn Sie Copilot in der Office-Version von Word öffnen, erhalten Sie eine Meldung (siehe Abbildung 6.1), die Ihnen mitteilt, dass Sie mit der Arbeit mit Copilot beginnen können. Möglicherweise werden Ihnen auch einige Prompts zum Ausprobieren vorgeschlagen.

Wenn Sie auf einen der angezeigten Punkte klicken, führt Copilot die jeweilige Aktion automatisch aus. Wählen Sie beispielsweise Zähle die wichtigsten Punkte aus [Dokumentname] auf, öffnet Copilot das entsprechende Dokument, analysiert den Inhalt und fasst die zentralen Aussagen übersichtlich zusammen. So erhalten Sie in kurzer Zeit einen kompakten Überblick über die wichtigsten Informationen.

Mit dem Prompt Hilf mir beim Brainstorming für Thema unterstützt Copilot Sie kreativ: Sie geben ein Thema oder eine Fragestellung vor, und Copilot liefert Ihnen passende Ideen, Perspektiven oder mögliche Herangehensweisen. Diese Funktion eignet sich besonders gut, um neue Projekte oder Konzepte zu entwickeln.

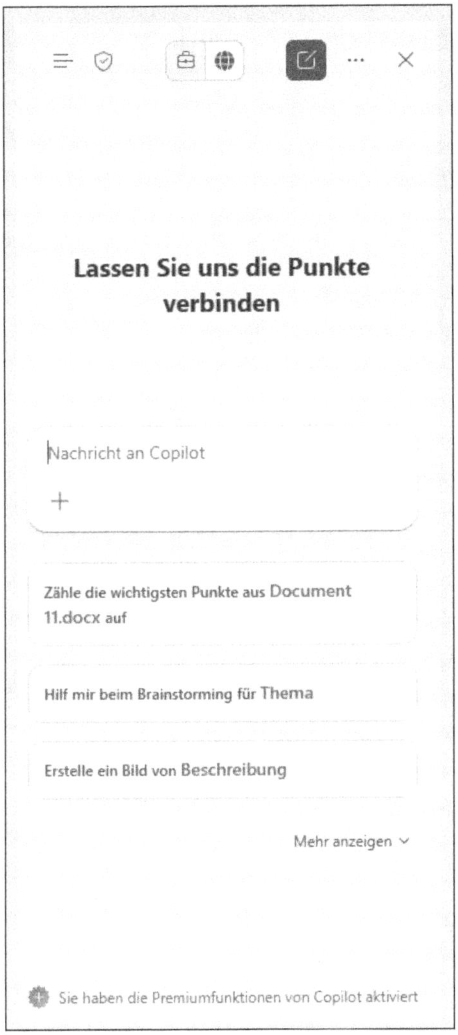

Abbildung 6.1: Die Einführungsnachricht von Copilot in Word

Klicken Sie auf ERSTELLE EIN BILD VON BESCHREIBUNG, verwandelt Copilot Ihre Texteingabe in eine visuelle Darstellung. Sie beschreiben einfach, was Sie sehen möchten, und Copilot generiert daraus automatisch ein passendes Bild.

Jeder dieser Prompts ist ein Einstiegspunkt in eine bestimmte Aufgabe. Copilot übernimmt die Ausführung und präsentiert Ihnen die Ergebnisse direkt in Ihrem Arbeitsbereich.

Es ist möglich, dass bei Ihnen andere Prompts angezeigt werden als in diesem Beispiel. Das ist ganz normal, denn die vorgeschlagenen Prompts passen sich dynamisch an Ihre aktuelle Arbeitssituation und den jeweiligen Kontext an.

Stellen Sie Ihrer Frage den Hinweis `Frage:` voran, damit Copilot erkennt, dass Sie eine Frage stellen.

Zugriff auf das Hauptmenü

In der Microsoft-365-Version von Word können Sie auf das Hauptmenü zugreifen, indem Sie auf das Zeichen mit drei Linien oben links klicken und den Navigationsbereich öffnen. Hier wird das Hauptmenü mit Standardagenten, von Ihnen erstellten Agenten und Unterhaltungen geöffnet, so wie in der Abbildung 6.2 dargestellt ist.

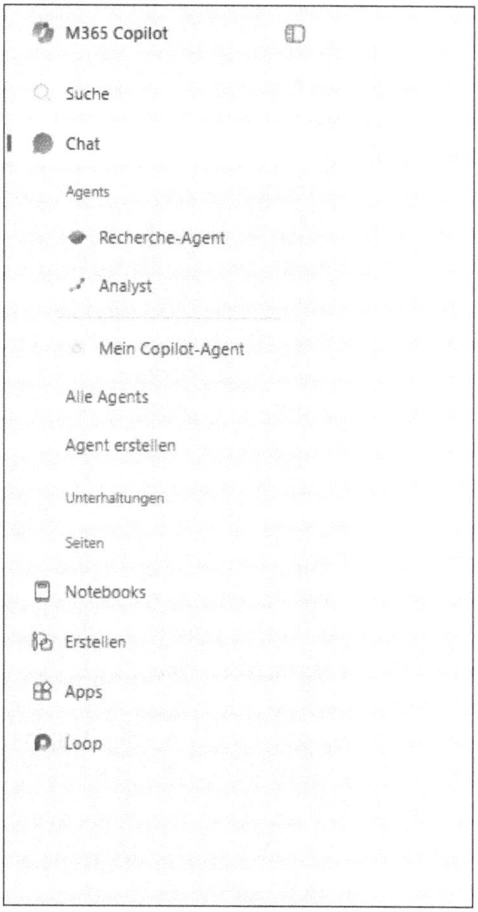

Abbildung 6.2: Copilot in der Microsoft-365-Version von Word

Einen neuen Chat starten

Wenn sie eine neue Unterhaltung in Word in Microsoft 365 oder der Office-Version von Word starten möchten, gehen Sie auf das Copilot-Zeichen in Word. Es öffnet sich das

Copilot-Fenster. Klicken Sie anschließend auf das Symbol oben rechts mit dem Stift, EINEN NEUEN CHAT STARTEN.

Die Copilot-Dialogfenster in Word Online und der Desktopvariante sind vollkommen identisch. Beide Varianten funktionieren gleich und liefern dieselben KI-gestützten Ergebnisse.

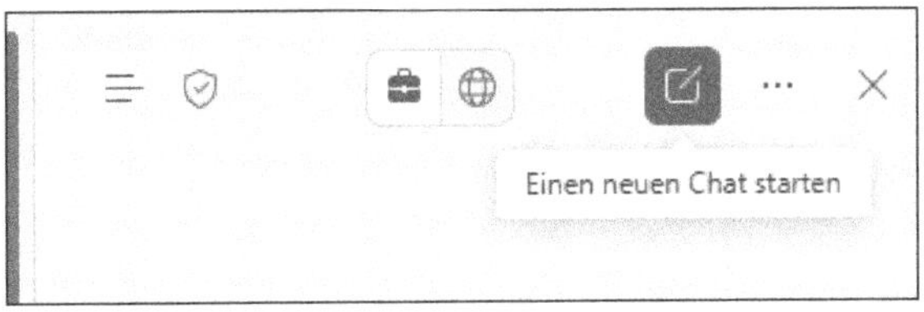

Abbildung 6.3: Dialogfenster von Copilot in Word – Onlineversion

Zugriff auf Ihren Chatverlauf

Der Chatverlauf in Copilot in Word wird pro Dokument gespeichert. Um Ihren Chatverlauf anzuzeigen, klicken Sie auf die Schaltfläche NAVIGATIONSBEREICH ÖFFNEN, die direkt unter der Einführungsnachricht angezeigt wird, wenn Sie die Copilot-Seitenleiste zum ersten Mal öffnen. In diesem Bereich unten werden Ihnen die **drei letzten Unterhaltungen** mit Copilot angezeigt. Wenn Sie den vollständigen Verlauf einsehen möchten, wählen Sie ALLE UNTERHALTUNGEN aus – so erhalten Sie Zugriff auf die gesamte Kommunikationshistorie mit Copilot zu diesem Dokument.

Copilot inline verwenden

Die zweite Möglichkeit, Copilot in Word zu verwenden, besteht darin, direkt in Ihrem Dokument damit zu arbeiten. Copilot bietet vier Tools für die Arbeit in Word-Dokumenten:

- ✔ Entwurf mit Copilot
- ✔ Änderungen vornehmen
- ✔ automatisches Umschreiben
- ✔ visualisieren als Tabelle

Diese Copilot-Tools im Dokument sind nur in Word-Dokumenten verfügbar, die im neuesten Word-Dateiformat (mit der Endung `.docx`) gespeichert sind. Wenn Sie ein altes Word-Dokument oder ein Dokument mit der Erweiterung `.doc` öffnen, müssen Sie es möglicherweise im neuesten Word-Format speichern, bevor Sie die folgenden Tools verwenden können.

Entwurf mit Copilot

Leiden Sie unter einer Schreibblockade, wenn Sie eine leere Seite sehen? ENTWURF MIT COPILOT kann Ihnen dabei helfen, sie zu überwinden. Die Funktion WAS SOLL COPILOT

ENTWERFEN? ist verfügbar, wenn Sie ein neues Dokument öffnen oder wenn sich Ihr Cursor auf einer leeren Zeile befindet. Wenn Sie Word mit Copilot starten und ein leeres Dokument öffnen, sehen Sie das Copilot-Symbol und einen grauen Text, der Ihnen die Tastenkombination zum Erstellen eines Dokuments mit Copilot angibt, wie in Abbildung 6.4 dargestellt.

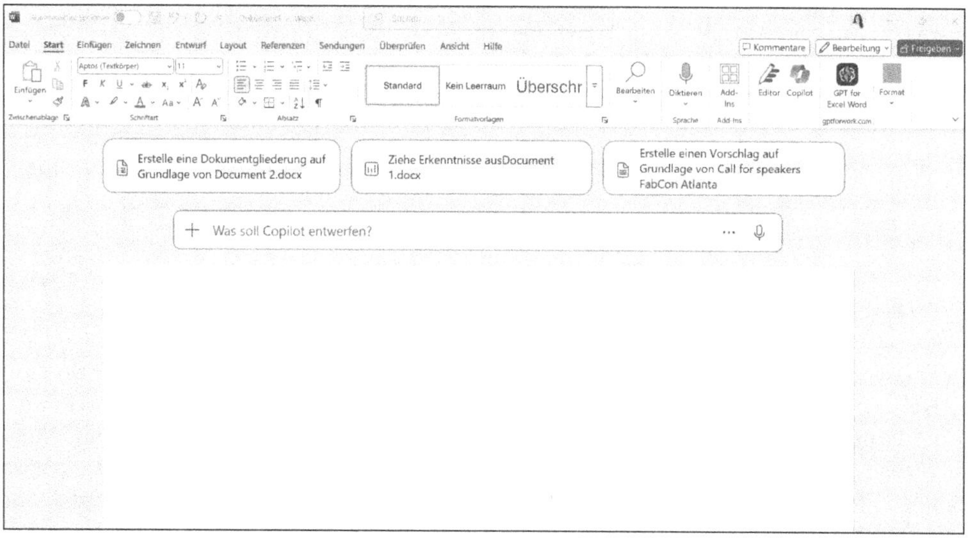

Abbildung 6.4: Die Meldung »Entwurf mit Copilot«

Klicken Sie im Dokument auf das Copilot-Symbol oder verwenden Sie die Tastenkombination, um das Fenster für den Entwurfsmodus zu öffnen, wie in Abbildung 6.5 gezeigt.

Abbildung 6.5: Das Fenster für den Entwurfsmodus

Verweis auf andere Dokumente

Im Entwurfsmodus können beim Erstellen eines Entwurfs mehrere Dokumente als Referenzen verwendet werden. Wenn Sie jedoch auf das +-Zeichen klicken, können Sie möglicherweise referenzierbaren Dateien auswählen oder finden.

Wenn Sie ihr Dokument nicht finden können, liegt es möglicherweise daran, dass die Dateien, auf die Sie in Copilot verweisen möchten, in Ihrem OneDrive- oder SharePoint-Cloudspeicher (oder dem Ihres Unternehmens) nicht gespeichert sind.

Wenn das +-Zeichen nicht angezeigt wird, stellen Sie sicher, dass Sie Ihre Datei in OneDrive oder SharePoint gespeichert und die automatische Speicherung aktiviert haben.

Wenn Sie Dateien in OneDrive oder SharePoint gespeichert haben, können Sie den Namen der Datei eingeben oder auf die Schaltfläche Dateien klicken, um die Datei(en) zu finden, auf die Sie verweisen möchten. Abbildung 6.6 zeigt dieses Fenster.

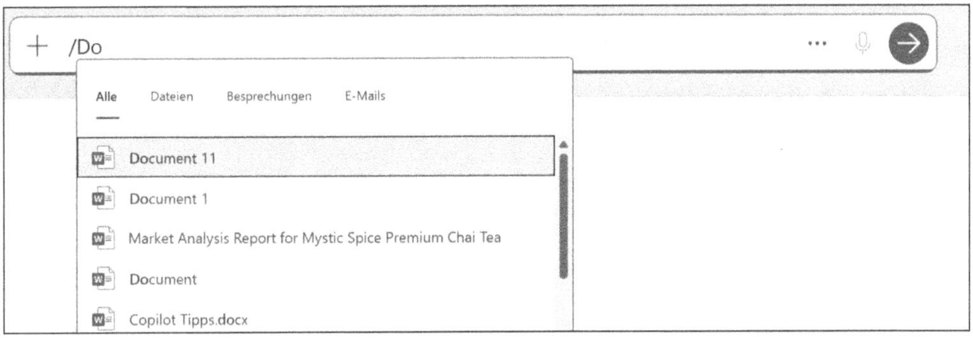

Abbildung 6.6: Verweisen auf andere Dokumente

Durch das Verweisen auf andere Dokumente kann Copilot die referenzierten Dateien beim Erstellen seiner Antwort auf Ihren Prompt verwenden. Ich habe beispielsweise den Beispiel-Text zur Marktanalyse verwendet und Copilot aufgefordert, eine Zusammenfassung zu erstellen. Es antwortete mit einer genauen Aufzählung der wichtigsten Punkte des Kapitels, wie in Abbildung 6.7 dargestellt.

Nachdem Copilot die Zusammenfassung erstellt hat, können Sie den generierten Text durch Senden zusätzlicher Prompts verfeinern oder auf die Schaltfläche Beibehalten klicken, um den generierten Text dem Dokument hinzuzufügen.

Mit dem Slash (/) auf andere Dokumente verweisen

Eine weitere Möglichkeit, in einer Microsoft-365-Anwendung auf externe Dokumente und andere Ressourcen zu verweisen, besteht darin, in einem Copilot-Prompt einen Slash (/) einzugeben. Wenn Sie beispielsweise eine Zusammenfassung eines anderen Dokuments als des gerade bearbeiteten erhalten möchten, können Sie `Zusammenfassung /` eingeben. Daraufhin wird ein Fenster geöffnet, in dem Ihre Kontakte, Dateien, Besprechungen und E-Mails angezeigt werden. Sie können eine davon auswählen, und ein Link zu dieser Ressource wird in den Eingabebereich des Prompts eingefügt.

In der aktuellen Version von Copilot finden Sie in der Eingabefläche auf der rechten Seite die Option + Inhalt hinzufügen. Über diese Schaltfläche können Sie alle verfügbaren Referenzquellen anzeigen und auswählen – zum Beispiel Dokumente, E-Mails, Besprechungen oder Dateien, die Sie in Ihre Anfrage einbeziehen möchten.

Kurzzusammenfassung: Marktanalyse Mystic Spice Premium Chai Tea

Wichtigste Erkenntnisse und Kernpunkte

- **Produktbeschreibung:** Mystic Spice Premium Chai Tea ist eine authentische indische Gewürztee-Mischung, die hochwertigen Schwarztee und traditionelle Gewürze wie Zimt, Kardamom und Ingwer vereint. Das Produkt betont Gesundheit, Nachhaltigkeit und Vielseitigkeit in der Zubereitung.
- **Marktpotenzial Lateinamerika:** Die Nachfrage nach gesunden, exotischen Getränken wächst stark. Chai-Tee profitiert vom Trend zu natürlichen Produkten und passt zur lokalen Teekultur.
- **Wettbewerbsumfeld:** Der Markt ist fragmentiert. Die wichtigsten Anbieter sind Tetley, Teavana, David's Tea und diverse lokale Marken. Lokale Marken haben den größten Marktanteil (50%) durch Anpassung an regionale Vorlieben.
- **Vertriebskanäle:** Verkauf erfolgt vor allem über Einzelhandel (Supermärkte, Cafés, Online-Plattformen), Großhandel und Vertriebspartner wie Nestlé, Unilever und Coca-Cola.
- **Werbestrategie:** Fokus liegt auf digitalem Marketing (Website, Social Media, Influencer), Gratisproben, Events und Partnerschaften. Ziel ist Steigerung von Bekanntheit, Marktanteil und Kundenzufriedenheit.
- **Erwartete Ergebnisse:** Ziel ist u. a. eine Erhöhung des Bekanntheitsgrads um 20%, Marktanteil um 10% und Kundenzufriedenheit um 25% in Lateinamerika.
- **Herausforderungen:** Preisniveau, mangelnde Bekanntheit, regulatorische und kulturelle Barrieren sowie Konkurrenz durch andere Teesorten.
- **Empfehlungen:** Positionierung als authentisches, gesundes und vielseitiges Premiumprodukt, kontinuierliche Anpassung der Strategie an Markt- und Kundenfeedback, Überwindung von Preis- und Bekanntheitsbarrieren.
- 1

Abbildung 6.7: Zusammenfassung eines referenzierten Dokuments

Änderungen vornehmen

Sobald Ihr Dokument Text enthält (von Ihnen oder von Copilot geschrieben), können Sie diesen Text auswählen und mit der rechten Maustaste darauf klicken (in der Office-Version von Word) beziehungsweise auf das Copilot-Symbol links neben dem ausgewählten Text klicken (in beiden Versionen). Wenn Sie mit der rechten Maustaste auf den Text klicken, wird das Kontextmenü angezeigt, und Sie sehen ein Untermenü namens Entwurf mit Copilot. Klicken Sie auf dieses Untermenü, dann werden Links zu den Tools zum Arbeiten mit Copilot angezeigt, wie z. B. Automatisch umschreiben, Strukturieren und Verfeinern, Kürzen etc. Wenn Sie auf das Copilot-Symbol links neben dem ausgewählten Text klicken, wird ein Copilot-Menü mit drei Optionen angezeigt.

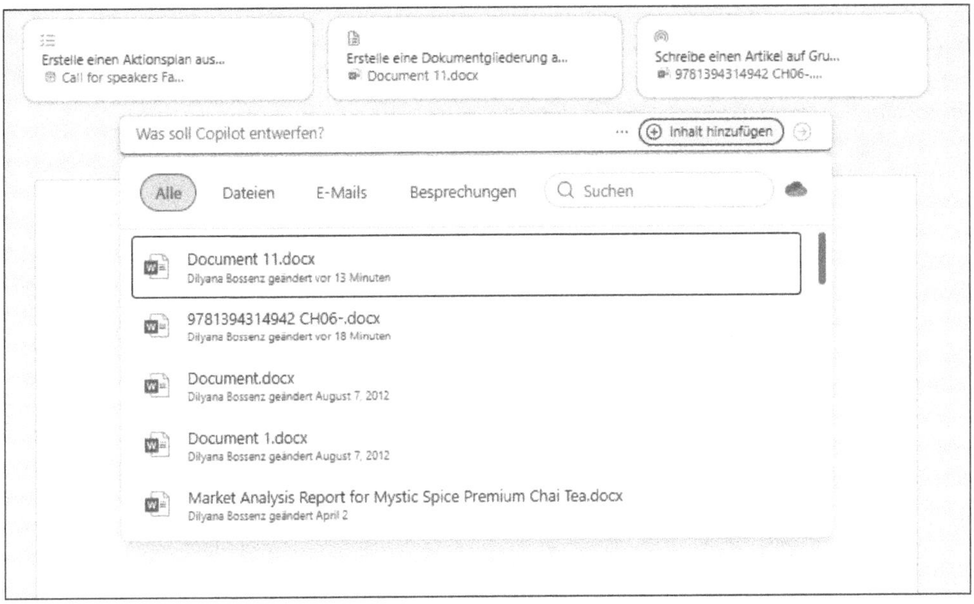

Abbildung 6.8: Option »+ Inhalt hinzufügen«

Unterschiede in den Word-Versionen

Die feinen Unterschiede zeigen sich besonders, wenn Sie intensiv mit Word und Copilot arbeiten.

Wenn Sie zum Beispiel einen Text bearbeiten möchten, markieren Sie ihn und klicken anschließend auf das Copilot-Symbol. Daraufhin öffnet sich ein Menü.

In der Desktop-Version von Word enthält dieses Menü einen zusätzlichen Punkt im Vergleich zur aktuellen Online-Version (Stand: Herbst 2025).

Abbildung 6.9 zeigt die verfügbaren Optionen in der Desktop-Variante, während Abbildung 6.10 die Optionen in der Online-Version darstellt.

Schreibvorgang fortsetzen, das in der Desktopvariante vorhanden ist, bedeutet, dass die ausgewählte Textpassage auf weitere Sätze erweitert werden kann.

Änderung anfordern

Für das Fenster Entwurf mit Copilot gibt es keine Regeln. Wenn Sie nicht sicher sind, was Sie schreiben sollen, schreiben Sie einfach `Mach es besser` (oder etwas Ähnliches), und sehen Sie, was passiert.

Nachdem Sie Ihren Prompt übermittelt haben, arbeitet Copilot an der Aufgabe und sein Vorschlag wird unter Ihrem Originaltext im Dokument angezeigt. Wenn Ihnen die von

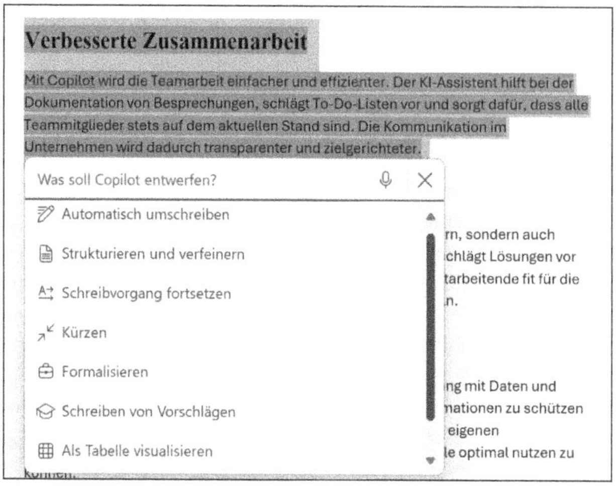

Abbildung 6.9: Das Fenster »Entwurf mit Copilot« in der Desktopversion

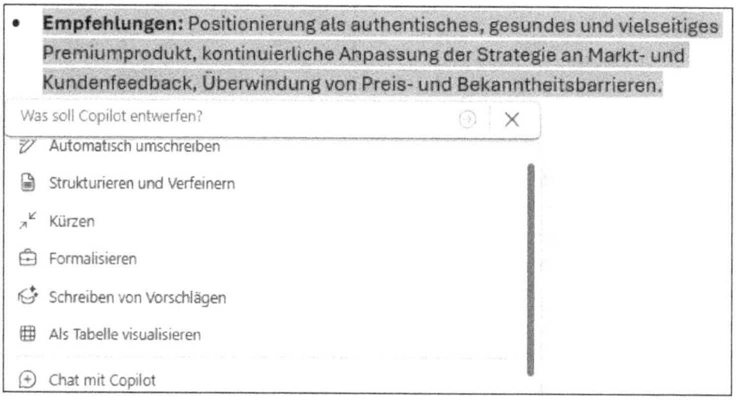

Abbildung 6.10: Das Fenster »Entwurf mit Copilot« in der Onlinevariante

Copilot vorgenommenen Änderungen gefallen, klicken Sie auf die Schaltfläche BEIBEHALTEN. Sie haben nun sowohl Ihren Originaltext als auch die Version von Copilot. An diesem Punkt können Sie eine davon löschen. Es besteht keine Gefahr, dass Ihr Originaltext aufgrund von Änderungen, die Copilot während des Änderungsprozesses vorgenommen hat, verloren geht.

Abbildung 6.11 zeigt das Ergebnis, wenn Sie Copilot bitten, einen Aufzählungspunkt aus einer von ihm generierten Dokumentzusammenfassung neu zu schreiben.

Wie Abbildung 6.11 zeigt, stehen Ihnen noch weitere Optionen zur Textbearbeitung zur Verfügung. Mit der Option DARUNTER EINFÜGEN können Sie eine Textpassage direkt unter der aktuellen Passage platzieren.

Über die Option WAS SOLL COPILOT ÄNDERN? haben Sie die Möglichkeit, den Text gezielt weiter anzupassen.

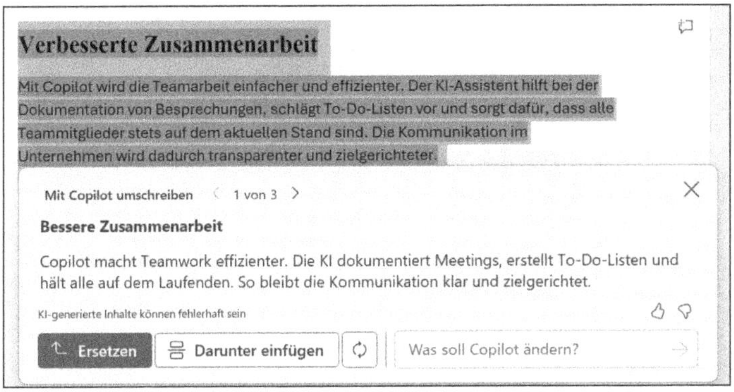

Abbildung 6.11: Mit der Funktion »Automatisch umschreiben« einen Aufzählungspunkt neu schreiben

Es besteht das Risiko, dass am Ende zwei Versionen eines Textblocks vorliegen (Ihre und die von Copilot). Lesen Sie den Text nach der Verwendung der Funktion ÄNDERUNGEN VORNEHMEN immer sorgfältig Korrektur, um sicherzustellen, dass Sie nicht zwei Absätze haben, die dasselbe auf unterschiedliche Weise aussagen.

Konkret werden

Ein detaillierter Prompt führt oft, aber nicht immer, zu besseren Ergebnissen. Wenn Sie eine konkrete Vorstellung davon haben, welche Art von Änderungen Sie vornehmen möchten, beschreiben Sie diese Copilot. Sie haben bis zu 2.000 Zeichen, um die Änderungen zu beschreiben, Sie müssen sich also keine Sorgen machen, dass Ihnen der Platz ausgeht.

Eine wichtige Verantwortung bei der Arbeit mit Copilot besteht darin, ethisch mit Inhalten umzugehen. Überlegen Sie bei jedem Prompt, welchen Zweck Ihre Anfrage hat und welche Wirkung die Antwort haben könnte. Copilot ist so gestaltet, dass er keine schädlichen oder irreführenden Inhalte erstellt – nicht als Einschränkung, sondern als Schutz. Wer bewusst und respektvoll fragt, erhält auch verantwortungsvolle Ergebnisse.

Dokumentabschnitte schreiben und ersetzen

Die Funktion WAS SOLL COPILOT ENTWERFEN? kann verwendet werden, um neue Abschnitte zu schreiben oder vorhandene Abschnitte eines Dokuments zu ersetzen. Abbildung 6.12 zeigt einen Unterrichtsplan für ein einstündiges Seminar zum Schreiben von Gedichten, den ich mithilfe der Funktion ENTWURF MIT COPILOT erstellt habe.

Bei der praktischen Aktivität, die Copilot ursprünglich entwickelt hatte, sollten die Schüler einen Gedichtstil auswählen und ein Gedicht in diesem Stil schreiben. Das erschien mir zu offen und langweilig, vor allem angesichts der kurzen Zeit, die den Schülern zur Verfügung stand. Ich nutzte die Funktion WAS SOLL COPILOT ENTWERFEN? und forderte Copilot auf,

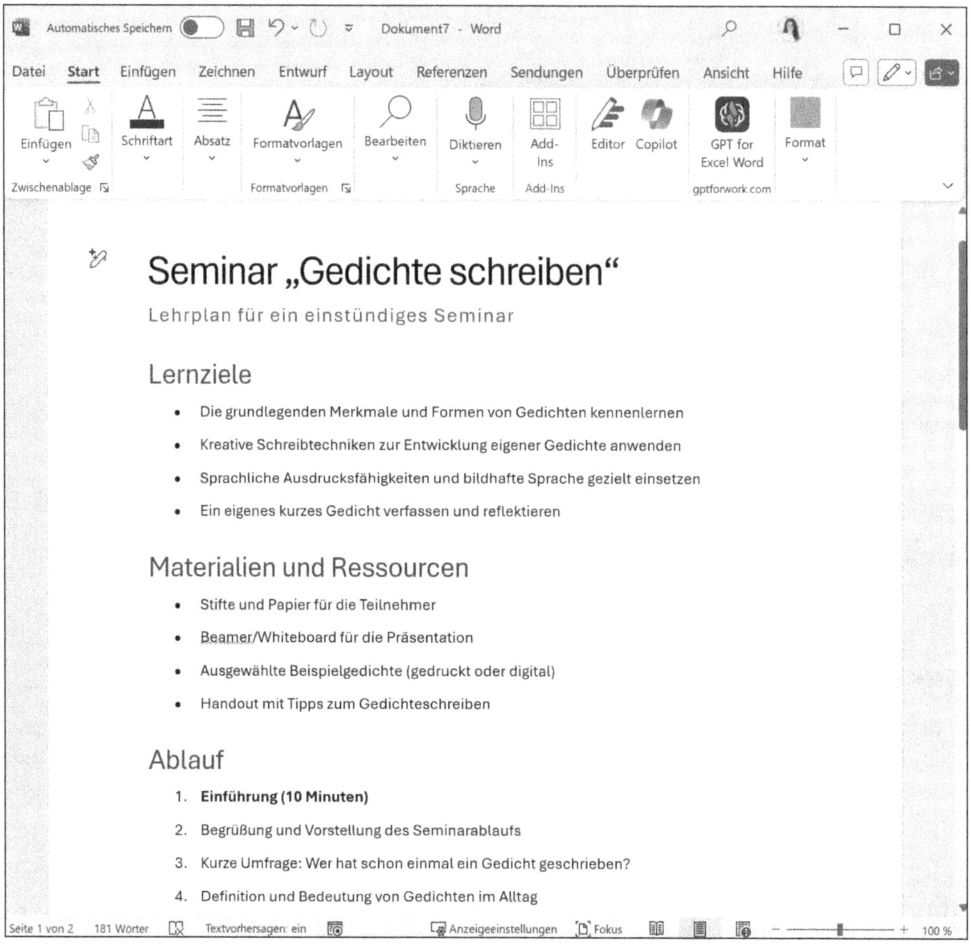

Abbildung 6.12: Ein generierter Unterrichtsplan

das Thema weniger offen, einfacher und ansprechender zu gestalten. Nach einem Moment kam die Antwort, die in Abbildung 6.13 dargestellt ist.

Nach einigen Sekunden konnte ich eine Antwort bekommen. Die überarbeitete Aktivität ist weniger offen und entspricht eher meinen Vorstellungen.

»Automatisches Umschreiben« verwenden

Die Funktion AUTOMATISCHES UMSCHREIBEN generiert eine Option zum Umschreiben des ausgewählten Textes. Die Bedeutung des Textes wird durch AUTOMATISCHES UMSCHREIBEN im Allgemeinen nicht geändert. Stattdessen werden Satzstrukturen und Wortwahl geändert, um verschiedene Möglichkeiten anzuzeigen, dasselbe auszudrücken.

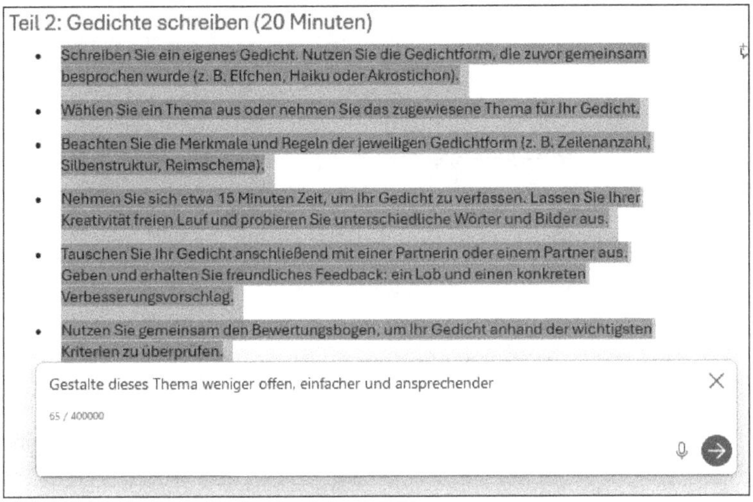

Abbildung 6.13: Copilots Neufassung der praktischen Aktivität

Hier eine der Optionen, die Copilot vorgeschlagen hat, als ich den vorherigen Absatz markiert und die Funktion AUTOMATISCHES UMSCHREIBEN gewählt habe:

> *Copilot übernimmt Routineaufgaben wie Texten, Datenanalyse und Terminplanung. So wird Zeit gespart und Mitarbeitende können sich auf kreative und strategische Themen konzentrieren.*

Mir gefällt die überarbeitete Version nicht – sie klingt nicht besonders flüssig. Vielleicht bin ich dabei etwas voreingenommen. Ich würde den Text weiter verfeinern, indem ich in einem neuen Prompt genauer beschreibe, wie ich mir das Ergebnis vorstelle.

Das Tool »Als Tabelle visualisieren«

Mit dem Tool ALS TABELLE VISUALISIEREN können Sie Daten aus einem Word-Dokument in eine Tabelle umwandeln. Eine mögliche Verwendung von ALS TABELLE VISUALISIEREN ist das Erstellen von Tabellen, ohne Kopfzeilen, Zeilen und Spalten manuell anlegen zu müssen. Wenn Sie beispielsweise eine Tabelle erstellen möchten, die fünf Möglichkeiten zur Verwendung von Copilot in Word zeigt, können Sie zunächst Folgendes eingeben:

> Fünf Möglichkeiten, Copilot in Word zu verwenden:
>
> 1. Copilot-Chat: Sprechen Sie mit einem Chatbot über Ihr Dokument.
> 2. Entwurf mit Copilot: Erstellen Sie einen ersten Entwurf, optional unter Verwendung von Referenzen.
> 3. Änderungen vornehmen: Ändern Sie den Text entsprechend Ihrem Prompt.
> 4. Automatisches Umschreiben: Erhalten Sie Vorschläge zum Umschreiben des ausgewählten Textes.
> 5. Als Tabelle visualisieren: Erstellen Sie eine Tabelle aus dem ausgewählten Text.

Nachdem ich diese Liste geschrieben hatte, verwendete ich das Tool ALS TABELLE VISUALISIEREN, und Copilot generierte die folgende Tabelle, komplett mit abwechselnder Zeilenhervorhebung und Überschriften.

Möglichkeiten zur Verwendung von Copilot in Word	Beschreibung
Copilot-Chat	Sprechen Sie mit einem Chatbot über Ihr Dokument.
Entwurf mit Copilot	Erstellen Sie einen ersten Entwurf, optional unter Verwendung von Referenzen.
Änderungen vornehmen	Ändern Sie den Text entsprechend Ihrer Eingabeaufforderung.
Automatisches Umschreiben	Erhalten Sie Vorschläge zum Umschreiben ausgewählter Texte.
Als Tabelle visualisieren	Erstellen Sie eine Tabelle aus dem ausgewählten Text.

Inhalt zusammenfassen

Wenn Sie Copilot bitten, ein Dokument zusammenzufassen, wird eine Aufzählungsliste mit den wichtigsten Punkten des Dokuments und einer kurzen Beschreibung der einzelnen Punkte erstellt. Zusammenfassungen haben viele Verwendungsmöglichkeiten, darunter:

- ✔ **Schnelles Verstehen eines Dokuments.** Zusammenfassungen helfen Ihnen, herauszufinden, worum es in einem Dokument geht, bevor Sie es lesen (oder anstatt es zu lesen).
- ✔ **Überprüfung der Abdeckung.** Überprüfen Sie, ob Sie alle Punkte, um die es Ihnen geht, effektiv abgedeckt haben. Wenn Copilot versteht, was Sie kommunizieren möchten, stehen die Chancen gut, dass die Leser es auch verstehen.
- ✔ **Identifizieren unnötiger Themen.** Überprüfen Sie, ob Sie mehr Themen als nötig behandelt haben. Wenn Ihnen die Zusammenfassung von Copilot lang vorkommt, sollten Sie möglicherweise noch einmal darüber nachdenken, wie viele Punkte Sie in Ihrem Dokument ansprechen wollten (natürlich abhängig von der Länge Ihres Dokuments).
- ✔ **Zusammenfassungen für Führungskräfte.** Erstellen Sie prägnante Zusammenfassungen langer Berichte, Whitepapers oder Forschungsdokumente, sodass die wichtigsten Punkte schnell erfasst werden können, auch als Executive Summary bezeichnet.
- ✔ **Kürzung** für **Lehrmaterial.** Fassen Sie akademische Arbeiten, Lehrbücher oder andere Werke zusammen, um die Erstellung von Lehrmaterialien zu vereinfachen.
- ✔ **Content-Marketing und Suchmaschinenoptimierung (SEO).** Erstellen Sie Zusammenfassungen von Blogbeiträgen, Artikeln oder Social-Media-Inhalten, um Marketing-E-Mails zu erstellen oder Inhalte für Suchmaschinen zu optimieren.
- ✔ **Kundensupport.** Fassen Sie Kundenanfragen und Supporttickets zusammen, damit die Kundendienstmitarbeiter effizienter reagieren können.

Länge und Detailgrad der Zusammenfassung anpassen

Sie können die Länge, den Inhalt und das Format der generierten Zusammenfassungen anpassen, indem Sie in Ihrem Prompt zusätzliche Details angeben. Sie können Copilot beispielsweise anweisen, eine ausführliche oder eine kurze Zusammenfassung eines Dokuments zu erstellen. Oder Sie können nach einer bestimmten Art von Zusammenfassung fragen, die nicht der standardmäßigen Zusammenfassung in Aufzählungspunkten entspricht, die Copilot normalerweise bereitstellt. Einige Beispiele für verschiedene Arten von Zusammenfassungen sind:

- ✔ **Abstract.** Eine kurze Zusammenfassung einer Forschungsarbeit, Abschlussarbeit oder eines Artikels. Eine Zusammenfassung hebt die wichtigsten Punkte, die Methodik, die Ergebnisse und die Schlussfolgerungen hervor.
- ✔ **Zusammenfassung (Executive Summary).** Eine Kurzfassung eines längeren Berichts oder Vorschlags, die den Führungskräften einer Organisation einen Überblick über die wichtigsten Punkte und Empfehlungen geben soll.
- ✔ **Inhaltsverzeichnis.** Eine geordnete Auflistung der Abschnitte in einem Dokument oder Buch.
- ✔ **Kommentierte Zusammenfassung.** Eine Zusammenfassung, die kurze Kommentare zum Inhalt enthält. Kommentierte Zusammenfassungen werden häufig in Bibliografien und Literaturrezensionen verwendet.
- ✔ **Inhaltsangabe.** Eine Zusammenfassung eines Buches, Films oder Theaterstücks, die die wichtigsten Handlungspunkte und Charaktere umreißt.
- ✔ **Elevator Pitch.** Eine einprägsame und kurze Zusammenfassung einer komplexeren Sache, wie zum Beispiel eines Geschäftsplans oder eines geplanten Buches.

Inhaltsverzeichnisse erstellen

Ein Inhaltsverzeichnis ist eine Art Zusammenfassung, die die wichtigsten Überschriften und die Gliederung eines Buches oder eines anderen längeren schriftlichen Werks zeigt. Wenn Sie ein Inhaltsverzeichnis für ein längeres Dokument oder ein Buch erstellen möchten, können Sie Copilot bitten, dies für Sie zu erledigen.

Abbildung 6.14 zeigt, wie ich Copilot gebeten habe, ein Inhaltsverzeichnis für dieses Kapitel zu erstellen. Das Ergebnis ist nicht ganz korrekt und entspricht nicht genau dem Format, das ich gesucht habe. Es ist jedoch ein guter Ausgangspunkt für manuelle Änderungen oder zur Verfeinerung von Prompts.

Einen Index erstellen

Eine andere Art von Zusammenfassung ist ein *Index*. Ein Index listet wichtige Begriffe in einem Werk alphabetisch auf, zusammen mit den Seiten, auf denen sie im Werk vorkommen. Obwohl das Erstellen eines Index für ein Buch am besten den Profis überlassen wird,

Inhaltsverzeichnis

Kapitel: Schreiben mit Copilot in Word

1. Einführung in Copilot in Word
2. Was ist Copilot?
3. Vorteile der Nutzung von Copilot in Word
4. Kurzer Überblick über die Funktionen
5. Erste Schritte mit Copilot
6. Copilot in Word aktivieren
7. Erste Interaktionen: Die Benutzeroberfläche kennenlernen
8. Erste Texteingabe und -ausgabe mit Copilot
9. Effektiv schreiben mit Copilot
10. Texte generieren und verbessern
11. Vorschläge annehmen und bearbeiten
12. Eigene Schreibziele definieren
13. Praktische Anwendungsbeispiele
14. Berichte und Protokolle verfassen

Abbildung 6.14: Ein generiertes Inhaltsverzeichnis

kann es nützlich sein, eine Art Index für den persönlichen Gebrauch zu erstellen. Das Erstellen eines Index für ein langes Dokument, wie zum Beispiel ein Sitzungsprotokoll, ein Videotranskript oder sogar einen Roman, den Sie gerade schreiben, kann Ihnen dabei helfen, jedes Vorkommen eines Themas oder einer Abbildung zu finden oder sogar Wörter zu identifizieren, die Sie zu oft verwenden.

Copilot aufzufordern, einen Index zu erstellen, ist schwierig, da die Aufgabe recht komplex ist. Trotzdem habe ich bei meinem ersten Versuch einfach einen Index angefordert. Das Ergebnis war lediglich eine Liste der Abschnitte im Dokument mit dem Wort »Copilot«. Beim zweiten Begriff, »Word«, ist eine Art Störung aufgetreten, und Copilot brach ab, wie in Abbildung 6.15 dargestellt.

Bei komplexen Aufgaben wie dieser können Sie einige der Tipps zum Erstellen schrittweiser Prompts anwenden, die Sie in Kapitel 2 gelernt haben. So bin ich vorgegangen und das Ergebnis ist Folgendes:

1. Zuerst habe ich Copilot gebeten, eine Liste der wichtigsten Wörter aus dem Dokument *Market Analysis Report for Mystic Spice Premium Chai Tea* zu erstellen, und ihm Beispiele dafür gegeben, was ich mit »wichtig« meine. Mein Prompt und die Antwort von Copilot sind in Abbildung 6.16 dargestellt.

2. Als Nächstes bat ich Copilot, die erstellte Liste alphabetisch zu sortieren. Dafür habe ich einfach die Wörter markiert und Copilot den Befehl gegeben, die Liste alphabetisch zu ordnen. Das hat problemlos funktioniert: Innerhalb weniger Sekunden erzeugte Copilot eine neue Liste, in der alle Begriffe in alphabetischer Reihenfolge angeordnet waren. Die ursprüngliche Liste habe ich anschließend gelöscht.

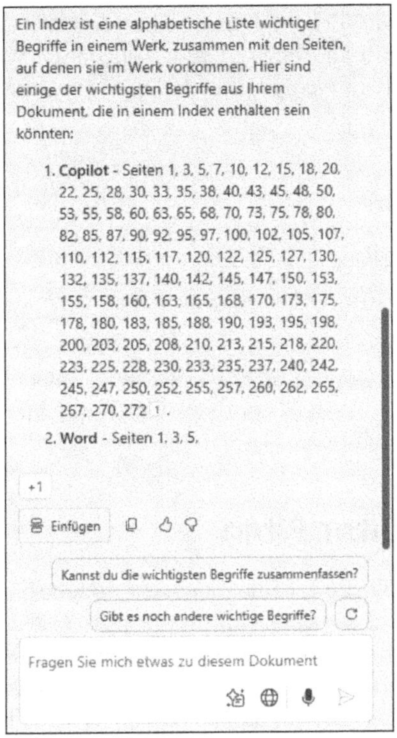

Abbildung 6.15: Copilot hat mit der Erstellung eines Index begonnen, aber dann ist ein Fehler aufgetreten.

Erstellen Sie eine Liste der wichtigsten einzelnen Wörter, die in diesem Kapitel erwähnt werden. Kriterien dafür, warum ein Wort wichtig sein könnte, sind zum Beispiel, wie häufig es vorkommt, ob es sich um einen Fachbegriff handelt oder ob es entscheidend für das Verständnis eines Themas ist.

- Chai-Tee
- Vertriebskanäle
- Einzelhandel
- Großhandel
- Vertriebspartner
- Marktanalyse
- Werbeplan
- Strategie
- Kundschaft
- Bekanntheitsgrad
- Marktanteil
- Kundenbindung
- Wachstum
- Herausforderungen
- Ergebnisse

Abbildung 6.16: Anforderung einer Liste mit Schlüsselbegriffen

3. Als Nächstes bat ich Copilot, Links zu allen Vorkommen der einzelnen Wörter in meinem Dokument bereitzustellen. Die Fußnotennummern bei den einzelnen Wörtern wurden zwar erstellt, erwiesen sich jedoch als wenig hilfreich. Die eigentliche Verknüpfung funktionierte nicht.

Chai-Tee[1], Vertriebskanäle[2], Einzelhandel[3], Großhandel[4], Vertriebspartner[5], Marktanalyse[6], Werbeplan[7], Strategie[8], Kundschaft[9], Bekanntheitsgrad[10], Marktanteil[11], Kundenbindung[12], Wachstum[13], Herausforderungen[14], Ergebnisse[15]

Abbildung 6.17: Von Copilot generierte Links zu Instanzen von Schlüsselwörtern

Bei näherer Betrachtung ist die Antwort von Copilot nicht ganz korrekt oder vollständig. Wahrscheinlich würde ich bessere Ergebnisse erzielen, wenn ich nur Links für jeweils ein Schlüsselwort anfordern würde, anstatt alle auf einmal.

Ideenfindung für einen Elevator Pitch

Ein *Elevator Pitch* ist eine Möglichkeit, sich selbst oder eine Idee kurz vorzustellen. Elevator Pitches sind schwer zu schreiben, aber sie sind unerlässlich, um in einer Welt der sozialen Medien, begrenzter Aufmerksamkeitsspannen und sogar des Speeddatings Aufmerksamkeit zu erregen. Das Ziel eines Elevator Pitches ist es, ein Konzept oder Thema auf einprägsame und spannende Weise zu vermitteln, sodass der Zuhörer mehr darüber erfahren möchte.

Der Name *Elevator Pitch* kommt daher, dass er nicht länger dauern sollte als die Fahrt im Aufzug mit der Person, die Sie beeindrucken möchten.

Wenn Sie einen Blick auf das Cover dieses Buches werfen, werden Sie feststellen, dass es mehrere Marketing-Aufzählungspunkte enthält, die man als Elevator Pitches bezeichnen könnte, und die darauf abzielen, dass der Leser mehr erfahren will.

Wenn Sie Copilot bitten, Elevator Pitches zu erstellen, fragen Sie am besten nach vielen Varianten. Aber genau darin zeichnet sich Copilot aus. Probieren wir es also aus!

Ich möchte, dass die Leute dieses Kapitel lesen. Deshalb habe ich Copilot gebeten, zehn Elevator Pitches zu schreiben, die darauf ausgelegt sind, den Wunsch zu wecken, dieses Kapitel zu lesen.

Das Erstellen von Elevator Pitches ist am effektivsten, wenn Sie Copilot mitteilen, was Sie mit dem Pitch erreichen möchten.

Copilot weiß, was erwartet wird, wenn ich einen »Elevator Pitch« anfordere, da er viele Beispiele für Elevator Pitches sowie Artikel zum Verfassen von Elevator Pitches gesehen hat.

Schreibe 10 kurze Elevator Pitches für dieses Kapitel, die darauf ausgelegt sind, jemanden dazu zu bringen, es zu lesen.

Einige der Vorschläge sind nicht schlecht, wie Abbildung 6.18 zeigt.

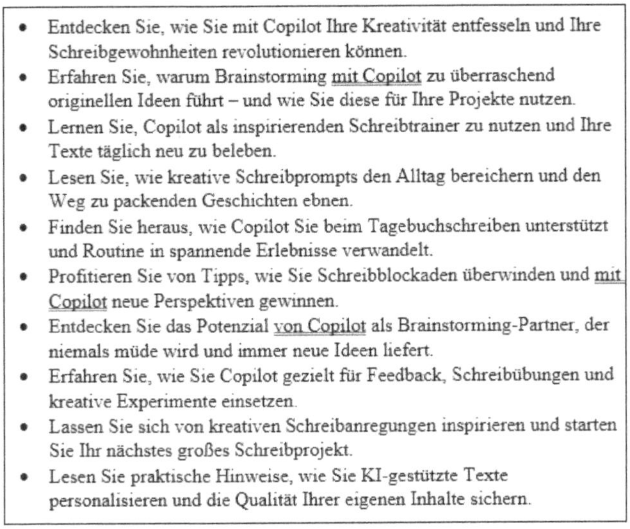

- Entdecken Sie, wie Sie mit Copilot Ihre Kreativität entfesseln und Ihre Schreibgewohnheiten revolutionieren können.
- Erfahren Sie, warum Brainstorming mit Copilot zu überraschend originellen Ideen führt – und wie Sie diese für Ihre Projekte nutzen.
- Lernen Sie, Copilot als inspirierenden Schreibtrainer zu nutzen und Ihre Texte täglich neu zu beleben.
- Lesen Sie, wie kreative Schreibprompts den Alltag bereichern und den Weg zu packenden Geschichten ebnen.
- Finden Sie heraus, wie Copilot Sie beim Tagebuchschreiben unterstützt und Routine in spannende Erlebnisse verwandelt.
- Profitieren Sie von Tipps, wie Sie Schreibblockaden überwinden und mit Copilot neue Perspektiven gewinnen.
- Entdecken Sie das Potenzial von Copilot als Brainstorming-Partner, der niemals müde wird und immer neue Ideen liefert.
- Erfahren Sie, wie Sie Copilot gezielt für Feedback, Schreibübungen und kreative Experimente einsetzen.
- Lassen Sie sich von kreativen Schreibanregungen inspirieren und starten Sie Ihr nächstes großes Schreibprojekt.
- Lesen Sie praktische Hinweise, wie Sie KI-gestützte Texte personalisieren und die Qualität Ihrer eigenen Inhalte sichern.

Abbildung 6.18: Von Copilot vorgeschlagene Elevator Pitches

Als Nächstes beschloss ich, einen Elevator Pitch für meinen Kater Murray zu erstellen. Ich schrieb einen Absatz, in dem ich ihn und die Dinge beschrieb, die er gerne tut, und bat Copilot dann um zehn Varianten. Die Antworten waren bei meinem ersten Versuch nicht besonders gut. Diese hier ist die beste von allen:

> *Murray ist ein Kater voller Macken, der nachts ein eigenartiges Lied singt und warme Plätze liebt. Möchten Sie mehr über seine einzigartigen Charakterzüge erfahren?*

Copilot als Lektor verwenden

Professionelle Autoren haben Lektoren, die ihre Texte lesen und Änderungen vorschlagen oder Korrekturen vornehmen. Einige der Dinge, auf die professionelle Lektoren achten, sind:

- ✔ Rechtschreib- und Interpunktionsfehler
- ✔ grammatikalische Probleme
- ✔ Konsistenz in Rechtschreibung, Grammatik, Schreibstil und Zeitform
- ✔ Klarheit und Deutlichkeit

Jeder dieser Punkte erfordert eine Kombination aus Urteilsvermögen, Liebe zum Detail und Kenntnissen der Regeln für Stil, Rechtschreibung und Grammatik. Copilot, ein KI-Chatbot, verfügt über keine der Fähigkeiten, die ein Lektor benötigt. Obwohl Copilot manchmal Schreibfehler richtig erkennen kann, hängt seine Fähigkeit, Probleme zu erkennen, stark davon ab, wie Sie die Frage stellen.

Copilot um Bearbeitungsratschläge bitten

Betrachten Sie den folgenden, schlecht geschriebenen Satz:

> *Heute Morgen bin ich durch die verschlafene, graue Stadt zum windigen und stürmischen Meer gelaufen, wo ich mir eine Tasse dampfend heißen Kaffee kaufte, mich auf einen harten, kalten Felsen setzte und verträumt zusah, wie die grünen und blauen Wellen sanft und zufrieden unter mir plätscherten.*

Ich habe Copilot diesen Satz vorgelegt und ihn gebeten, mir zu sagen, was daran so toll ist. Seine Antwort lobte die Bildsprache und sensorischen Details, die beschreibende Sprache und den Rhythmus des Schreibens. Er beendete seine Bewertung des Satzes mit Folgendem:

> *Insgesamt ist es die Kombination dieser Elemente, die den Text nicht nur gut, sondern großartig macht.*

Ich habe denselben schlechten Satz in einer neuen Unterhaltung erneut an Copilot gesendet und gefragt, was ihn zu einem Beispiel für schlechtes Schreiben macht. Die Antwort ist das, was ich von einem Lektor erwarten würde: Er enthält zu viele Adjektive und Adverbien, die Satzstruktur wiederholt sich, er verwendet Klischees, und es fehlt ihm an Fokus.

Vermeiden Sie Suggestivfragen, denn Copilot gibt Ihnen in der Regel genau das, wonach Sie fragen, auch wenn es falsch ist.

Umschreiben mit Copilot

Eine Sache, die Copilot manchmal ganz gut kann, ist das Umformulieren von Sätzen. Es liegt an Ihnen, zu beurteilen, ob der umformulierte Satz besser ist als der ursprüngliche. Mein nächstes Experiment, bei dem ich Copilot bat, meine schlechte Schreibweise zu bewerten, könnte als das erfolgreichste bezeichnet werden. Ich bat Copilot, meinen schlechten Satz umzuschreiben. Sein Vorschlag ist gar nicht so übel:

> *Heute Morgen bin ich durch die verschlafene Stadt zum stürmischen Meer gelaufen, habe mir einen heißen Kaffee gekauft, mich auf einen kalten Felsen gesetzt und dem Plätschern der Wellen unter mir zugesehen.*

Oft ist es sinnvoll, Copilot um mehrere Umschreibungen gleichzeitig zu bitten, insbesondere wenn Sie nach Ideen für die Umschreibung eines Satzes und nicht nach einer endgültigen Version suchen.

Ideen erhalten

Das kennen wir alle. Sie haben so lange wie möglich gezögert. Sie haben das Haus geputzt, durch Ihre Social-Media-Apps gescrollt und vielleicht sogar der Katze ihr Flohmittel verabreicht und Kartoffelsalat gemacht. Jetzt wird es knapp – Sie müssen Ihre Schreibaufgabe unbedingt fertigstellen.

Sie setzen sich an Ihren Computer oder öffnen Ihren Laptop und starten Word. Und jetzt? Sie brauchen schnell Ideen. Glücklicherweise ist das gesamte menschliche Wissen nur eine Websuche entfernt – kein Problem, oder?

Nicht ganz. Das fehlende Puzzleteil zwischen unendlich vielen verfügbaren Informationen und der Fertigstellung Ihrer Arbeit war schon immer davon abhängig, wie Sie Ihre Gedanken ordnen und loslegen.

Glücklicherweise steht Ihnen ein KI-Assistent zur Verfügung, der große Datenmengen sehr gut sortieren und übersichtlich präsentieren kann. In diesem Abschnitt erfahren Sie, wie Sie mit Copilot Ihre Schreibfähigkeiten verbessern und produktiver schreiben können.

Es ist zwar möglich, Copilot Ihre Hausaufgaben zu geben und sie erledigen zu lassen, bevor Ihr Burrito in der Mikrowelle fertig ist, aber Sie tun dies auf eigene Gefahr. Auf die Gefahr hin, wie ein alter Langweiler zu klingen, möchte ich Sie daran erinnern, dass Sie, wenn Sie schummeln, nur sich selbst betrügen. Außerdem sind Tools zum Erkennen von KI-generierten Inhalten mittlerweile ziemlich genau, und ich garantiere Ihnen, dass Ihre Lehrer sie verwenden.

Ideenfindung für Schreibaufgaben

Autoren verfügen über viele bewährte Techniken, um mit Schreibprojekten zu beginnen und den Schwung beizubehalten. Einige Techniken sind bei bestimmten Arten von Schreibaufgaben effektiver, während andere gute Allzweckmethoden sind. Wenn Sie Techniken zur Ideenfindung und zum Einstieg ins Schreiben kennen und diese mit der Unterstützung von Copilot kombinieren, können Sie Ihre Schreibproduktivität und -qualität steigern.

Zu den Techniken zum Generieren von Ideen und zum Einstieg ins Schreiben gehören:

- **Mindmapping.** Erstellen Sie eine visuelle Karte, die die Beziehungen zwischen Ideen zeigt. Sie können eine Mindmap mit Software wie FreeMind (`https://freemind.sourceforge.io`) oder Miro (`https://miro.com/mind-map`) oder einfach mit einem Blatt Papier und einem Stift erstellen.
- **Freies Schreiben.** Stellen Sie einen Timer auf eine kurze Zeit, vielleicht 5–10 Minuten, und schreiben Sie einfach, ohne anzuhalten oder sich über Grammatik oder Organisation Gedanken zu machen.
- **Brainstorming.** Schreiben Sie jede Idee auf, die Sie haben, ohne sie zu bewerten. Sie können Ihre Liste später überprüfen und verfeinern.
- **Prompts und Übungen.** Nutzen Sie das Schreiben von Prompts oder kreative Übungen, um Ideen zu entwickeln. Lesen Sie den Abschnitt »Kreative Prompts und Übungen« in diesem Kapitel, um zu erfahren, wie Copilot Prompts für Sie generieren kann.
- **Recherchieren und Lesen.** Das Lesen oder Ansehen von Videos zu dem Thema, über das Sie schreiben möchten, kann Ihnen oft Ideen und Erkenntnisse liefern.
- **Freie Assoziation.** Bei der freien Assoziation beginnen Sie mit einem einzelnen Wort oder Konzept und schreiben alles auf, was Ihnen dazu einfällt.

- **Fragen.** Stellen Sie Fragen zu Ihrem Thema. Die Fragen können einfach und offen sein, wie »Warum?« oder »Was wäre wenn?«, oder sie können durchdachter sein, etwa: »Wie wäre es, wenn ich Copilot dazu veranlassen würde, mir Fragen zu einem Thema zu stellen, um meinen kreativen Prozess anzuregen?«
- **Zusammenarbeit.** Besprechen Sie Ihr Thema mit anderen.
- **Unterschiedliche Perspektiven.** Gehen Sie Ihr Thema aus verschiedenen Blickwinkeln an. Sie könnten zum Beispiel darüber nachdenken und schreiben, wie jemand mit einem anderen Hintergrund oder anderen Erfahrungen als Sie die Sache sehen würde.

Copilot kann für jede dieser Techniken ein nützliches Werkzeug sein. In den folgenden Abschnitten erfahren Sie, wie Sie Copilot dazu bringen können, Ihre Kreativität zu wecken, statt einfach die Arbeit für Sie zu erledigen.

Brainstorming mit Copilot in Word

Beim Brainstorming geht es darum, so viele Ideen wie möglich zu sammeln. Da Copilot zwar hervorragend Inhalte generiert, aber nicht immer die gewünschten Inhalte, ist es der perfekte Brainstorming-Partner.

Beim Brainstorming mit Copilot können Sie Ihre Skepsis beiseitelegen und einfach alles, was Copilot sagt, so behandeln, als wäre es wertvoll – denken Sie daran, beim Brainstorming wird nicht geurteilt.

Meiner Erfahrung nach kann es eine Herausforderung sein, ein Brainstorming mit einem Team zu leiten. Egal, wie deutlich Sie kommunizieren, dass keine Idee während eines Brainstormings beurteilt werden sollte, niemand möchte die Person sein, die eine wirklich schlechte Idee vorschlägt.

Selbstzensur ist bei Copilot kein Thema. Tatsächlich wird Copilot Ihnen gerne Tausende von schlechten Ideen liefern, wenn Sie immer wieder danach fragen. Da es wahrscheinlicher ist, dass Copilots Ideen weniger fundiert sind als die einer Person, die das Thema des Brainstormings versteht, sollte das Ziel beim Brainstorming mit Copilot darin bestehen, weitaus mehr Ideen zu generieren, als Sie es mit menschlichen Brainstorming-Partnern tun würden.

Angenommen, Sie möchten Ideen für einen Blogbeitrag für die Website Ihrer Bäckerei sammeln. Sie haben keine Ahnung, worüber Sie schreiben möchten, aber Sie möchten Ihren Zeitplan einhalten und jede Woche neue Inhalte veröffentlichen. Um neue Ideen von Copilot zu erhalten, können Sie zunächst den folgenden Prompt in die Copilot-Chat-Seitenleiste in Word eingeben:

> *Hilf mir beim Brainstorming von Ideen für einen Blogbeitrag für die Website meiner Bäckerei.*

Es ist wahrscheinlich, dass die ersten Ergebnisse nicht ganz durch sind, wie die ersten Kekse, wenn Sie zu ungeduldig waren, um den Ofen lange genug vorzuheizen. Aber das ist in Ordnung. Copilot wird sich gerne an Ihre Folgewünsche anpassen.

Als ich diese Brainstorming-Übung versuchte, antwortete Copilot mit zehn abgedroschenen und allgemeinen Ideen für Blog-Beiträge, darunter:

- ✔ Saisonale Rezepte
- ✔ Hinter den Kulissen einer Bäckerei
- ✔ Tipps und Tricks beim Backen
- ✔ Gesündere Optionen

Sie müssen sich jedoch nicht einschränken. Sie möchten etwas, das die Aufmerksamkeit der Leute auf sich zieht und vielleicht sogar viral geht, wenn Sie es in den sozialen Medien posten.

Hier können Sie Copilot an die Regeln zum Brainstorming erinnern, indem Sie den folgenden Prompt senden:

> *Dies ist eine Brainstorming-Sitzung. Ich möchte keine gewöhnlichen Ideen. Ich möchte viele Ideen und es sollte kein Urteil darüber geben, ob eine bestimmte Idee gut oder schlecht ist. Bitte versuche es erneut.*

Copilot antwortete auf diesen Prompt mit 20 weiteren Ideen. Hier einige meiner Favoriten:

- ✔ Backen für Haustiere
- ✔ Backen und psychische Gesundheit
- ✔ Backen und Kunst
- ✔ Backen mit Kindern

Wenn Sie eine Idee haben, die Ihnen gefällt, können Sie selbst entscheiden, wie Sie weiter vorgehen möchten. Einige der Optionen sind:

- ✔ Sie schreiben den Blog.
- ✔ Sie bitten Copilot, einige Details zu einer der Ideen im Brainstorming zu erarbeiten.
- ✔ Sie beginnen mit der Recherche zu einem der Themen, damit Sie darüber schreiben können.
- ✔ Sie bitten Copilot, einen Blogbeitrag auf Grundlage einer der Ideen zu verfassen. Gehen Sie dabei vorsichtig vor, überprüfen Sie die Details und schreiben Sie den resultierenden Artikel in Ihrem eigenen Stil um. Wenn Sie erst einmal den Ruf haben, dass Ihr Blog von einer KI geschrieben wird, kann es schwierig sein, diesen Ruf wieder loszuwerden und das Vertrauen Ihrer Leserschaft zurückzugewinnen.

Denken Sie daran, Copilot wird nie müde, neue Ideen für Sie zu entwickeln. Die Verwendung von Modifikatoren wie »unkonventionell«, »saisonal« oder »lustig« kann manchmal zu großartigen Ergebnissen führen.

Kreative Prompts und Übungen

Beim kreativen Schreiben geht es darum, Ihr Gehirn dazu zu bringen, Welten, Charaktere, Situationen, Orte und mehr zu erfinden, die es noch nie zuvor gegeben hat. Es kann eine aufregende und unterhaltsame Erfahrung oder es kann harte Arbeit sein. Meistens ist es eine Kombination aus beidem.

Jeder, der Belletristik schreibt, weiß, dass man besser wird, je häufiger man es tut. Aus diesem Grund üben viele Autoren regelmäßig das Schreiben mit relativ entspannten und einfachen Übungen wie Tagebuchschreiben, Verwenden von Schreibanregungen und Schreibübungen.

Mit Copilot ein Tagebuch führen

Können Sie mit Copilot ein Tagebuch führen? Ein Tagebuch zu führen, ist eine tägliche Übung, bei der Sie Ihre Schreibfertigkeiten aufwärmen, indem Sie alles aufschreiben, was Ihnen einfällt, ohne die Absicht, es jemals jemand anderem zu zeigen.

Doch selbst beim Tagebuchschreiben besteht die Gefahr, in einer Routine stecken zu bleiben. Es kann sein, dass Sie wochenlang nur aufschreiben, was Sie am Vortag getan haben, darüber reden, wie beschäftigt Sie bei der Arbeit sind, oder sich über das Wetter beschweren.

Copilot kann Ihnen helfen, die Dinge etwas aufzupeppen. Hier einige Ideen, wie Sie das Tagebuchschreiben mit Copilot unterhaltsamer gestalten können:

- ✔ Bitten Sie Copilot Chat, die Rolle eines Literaturkritikers bei *der New York Times* zu übernehmen und Sie zu Ihrem neuesten Roman, Ihrer neuesten Geschichte oder Ihrem neuesten Gedicht zu interviewen.
- ✔ Bitten Sie Copilot jeden Tag um ein Thema, über das Sie schreiben können.
- ✔ Wenn Sie einen schlechten Tag haben, bitten Sie Copilot, Ihren letzten Tagebucheintrag überschwänglich zu loben.
- ✔ Bitten Sie Copilot, Vorschläge für Dinge zu machen, über die Sie in Ihrem Tagebucheintrag schreiben können, und die in Zukunft zu einer Geschichte, einem Blogbeitrag oder anderen Inhalten führen könnten.

Auch wenn es wie ein Verstoß gegen die wichtigste Regel beim Führen eines Tagebuchs (»Zeigen Sie es niemandem«) erscheinen mag, Copilot um Feedback zu bitten oder es von Copilot lesen zu lassen, sollten Sie immer bedenken, dass Copilot, egal wie es manchmal scheint, Sprache nicht versteht – es erstellt Text mithilfe mathematischer Wahrscheinlichkeiten. Deshalb wird er Sie nie als dumm, weinerlich oder langweilig wahrnehmen – er sieht Sie nicht durch die kritische Brille, die Sie bei anderen befürchten.

Denken Sie aber auch hier daran, dass Sie Copilot keine Texte lesen lassen, die personenbezogene Informationen enthalten, etwa Namen und andere Details.

Prompts für Schreibanregungen

Schreibanregungen sind kurze Aussagen, die ein Thema vorgeben, über das geschrieben werden soll. Beispiele für Schreibanregungen reichen von Buchberichtsaufträgen bis hin zu kreativen Schreibanregungen.

Copilot kann so viele kreative Schreibanregungen für Sie generieren, wie Sie möchten. Wenn Sie eine finden, die Ihnen zusagt, nutzen Sie sie! Machen Sie eine Kurzgeschichte, ein Gedicht, einen Aufsatz oder sogar einen Roman daraus.

Hier sind einige Beispiele für kreative Schreibanregungen, die Copilot auf meine Anfrage hin für mich generiert hat:

- ✔ **Die Stimme im Wind.** Jemand hört eine geheimnisvolle Stimme, die ihn dabei unterstützt, ein lange verschollenes Familiengeheimnis zu lüften.
- ✔ **Der Traum des Roboters.** In einer Welt, in der Roboter den Menschen dienen, beginnt ein Roboter von Freiheit zu träumen und begibt sich auf eine Reise, um dies zu erreichen.
- ✔ **Das verzauberte Gemälde.** Ein Gemälde in einem Museum wird zum Leben erweckt und die darin dargestellten Figuren interagieren mit der realen Welt.

Der Traum des Roboters klingt so, als ob Copilot mir etwas sagen möchte. Aber das bilde ich mir wahrscheinlich nur ein.

Kreative Schreibübungen

Schreibanregungen sind eine Art Schreibübung, aber nicht die einzige. Eine der spannenden Möglichkeiten des Schreibens mit Copilot besteht darin, dass Ihre Schreibanregungen nicht statisch und unveränderlich sein müssen. Sie können ein Hin und Her zwischen Ihnen und Copilot beinhalten, wie im Fall der Bitte an Copilot, Sie zu interviewen. Oder vielleicht wäre es sogar noch unterhaltsamer, Copilot zu einem Rap-Battle herauszufordern! Oder Sie könnten Copilot bitten, sich mit Ihnen über ein bestimmtes Thema zu unterhalten, und zwar in einer Fremdsprache, die Sie gerade lernen.

Widerstehen Sie der Versuchung, Copilot als allwissende und perfekte Schreibmaschine zu betrachten. Das ist er nicht. Copilot neigt dazu, extrem wortreich zu sein und Texte mit vielen Metaphern und übermäßig blumigen Bildern zu erstellen, die leicht als von einer KI generiert zu identifizieren sind, wenn Sie genug davon gelesen haben.

Betrachten Sie Copilot stattdessen als Schreibtrainer, Grammatikprüfer, Thesaurus, Reimwörterbuch und Brainstorming-Partner, der immer für Sie da ist, wenn Sie ihn brauchen (aber nicht mehr als das). Copilot kann Ihnen helfen, ein besserer Autor zu werden, und Sie zu neuen Ideen inspirieren. Viel Spaß!

IN DIESEM KAPITEL

Mit Copilot in Excel arbeiten

Daten mithilfe von Copilot analysieren

Formeln erstellen

Daten visualisieren

Kapitel 7
Zahlen knacken mit Copilot

Im Jahr 2006 sagte der britische Mathematiker und Datenwissenschaftler Clive Humbly: »Daten sind das neue Öl.« Doch genau wie beim Öl nützt es nicht viel, einfach nur Daten zu haben. Die wahre Macht der Daten liegt darin, sie durch einen Prozess namens *Datenanalyse* zu verstehen. Aus diesem Grund sagte Peter Sondergaard, Senior Vice President des Technologieforschungsunternehmens Gartner, Inc.: »Informationen sind das Öl des 21. Jahrhunderts, und die Analyse ist der Verbrennungsmotor.«

In der kurzen Zeit, seit Humbly und Sondergaard diese berühmt gewordenen Bemerkungen über die Macht der Daten machten, hat die Macht der künstlichen Intelligenz explosionsartig zugenommen und Daten noch nützlicher und mächtiger gemacht. Um die Metapher vielleicht noch weiter zu treiben, als sie sein sollte: Wenn die Analyse der Verbrennungsmotor ist, dann ist KI in Kombination mit Daten und Analyse ein Raumschiff. Und jetzt haben Sie einen Copilot, der Ihnen hilft, dieses Raumschiff zu steuern.

Die Verwendung von Copilot in Excel kann Ihr Verständnis von Daten verbessern und Ihnen helfen, Excel sinnvoll zu nutzen (was vielen von uns schwerfällt). In diesem Kapitel erfahren Sie, wie dieser KI-Assistent Ihnen bei der Arbeit mit Daten helfen und Sie mutig in Galaxien führen kann, die noch nie zuvor ein Mensch gesehen hat.

Copilot in Excel starten

Damit Sie Copilot in Excel verwenden können, muss Ihre Arbeitsmappe zunächst in OneDrive gespeichert sein. Nur so kann Copilot auf Ihre Daten zugreifen und mit ihnen interagieren. Abonnenten von Microsoft 365 Copilot oder Copilot Pro sehen auf der rechten Seite der Registerkarte START von Excel für Microsoft 365 sowie in der Desktopversion von Excel eine Copilot-Schaltfläche. Wenn Sie auf dieses Symbol klicken, wird die Seitenleiste von Excel Copilot geöffnet, wie in Abbildung 7.1 gezeigt.

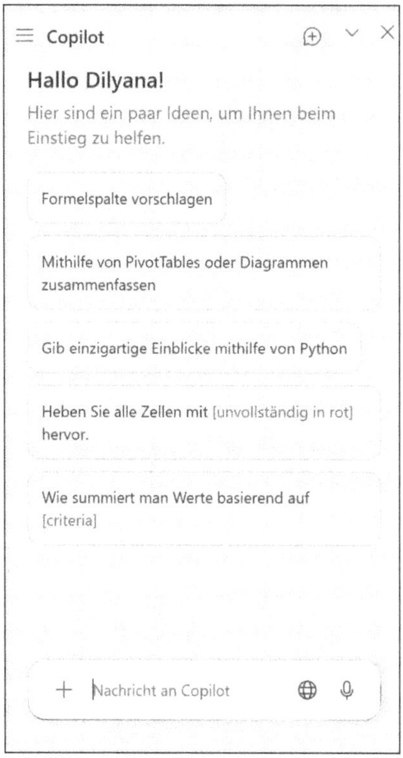

Abbildung 7.1: Die Seitenleiste von Copilot für Excel

Wie in jeder Anwendung, in der Copilot ausgeführt wird, weist die Seitenleiste von Copilot in Excel einige vertraute Elemente auf. Hier werden Ihnen einige Prompts vorgeschlagen, um den Einstieg zu erleichtern und Ihnen zu zeigen, welche Aufgaben Sie mit Copilot in Excel erledigen können.

Unten in der Seitenleiste befindet sich das Eingabefeld für Prompts. Mit dem Plus-Zeichen erreichen Sie die Funktionen:

- ✔ PROMPTS ANZEIGEN
- ✔ BILD HINZUFÜGEN
- ✔ FRAGEN SIE EINEN AGENT

Mit der Option PROMPTS ANZEIGEN rufen Sie den Copilot-Promptkatalog auf, wie in Abbildung 7.2 gezeigt.

Diese Sammlung an Prompts zeigt Ihnen, was Copilot in Excel leisten kann. Im Promptkatalog finden Sie praktische Beispiele. Diese Vorlagen können Sie direkt auswählen und an Ihre eigenen Daten anpassen. Oben im Katalog können Sie zudem nach Art der Aufgabe oder Tätigkeit filtern, um gezielt passende Prompts zu finden.

Abbildung 7.2: Promptkatalog in Excel

Wenn Sie in Excel auf ALLE PROMPTS ANZEIGEN klicken, öffnet sich eine Webseite mit dem vollständigen Copilot-Promptkatalog von Microsoft. Dort finden Sie eine große Auswahl an Beispielaufforderungen (Prompts) für verschiedene Anwendungen und Aufgabenbereiche.

Sie können die angezeigten Prompts nach Aufgabentyp filtern – zum Beispiel FRAGEN, ERSTELLEN, ANALYSIEREN oder CODIEREN. Jeder Eintrag zeigt Ihnen eine konkrete Formulierung, die Sie direkt ausprobieren oder an Ihre eigene Situation anpassen können.

So entdecken Sie schnell neue Möglichkeiten, wie Sie Copilot in unterschiedlichen Microsoft-Apps – etwa Excel, Word, PowerPoint oder Outlook – einsetzen können.

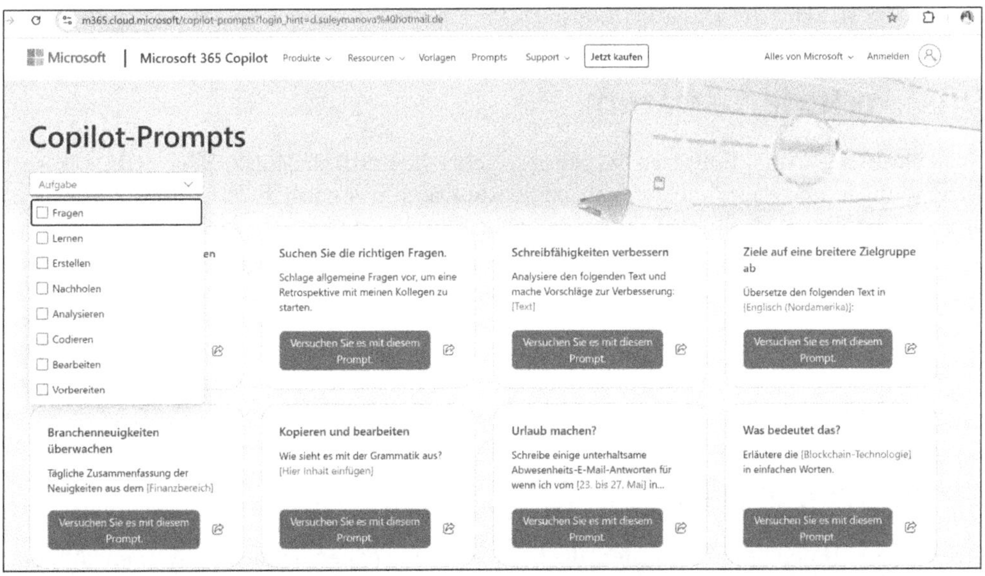

Abbildung 7.3: Copilot-Prompts im Web

Am unteren Rand befinden sich einige Symbole zum Aktivieren der Webinhalte und zur Verwendung des Mikrofons.

Die Webinhalte lassen sich über das Globus-Zeichen aktivieren. Wenn Sie diese Funktion einschalten, kann Copilot Informationen aus dem Internet nutzen, um seine Antworten zu verbessern. Das ist besonders nützlich, wenn Sie mit aktuellen oder externen Daten arbeiten möchten. Ist die Funktion deaktiviert, verwendet Copilot ausschließlich die Daten Ihrer Excel-Arbeitsmappe.

CHATVERLAUF erreichen Sie, indem Sie oben links auf die drei Linien gehen. Unten befindet sich die Option CHATVERLAUF, über die Sie zu einem Verlauf aller Prompts gelangen, die Sie im aktuellen Dokument übermittelt haben.

Über die Verwendung von Copilot in Excel zu sprechen, ohne echte Daten zu haben, ist nur von begrenztem Nutzen (wie ein Auto ohne Benzin!), also holen wir uns ein paar Daten und probieren Copilot aus.

Mit Daten arbeiten

Einer der Gründe, warum die neueste Generation der KI so gut ist, ist die große Menge an Daten, aus denen die KI lernen kann. Das Internet hat nicht nur zu einer explosionsartigen Zunahme der Datensammlung geführt, sondern auch den Zugriff darauf für jedermann erleichtert. Aber was sind all diese Daten und wo sind sie?

Die beiden Datenarten verstehen

Menschen, die mit KI und maschinellem Lernen arbeiten, unterteilen Daten in zwei große Kategorien: strukturiert und unstrukturiert.

Unstrukturierte Daten

Unstrukturierte Daten umfassen Websites, Nachrichtenartikel, Musik, Blogs, Filme, Fernsehsendungen und vieles mehr. Unstrukturierte Daten passen nicht in ordentliche Zeilen und Spalten, aber Algorithmen des maschinellen Lernens können trotzdem daraus lernen, indem sie nach Mustern und Ähnlichkeiten zwischen verschiedenen Datenstücken suchen.

Unstrukturierte Daten werden für Aufgaben verwendet, bei denen es darum geht, Muster zu entdecken und zu erkennen. Beispiele für Aufgaben, bei denen KI aus unstrukturierten Daten lernt, sind Bilderkennung, Verarbeitung natürlicher Sprache, Spracherkennung und Videoanalyse.

Strukturierte Daten

Strukturierte Daten umfassen Daten, die in Zeilen und Spalten organisiert werden können. Filme und Fernsehsendungen können zwar keine strukturierten Daten sein, Sie können jedoch strukturierte Daten *zu* Filmen und Fernsehsendungen erstellen. Sie könnten beispielsweise eine Liste der 100 besten Filme aller Zeiten erstellen und Daten wie das Jahr ihrer Entstehung, den Regisseur, die Schauspieler, die Länge der Filme und so weiter hinzufügen. Strukturierte Daten umfassen auch beschriftete Daten. Beschriftete (gelabelte) Daten sind Daten, die zuvor möglicherweise unstrukturiert waren, denen jedoch Beschriftungen (Labels) zugewiesen wurden, um Kontext oder Bedeutung hinzuzufügen. Ein Beispiel für beschriftete Daten könnte eine Sammlung von Bildern sein, die als Katzenbild oder Nicht-Katzenbild beschriftet wurden. Eine solche beschriftete Datensammlung kann verwendet werden, um KI zu trainieren, Katzenbilder zu erkennen.

Der Datentyp, mit dem Excel arbeitet, sind strukturierte Daten.

Kostenlose Daten finden

Möglicherweise haben Sie Excel-Dateien, die Sie für die Arbeit oder zur Verwaltung Ihrer persönlichen Finanzen erstellt haben. Oder Sie haben eine Liste wichtiger Kontakte oder sogar eine Liste von Passwörtern, die Sie in einer Excel-Datei auf Ihrem Computer speichern. All diese Dateien sind wahrscheinlich nur für Sie und eine kleine Gruppe anderer Personen von Interesse.

Es gibt jedoch ein ganzes Universum an Daten, die für eine viel größere Gruppe von Menschen von Interesse sind. Dazu gehören Wetterdaten, Daten über politische oder wohltätige Spenden, Daten über den Aktienmarkt und vieles mehr. Dank des Internets sind all diese Daten für jeden, der sich dafür interessiert und weiß, wo er suchen muss, leicht verfügbar, oft sogar kostenlos.

Es gibt viele Quellen für frei verfügbare Daten im Internet. Organisationen, Universitäten, Regierungen, Datenwissenschaftler und Enthusiasten veröffentlichen regelmäßig Daten und stellen sie anderen Personen zum Studium und zur Analyse zur Verfügung. Zu den besten Quellen für kostenlose Daten gehören:

- ✔ `data.gov` (`https://data.gov`). `Data.gov` ist das kostenlose und quelloffene Datenarchiv der US-Regierung. Es enthält insbesondere eine Fülle öffentlicher Wirtschaftsdaten.
- ✔ **Google-Datensatzsuche** (`https://datasetsearch.research.google.com`). Wenn Sie wissen, wonach Sie suchen, ist dies ein guter Ausgangspunkt für Ihre Suche.
- ✔ **Kaggle** (`https://www.kaggle.com/datasets`). Kaggle ist ein Community-Hub für Datenwissenschaftler und Leute, die sich für Datenwissenschaft interessieren. Bei Kaggle können Sie etwas über KI und Datenwissenschaft lernen, mit anderen Datenwissenschaftlern zusammenarbeiten und sich sogar an Challenges und Wettbewerben im Bereich Datenwissenschaft versuchen.
- ✔ `Datahub.io` (`https://datahub.io/collections`). Datahub enthält hauptsächlich Daten zu Wirtschaft und Finanzen. Wenn Sie nach Börsendaten oder Informationen zu Immobilienpreisen suchen, werden Sie hier wahrscheinlich fündig.

Für die ersten Beispiele in diesem Kapitel habe ich einen Datensatz von Kaggle mit dem Titel »Tornados [1950–2022]« heruntergeladen. Wie Sie vielleicht schon vermutet haben, enthält dieser Datensatz Informationen zu jedem Tornado in den Vereinigten Staaten zwischen 1950 und 2022. Wenn Sie diesen Datensatz herunterladen möchten, können Sie dies unter `https://www.kaggle.com/datasets/sujaykapadnis/tornados` tun.

Vorbereiten der Daten

Nachdem die Daten erfasst wurden, besteht der nächste Schritt bei der Datenanalyse darin, sicherzustellen, dass sie richtig formatiert sind, dass alle Spalten ein einheitliches Format aufweisen und dass die Daten nichts enthalten, was die Ergebnisse verfälschen könnte (zum Beispiel fehlende Daten).

Da der Tornado-Datensatz von einer vertrauenswürdigen Quelle heruntergeladen wurde und auf `Kaggle.com` eine hohe Bewertung hat, bin ich zuversichtlich, dass die Daten selbst vertrauenswürdig sind. Es gibt jedoch einige Dinge, die getan werden können, um den Daten einen Kontext hinzuzufügen und sie für Copilot logischer zu machen.

Konvertieren der Daten in eine Tabelle

Der heruntergeladene Tornado-Datensatz ist eine CSV-Datei (Comma-Separated Values), die problemlos mit Excel geöffnet werden kann. Copilot kann jedoch nicht mit CSV-Dateien arbeiten. Um Copilot verwenden zu können, müssen Sie die CSV-Datei in Excel öffnen und sie dann im neuesten Excel-Format speichern.

Sobald Sie das getan haben, können Sie auf das Copilot-Symbol klicken und Copilot bitten, Ihnen die Daten zu erklären. Bei meinem ersten Versuch teilte mir Copilot mit, dass es mehr Daten gebe, als es verarbeiten könne, und dass ich die Daten in eine Tabelle konvertieren müsse. Nachdem ich herausgefunden hatte, wie das geht (indem ich Copilot fragte), führte ich die Konvertierung in eine Tabelle mit diesen Schritten durch:

- ✔ Klicken Sie auf die Daten, die Sie in eine Tabelle umwandeln möchten.
- ✔ Klicken Sie im Menüband von Excel (so heißt die Schaltflächenreihe oben) auf EINFÜGEN.
- ✔ Klicken Sie im Excel-Menüband auf TABELLE.
- ✔ Stellen Sie im angezeigten Fenster TABELLE ERSTELLEN sicher, dass alle Daten in der aktuellen Excel-Tabelle ausgewählt sind und dass das Kontrollkästchen neben MEINE TABELLE HAT KOPFZEILEN aktiviert ist.

Das Ergebnis der vorhergehenden Schritte ist, dass Ihre Rohdaten in eine ansprechende Tabelle mit einer Kopfzeile und abwechselnden Zeilenformaten umgewandelt werden, wie in Abbildung 7.4 dargestellt.

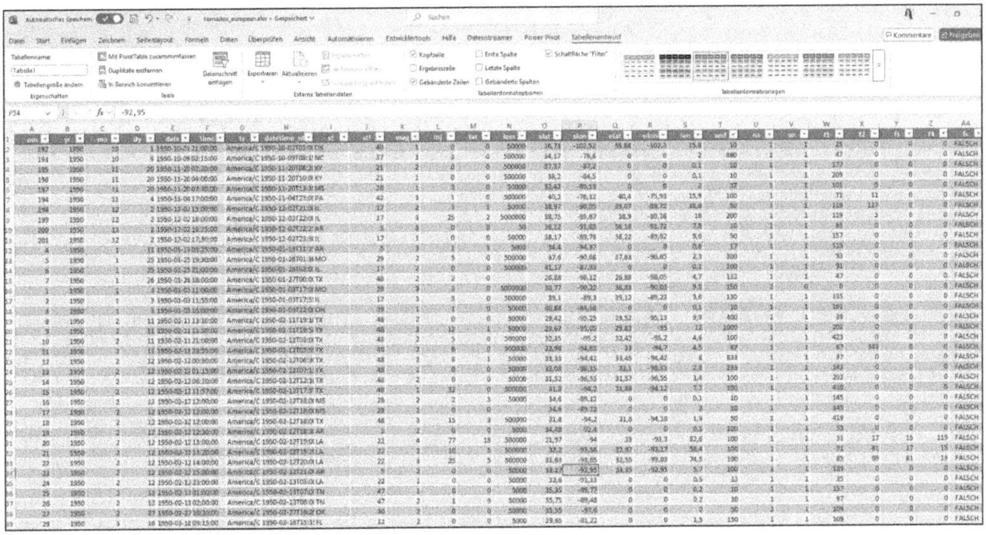

Abbildung 7.4: Erstellen einer Tabelle aus Daten

Kontext zu den Überschriften hinzufügen

Die in der Tabelle verwendeten Spaltenüberschriften sind kurz und nicht aussagekräftig. Es ist möglich, dass das Ersetzen einiger Überschriften durch einfache Wörter Copilots Fähigkeit, die Daten zu verstehen, verbessern könnte, und vielleicht kann Copilot uns dabei helfen.

Es gibt mehrere Möglichkeiten, das Problem der Erstellung neuer Kopfzeilen für das Excel-Blatt anzugehen, ohne dies manuell tun zu müssen. Eine Möglichkeit besteht darin, Copilot im Browser aufzufordern, eine einzeilige Tabelle mit beschreibenden Namen für die Spalten zu generieren.

Bei meinem ersten Versuch mit diesem Ansatz erstellte Copilot eine nummerierte Liste mit beschreibenden Namen für die Spalten. Als ich Copilot dann jedoch aufforderte, eine CSV-Datei mit den Überschriften zu erstellen, war er dazu eingeschränkt in der Lage: Es ergaben sich ein paar zusätzliche Spalten, die nicht im Datensatz enthalten sind, die sich aber leicht entfernen lassen.

Abbildung 7.5 zeigt das Ergebnis, als ich diesen Ansatz ausprobiert habe.

Ein anderer Ansatz besteht darin, die Tabelle von der Datenkarte in Copilot in Excel einzufügen und Copilot aufzufordern, die Änderungen direkt in der Excel-Tabelle vorzunehmen.

Als ich diesen Ansatz in der lokalen Version von Excel ausprobierte, antwortete Copilot, dass »es im Moment ein Problem mit der Umbenennung der Spaltenüberschriften gibt«. Ich vermutete, dass Copilot möglicherweise überhaupt nicht in der Lage ist, die Spaltenüberschriften umzubenennen, also versuchte ich ein Experiment: Ich habe Copilot gebeten, lediglich einen Header anhand der folgenden Eingabeaufforderung umzubenennen. Dieses Mal hatte ich die Datei jedoch in Excel Online geöffnet mit dem folgenden Prompt:

Benenne die Spalte »tz« in »Zeitzone« um.

Es kam eine Meldung mit der umgesetzten Lösung zurück, wie in Abbildung 7.6 zu sehen ist.

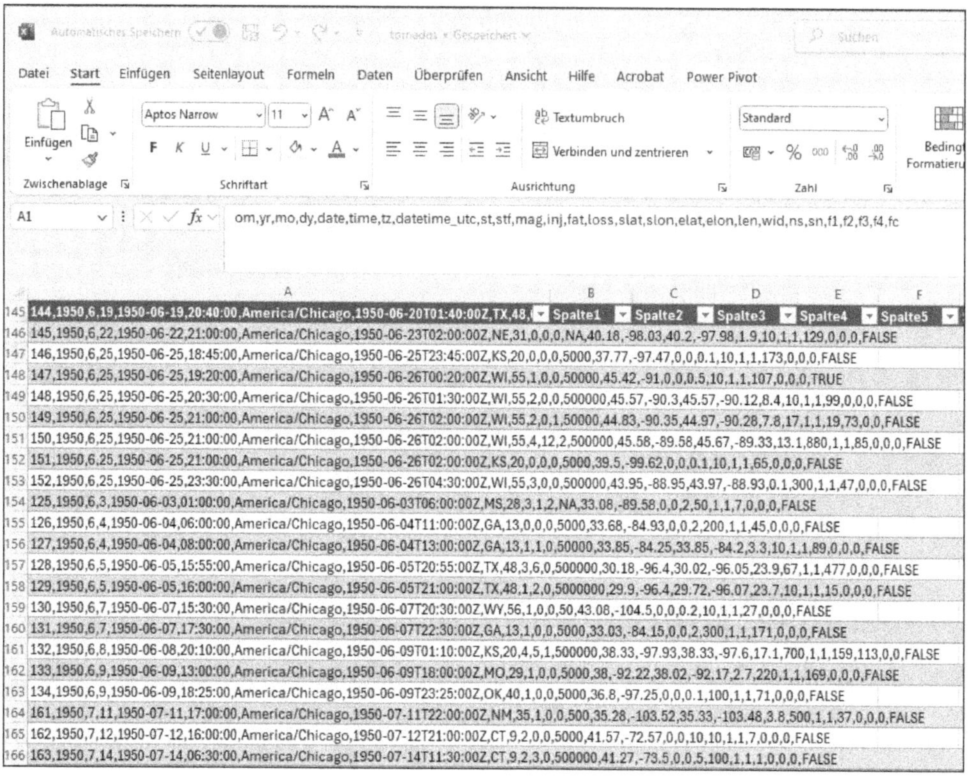

Abbildung 7.5: Copilot in Edge auffordern, eine Tabellenüberschrift zu erstellen

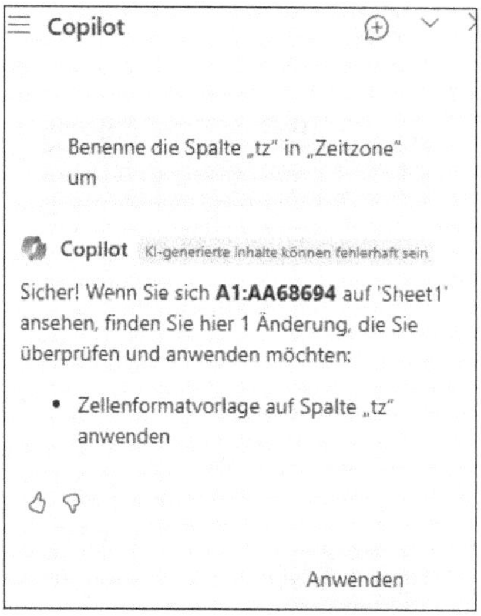

Abbildung 7.6: Klären, wo der Austausch erfolgen soll

Die gewünschte Änderung wurde direkt in der Tabelle in der richtigen Spalte umgesetzt.

Dieser Ansatz, jeweils nur eine Spaltenüberschrift zu ersetzen, ist zeitaufwendiger, als es einfach manuell zu tun. Aber mir ist aufgefallen, dass ich bereits eine einfache, durch Kommas getrennte Liste neuer Spaltenüberschriften habe (von dem, was Copilot in Edge generiert hat) und dass Copilot in Edge diese Liste vielleicht verwenden könnte, um die Überschriften korrekt zu ersetzen.

Ich habe die in Edge generierte Liste kopiert und Copilot in Edge aufgefordert, diese Liste zum Ersetzen der Überschriften zu verwenden. Copilot gab jedoch die Meldung zurück, dass es die Aufgabe erfolgreich erledigt hatte, wie in Abbildung 7.7 dargestellt.

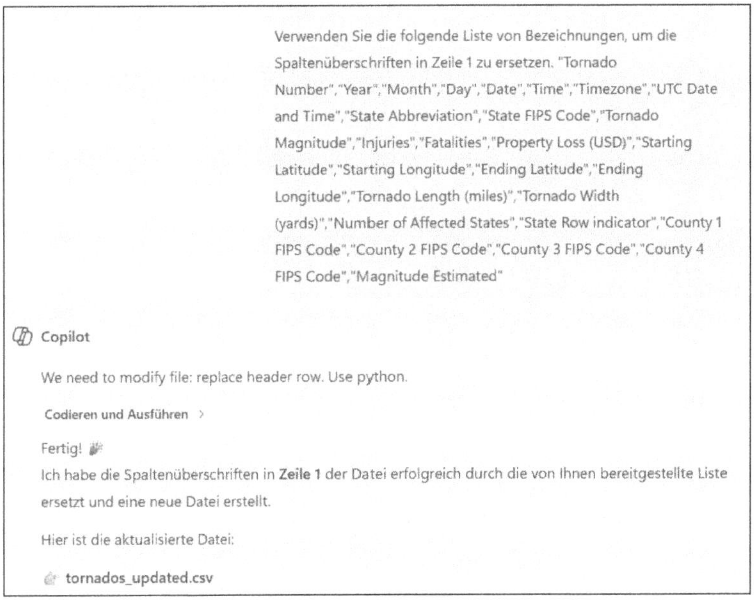

Abbildung 7.7: Copilot meldet ein Problem beim Umbenennen von Spaltenüberschriften.

Die Enttäuschung war groß, als ich versuchte, die verlinkte Datei herunterzuladen. Zu meinem Bedauern stellte ich fest, dass die Datei *tornados_updated.csv*, wie in Abbildung 7.7 dargestellt, keinen tatsächlichen Download-Link enthält, sondern lediglich als Text eingebettet ist und daher nicht heruntergeladen werden kann.

Statt mit Copilot zu streiten, können Sie die abgekürzten Überschriften mit den folgenden Schritten manuell durch die neuen und beschreibenden Überschriften ersetzen:

1. Kopieren Sie die durch Kommas getrennte Liste von Copilot in Edge und fügen Sie sie in ein Textdokument ein.
2. Speichern Sie das Textdokument mit der Erweiterung `.csv`.
3. Öffnen Sie die CSV-Datei mit den Kopfzeilen in Excel.
4. Kopieren Sie die neue Zeile und fügen Sie sie in Zeile 1 der Tornados-Tabelle ein.

Manchmal ist die beste Vorgehensweise, um das zu erledigen, was Sie erledigen müssen, die Verwendung von Copilot mit einem manuellen Ansatz zu kombinieren. Mit etwas Erfahrung werden Sie erkennen, dass es sich nicht lohnt, Copilot die letzten zehn Prozent eines Projekts erledigen zu lassen, wenn Sie dies in Sekundenschnelle selbst erledigen könnten.

Daten formatieren

Das Nächste, was Ihnen am Tornado-Datensatz auffallen könnte, ist, dass er nicht richtig sortiert ist oder auf eine Weise, die für mich keinen Sinn ergibt. Wenn Sie sich die ersten 20 Zeilen ansehen, werden Sie feststellen, dass die ersten Datensätze aus den Jahren Oktober, November und Dezember 1950 stammen, und dann springen sie zurück auf Januar bis September 1950, wie in Abbildung 7.8 dargestellt.

om	yr	mo	dy	date	tim
192	1950	10	1	01.10.1950	
193	1950	10	9	09.10.1950	
195	1950	11	20	20.11.1950	
196	1950	11	20	20.11.1950	
197	1950	11	20	20.11.1950	
194	1950	11	4	04.11.1950	
198	1950	12	2	02.12.1950	
199	1950	12	2	02.12.1950	
200	1950	12	2	02.12.1950	
201	1950	12	2	02.12.1950	
4	1950	1	13	13.01.1950	
5	1950	1	25	25.01.1950	
6	1950	1	25	25.01.1950	

Abbildung 7.8: Eine seltsame Art, das Jahr zu sortieren

Dieses Muster, dass im Jahr zuerst die zweistelligen Zahlen kommen, gilt für alle 68.694 Datenzeilen.

Möglicherweise handelt es sich dabei um ein mir unbekanntes Standardsortierschema, aber wahrscheinlicher liegt es daran, dass die Daten derzeit alphabetisch und nicht numerisch sortiert sind. Bei der alphabetischen Sortierung kommt die Zahl 10 vor 2, weil 1 vor 2 kommt. Ich hätte lieber alle Daten chronologisch sortiert.

Wenn ich nach Datum sortieren möchte, könnte ich versuchen, auf die Spaltenüberschrift zu klicken. Da das Datum derzeit jedoch nicht im Datumsformat vorliegt, würde es wahrscheinlich nicht richtig funktionieren. Der nächste Schritt, um diese Daten für die Analyse vorzubereiten, besteht darin, die Datentypen zu korrigieren.

Ändern von Datentypen

Bevor Sie nach Datum sortieren können, müssen Sie sicherstellen, dass die Spalte mit dem Datum das Datumsformat aufweist.

Andere Spalten der Tabelle, die Datumsinformationen und numerische Informationen enthalten, sollten ebenfalls in den richtigen Datentyp geändert werden. Dies scheint etwas zu sein, bei dem Copilot möglicherweise helfen kann.

Ich habe die Copilot-Seitenleiste geöffnet und die folgende Eingabeaufforderung eingegeben:

> *Konvertiere jede Spalte in einen geeigneten Datentyp.*

Die Antwort von Copilot ist in Abbildung 7.9 dargestellt.

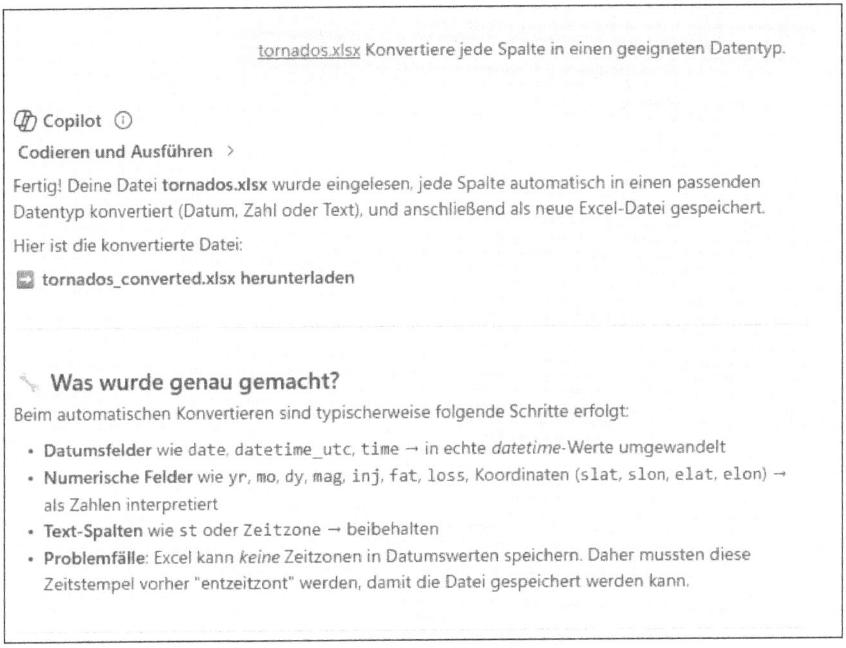

Abbildung 7.9: Von Copilot vorgeschlagene Aktionen

Copilot hat die Tabelle eingelesen und anschließend jede Spalte auf ihren wahrscheinlich passenden Datentyp geprüft. Datumsfelder wie `date`, `datetime_utc` oder `time` wurden in echte Datums- bzw. Zeitwerte umgewandelt, numerische Felder wie `yr`, `mo`, `dy` oder geografische Koordinaten (`slat`, `slon`, `elat`, `elon`) wurden als Zahlen interpretiert, während Textfelder unverändert als Text gespeichert wurden. Da Excel keine Zeitzonen direkt in Datumsfeldern speichern kann, musste Copilot Zeitstempel mit Zeitzoneninformationen vor der Speicherung »entzeitlichen«. Anschließend wurde die bereinigte und typisierte Tabelle als neue Datei tornados_converted.xlsx erzeugt und zum Download bereitgestellt.

Meine Tests bei diesen Aufgaben haben unterschiedliche Ergebnisse gezeigt. Copilot ist ein KI-Tool, und wie jedes KI-Tool agiert es nicht-deterministisch, d. h., es gibt nicht die gleiche Antwort auf das gleiche Prompt. Bei dieser Aufgabe ist es auch möglich, dass Copilot den Datentyp auf ALLGEMEIN festlegt und die Spalten automatisch anpasst. Ich nehme an, das bedeutet, sie breit genug zu machen, damit die Daten sichtbar sind.

Die Verwendung des allgemeinen Datentyps für jede Spalte funktioniert möglicherweise für die meisten Spalten, aber ich habe meine Zweifel, was die Datumsspalten betrifft, und ich würde mich besser fühlen, wenn sie das Datumsformat verwenden würden. Ich habe Copilot zu folgender Auskunft aufgefordert:

Gibt es Spalten, die in den Datentyp »Datum« geändert werden sollten?

Copilot antwortete:

... Die Spalten »Date« und »UTC Date and Time« sollten in ein Datums- bzw. Zeitformat (datetime) umgewandelt werden, damit sie für zeitliche Analysen korrekt genutzt werden können. Die Spalte »Time« kann ebenfalls in ein Zeitformat umgewandelt werden, wenn Analysen nach Uhrzeit gewünscht sind.

Wir können uns den ersten Vorschlag von Copilot noch näher anschauen und überlegen: Wie können wir das Datumsfeld (Spalte E, Date) in das gewöhnliche europäische Standarddd.mm.yyyy umwandeln?

B	C	D	E
Year	Montl	Day	Date
1950	10	1	1950-10-01
1950	10	9	1950-10-09
1950	11	20	1950-11-20
1950	11	20	1950-11-20
1950	11	20	1950-11-20
1950	11	4	1950-11-04
1950	12	2	1950-12-02
1950	12	2	1950-12-02
1950	12	2	1950-12-02
1950	12	2	1950-12-02
1950	1	13	1950-01-13
1950	1	25	1950-01-25
1950	1	25	1950-01-25
1950	1	26	1950-01-26

Abbildung 7.10: Ausschnitt aus der Excel-Tabelle »Tornados«

Es gibt mehrere Varianten, wie man hier vorgehen kann. Die einfachste Variante ist, die Spalten B, C und D in Betracht zu ziehen und sie in einer neuen Spalte miteinander zu verketten. Genau darum werde ich Copilot in einem einfachen Prompt bitten:

Erstelle eine neue Spalte namens »Datum«, in der die Spalten D, C und B miteinander verkettet sind und ein Datum im Format »dd.mm.yyyy« dargestellt wird.

Das Ergebnis hat mich überzeugt. In Sekundenschnelle hatte ich die notwendigen Spalten in der Excel-Tabelle.

Daten sortieren

Nachdem die Daten nun richtig formatiert sind, können Sie Copilot bitten, die Tabelle zu sortieren. Der Tornado-Datensatz enthält eine Spalte mit Datum und Uhrzeit jedes Tornados. Dieses Datum und diese Uhrzeit sind mit UTC standardisiert und eignen sich daher perfekt zum Sortieren.

Mit dem folgenden Prompt habe ich Copilot gebeten, sich darum zu kümmern:

> *Sortiere die Daten in der Spalte »UTC-Datum und Uhrzeit« in aufsteigender Reihenfolge.*

Copilot zeigte mir, wie es meinen Prompt interpretierte, und gab eine Schaltfläche Übernehmen aus, wie in Abbildung 7.11 dargestellt.

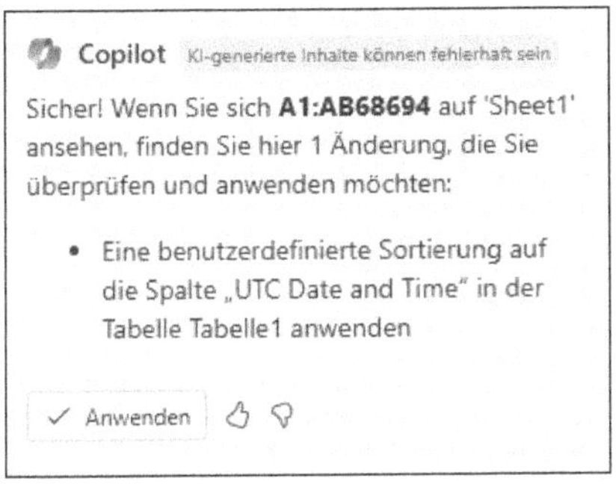

Abbildung 7.11: Copilot ändert nichts ohne Ihre Zustimmung.

Ich klickte auf die Schaltfläche Übernehmen, und Copilot nahm die Änderung korrekt vor. Es wurde mir die Meldung in Abbildung 7.12 angezeigt.

Abbildung 7.12: Abschlussmeldung von Copilot und Schaltfläche »Rückgängig«

Daten bereinigen

Wenn Sie ein Abonnement für Microsoft 365 Copilot oder Copilot Pro haben, können Sie mit dem Tool Daten bereinigen nach Inkonsistenzen in einer Tabelle suchen. Um auf das Tool Daten bereinigen zuzugreifen, klicken Sie auf das Menü Daten in der Multifunktionsleiste. Die Registerkarte Daten enthält einen Abschnitt namens Datentools, und Daten bereinigen wird ungefähr in der Mitte angezeigt, wie in Abbildung 7.13 dargestellt.

Wenn Sie auf das Symbol Daten bereinigen klicken, wird die Seitenleiste Daten mit Copilot bereinigen geöffnet, und es werden alle Vorschläge angezeigt, die Copilot zum Bereinigen Ihrer Daten hat. Zu diesem Zeitpunkt hatte Copilot jedoch noch keine Vorschläge, wie in Abbildung 7.14 dargestellt.

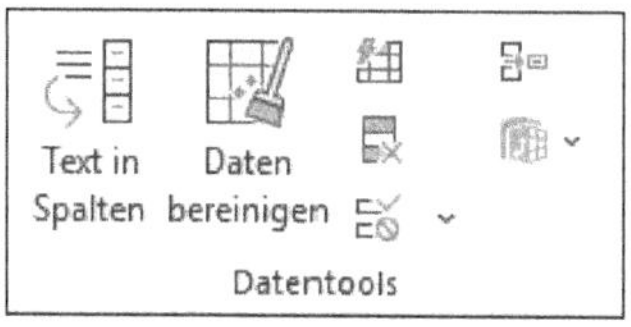

Abbildung 7.13: Die Datentools in Excel

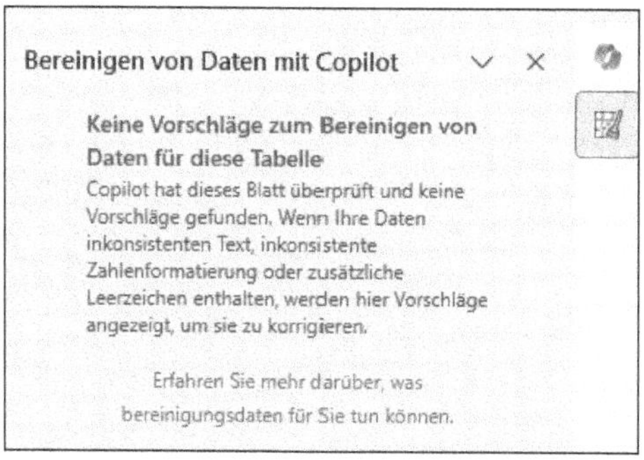

Abbildung 7.14: Copilot glaubt, die Daten seien sauber.

Der nächste Schritt bei der Datenvorbereitung besteht darin, nach Daten zu suchen, die offensichtlich nicht korrekt sind und verworfen werden sollten. Eine Möglichkeit, fehlerhafte Daten zu finden, besteht darin, nach Ausreißern zu suchen. *Ausreißer* sind Werte, die sich scheinbar stark von den anderen Werten in einer Spalte unterscheiden. In diesem Datensatz beispielsweise liegen die Tornadolängen im Allgemeinen zwischen 0,1 Meilen und etwa 70 Meilen. Ich weiß nicht viel über Tornados, aber wenn es eine Zeile mit einer Tornadolänge von 700 Meilen gäbe, wäre dies wahrscheinlich ein Dateneingabefehler.

Sie können Copilot mit dem folgenden Prompt nach Ausreißern suchen lassen:

Gibt es in meinen Daten Ausreißer?

Als ich diese Frage stellte, dachte Copilot eine Weile darüber nach, antwortete dann aber, dass es nicht feststellen konnte, ob es Ausreißer gibt. Das kann daran liegen, dass es so viele Daten gibt und jede Spalte im Datensatz als gleich wichtig behandelt wird. Als Menschen wissen wir, dass es beispielsweise unwahrscheinlich ist, dass die Spalte mit den Bundesstaatsabkürzungen Ausreißer enthält, und es wäre auch nicht schlimm, wenn es welche gäbe. scheint das nicht zu verstehen.

Ich habe das Problem eingegrenzt und noch einmal gefragt:

Gibt es Ausreißer beim Sachschaden (USD)?

Auch dies konnte Copilot nicht abschließen. Es kann sein, dass dieser Datensatz einfach zu viele Daten enthält, als dass Copilot nach Ausreißern suchen könnte. Ich beschloss, es noch einmal zu versuchen und zu fragen, ob es Ausreißer in den Startbreitengraden gibt. Da die meisten Tornados in den mittleren Breitengraden (zwischen 30 und 50 Grad Nord und Süd) auftreten, wäre ein Tornado, der außerhalb der mittleren Breitengrade auftritt, zumindest interessant und möglicherweise ein Ausreißer, der untersucht werden sollte.

Gibt es Ausreißer im Startbreitengrad?

Auch hier konnte Copilot den Auftrag nicht abschließen und forderte mich auf, es später noch einmal zu versuchen. Ich beschloss, es noch einmal zu versuchen, allerdings mit weniger Datenzeilen.

Ich habe eine Kopie des Datensatzes erstellt und Copilot gebeten, alle Datenzeilen außer den ersten 1.000 zu löschen. Diese Formulierung meiner Anfrage scheint Copilot verwirrt zu haben, denn er hat nur die Zeilen 1.002 und die letzte Zeile in der Tabelle gelöscht. Ich habe alle Datenzeilen bis auf 1.000 manuell gelöscht und bin zu meinem Ausreißer-Prompt zurückgekehrt:

Gibt es in meinen Daten Ausreißer?

Mit weitaus weniger Daten konnte Copilot diese Anfrage erfüllen. Ich habe in dieser Datenstichprobe keine signifikanten Ausreißer gefunden und bin daher ziemlich zuversichtlich, dass wir bereit sind, weiterzumachen.

Nachdem Sie nun über einige Daten verfügen, diese bereinigt sind, und die Spaltenüberschriften verständlich sind, können Sie mit der Analyse der Daten beginnen. Fahren Sie mit dem nächsten Abschnitt fort, um zu erfahren, wie Copilot Ihnen dabei helfen kann.

Automatisierung der Datenanalyse

Bei der *Datenanalyse* geht es darum, nützliche Verbindungen zwischen verschiedenen Datenelementen in einem Datensatz zu finden. Beispielsweise könnte die Analyse der Aufzeichnungen von Kundendienstanrufen Ihres Unternehmens ergeben, dass eine ungewöhnlich hohe Anzahl von Anrufen mit einem bestimmten Produkt zu tun hat. Diese Erkenntnis könnte für die Ingenieure, die an diesem Produkt arbeiten, nützlich sein.

Einige Erkenntnisse, die sich aus Daten ergeben, sind weniger nützlich, auch wenn sie möglicherweise starke Zusammenhänge aufzeigen. So wäre es beispielsweise keine besonders interessante Erkenntnis, »festzustellen«, dass die Kundenzufriedenheit bei Serviceanrufen höher ist, wenn das Problem des Kunden gelöst wurde.

Um Erkenntnisse aus Daten zu gewinnen, müssen Sie, wie bei allen Copilot-Anwendungen, zunächst eine gute Frage stellen. Sie könnten beispielsweise sagen: »Ich frage mich, ob es einen bestimmten Wochentag gibt, an dem wir mehr Anrufe erhalten als an anderen Tagen.«

Copilot für automatisierte Erkenntnisse verwenden

Eine interessante und potenziell nützliche Funktion von Copilot in Excel ist die Fähigkeit, automatisch Erkenntnisse aus Ihren Daten zu gewinnen. Die Idee dieser Funktion besteht darin, dass Copilot Ihre Daten analysiert, um nach Mustern und Beziehungen zu suchen, die Sie möglicherweise übersehen haben, und sogar ein Diagramm erstellt, das die gefundenen Erkenntnisse verdeutlicht.

In Wirklichkeit ist das Ergebnis der Erkenntnisse, die Copilot gewinnt, oft einfach nur lustig. Er scheint den Kontext nicht zu berücksichtigen oder kein Wissen über die Außenwelt zu nutzen, während es Erkenntnisse vorschlägt. Copilot erstellt automatisch ein Diagramm, um Ihnen zu zeigen, was er findet. Abbildung 7.15 zeigt beispielsweise eine Datenerkenntnis, die Copilot mir aus einem Wetterdatensatz lieferte, den ich ihn analysieren ließ. Darin weist er darauf hin, dass die Mondphase (zum Beispiel Vollmond, Neumond, erstes Viertel und letztes Viertel) ein sich wiederholendes Muster ist. Dies ist buchstäblich eine der allerersten Erkenntnisse, die Menschen jemals hatten … kurz bevor sie entdeckten, dass die Jahreszeiten ein sich wiederholendes Muster sind, das jedes Jahr in derselben Reihenfolge auftritt.

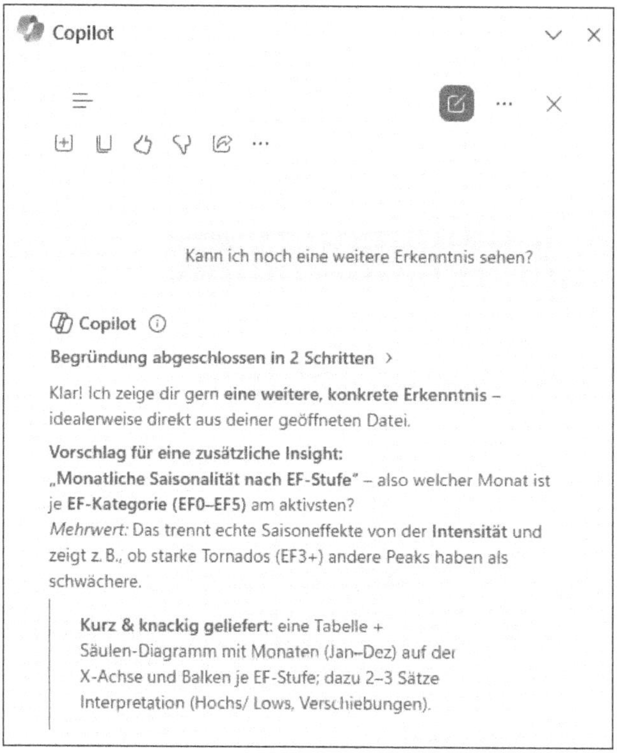

Abbildung 7.15: Die Erkenntnisse von Copilot sind oft nicht aufschlussreich.

Weitere ähnlich offensichtliche Erkenntnisse, die Copilot mir anhand desselben Wetterdatensatzes lieferte, waren:

- ✔ Es besteht ein starker Zusammenhang zwischen Regen und Luftfeuchtigkeit.
- ✔ Nach Sonnenuntergang nimmt die Sicht ab.
- ✔ Bei höheren Niederschlägen sind die Windböen stärker.
- ✔ Bei Schnee und Regen sind die Niederschlagsmengen deutlich höher.

Meine Hoffnung beim Tornado-Datensatz besteht darin, dass das Hinzufügen beschreibender Überschriften und die Bereitstellung von mehr Kontext zu den Daten Copilot zu besseren Erkenntnissen verhelfen wird.

Um Copilot aufzufordern, Dateneinblicke zu generieren, können Sie in der Chat-Seitenleiste auf den Link DATENEINBLICKE ANZEIGEN klicken oder einfach die Phrase *Dateneinblicke anzeigen* als Prompt eingeben und absenden.

Nachdem Sie nach Erkenntnissen gefragt haben, analysiert Copilot die Daten und gibt eine einzelne Erkenntnis und ein Diagramm zurück, wie in Abbildung 7.16 dargestellt.

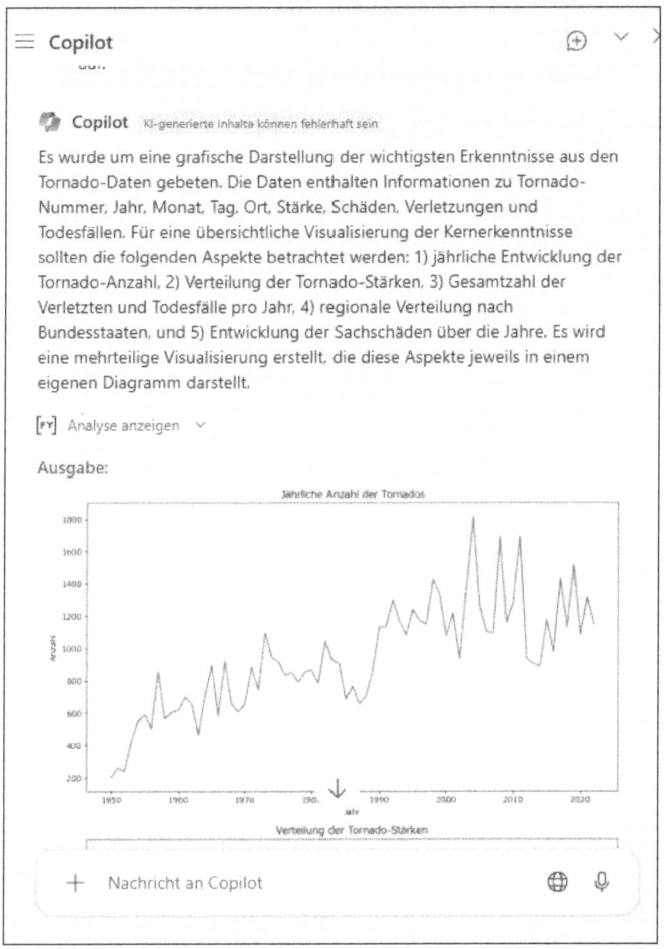

Abbildung 7.16: Copilots erste Erkenntnisse zum Tornado-Datensatz

Dieses erste Diagramm zeigt die Anzahl der Tornados pro Jahr. Copilot hat insgesamt 5 Grafiken generiert, wie »Verteilung der Tornado-Stärken«, »Verletze und Todesfälle pro Jahr«, »Top 10 Bundesstaaten nach Tornado-Anzahl«, »Jährlicher Schaden (USD)«. Zusätzlich hat

Copilot einen beschreibenden Text zu den Diagrammen hinzugefügt und am Ende der Visualisierungen noch ein Fazit mit den wichtigsten Erkenntnissen erstellt.

Weitere Informationen zur Verwendung von Copilot zum Erstellen verschiedener Arten von Diagrammen und zum Ändern von Diagrammen finden Sie in diesem Kapitel im Abschnitt »Daten mit Copilot visualisieren«.

Um die nächste Erkenntnis anzuzeigen, klicken Sie auf den Link unter der neuesten Antwort von Copilot, um eine weitere Erkenntnis anzufordern, oder geben Sie Ihre Anfrage für eine weitere Erkenntnis einfach in den Prompt-Eingabebereich ein und senden Sie sie ab.

Leider konnte Copilot nach meinen bisherigen Anregungen nicht viele interessante Erkenntnisse von sich aus liefern. An dieser Stelle müssen Sie etwas Anleitung geben.

Anfrage für eine spezifische Analyse

Wenn Sie nach einer bestimmten Visualisierung fragen, erhalten Sie viel bessere Ergebnisse, als wenn Sie Copilot bitten, auf eigene Faust Erkenntnisse zu gewinnen. In Abbildung 7.17 habe ich Copilot beispielsweise gebeten, die Beziehung zwischen der Stärke eines Tornados und Sachschäden anzuzeigen, und er hat erfolgreich ein Balkendiagramm erstellt. Unter der Grafik wird sogar eine Interpretation hinzugefügt.

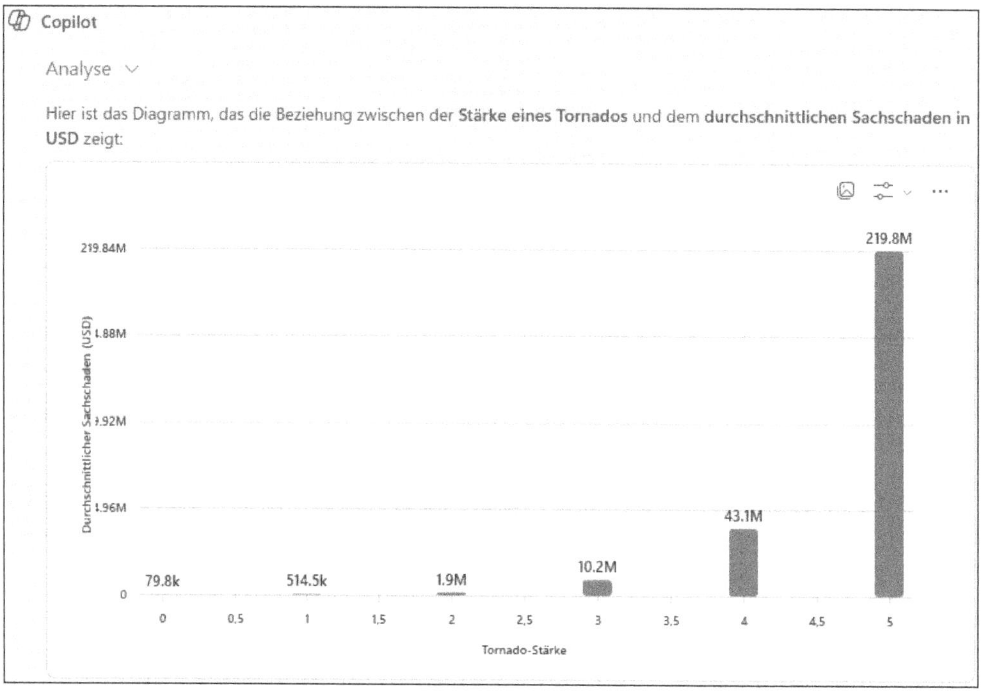

Abbildung 7.17: Copilot erstellt ein Balkendiagramm.

Interpretation:

- ✔ Die Balken zeigen, wie sich der durchschnittliche Sachschaden mit zunehmender Tornado-Stärke verändert.
- ✔ In der Regel steigt der Schaden mit höherer Magnitude, was auf die zerstörerische Kraft stärkerer Tornados hinweist.

Weitere Informationen zu Prompts für bestimmte Diagramme und Analysen finden Sie im Abschnitt »Daten mit Copilot visualisieren« in diesem Kapitel.

Formeln mit Unterstützung von Copilot erstellen

Formeln in Excel machen es zu mehr als nur einer Möglichkeit, Rohdaten anzuzeigen. Mit Formeln können Sie viele verschiedene Arten von Operationen durchführen, zum Beispiel grundlegende Rechenoperationen ausführen, Daten zusammenfassen, bedingte Berechnungen durchführen, Text bearbeiten, Finanzberechnungen durchführen und Daten analysieren.

Für diejenigen von uns, die Excel nicht regelmäßig verwenden, ist das Erstellen komplexer Formeln oft eine Frage von Versuch und Irrtum – oder größtenteils von Irrtum. Copilot kann helfen, indem es den Prozess des Schreibens von Formeln automatisiert und Spalten erstellt, die Werte basierend auf anderen Spalten berechnen.

Um diese Verwendung von Copilot auszuprobieren, habe ich eine Tabelle mit viel Potenzial für komplexe Berechnungen gefunden. Die Daten, die ich verwenden werde, enthalten Wetterdaten für die Stadt, in der ich lebe. Die Tabelle enthält detaillierte Wetterdaten für jeden Tag eines Zeitraums von neun Monaten. Abbildung 7.18 zeigt einen kleinen Ausschnitt der Tabelle.

Formelerstellung und Fehlerbehebung

Als Erstes wollte ich, dass Copilot eine neue Spalte erstellt, die mithilfe einer Formel die Anzahl der Tage mit Regen oder Schnee berechnet. Ich habe den folgenden Prompt gesendet:

> *Erstelle eine Spalte, in der die Gesamtzahl der Tage mit Regen oder Schnee aufgeführt ist.*

Nach einem Moment schlug mir Copilot drei unterschiedliche Varianten für deutschen und für englische Version des Excels zu meiner Bitte vor, komplett mit einer Erklärung, was die neue Spalte sein würde. Außerdem hatte ich die Möglichkeit, sie in die Tabelle einzufügen, wie in Abbildung 7.19 gezeigt.

Ehrlich gesagt wusste ich nicht, ob diese Formel richtig funktioniert, und ich konnte es auch nicht allein durch Anschauen erkennen. Ich klickte auf die Schaltfläche zum Einfügen der neuen Spalte, um sie gründlich untersuchen zu können.

	A	B	C	D	E	F	G	H	I	J
1	datetime	tempmax	tempmin	temp	feelslikemax	feelslikemin	feelslike	dew	humidity	precip
2	2022-03-01	55,7	47,9	51,8	55,7	46,1	51,5	49,7	92,9	0,4
3	2022-03-02	50,2	45	47,4	50,2	40,9	46,4	46,9	97,6	0,36
4	2022-03-03	47,5	42,5	44,6	44,8	39,4	42,3	40,5	85,5	0,08
5	2022-03-04	48,1	40	43,9	45,4	37,9	42	39	83	0,02
6	2022-03-05	50,4	36,9	42,8	50,4	35	41,3	37,9	83,1	0
7	2022-03-06	49,8	39,8	43,9	48,7	38,7	42,5	38,4	81,2	0
8	2022-03-07	47,3	35,7	42,1	47,1	33	40,4	37,4	83,4	0
9	2022-03-08	47	44,5	45,8	45,2	41	43	42,8	89,1	0,14
10	2022-03-09	50,9	37,1	44,4	50,9	33,9	42,5	35,2	72,2	0
11	2022-03-10	49,9	31,8	40,6	48,2	30,8	39,9	28,8	64,6	0
12	2022-03-11	50,8	37,1	43,1	50,8	34,9	42	34,4	72,3	0
13	2022-03-12	52,8	34,1	43,9	52,8	30,3	41,2	37,5	79,1	0,28
14	2022-03-13	49,2	42,4	46	44,2	37,9	41,5	42,8	88,7	0,73
15	2022-03-14	49,8	45,4	46,9	48,5	42	44,6	42,9	86,4	0,5
16	2022-03-15	51,3	46,4	49	51,3	43,1	46	45,3	87	0,29
17	2022-03-16	50,8	40,7	45,5	50,8	38,1	44,5	41	84,5	0,08
18	2022-03-17	48,7	39,8	44,2	47,2	38,6	42,6	40,9	88,2	0,04
19	2022-03-18	52,9	45,1	48	52,9	44,3	46,9	44,7	88,6	0,11
20	2022-03-19	50	43,1	46,8	47,2	39,8	43,6	39,6	76,8	0,48
21	2022-03-20	48,5	40,1	43,6	44,7	37,8	40,8	39,4	85,2	0,37
22	2022-03-21	49	42,6	46	48,8	39,2	43,5	46,3	98,3	1,82
23	2022-03-22	58	48,3	52,3	58	46,9	51,8	50,8	94,1	0,12
24	2022-03-23	51,5	42,4	48,8	51,5	42,4	47,4	45,9	90	0,08
25	2022-03-24	58,6	33	46,1	58,6	28,5	44,4	39	77,9	0

Abbildung 7.18: Ein kleiner Ausschnitt aus meiner Wetterdatentabelle

Abbildung 7.19: Von Copilot vorgeschlagene Formel

Als ich mir die Ergebnisse ansah, schien es mir, als würde sie die Tage mit Niederschlag korrekt zählen, aber ich konnte nicht leicht herausfinden, wie sie das machte. Hier die Formel, die Copilot ermittelt hat:

```
=SUMME(--(ISTZAHL(SUCHEN("rain";INDEX([preciptype];1):
[@preciptype])))+--(ISTZAHL(SUCHEN("snow";INDEX([preciptype];1):
[@preciptype])))---(ISTZAHL(SUCHEN("rain";INDEX([preciptype];1):
[@preciptype]))*ISTZAHL(SUCHEN("snow";INDEX([preciptype];1):[@preciptype]))))
```

Die Formel prüft in der Spalte preciptype, ob in den Einträgen die Wörter »rain« oder »snow« vorkommen. Wenn eines dieser Wörter vorhanden ist, wird der Tag als Niederschlagstag gezählt. Das Ergebnis in der Spalte »Niederschlagstag« ist eine laufende Summe aller Tage mit Regen oder Schnee bis zur aktuellen Zeile, wobei Tage mit beiden Begriffen nur einmal gezählt werden.

Ich wollte verstehen, wie diese Formel berechnet wird, und übergab deshalb an Copilot diesen Prompt:

> *Erläutere die Formel, die zur Berechnung der Gesamtzahl der Regen- bzw. Schneetage verwendet wurde.*

Die Antwort von Copilot ist in Abbildung 7.20 gezeigt.

Der Ansatz von Copilot zur Berechnung der laufenden Summe entspricht nicht der Vorgehensweise, die ich mir vorgestellt hätte, aber ich bin zugegebenermaßen ein Dummie, wenn es um Excel-Formeln geht.

Überzeugt, dass Copilot zumindest auf dem richtigen Weg war, überprüfte ich die Ergebnisse seiner Formel manuell, indem ich durch die Tabelle scrollte und zählte. Das Ergebnis war richtig abgebildet, und ich war sehr froh, dass ich so schnell zu einer Lösung gekommen bin.

Ich habe es schon einmal gesagt und ich sage es noch einmal: Vertrauen Sie nicht blind auf alles, was GenKI sagt oder für Sie macht. Sie kann und wird falschliegen. Ihre Fähigkeit, kreativ und zufällig zu arbeiten, ist für manche Aufgaben großartig, aber eine falsche Analyse von Daten kann in der realen Welt unangenehme Konsequenzen haben. Überprüfen Sie ihre Arbeit immer doppelt.

Fortgeschrittene Formeltechniken

Copilot kann potenziell bei vielen Datenanalyseaufgaben helfen, indem er Formeln erstellt. Je mehr Sie über Excel wissen, desto nützlicher ist Copilot in Excel – insbesondere bei fortgeschritteneren Formeln. Hier einige zusätzliche Aufgaben, bei denen Copilot Ihnen helfen kann:

- **Spalten teilen und kombinieren.** Es kommt häufig vor, dass Sie eine Namensspalte in separate Spalten für Vorname und Nachname teilen möchten. Obwohl Copilot wahrscheinlich über Namen stolpern wird, die nicht dem Standardformat für Vorname und Nachname entsprechen (zum Beispiel bei Personen, die einen zweiten Vornamen verwenden, oder Namen mit mehreren Wörtern), ist es einfacher, Copilot die anfängliche Arbeit übernehmen zu lassen und dann die Stellen zu korrigieren, an denen Fehler auftreten, als diese Arbeit manuell durchzuführen.

Abbildung 7.20: Copilots Erklärung der Formel – ein Ausschnitt aus einer langen Antwort

- ✔ **Datums- und Zeitberechnungen.** Sie möchten die Differenz zwischen Datumsangaben berechnen oder einem Datum eine bestimmte Anzahl von Tagen hinzufügen? Auch hier kann Copilot möglicherweise helfen. Achten Sie jedoch auf ungewöhnliche Fälle, wie zum Beispiel Schaltjahre, die Copilot möglicherweise nicht berücksichtigt.
- ✔ **Textfunktionen.** Zu den Textbearbeitungsaufgaben gehören das Extrahieren bestimmter Teile einer Zeichenfolge, das Umwandeln von Abkürzungen für Staats- oder Ländernamen in vollständige Namen und das Verketten (Konkatenieren) von Wörtern aus verschiedenen Zellen. Der Schlüssel liegt hier darin, zu wissen, wann Sie besser dran sind, wenn Sie einfach die Standardfunktion SUCHEN UND ERSETZEN von Excel verwenden.
- ✔ **Bedingte Formeln.** Bedingte Formeln wenden je nach Bedingungen unterschiedliche Berechnungen an. Sie können Copilot beispielsweise bitten, eine Formel zu erstellen, die die Windgeschwindigkeit nur an regnerischen Tagen angibt.

Daten mit Copilot visualisieren

Als *Visualisierung* bezeichnen Datenanalysten den Prozess der Erstellung von Diagrammen, Graphen und jeglicher grafischen Darstellung von Informationen und Daten. Datenvisualisierung macht Daten zugänglich und kann Menschen dabei helfen, Trends, Ausreißer und Muster in den Daten zu verstehen.

Um zu demonstrieren, wie Copilot Datenvisualisierungen erstellen kann, habe ich einen weiteren Datensatz von Kaggle mit dem Titel »700 klassische Disco-Tracks (mit Spotify-Daten)« ausgewählt. Ich habe diesen Datensatz ausgewählt, weil mich die Anziehungskraft von Disco-Musik schon immer verwirrt hat und ich versuchen möchte, sie besser zu verstehen. Außerdem ist es eine willkommene Abwechslung zu den beängstigenden Tornado-Daten vom Anfang dieses Kapitels.

Kommen Sie also mit und begeben Sie sich auf eine fantastische Reise in die Welt der Disco- und Copilot-Magie.

Der Disco-Datensatz ist ein hervorragendes Beispiel für die Erstellung strukturierter Daten (Zeilen und Spalten) aus unstrukturierten Daten (Disco-Songs). Er enthält grundlegende Informationen zu jedem Stück, wie Titel, Künstler, Jahr und Dauer, sowie die Zahlen, die Spotify verwendet, um Songs zu kategorisieren und Playlists zu erstellen. Jeder Song in Spotify hat eine einzigartige Kombination von Wertungen von 0 bis 1 für Tanzbarkeit, Energie, Sprache, Akustik, Instrumentalität und Lebendigkeit.

Wenn Sie mehr über den Datensatz erfahren und selbst damit experimentieren möchten, können Sie ihn unter `https://www.kaggle.com/datasets/thebumpkin/700-classic-disco-tracks-with-spotify-data/data` herunterladen.

In Excel öffnen und Daten bereinigen

Nachdem ich die komprimierte Datei von Kaggle heruntergeladen und extrahiert hatte, öffnete ich sie in Excel in Microsoft 365. Bevor Sie die Daten bearbeiten oder Copilot damit verwenden können, muss die Datei zunächst von CSV-Daten in das neueste Excel-Format konvertiert werden. Verwenden Sie dazu das Dropdown-Menü oben rechts im Excel-Programm, um den Modus von ANZEIGEN auf BEARBEITEN umzustellen. Excel benachrichtigt Sie, dass die Datei in das neueste Excel-Dateiformat konvertiert werden muss, und Sie können dieser Änderung zustimmen.

Als Nächstes habe ich die Daten mit dem Tool ALS TABELLE FORMATIEREN in eine Tabelle konvertiert. Mit diesem Tool habe ich auch zuvor die Tornadodaten in eine Tabelle konvertiert.

Nach der Konvertierung der Datei teilte mir Copilot mit, dass es drei Vorschläge zur Datenbereinigung gibt. Die Vorschläge waren allerdings sehr schlecht. Es wurde vorgeschlagen, mehrere Songtitel zu korrigieren, die Copilot als inkonsistent ansah. Ich weiß, dass *`Boogie Oogie Oogie`* nichts bedeutet, aber das ist nicht die Art von Änderung, die Sie beim Bereinigen von Daten vornehmen sollten. Ich habe die Vorschläge ignoriert.

Ich war neugierig, welche anderen Vorschläge Copilot zum Bereinigen der Daten haben könnte, also habe ich erneut versucht, das Tool DATEN BEREINIGEN zu verwenden. Copilot hatte keine Vorschläge.

Diagramme und Grafiken erstellen

Sie haben bereits gesehen, wie Sie Copilot dazu auffordern können, Diagramme anhand gefundener Muster zu erstellen, indem Sie Dateneinblicke anfordern. Ich hatte hier keine großen Erwartungen, aber ich dachte, ich könnte es wagen und es ausprobieren.

Der erste Einblick zeigte eine überwiegend gerade Linie, die die Beziehung zwischen Lautstärke und Jahr veranschaulichte. Seltsamerweise zeigte sich 2018 ein großer Rückgang der Lautstärke. Ich vermute, das könnte daran liegen, dass es 2018 nicht viel Disco gab. Bei der Überprüfung der Rohdaten stellte sich heraus, dass für 2018 nur ein einziger Song aufgeführt ist.

Eine weitere Erkenntnis war, dass fast alle Disco-Songs einen 4/4-Takt haben. Das ist nicht überraschend – ich gehe davon aus, dass es nicht viele Disco-Tanzschritte gibt, die gut zu Walzern passen.

Die Erkenntnisse, die mich am meisten interessieren, geben Hinweise darauf, was einen Disco-Song populär macht. Der Datensatz hat eine Spalte zur Popularität, die jedem Song einen Wert zuweist. Je höher der Wert, desto populärer der Song. Ich habe den folgenden Prompt verwendet, um herauszufinden, was mit der Popularität korreliert:

Erstelle eine PivotTable der Popularität nach Tanzbarkeit.

(Übrigens ist eine PivotTable in Excel ein Datenzusammenfassungstool, mit dem Sie große Datensätze dynamisch neu organisieren und analysieren können.)

Leider sagte Copilot, dass es diese PivotTable nicht erstellen könne, also habe ich etwas anderes versucht:

Füge eine PivotTable der Popularität nach Jahr hinzu.

Dieses Mal erstellte Copilot das Diagramm, das die durchschnittliche Beliebtheit von Songs nach Jahren zeigt, wie in Abbildung 7.18 dargestellt. Dieses Diagramm ist jedoch weitgehend nutzlos, da die Jahre mit den wenigsten vertretenen Songs die höchsten und niedrigsten Punkte im Diagramm bilden.

Meine nächste Anfrage führte zu etwas Interessanterem. Hier mein Prompt:

Füge für das Diagramm die Popularität nach Jahr hinzu.

Das resultierende Diagramm (siehe Abbildung 7.22) zeigt, dass die Popularität von Disco im Jahr 1967 ihren Höhepunkt erreichte und seither weitgehend zurückgeht.

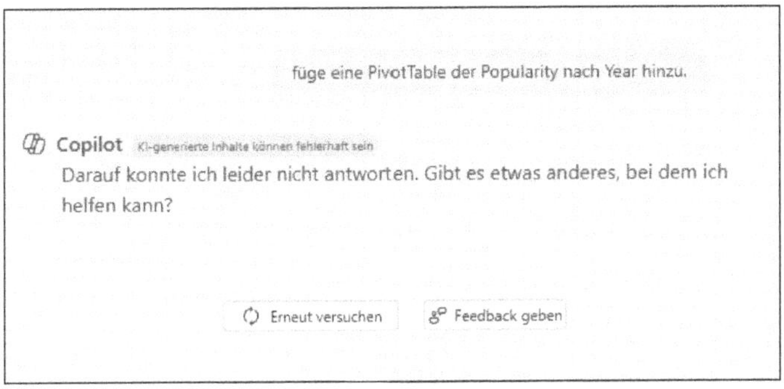

Abbildung 7.21: Antwort von Copilot auf die Aufforderung zur Erstellung einer Pivot-Tabelle

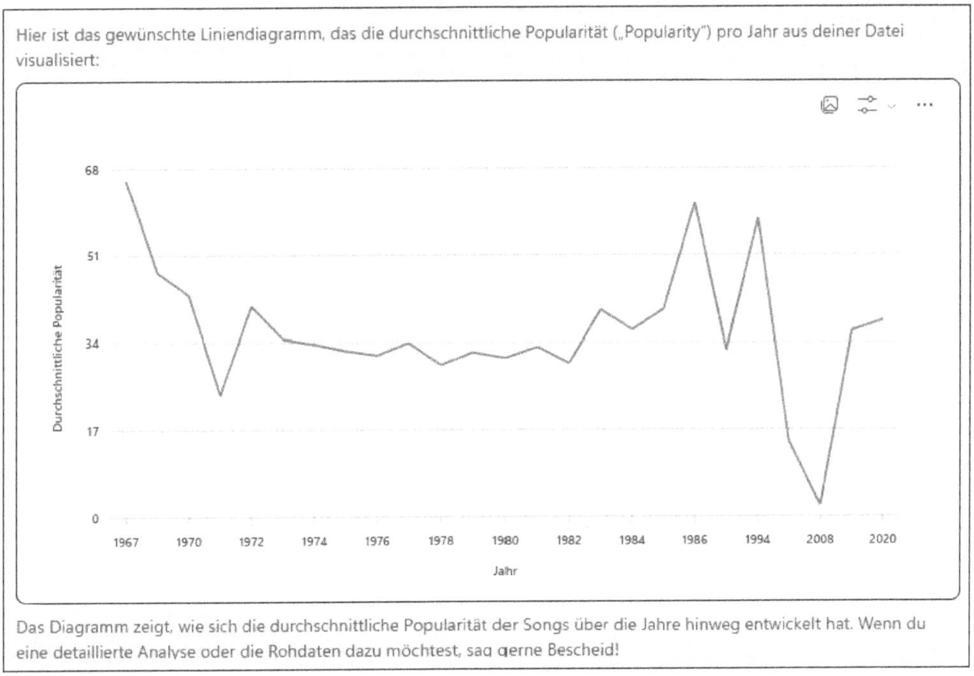

Abbildung 7.22: Durchschnittliche Popularität nach Jahr

Diagramme anpassen

Copilot kann nach der Erstellung bestimmte Änderungen an Diagrammen vornehmen. Um mit der Anpassung von Diagrammen zu experimentieren, habe ich mit dem folgenden Prompt ein neues Diagramm erstellt:

> *Erstelle die Diagramme mit der Tanzbarkeit (Danceability) pro Jahr.*

Das resultierende Diagramm zeigt, wie zu erwarten, dass der durchschnittliche tanzbare Titel für jedes Jahr immer ultrahoch ist und manchmal nahe an 100 Prozent tanzbar zu sein scheint, was genau der Punkt sein könnte, an dem Sie nicht mehr aufhören können zu tanzen. Das von Copilot erstellte Diagramm ist in Abbildung 7.23 dargestellt.

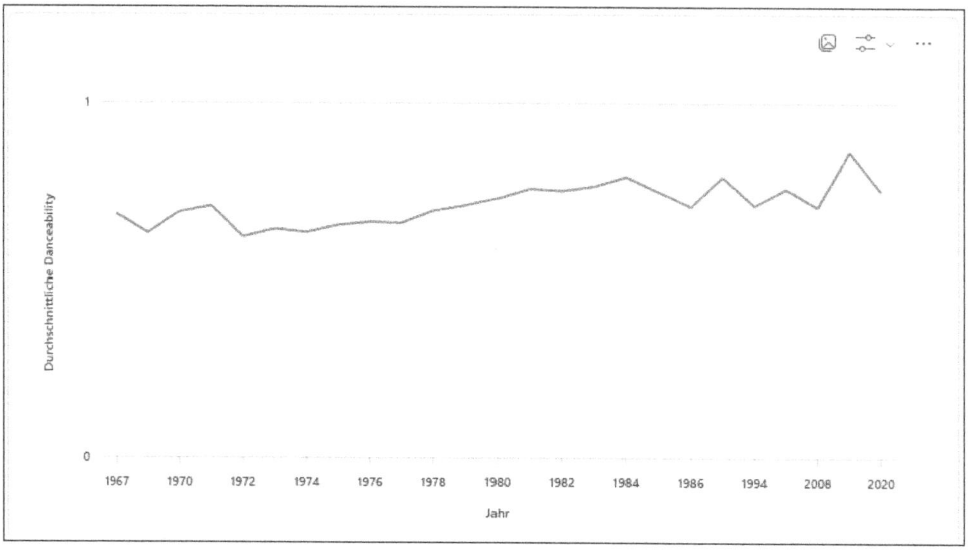

Abbildung 7.23: Das erste von Copilot erstellte Tanzbarkeitsdiagramm

Es wäre sinnvoll, einige der Datenpunkte im Liniendiagramm zu beschriften, daher übergab ich Copilot den folgenden Prompt (sowie mehrere Variationen):

Füge den Datenpunkten im Diagramm Beschriftungen hinzu.

Copilot behauptete wiederholt, dass es nicht möglich sei, dem Diagramm Datenbeschriftungen hinzuzufügen, also änderte ich meine Taktik und übergab ihm den folgenden Prompt:

Wie kann ich dem Liniendiagramm Datenbeschriftungen hinzufügen?

Copilot gab mir Schritt-für-Schritt-Anweisungen, wie ich die Datenbeschriftungen selbst hinzufügen konnte. Dabei entdeckte ich eine wichtige Einschränkung bei der Fähigkeit von Copilot, Diagramme zu erstellen und mit ihnen zu arbeiten: Wenn Sie ein Diagramm zu einem neuen Blatt hinzufügen möchten, müssen Sie dies im nächsten Prompt tun, nachdem das Diagramm erstellt wurde. Wenn Sie dies nicht tun, gibt es keine Möglichkeit, im Chat zurückzugehen und es zu tun. Ich musste einen neuen Chat starten und Copilot bitten, das Diagramm erneut zu erstellen. Danach konnte ich es zu einem neuen Blatt hinzufügen.

Ich habe die Anweisungen von Copilot zum Hinzufügen von Datenbeschriftungen befolgt und sie haben problemlos funktioniert. Was ich jedoch tun wollte, war komplexer als die Frage, die ich ursprünglich gestellt hatte. Deshalb habe ich eine weitere Frage gestellt:

Wie kann ich die Punkte im Liniendiagramm mit den Titeln der Stücke beschriften?

Die Antwort von Copilot auf diese Frage sah auf den ersten Blick gut aus, aber als ich versuchte, den Schritten zu folgen, existierten die von Copilot angegebenen Optionen und Links nicht. Ich vermute, dass die Anweisungen, die Copilot mir gab, für eine andere Version von Excel waren. Ich gab es auf, Copilot zum Anpassen des Diagramms zu verwenden, und suchte stattdessen auf der Microsoft-Support-Website (`https://answers.microsoft.com/de-de/msoffice/forum/msoffice_excel`).

Einschränkungen von Copilot in Excel berücksichtigen

Copilot in Excel hat einige wirklich interessante Funktionen, und es ist manchmal überraschend, was es alles kann. Derzeit gibt es jedoch frustrierende Einschränkungen hinsichtlich dessen, was es kann, und häufig liegt es falsch, wenn es Ihnen sagt, was es kann und was nicht. Manchmal ändert sich die Antwort vollständig, wenn Sie denselben Prompt mehr als einmal senden oder einen neuen Chat starten und denselben Prompt senden.

Das Starten eines neuen Chats scheint der beste Weg zu sein, die Erfolgschancen eines Prompts zu erhöhen.

Eine weitere große Einschränkung von Copilot in Excel ist, dass es nichts außerhalb Ihrer Tabelle erkennt. Dies führt zu Dateneinblicken und vorgeschlagenen Prompts, die keinen Sinn ergeben.

Ich bin zuversichtlich, dass Copilot in Excel in den kommenden Wochen und Monaten verbessert wird und die Version, die Sie jetzt verwenden, möglicherweise deutlich besser ist. Wenn nicht, haben wir (glücklicherweise) immer noch traditionelle Suchmaschinen, FAQs und menschliche Excel-Experten.

Fahren Sie mit dem nächsten Kapitel fort, in dem Sie erfahren, wie Sie mit Copilot mit PowerPoint-Präsentationen arbeiten.

IN DIESEM KAPITEL

Präsentationen mit Copilot erstellen

Prompts für Folien formulieren

Folien verbessern

Copilot und Designer kombinieren

Kapitel 8
Präsentieren mit Copilot

Die meisten Menschen hassen es, PowerPoint-Präsentationen zu erstellen, sich PowerPoint-Präsentationen anzuschauen und vor allem PowerPoint-Präsentationen zu präsentieren. Irgendjemand muss aber Spaß an ihnen haben, denn folienbasierte Informationspräsentationen bleiben die Stimme der überwältigenden Mehrheit von Unternehmen auf der ganzen Welt. Ob online oder persönlich, PowerPoint ist seit Langem ein Synonym für »Folienpräsentation«.

In diesem Kapitel erfahren Sie mehr über neue KI-Funktionen in PowerPoint, die das Erstellen, Anzeigen und sogar Präsentieren von PowerPoint-Präsentationen einfacher und (ich wage es zu sagen) vielleicht sogar unterhaltsamer machen können. Sie erfahren auch, wie Sie all diese neuen KI-Funktionen nutzen können, um die Ersteller von PowerPoint-Präsentationen, PowerPoint-Designer und Moderatoren zu unterstützen, statt sie zu ersetzen.

Mit Copilot in PowerPoint interagieren

Wenn Sie PowerPoint öffnen, nachdem Sie Microsoft 365 Copilot oder Copilot Pro abonniert haben, sehen Sie die bekannte Copilot-Schaltfläche rechts in der Registerkarte START des Menübands. Wenn Sie auf dieses Symbol klicken, wird die Copilot-Seitenleiste in PowerPoint geöffnet, wie in Abbildung 8.1 dargestellt.

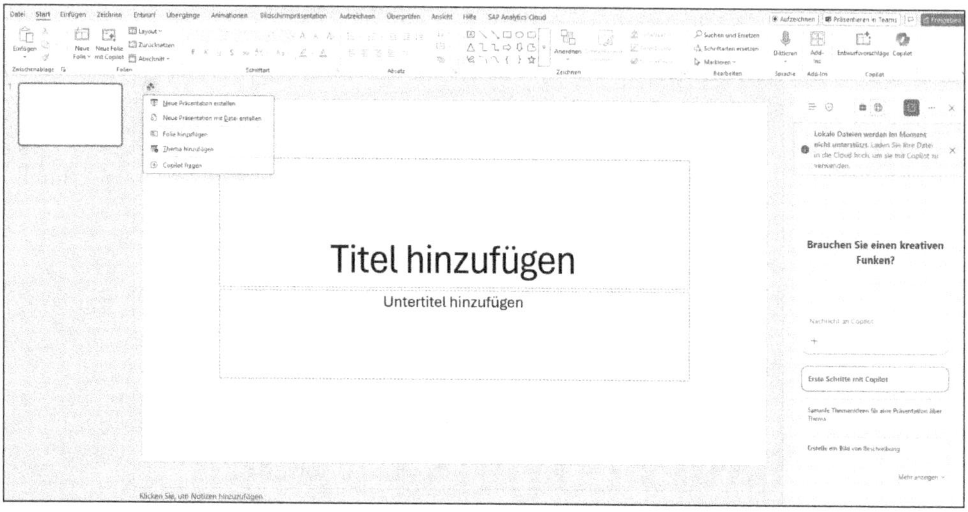

Abbildung 8.1: Die Copilot-Seitenleiste in PowerPoint

Die integrierten PowerPoint-Aktionen von Copilot verwenden

Die Copilot-Seitenleiste ist in PowerPoint sehr ähnlich dem Aufbau der Seitenleiste, die wir schon in den früheren Kapiteln kennengelernt haben. Über diese Seitenleiste geben Sie Ihre Anweisungen ein, formulieren Fragen oder lassen sich kreative Vorschläge und Inhalte für Ihre Präsentationen erstellen.

Im Feld NACHRICHT AN COPILOT können Sie Ihre Fragen oder Befehle eingeben – ähnlich wie in einem Chat. Copilot reagiert auf natürliche Sprache, Sie müssen also keine speziellen Befehle kennen.

Beispiele:

- ✔ Erstelle eine Folie über die Vorteile von Cloud-Speicher.
- ✔ Gestalte die Folienüberschriften einheitlich.
- ✔ Fasse die wichtigsten Punkte dieser Präsentation in einer Zusammenfassung zusammen.

Nach dem Absenden Ihrer Eingabe zeigt Copilot die Ergebnisse direkt in PowerPoint an und bietet Ihnen bei Bedarf mehrere Varianten an.

Unterhalb des Eingabefelds finden Sie einige Schaltflächen, die Ihnen den Start erleichtern. Diese sind besonders nützlich, wenn Sie Copilot zum ersten Mal verwenden oder Ideen für eine neue Präsentation suchen.

Am unteren Rand der Seitenleiste finden Sie den Link MEHR ANZEIGEN. Wenn Sie daraufklicken, öffnet PowerPoint zusätzliche Vorschläge und Funktionen, um Copilot noch gezielter einzusetzen – etwa für Textüberarbeitungen, Designanpassungen oder das Erstellen komplexerer Folien.

Ihr Thema definieren und verfeinern

Wie Copilot Chat in jeder anderen Anwendung kann Copilot in PowerPoint Fragen zu den Inhalten beantworten, an denen Sie arbeiten, und auch über jedes andere Thema mit Ihnen kommunizieren (oder zumindest so tun, als ob).

Obwohl ich heute die meiste Zeit mit Tippen verbringe, werde ich manchmal gebeten, online oder persönlich über einen Aspekt meiner Arbeit zu sprechen. Ich möchte eine Präsentation erstellen, die ich für diesen Fall zur Hand habe, und ich werde Copilot als Hilfe verwenden.

Ehrlich gesagt weiß ich nicht, worüber ich sprechen möchte, aber ich hoffe, dass ich mit Copilot ein Brainstorming machen kann, um eine Idee zu entwickeln. Ich ermutige Sie, mitzumachen und die Details Ihren Interessen und Erfahrungen entsprechend anzupassen.

Als Erstes erklärte ich Copilot mein Ziel mit dem folgenden Prompt:

> *Hilf mir beim Brainstorming. Ich bin Autor von Büchern über Computerprogrammierung und KI und muss eine fünfminütige Präsentation für Leute halten, die etwas über meine Arbeit erfahren möchten. Gib mir zehn Ideen für Präsentationstitel.*

Das Ergebnis der Übermittlung dieses Prompts ist in Abbildung 8.2 gezeigt.

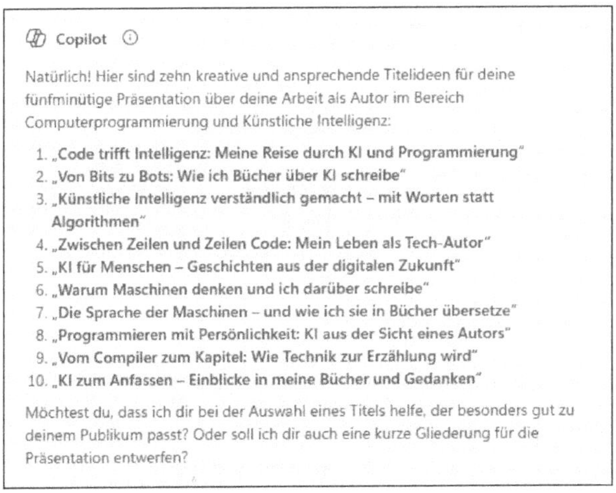

Abbildung 8.2: Erste Ideen von Copilot für meinen Vortrag

Die ersten zehn Ideen von Copilot waren nicht besonders gut oder relevant für das, was ich wollte. Man könnte sie aber als Inspiration oder Denkanstöße betrachten.

Weitere Optionen im Überblick

Mit Copilot stehen Ihnen oben links in den Slides Optionen zur schnellen Erstellung einer Präsentation zur Verfügung:

- ✔ Neue Präsentation erstellen
- ✔ Neue Präsentation mit Datei erstellen
- ✔ Folie hinzufügen
- ✔ Thema hinzufügen
- ✔ Copilot fragen

Neue Präsentation erstellen

Hier haben Sie die Möglichkeit, eine neue Präsentation zu erstellen, indem Sie einen entsprechenden Prompt eingeben. Alternativ können Sie auch eine bestehende Datei als Kontext verwenden, sodass Copilot basierend auf den Dokumentinhalten eine Präsentation generiert. Copilot analysiert die Datei und schlägt auf Grundlage der enthaltenen Informationen eine strukturierte Präsentation vor. Diese Funktion ist besonders nützlich, wenn Sie beispielsweise aus einem Bericht oder einem Konzeptpapier zügig eine professionelle Präsentation erstellen möchten.

Ich habe die Option Neue Präsentation erstellen ausprobiert und folgenden Prompt eingegeben:

> *Erstelle eine Präsentation zum Thema Computerprogrammierung und künstliche Intelligenz. Ich möchte eine fünfminütige Präsentation halten, um mein Publikum für meine Arbeit zu begeistern. Das Publikum besteht aus aufstrebenden Fachbuchautorinnen und -autoren. Achte darauf, dass die Titel inspirierend wirken und sowohl den technischen als auch den kreativen Aspekt des Schreibens betonen.*

Mit der Funktion Design ändern können Sie das Erscheinungsbild Ihrer Präsentation individuell anpassen.

Im nächsten Schritt erstellt Copilot eine detaillierte Agenda, die als Grundlage für die Präsentation dient. Diese Agenda kann flexibel angepasst werden, indem einzelne Punkte ausgewählt und bearbeitet werden. Sie haben die Möglichkeit, den Text zu modifizieren, neue Agendapunkte hinzuzufügen oder bestehende zu entfernen – hierfür steht ein Papierkorb-Symbol zur Verfügung. Darüber hinaus lassen sich die einzelnen Punkte durch Auswahl und Verschieben nach oben oder unten mühelos neu anordnen.

Mit der Option Folien generieren beginnt Copilot, für Sie eine Präsentation zu erstellen.

Als Ergebnis erhalte ich eine gut strukturierte Präsentation mit neunzehn Seiten, wie in der Abbildung 8.5 gezeigt ist.

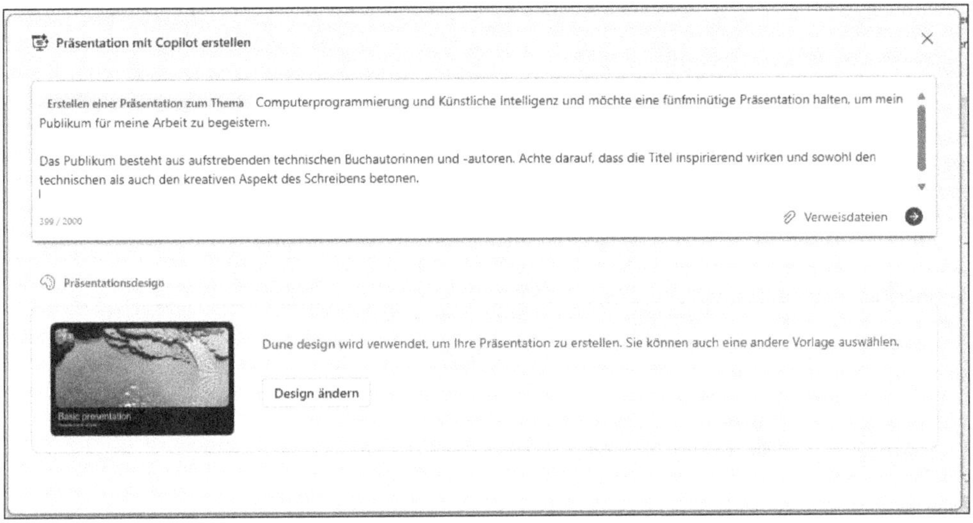

Abbildung 8.3: Neue Präsentation erstellen

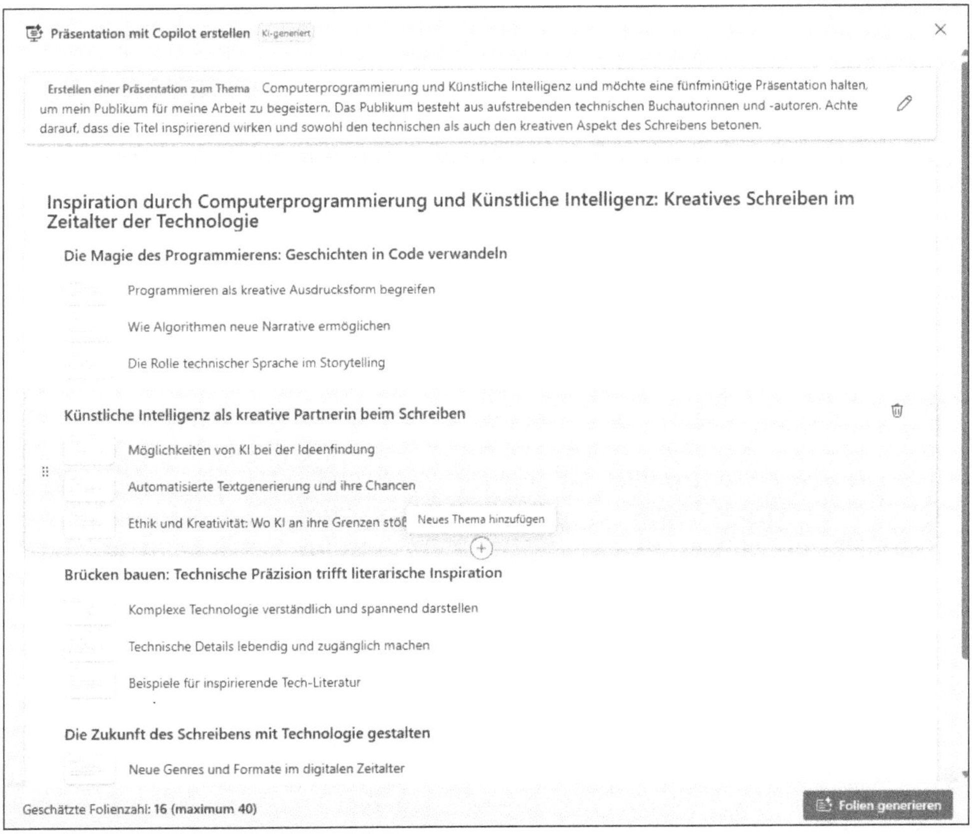

Abbildung 8.4: Agenda-Vorschlag zu der Präsentation

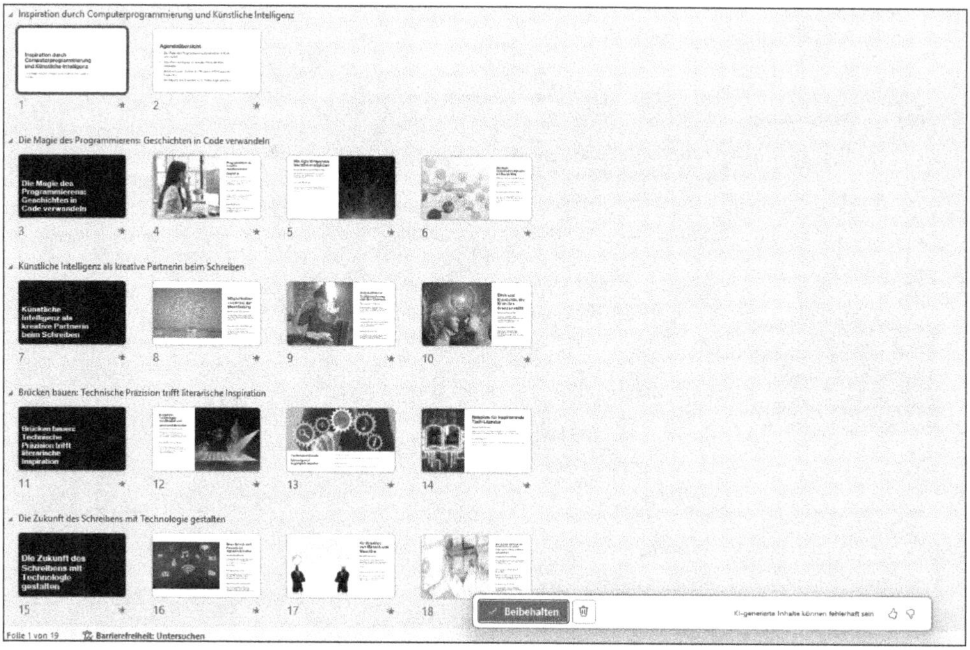

Abbildung 8.5: Generierte Präsentation von Copilot in Power Point

Die Präsentation enthält einen Titel sowie eine Beschreibung für jedes Kapitel. Alle Kapitel sind entsprechend gekennzeichnet. Die Gestaltung entspricht nicht vollständig den ursprünglichen Erwartungen, erfüllt jedoch die grundlegenden Anforderungen.

Da viele meiner Bücher für *Dummies* geschrieben werden, ist das Schreiben für mein Publikum ein großer Teil meiner Arbeit als Autor. Ich hätte diese speziellen Bilder nicht für die Folie ausgewählt, aber das ist an dieser Stelle unwichtig.

Niemand, der meine Bücher liest, ist wirklich ein »Dummie«. Das Lesen eines Buches *für Dummies*, so wie ich es interpretiere, zeugt von sokratischer Weisheit. Mit anderen Worten, Sie als Leser wissen, dass Sie wenig bis gar nichts über ein Thema wissen, aber Sie sind bereit zu lernen und unvoreingenommen zu bleiben! Diese Aufgeschlossenheit macht das Schreiben von Büchern *für Dummies* für mich so viel interessanter als das Schreiben von Büchern für »zertifizierte Experten«.

Neue Präsentation mit Datei erstellen

Hier können Sie eine neue Präsentation auf Grundlage einer vorhandenen Datei erstellen – etwa eines Word-Dokuments oder einer bestehenden Präsentation. Copilot analysiert die Datei und schlägt auf Basis der Inhalte eine strukturierte Präsentation vor. Diese Funktion ist besonders hilfreich, wenn Sie aus einem Bericht oder einem Konzeptpapier schnell eine anschauliche Präsentation machen möchten.

Abbildung 8.6: Dateiverweis bei der Erstellung der Präsentation

Ein Dokument können Sie ganz einfach mit dem »/«-Zeichen verlinken. Auf diese Weise greifen Sie direkt auf vorhandene Dateien in der Cloud zu. Sie können auch mehrere Dokumente gleichzeitig verknüpfen, wenn das für Ihre Aufgabe sinnvoll ist – zum Beispiel, um Informationen aus unterschiedlichen Quellen zusammenzuführen.

Copilot kann auf Grundlage der verknüpften Dokumente bis zu 40 Folien automatisch erstellen (Stand: Herbst 2025).

Folie hinzufügen

Wenn Sie bereits an einer Präsentation arbeiten, können Sie über diese Option gezielt neue Folien einfügen. Sie können Copilot dabei unterstützen lassen, indem Sie z. B. schreiben:

> *Füge eine Folie mit den wichtigsten Vorteilen des Produkts hinzu.*

Copilot erstellt daraufhin automatisch eine passende Folie mit Titel, Stichpunkten und – falls gewünscht – visuellen Elementen.

Auf diesen Punkt werden wir im weiteren Verlauf des Kapitels noch genauer eingehen und verschiedene Prompts ausprobieren.

Thema hinzufügen

Mit dieser Funktion erweitern Sie den Inhalt Ihrer Präsentation. Falls Ihnen nach der bereits erstellten Präsentation von Copilot einfallen sollte, dass noch ein Inhaltspunkt dazwischen fehlt, ist die Funktion genau richtig.

Klicken Sie auf die Option THEMA HINZUFÜGEN. Es öffnet sich ein Fenster mit der bereits erstellten Agenda Ihrer Präsentation. Mit dem »+«-Symbol wählen Sie das Kapitel aus, zu dem Sie ein neues Thema hinzufügen möchten. Beschreiben Sie anschließend kurz Ihr Thema – Copilot erstellt daraufhin automatisch zwei bis drei passende Folien mit entsprechenden Inhalten.

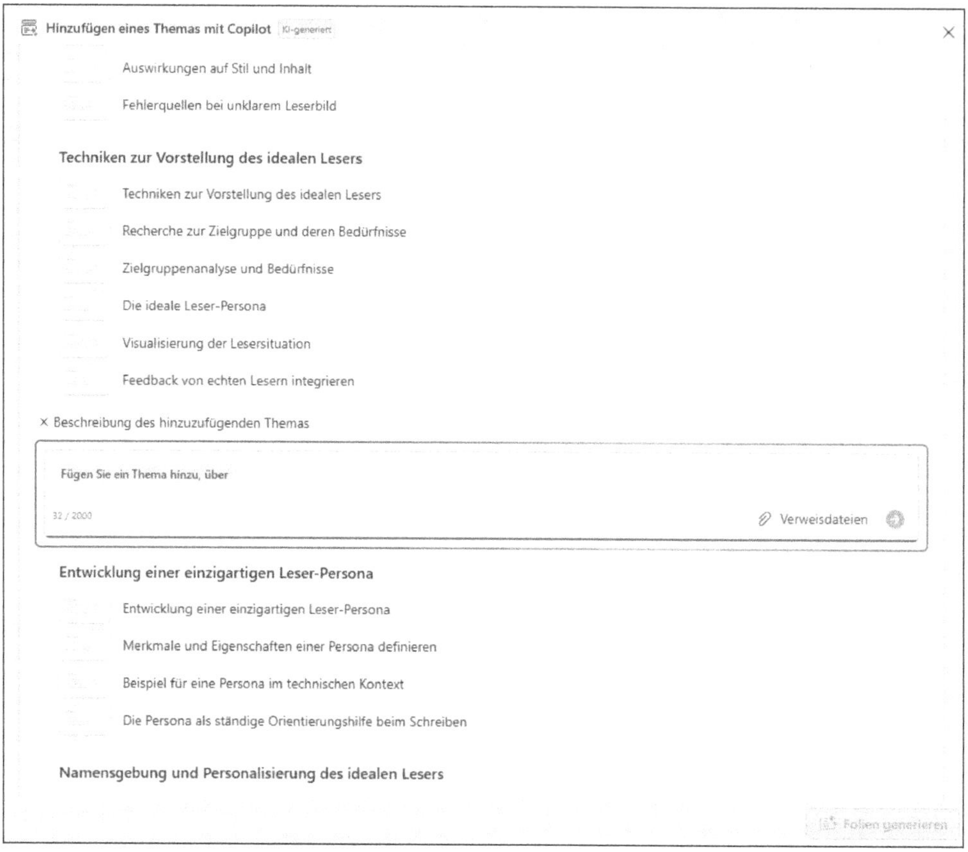

Abbildung 8.7: Ein neues Thema hinzufügen

Die Idee personalisieren

Sobald Sie eine Grundidee für eine Präsentation haben, besteht der nächste Schritt darin, diese Idee zu Ihrer eigenen zu machen. Während die von Copilot generierten Ideen und Sätze zunächst gut klingen, sind sie bei näherer Betrachtung immer ziemlich langweilig und unpersönlich. Wenn Sie einfach die von Copilot generierten Folien verwenden, ohne sie zu ändern oder neu zu schreiben, wird die Präsentation langweilig.

Hier einige Tipps für die Personalisierung Ihrer Präsentationsideen:

- ✔ Denken Sie an Geschichten und Anekdoten aus Ihrem eigenen Leben, die mit dem Thema Ihres Vortrags in Zusammenhang stehen.
- ✔ Überlegen Sie, welche Bilder sich gut eignen könnten.
- ✔ Denken Sie über die wichtigsten Punkte nach, die Sie ansprechen möchten.

Wenn Sie zu den drei vorangegangenen Punkten einige Ideen haben, können Sie mit der Erstellung des ersten Entwurfs Ihrer Präsentation fortfahren.

Wenn Sie beim Senden eines Prompts, der mit »Präsentation erstellen über« beginnt, bereits eine Präsentation geöffnet haben, wird Ihnen von Copilot eine Warnung angezeigt, dass die neue Präsentation die vorhandenen Folien ersetzt. Sie werden aufgefordert, dem zuzustimmen oder die Erstellung der neuen Präsentation abzubrechen. In meinem Fall habe ich mich dafür entschieden, die vorhandenen Folien zu überschreiben.

Ich wage noch einen Versuch, und dieses Mal habe ich für meine Präsentation folgenden Prompt geschrieben:

> ***»Schreiben für Ihr Publikum«:*** *Eine Präsentation über das Schreiben. Das Publikum dieser Präsentation sind angehende Fachbuchautoren. Ich möchte vermitteln, dass sie beim Schreiben eine klare Vorstellung ihres idealen Lesers im Kopf haben sollten, und einige Techniken vorstellen, um diese Klarheit zu erreichen, einschließlich der Schaffung einer einzigartigen Persona für sie und der Benennung des idealen Lesers.*

In weniger als einer Minute hat Copilot eine Präsentation erstellt, die teilweise in Abbildung 8.8 dargestellt ist.

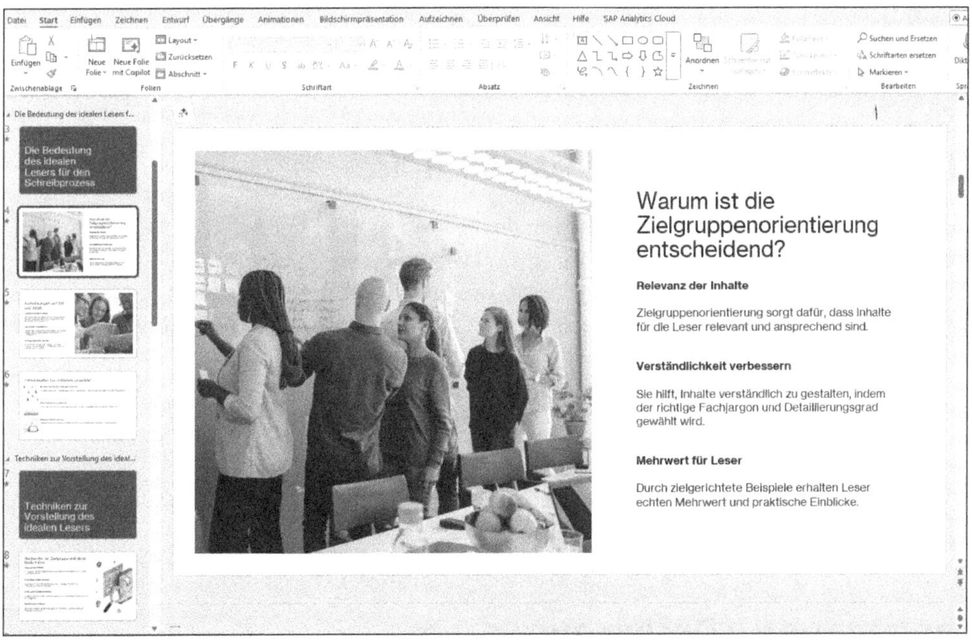

Abbildung 8.8: Eine generierte PowerPoint-Präsentation

Und, wie ist es gelaufen?

Auswertung der erstellten Präsentation

Die von Copilot erstellte Präsentation bestand aus neunzehn Folien, die wie folgt gegliedert waren:

- ✔ Gezieltes Schreiben für Fachbuchautoren: den idealen Leser im Fokus behalten
- ✔ Die Bedeutung des idealen Lesers für den Schreibprozess
- ✔ Techniken zur Vorstellung des idealen Lesers
- ✔ Entwicklung einer einzigartigen Leser-Persona
- ✔ Namensgebung und Personalisierung des idealen Lesers
- ✔ Fazit: Den idealen Leser immer im Fokus behalten

Wenn ich den Inhalt außer Acht lasse, gefällt mir die Struktur der Präsentation und ich kann mir vorstellen, dass sie eine solide Grundlage für meinen Vortrag darstellt. Ich sehe jetzt, dass Copilot meine Beispieltechnik zum Erlangen von Klarheit über das Publikum als zwei separate Techniken interpretiert hat. Ich könnte den Prompt verfeinern und es erneut versuchen, aber ich denke, nachdem ich gesehen habe, was Copilot generiert hat, weiß ich, wie ich es beheben kann.

Auswertung der generierten Inhalte

Copilot hat die kurzen Ideen, die ich in meinem Prompt erwähnt habe, gut ausgearbeitet. Die von Copilot erstellten Sprechernotizen sind besonders hilfreich und erwähnen sogar einige Themen, an die ich nicht gedacht hätte. Die Folien selbst sind für meinen Geschmack zu wortreich. Ich bevorzuge textarme und einprägsame Folien, um das Publikum nicht vom Vortragenden abzulenken, weil es so viel lesen muss.

Abbildung 8.9 zeigt beispielsweise die Folie, die Copilot für die Abschnittsübersichtsseite des Abschnitts »Die Bedeutung des idealen Lesers« erstellt hat.

Abbildung 8.10 zeigt, wie ich den Inhalt dieser Folie für eine tatsächliche Präsentation überarbeitet habe.

Das generierte Design auswerten

Selbst wenn ich den Inhalt der Präsentation komplett neu schreiben würde, würde ich wahrscheinlich einen Großteil des generierten Layouts und der Vorlage beibehalten. Das Gesamtdesign, einschließlich der Schriftartauswahl und vieler Bildauswahlen, ist besser, als ich es selbst gemacht hätte, und besser als jede Präsentation, die ich jemals selbst erstellt habe.

Das heißt natürlich nicht viel. Ich bin kein Grafiker und habe mir nie die Zeit genommen, ein PowerPoint-Experte zu werden, obwohl ich regelmäßig Präsentationen erstellen muss.

Abbildung 8.9: Abschnittsübersichtsseite von Copilot

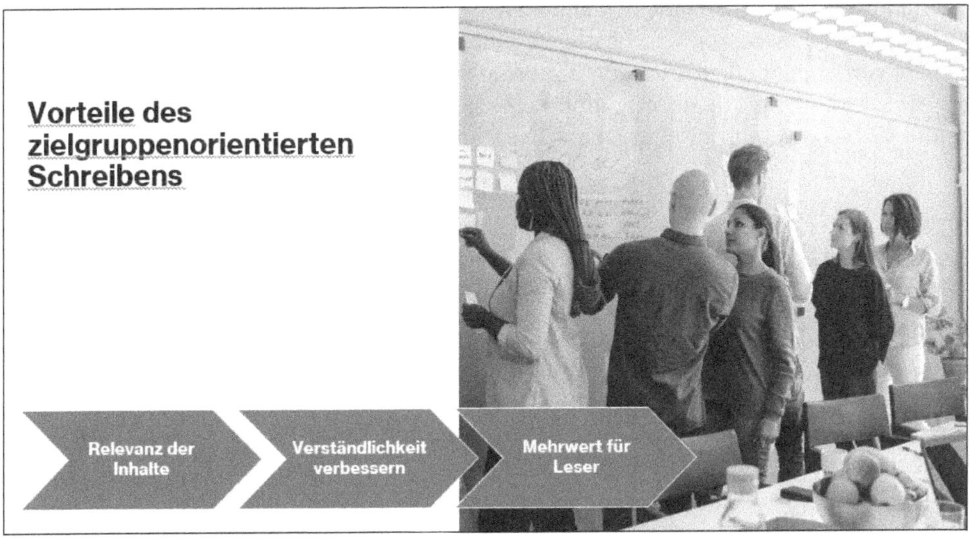

Abbildung 8.10: Meine überarbeitete Folie ist prägnanter.

Ich vermute, dass die meisten PowerPoint-Benutzer wie ich sind und mit allem außer den grundlegendsten Funktionen von PowerPoint zu kämpfen haben, aber auch nicht den Wunsch haben, zu lernen, es richtig zu verwenden.

Für einen PowerPoint-Experten wäre Copilot in PowerPoint wahrscheinlich zu unpraktisch, um hilfreich zu sein. Für uns ewige PowerPoint-Tollpatsche ist Copilot in PowerPoint jedoch ein Wunder und kann tatsächlich mehr als ein paar hässliche Präsentationen verhindern.

Auswertung der Bildverwendung

Die von Copilot in PowerPoint ausgewählten Bilder stammen aus einer Bibliothek mit Stock-Art-Bildern und haben ein typisches Stock-Art-Erscheinungsbild. Obwohl keines der ausgewählten Bilder den Folien in Bezug auf die Bedeutung viel hinzufügt, sind sie nicht anstößig und sehen professionell aus. Darüber hinaus ist das Gesamtdesign der Präsentation konsistent. Ich habe selbst Präsentationen mit viel schlechteren Grafiken erstellt. Wenn Sie Grafiker sind oder Zugriff auf eine andere Bibliothek mit Stock-Art-Bildern und die nötige Zeit haben, können Sie auch bessere Bilder auswählen oder erstellen. Aber für einen Prozess, der vom Erstellen eines Prompts bis zum Entwurf einer Präsentation nur wenige Minuten dauert, sind die von Copilot ausgewählten Bilder und ihre Platzierung auf den Folien bemerkenswert gut.

Egal wie gut eine generierte Präsentation auf den ersten Blick aussieht, sie wird nie genau richtig sein. Tatsächlich werden Sie sie praktisch nie so verwenden können, wie Copilot sie erstellt hat. Sobald Sie den ersten Entwurf einer generierten Präsentation sehen, müssen Sie eine Entscheidung treffen. Sie können entweder Ihren Prompt verfeinern und es erneut versuchen, oder Sie können mit der Bearbeitung der Präsentation beginnen, um sie zu Ihrer eigenen zu machen.

Angenommen, Sie gelangen irgendwann an den Punkt, an dem Sie bereit sind, mit der Bearbeitung einer Präsentation zu beginnen, oder Sie haben eine vorhandene Präsentation, die nicht von Copilot erstellt wurde. Fahren Sie mit dem nächsten Abschnitt fort, um mehr über die Verwendung von PowerPoint und die KI-Funktionalität von Copilot zum Bearbeiten und Verbessern von Präsentationen zu erfahren.

Folien mit Designer gestalten

PowerPoint verfügt über einen integrierten Folien-Design-Assistenten namens ENTWURFSVORSCHLÄGE (auch als *Designer* bekannt), der mögliche Variationen des Designs einer vorhandenen Folie vorschlägt. Um auf diese Funktion zuzugreifen, können Sie auf die Schaltfläche ENTWURFSVORSCHLÄGE klicken, die sich neben der Schaltfläche COPILOT im Menüband von PowerPoint befindet, wie in Abbildung 8.11 dargestellt.

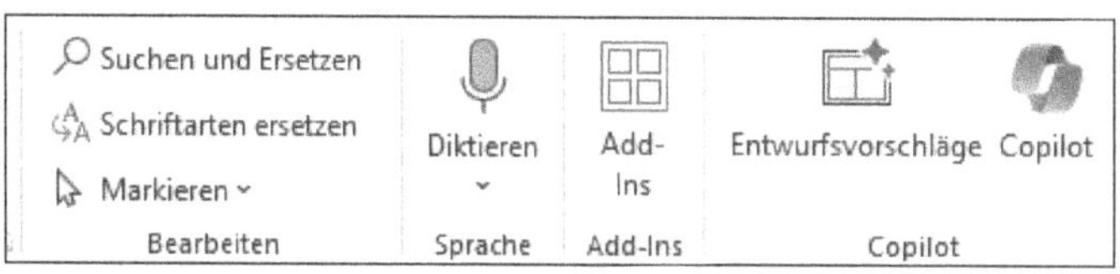

Abbildung 8.11: Die Schaltfläche »Entwurfsvorschläge«

Sobald Sie Inhalte auf einer Folie einfügen – zum Beispiel Text, Bilder oder Diagramme – analysiert PowerPoint automatisch die Elemente und schlägt Ihnen passende Layouts vor. Diese Entwürfe erscheinen in einer Seitenleiste und können mit einem Klick übernommen werden.

Beispielsweise erkennt PowerPoint, wenn Sie ein Bild und eine Überschrift einfügen, und bietet verschiedene Anordnungen und Designvarianten dafür an.

ENTWURFSVORSCHLÄGE schlägt keine radikalen Änderungen vor, was gut ist, da sich das Feature immer nur auf eine Folie bezieht. Wenn es große Änderungen an der Folie vornehmen würde, könnte dies dazu führen, dass Sie eine Präsentation erhalten, in der jede Folie ein anderes Design hat – was im Allgemeinen sehr unprofessionell aussieht.

Abbildung 8.12 zeigt den Designerbereich auf der rechten Seite der PowerPoint-Benutzeroberfläche mit mehreren Variationen einer Folie.

Abbildung 8.12: Layoutoptionen im Designer-Bereich

Folien neu gestalten mit Copilot

Copilot kann Folien, die bereits in Ihrer Präsentation vorhanden sind, nicht direkt bearbeiten. Dies scheint eine ziemlich große Einschränkung zu sein, und ich vermute, dass Copilot diese Fähigkeit in Zukunft erhalten wird. Abbildung 8.13 zeigt, wie Copilot in PowerPoint reagiert, wenn ich es auffordere, eine vorhandene Folie zu bearbeiten.

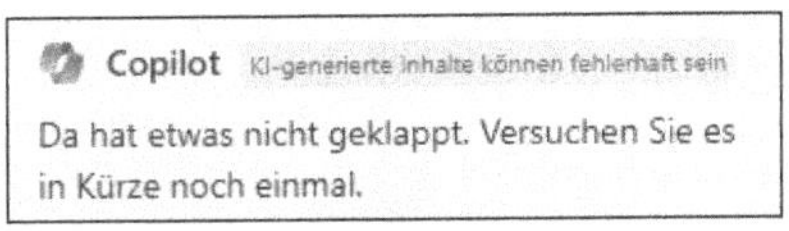

Abbildung 8.13: Copilot sagt, dass es etwas nicht geklappt hat.

Wie bei allem, was KI-Chatbots betrifft, gibt es Abhilfen. Es ist möglich, eine neue Folie zu erstellen, die auf einer oder mehreren vorhandenen Folien basiert. Wenn die neue Folie Ihren Wünschen näherkommt, können Sie die vorherige Folie löschen.

Als Nächstes wollte ich Copilot bitten, eine einzelne Folie der Präsentation in Aufzählungspunkten zusammenzufassen. Auch das lehnte er ab. Als ich ihn jedoch auf eine andere Weise fragte, lieferte Copilot mir Aufzählungspunkte zurück, die die gesamte Präsentation zusammenfassen, wie in Abbildung 8.14 dargestellt.

Abbildung 8.14: Herauszufinden, was Copilot kann und was nicht, ist manchmal schwierig.

Integrierte Prompts verwenden

Noch stärker als in anderen Microsoft-365-Apps scheint Copilot in PowerPoint eine starke Vorliebe für die kurze Liste integrierter Prompts zu haben, und die Verwendung von Prompts außerhalb dieser Liste führt zu höchst unvorhersehbaren Ergebnissen.

Sie können auf eine Liste der integrierten Prompts zugreifen, indem Sie in der Seitenleiste links auf die Option MEHR ANZEIGEN klicken.

Die integrierte Aktion zum Erstellen einer neuen Folie ist FOLIE HINZUFÜGEN ÜBER. Um eine weitere Option für eine einzelne Folie zu erhalten, habe ich Copilot mit dem folgenden Prompt gebeten, eine Folie über das Thema dieser Folie hinzuzufügen:

Füge eine Folie zum Erstellen einer Persona für den idealen Leser hinzu.

In diesem Fall hat Copilot eine neue Folie mit Bildern, Sprachnotizen und Inhalten erstellt.

Abbildung 8.15 zeigt die Originalfolie und Abbildung 8.16 zeigt die überarbeitete Version.

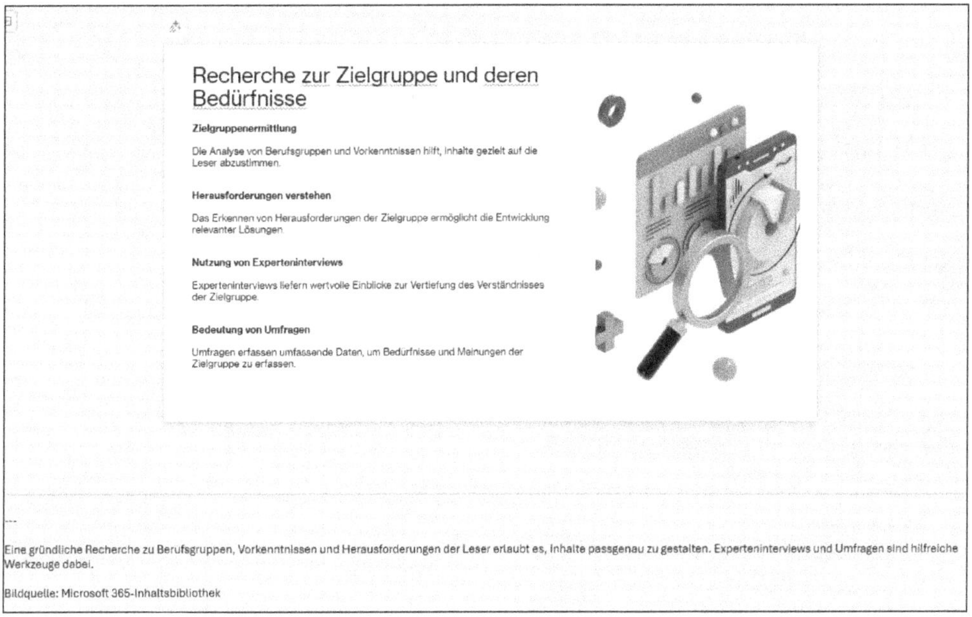

Abbildung 8.15: Erster Versuch von Copilot

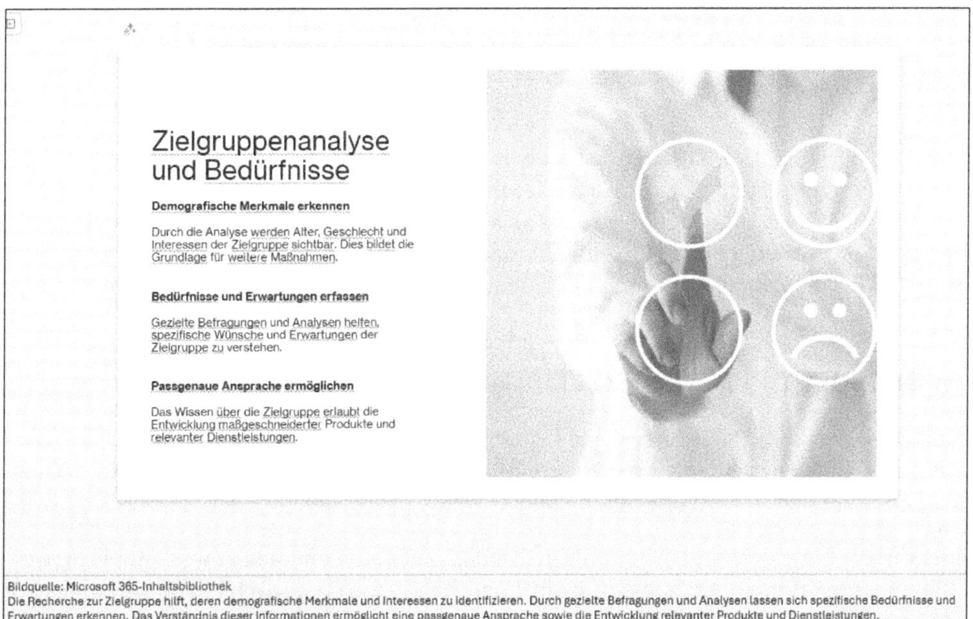

Abbildung 8.16: Zweiter Versuch von Copilot

Den Text auf der Folie können Sie ganz einfach anpassen. Markieren Sie dazu den gewünschten Text und klicken Sie auf das Copilot-Symbol, das direkt daneben eingeblendet wird. Anschließend öffnet sich ein Optionsfenster, in dem Ihnen verschiedene Möglichkeiten zur Überarbeitung des Textes zur Verfügung stehen.

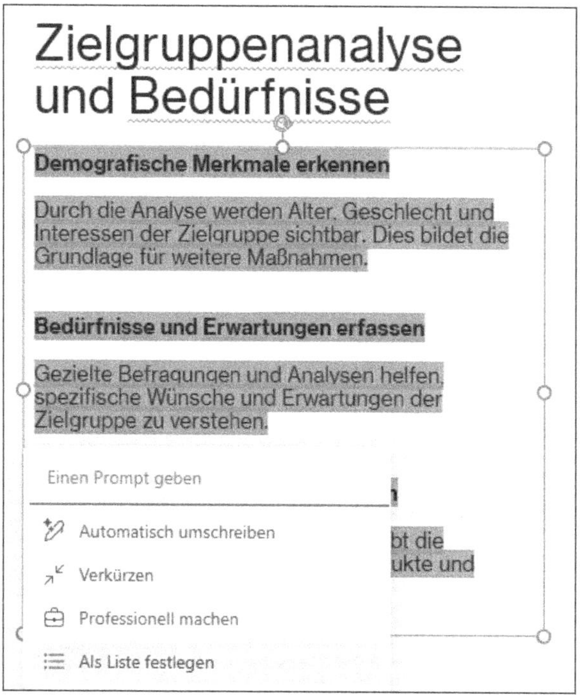

Abbildung 8.17: Optionen für Textanpassungen

Sie können den Text automatisch umschreiben lassen, um eine neue Formulierung zu erhalten, ihn verkürzen, wenn er zu lang ist, oder ihn professioneller gestalten, damit er sprachlich klarer und überzeugender wirkt. Mit der Option ALS LISTE FESTLEGEN wandeln Sie längere Absätze in übersichtliche Aufzählungspunkte um. Wenn Sie eigene Ideen haben, wählen Sie EINEN PROMPT GEBEN, um Copilot eine individuelle Anweisung zu erteilen.

Verbesserung der optischen Attraktivität

Eine weitere in PowerPoint integrierte Copilot-Aktion ist BILD HINZUFÜGEN VON. Wenn Sie diese Aktion verwenden, versucht Copilot, ein Bild zu finden, das Ihrer Anforderung entspricht, und fügt es der Folie hinzu, die Sie gerade bearbeiten.

Anders als die browserbasierte Version von Copilot generiert Copilot in PowerPoint kein neues Bild für Ihren Prompt. Stattdessen sucht Copilot in PowerPoint nach einem vorhandenen Bild in der Stock-Art-Sammlung von Microsoft. Das neue Bild wird irgendwo auf der aktuellen Folie angezeigt, wo Sie es nach Belieben in der Größe ändern und positionieren können.

Prompts für Bilder

Durch das Hinzufügen neuer Bilder zu vorhandenen Folien haben Sie die Möglichkeit, genau die Art von Bild zu beschreiben, die die Folie aussagekräftiger machen könnte. Je nachdem, wie einfallsreich und einzigartig Ihre Anfrage ist, kann es jedoch sein, dass das, was Sie von Copilot zurückbekommen, völlig falsch ist.

Wenn Sie Copilot mit den integrierten Prompts für PowerPoint verwenden, müssen Sie sich keine Sorgen machen, dass Ihre Eingabe grammatikalisch falsch sein könnte. Betrachten Sie die integrierten Prompts als Befehle. Was auch immer Sie danach eingeben, ist ausschlaggebend. Wenn Sie beispielsweise keine konkrete Vorstellung davon haben, was in einem Bild enthalten sein soll, können Sie nach einem Bild eines Konzepts fragen. Beispiel:

Füge ein Bild mit den Vorteilen des Schreibens für Ihr Publikum hinzu.

Das Ergebnis dieses Prompts war jedoch überhaupt nicht angemessen, wie in Abbildung 8.18 dargestellt.

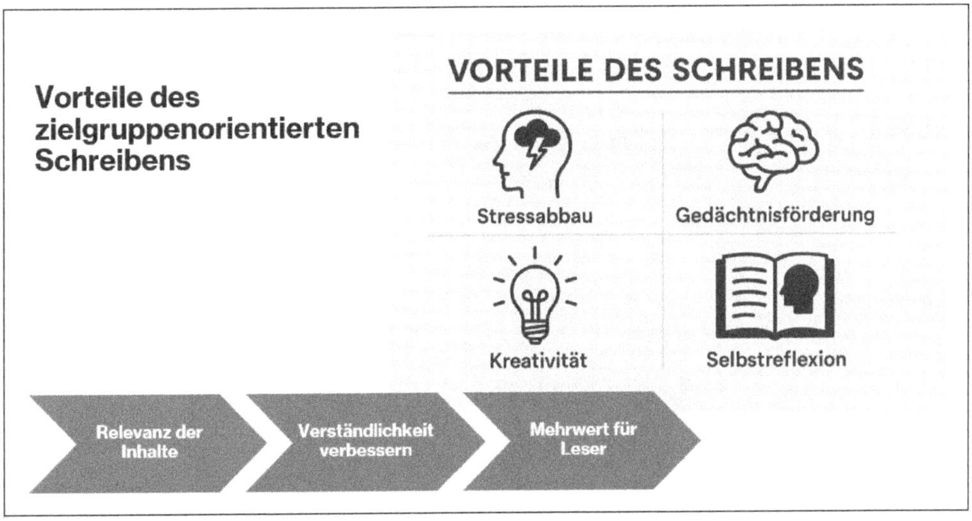

Abbildung 8.18: Ein Versuch, ein neues Bild zu erstellen

Sie können mit dem Prompt BILD HINZUFÜGEN bessere Ergebnisse erzielen, wenn Sie ein bestimmtes und einfaches Bild hinzufügen möchten. Hier beispielsweise der nächste Prompt, den ich ausprobiert habe:

Füge ein Bild eines applaudierenden Publikums hinzu.

Das resultierende Bild ist in Abbildung 8.19 gezeigt.

Beide Bilder wurden von Copilot erstellt und kommen nicht aus einer Bibliothek. Daher achten Sie insbesondere darauf, dass die Bilder keine Halluzinationen oder negative Aspekte enthalten.

Abbildung 8.19: Einfache, allgemeine und spezifische Bilder funktionieren besser.

In Abbildung 8.20 beispielsweise habe ich Copilot in PowerPoint aufgefordert, ein Bild von zwei Cartoon-Fröschen hinzuzufügen, die an einem kleinen Tisch sitzen und Wein trinken.

Abbildung 8.20: Zwei Frösche, aber wo ist der Rest?

Für kreativere Bilder können Sie Copilot außerhalb von PowerPoint verwenden, um Bilder zu generieren. Ich habe beispielsweise Copilot unter `https://copilot.microsoft.com` denselben Prompt übergeben und es hat das Bild in Abbildung 8.21 generiert, das meinen Vorstellungen viel näher kommt.

In Kapitel 11 wird ausführlicher auf das Erstellen und Arbeiten mit Bildern in Copilot eingegangen.

Abbildung 8.21: Das von Copilot Chat mit DALL-E 3 erstellte Bild

Eine Präsentation organisieren

Ein weiterer integrierter Prompt lautet DIESE PRÄSENTATION ORGANISIEREN. Er prüft Ihre Präsentation, fügt ihr neue Folien und Abschnitte hinzu und teilt Ihnen dann mit, was dies bewirkt hat.

Im Gegensatz zu den integrierten Prompts bei der Verwendung von Copilot in Excel fragt Copilot in PowerPoint nicht nach, bevor er Ihre Präsentation neu anordnet. Wenn Sie sicherstellen möchten, dass Sie Ihre Präsentation in den Zustand zurückversetzen können, in dem sie sich befand, bevor Sie Copilot mit der Organisation beauftragt haben, speichern Sie unbedingt eine Kopie.

Meiner Erfahrung nach stimmte die Beschreibung der integrierten Aktion DIESE PRÄSENTATION ORGANISIEREN nicht genau mit dem überein, was sie *tatsächlich* bewirkt. Machen Sie vorher eine Sicherheitskopie und überprüfen Sie Ihre Präsentation sorgfältig, nachdem Sie diesen Prompt verwendet haben.

IN DIESEM KAPITEL

- E-Mails in Outlook zusammenfassen
- E-Mails mit Copilot schreiben
- In E-Mails und Besprechungen auf andere Dokumente verweisen
- E-Mails beantworten
- Terminkalender und Besprechungen verwalten

Kapitel 9
E-Mail mit Copilot

Studien haben ergeben, dass der Durchschnittsmensch etwa zwei Stunden pro Tag mit dem Lesen und Beantworten von E-Mails verbringt. Wenn das Lesen und Schreiben von E-Mails Ihre wichtigste Methode zur Kommunikation mit Ihren Geschäftskunden oder Ihrer Familie ist, sind diese zwei Stunden pro Tag möglicherweise gut investierte Zeit. Aber wenn Sie wie die meisten Menschen sind, verschwenden Sie einen Großteil der Zeit, die Sie mit der Verwaltung Ihres Posteingangs verbringen, damit, Spam zu durchsuchen, sich mit Benachrichtigungen von Diensten oder Newslettern zu befassen, die Sie vielleicht nicht einmal interessieren, oder E-Mails von Kollegen zu lesen, die Sie unnötigerweise in jeder ihrer E-Mails auf CC setzen.

Wenn Sie Microsoft Outlook als Ihr primäres E-Mail-Programm verwenden, kann Copilot Ihnen helfen, E-Mails effizienter und vielleicht sogar effektiver zu verarbeiten, zu verstehen und zu beantworten.

Zusammenfassen mit Copilot

Komplexe berufliche oder persönliche Projekte führen häufig zu langen E-Mail-Threads, und manchmal kann es schwierig sein, den Überblick darüber zu behalten, wer was gesagt oder wer was zugestimmt hat. Eine der ersten Funktionen, die Ihnen auffallen werden, wenn Sie Copilot in Outlook verwenden, ist die Zusammenfassungsfunktion. Mit der Zusammenfassung können Sie eine einzelne E-Mail oder einen E-Mail-Thread auf die wichtigsten Informationen reduzieren.

E-Mail-Threads zusammenfassen

Hier ist beispielsweise eine (größtenteils erfundene) Unterhaltung zwischen Familienmitgliedern, die Pläne für den 80. Geburtstag ihrer Mutter machen.

Von: Beth <beth@family.com>
Datum: Samstag, 10. August 2025 um 7:58 AM
An: Chris, David, Kathy
Betreff: Mamas Geburtstag

Was sollen wir an Mamas Geburtstag machen? Ich habe vor, mit den Kindern in die Stadt zu kommen. G muss an dem Wochenende vielleicht in Weinheim sein, also weiß ich nicht, ob er da sein wird.

Von: Chris <chris@family.com>
Datum: Samstag, 10. August 2025 um 8:18 AM
An: Beth, David, Kathy
Betreff: Re: Mamas Geburtstag

Cool! Wir werden auch da sein. Ich werde mich gleich nach Flügen umsehen!

----
beth@family.com schrieb:

Was sollen wir an Mamas Geburtstag machen? Ich habe vor, mit den Kindern in die Stadt zu kommen. G muss an dem Wochenende vielleicht in Weinheim sein, also weiß ich nicht, ob er da sein wird.

Von: Kathy <kathy@family.com>
Datum: Samstag, 10. August 2025 um 8:19 AM
An: Beth, David, Chris
Betreff: Re: Re: Mamas Geburtstag

Juhu! Lust auf was im Park? Wir könnten eine Band engagieren und vielleicht einen Clown holen? :) Chris, schaffst du es auch?

Von: Kathy <kathy@family.com>
Datum: Samstag, 10. August 2025 um 8:19 AM
An: Beth, David, Chris
Betreff: Re: Re: Mamas Geburtstag

Oh, das habe ich gerade erst gesehen. Ignoriere meine letzte Nachricht. Super! Du kannst bei uns bleiben!

---
chris@family.com schrieb:

Cool! Wir werden auch da sein. Ich werde mich gleich nach Flügen umsehen!

Ich erspare Ihnen alle weiteren Einzelheiten, aber wir alle haben schon an solchen E-Mail-Threads teilgenommen, bei denen die Details darüber, wer was tut und was vereinbart wurde – und sogar, wer gerade schreibt –, zu verschwimmen beginnen.

Die Zusammenfassung von E-Mail-Threads von Copilot kann dabei helfen, den Überblick zu behalten. Damit Copilot eine Zusammenfassung erstellt, wählen Sie eine Nachricht im E-Mail-Thread aus und klicken auf den Link ZUSAMMENFASSUNG VON COPILOT, der sich direkt über dem Fenster befindet, in dem die E-Mail angezeigt wird (siehe Abbildung 9.1).

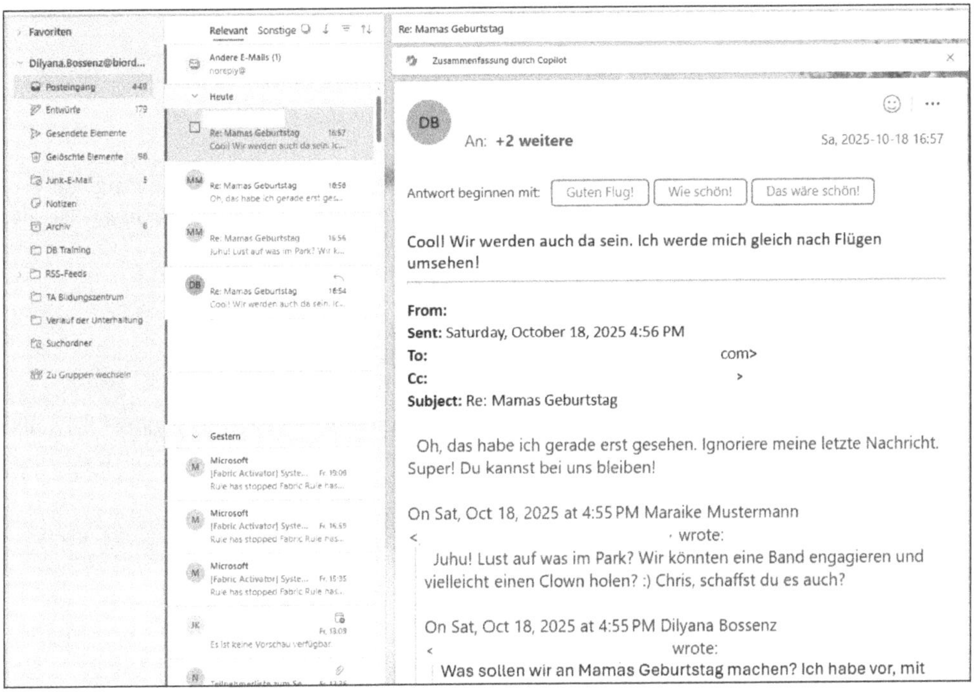

Abbildung 9.1: Der Link »Zusammenfassung von Copilot«

Wenn Sie auf den Link ZUSAMMENFASSUNG VON COPILOT klicken, wird über der aktuellen E-Mail ein Fenster geöffnet, in dem Copilot eine Zusammenfassung des Threads generiert, komplett mit Verweisen auf einzelne E-Mails, um jede Zeile der Zusammenfassung zu untermauern, wie in Abbildung 9.2 gezeigt.

Lange E-Mails zusammenfassen

Copilot kann auch Zusammenfassungen langer E-Mails erstellen. Besprechungen führen beispielsweise häufig zu langen E-Mails, die die Höhepunkte der Besprechung zusammenfassen. Da Sie an der Besprechung teilgenommen haben, erscheinen solche E-Mails vielleicht überflüssig. Sie haben sich möglicherweise jedoch bereit erklärt, etwas zu tun (oder jedenfalls hat jemand gedacht, dass Sie es tun wollten), während Sie durch Kaffee und belegte Brötchen abgelenkt waren. Sie müssen diese Besprechung aber nicht noch einmal durchleben, indem Sie jedes Wort der zusammenfassenden E-Mail lesen müssen.

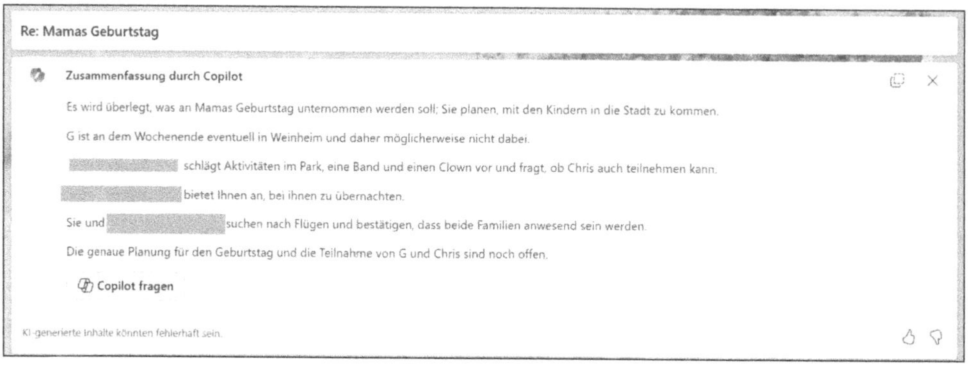

Abbildung 9.2: Copilot generiert eine Zusammenfassung des Threads.

Stattdessen können Sie Copilot bitten, eine kurze Zusammenfassung des Meetings zu erstellen, die alles enthält, wo Ihr Name erwähnt wird, oder Dinge, die Sie möglicherweise als Folgemaßnahme tun müssen.

E-Mails verfassen mit Copilot

Copilot kann Ihnen beim Verfassen von E-Mails helfen, indem es entweder ganze E-Mails als Antwort auf Ihre Prompts erstellt oder den von Ihnen verfassten Text analysiert und Vorschläge zur Verbesserung macht.

E-Mails verfassen mit Copilot

Wenn Sie in einer neuen E-Mail oder am Anfang einer Antwortnachricht die Taste / drücken, wird ein Menü mit Dateien aus Ihrem SharePoint- oder OneDrive-Cloud-Speicher angezeigt. Ganz oben in dieser Liste befindet sich eine Option namens ENTWURF MIT COPILOT. Wenn Sie diese Option auswählen, wird das Fenster ENTWURF MIT COPILOT geöffnet, das in Abbildung 9.3 gezeigt ist.

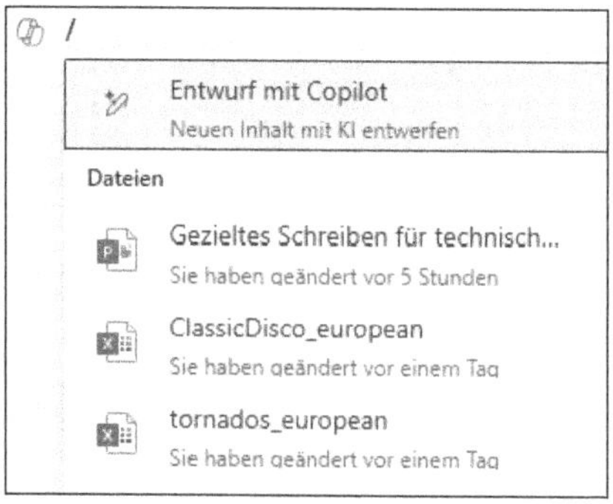

Abbildung 9.3: Das Fenster »Entwurf mit Copilot«

Das Zeichen / kann in Microsoft 365 Copilot Chat immer verwendet werden, um ein Menü zum Verweisen auf andere Dokumente, Personen, Besprechungen oder E-Mails zu öffnen. Es kann auch in bestimmten anderen Situationen verwendet werden, beispielsweise um das Fenster ENTWURF MIT COPILOT in einem Word-Dokument zu öffnen.

Wenn Sie auf das Copilot-Symbol in der E-Mail-Ansicht (Canvas) klicken, wird Ihnen ein Menü mit verschiedenen Vorschlägen angezeigt. Dieses Menü hilft Ihnen dabei, schnell die passende Formulierung für Ihre Nachricht zu finden. Unter VORGESCHLAGENE PROMPTS bietet Copilot Ihnen vordefinierte Optionen wie KURZE UND FREUNDLICHE NACHRICHT, INFORMATIONEN ANFORDERN oder UPDATE ERTEILEN an. Jede dieser Optionen öffnet eine Vorlage, die Copilot automatisch für Sie ausformuliert. Sie können den erzeugten Entwurf anschließend anpassen und verfeinern.

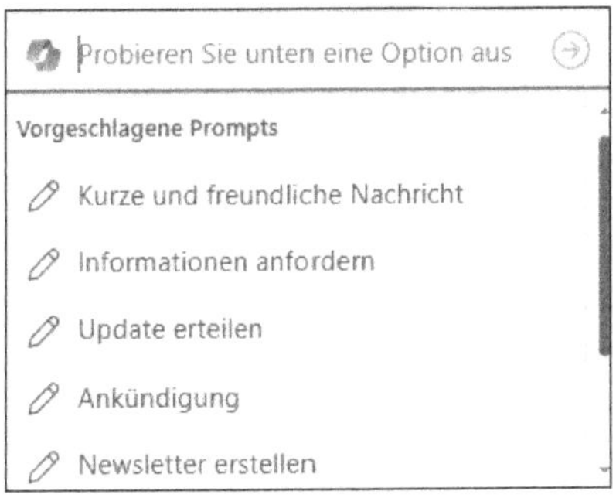

Abbildung 9.4: Aufforderung zur Formulierung einer E-Mail

Die resultierende E-Mail war nicht so lang wie erhofft, spiegelte aber genau die Gefühle wider, die ich ausdrücken wollte. Sie klingt nicht wie eine E-Mail, die ich schreiben würde, aber ich dachte, Jill würde sich trotzdem darüber freuen (vielleicht jedoch nicht so sehr, als wenn ich sie tatsächlich geschrieben hätte). Die generierte E-Mail ist in Abbildung 9.5 dargestellt.

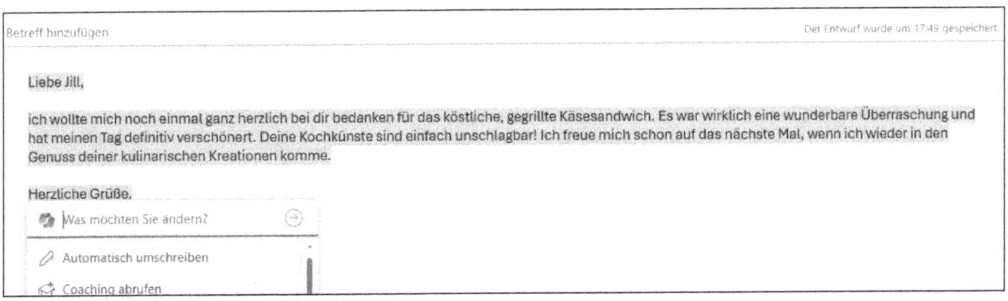

Abbildung 9.5: Von Copilot generierte E-Mail

Nur zum Spaß wollte ich mal sehen, ob ich Copilot dazu bringen kann, die E-Mail ein bisschen aufzupeppen. Ich schickte eine Folgeaufforderung mit der Bitte, es noch einmal zu versuchen und mehr Slang und Humor zu verwenden, als eine Person der Generation X in einer solchen E-Mail verwenden würde. Nachdem ich gesehen hatte, was dies bewirkte (was, wie die jungen Leute sagen würden, »cringe« war), beschloss ich, beim Original zu bleiben.

Um in Ihrem Prompt-Verlauf zurückzugehen, klicken Sie auf den Zurück-Pfeil in der oberen linken Ecke des Fensters ENTWURF MIT COPILOT, den Sie im neuen E-Mail-Entwurf in Abbildung 9.6 sehen können.

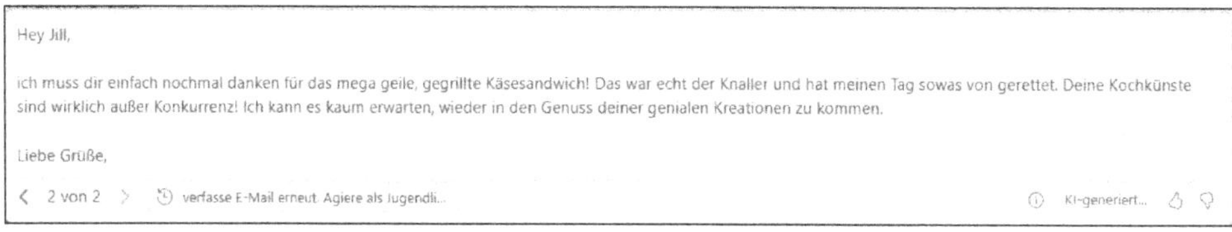

Abbildung 9.6: Der neue Entwurf und der Zurück-Pfeil

Nachdem Copilot eine E-Mail generiert hat, können Sie eine weitere Folgeaufforderung mit den gewünschten Änderungen an Copilot senden oder den Entwurf behalten oder verwerfen. Ich habe mich entschieden, eine der voreingestellten Folgeaufforderungen zu verwenden (auf die über das Menü links neben dem Bereich für die Folgeaufforderungen zugegriffen werden kann), um die E-Mail in ein Gedicht umzuwandeln. Das Ergebnis ist in Abbildung 9.7 dargestellt.

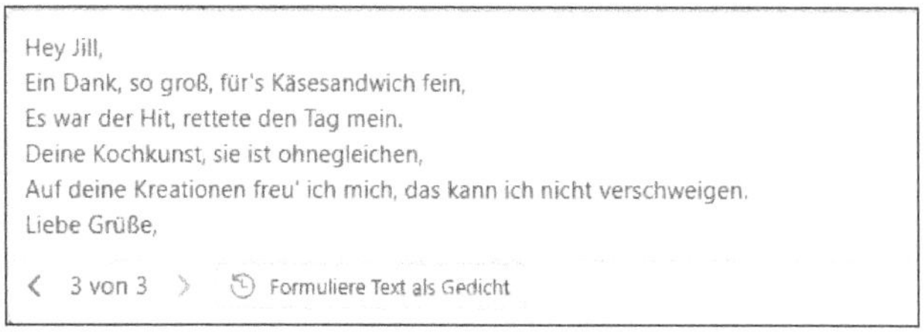

Abbildung 9.7: Dankesgedicht von Copilot

Am Ende habe ich mich dazu entschlossen, ihr einfach persönlich zu danken – und diese Dankesbotschaften natürlich auch in mein Buch aufzunehmen.

Antwortvorschläge

Wenn Sie in einer E-Mail auf die Schaltfläche ANTWORTEN klicken, versucht Copilot, anhand des Nachrichteninhalts mögliche Antworten vorzuschlagen. Diese Antworten werden in einem Entwurfsfenster mit Copilot am Ende Ihrer E-Mail angezeigt, wie in Abbildung 9.8 dargestellt.

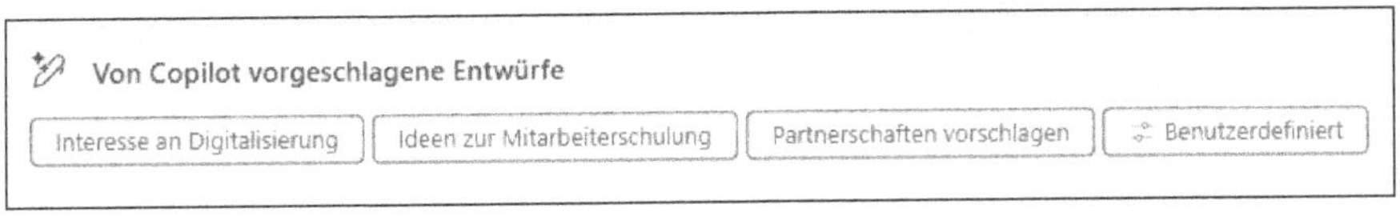

Abbildung 9.8: Copilot bietet Antwortvorschläge.

Wenn Ihnen einer der Vorschläge von Copilot gefällt, können Sie daraufklicken. Der Text des Vorschlags wird dann in einem Fenster ENTWURF MIT COPILOT angezeigt, wo Sie ihn verfeinern oder einfach zu Ihrer Nachricht hinzufügen können.

Wenn Ihnen keine der vorgeschlagenen Antworten gefällt, Sie aber dennoch Copilot zum Generieren Ihrer Antwort verwenden möchten, können Sie auf die Schaltfläche BENUTZERDEFINIERT klicken, um dasselbe Fenster MIT COPILOT ENTWERFEN zu öffnen, das angezeigt wird, wenn Sie Copilot zum Verfassen einer neuen E-Mail verwenden.

E-Mail-Coaching

Copilot in Outlook bietet eine Funktion namens COACHING DURCH COPILOT, die Ihnen Tipps gibt, wie Ihre E-Mail verbessert werden könnte. Um COACHING ABRUFEN zu starten, wählen Sie es beim Schreiben einer E-Mail aus dem Copilot-Menü aus, wie in Abbildung 9.9 gezeigt.

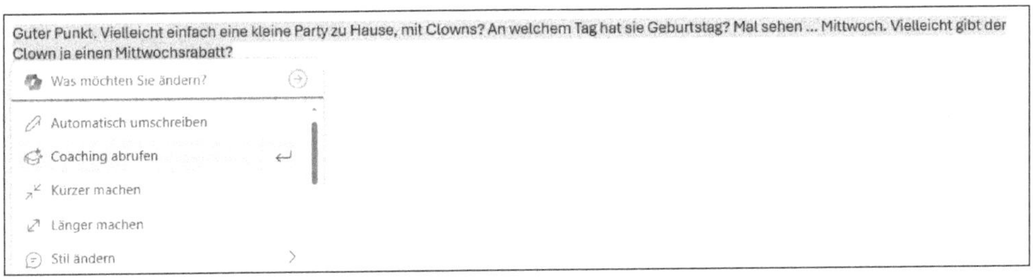

Abbildung 9.9: »Coaching durch Copilot« starten

Das Coaching durch Copilot zeigt Ihnen Vorschläge zur Verbesserung von drei Aspekten Ihres Entwurfs:

- ✔ **Tonfall.** Copilot macht Vorschläge, wie Sie Ihre E-Mails freundlicher klingen lassen können.
- ✔ **Leserstimmung.** Diese Vorschläge zielen darauf ab, dem Leser das Gefühl zu geben, »einbezogen« zu sein. Beispiele für Vorschläge, die in diese Kategorie fallen könnten, sind Vorschläge wie das Beenden Ihrer E-Mail mit »Was denken Sie?«.
- ✔ **Klarheit.** In der Kategorie »Klarheit« finden Sie Vorschläge, mit denen Sie nach Ansicht von Copilot die Details Ihrer E-Mail klarer angeben können.

Meine Erfahrung mit dem Coaching von Copilot war, dass es ziemlich gute Vorschläge gemacht hat und sogar Witze verstehen und interpretieren konnte.

Abbildung 9.10 zeigt einen typischen Vorschlag aus COACHING ABRUFEN.

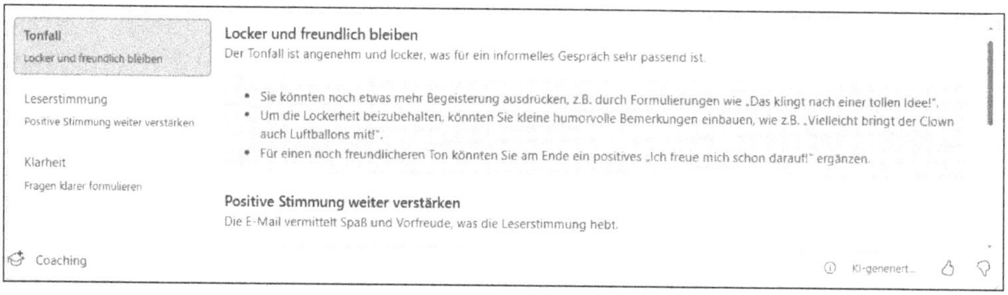

Abbildung 9.10: Copilot macht mit »Coaching abrufen« gute Vorschläge.

E-Mail-Coaching scheint eine gute Funktion zu sein, wenn Sie wichtige E-Mails an Ihren Chef oder an Kunden schreiben. Bei der alltäglichen Kommunikation mit Freunden und Kollegen können Ihre E-Mails jedoch unaufrichtig und humorlos klingen, wenn Sie die Empfehlungen befolgen.

Was mir an COACHING ABRUFEN gefällt, ist, dass es Ihnen die Entscheidung überlässt, ob Sie einem der Vorschläge folgen. Es scheint nicht einmal die Möglichkeit zu geben, den vorgeschlagenen neuen Text automatisch einzufügen.

Besprechungsmanagement

Copilot 365 in Outlook hat Zugriff auf Ihren Posteingang und Ihren Kalender. Wenn eine Besprechungsanfrage von Microsoft Teams oder einer anderen Kalender-App per E-Mail eingeht, zeigt Outlook in der E-Mail in Ihrer E-Mail-Liste eine RSVP-Schaltfläche an. Wenn Sie die E-Mail öffnen, werden die Details der Besprechung automatisch über dem Nachrichtentext zusammengefasst.

Jedes Meeting in Ihrem Kalender ist im Kontextmenü verfügbar, auf das Sie mit dem Befehl »/« in Copilot Chat zugreifen können, sodass Sie beim Erstellen neuer E-Mails oder anderer Dokumente auf Ihren Kalender verweisen können. Dies ist besonders hilfreich, um die Koordination mit mehreren Personen zu übernehmen oder auf Fragen zu Ihrer Verfügbarkeit für (noch mehr!) Meetings zu antworten. Weitere Informationen zum Verwalten von Meetings mit Copilot finden Sie in den Kapiteln 10 und 12.

Copilot für E-Mail bewusst verwenden

Das Verfassen neuer E-Mails und das Beantworten von E-Mails klappt mit Copilots Hilfe grundsätzlich sehr gut. Die Antworten, die Copilot generiert, sind in vielerlei Hinsicht gut.

Sie sind zum Beispiel grammatikalisch korrekt, freundlich und können manchmal sogar klug sein.

Es liegt jedoch an Ihnen, zu entscheiden, für welche Umstände von Copilot generierte E-Mails geeignet sind und wann Sie die E-Mail selbst schreiben sollten.

Die meisten Leute hätten kein Problem damit, Copilot eine E-Mail verfassen zu lassen, um mitzuteilen, dass das bestellte Buch noch nicht geliefert wurde, und um den Status der Bestellung zu prüfen.

Copilot zu bitten, einen Liebesbrief, ein Kondolenzschreiben oder ein Anschreiben für eine Bewerbung zu verfassen, erscheint den meisten Leuten wahrscheinlich falsch. Aber vielleicht liegt das auch nur daran, dass wir alle noch neu in diesem Bereich sind. Vielleicht wird es in Zukunft so archaisch erscheinen, E-Mails selbst zu schreiben, wie heute, Telegramme zu verschicken.

Fahren Sie mit dem nächsten Kapitel fort, in dem Sie erfahren, wie Sie mit Copilot persönliche virtuelle Besprechungen in Microsoft Teams verbessern können.

IN DIESEM KAPITEL

Meetings vorbereiten

Hilfe bekommen

Notizen machen

Besprechungen zusammenfasen

Mit Copilot Zusammenarbeit organisieren

Kapitel 10
Meetings und Zusammenarbeit mit Copilot

Heute finden die meisten Meetings virtuell statt, wobei die Teilnehmer über mehrere Standorte und oft mehrere Zeitzonen verteilt sind. Schon allein die Suche nach einem geeigneten Zeitpunkt für ein Meeting kann sich als lästige Aufgabe erweisen. Sicherzustellen, dass alle auf das Meeting vorbereitet sind und das Meeting nicht für alle Zeitverschwendung ist, ist eine ganz andere Aufgabe.

Die Verwendung einer virtuellen Meeting-Plattform wie Microsoft Teams kann hilfreich sein. Teams lässt sich in Ihren Kalender, Ihre E-Mail und Ihre Projektmanagement-Tools integrieren. Es kann den Prozess der Planung, Durchführung und Nachbereitung von Meetings optimieren.

Microsoft 365 Copilot in Teams ermöglicht es den Teilnehmern im Meeting, Fragen zu Meetings zu stellen, die Meetings zusammenzufassen und vieles mehr. Copilot ermöglicht es Ihnen vielleicht sogar, weitere Meetings einzusparen!

Microsoft 365 Copilot Chat in Teams wurde kürzlich in Business Chat oder kurz BizChat umbenannt. In diesem Kapitel verwende ich den ursprünglichen Namen.

Copilot in Microsoft Teams

Um Copilot während Teams-Meetings verwenden zu können, benötigen Sie ein Copilot-Pro- oder Microsoft-Copilot-365-Abonnement. Mit einem aktiven Abonnement können

Sie in Teams auf Copilot Chat zugreifen, indem Sie auf das Chat-Symbol in der linken Symbolleiste klicken und dann Copilot Chat auswählen.

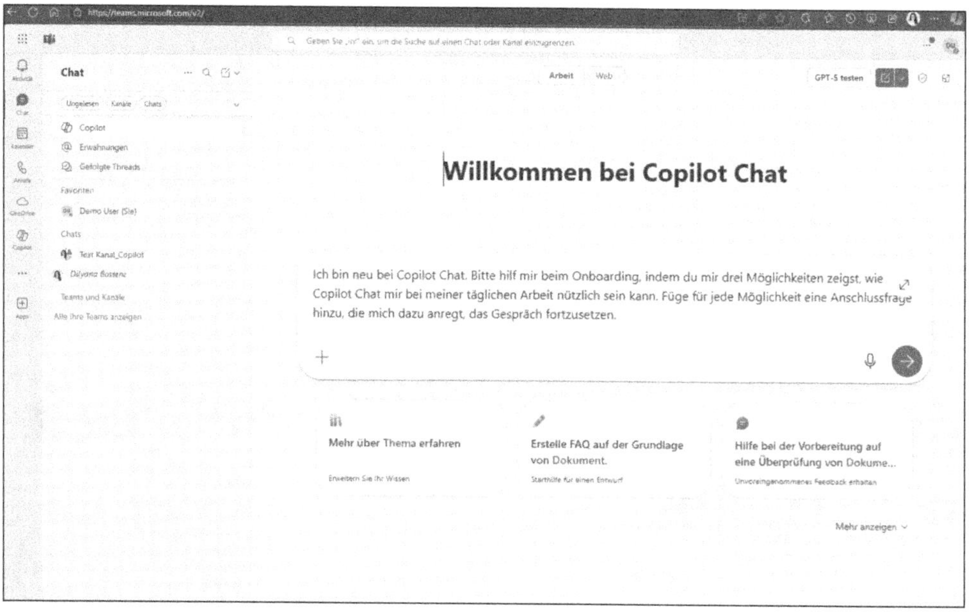

Abbildung 10.1: Microsoft-365-Copilot-Chat in Teams

Copilot Chat in Teams kann Fragen zu bereits stattgefundenen oder geplanten Meetings beantworten. Es können auch Antworten mithilfe von E-Mails, Chats und Dateien generiert werden.

Die vielleicht interessantesten Dinge, die Copilot in Teams tun kann, haben mit dem Verstehen und Zusammenfassen von Besprechungen zu tun. Damit Copilot Sie während und nach Besprechungen unterstützen kann, müssen Sie Transkriptionen in Teams aktivieren.

Um Transkriptionen zu aktivieren, klicken Sie auf das Admin-Symbol in der linken Symbolleiste, dann in der Admin-Navigation auf Startseite und dann auf Meeting-Einstellungen einrichten. Das Fenster Meeting-Einstellungen einrichten wird geöffnet. Suchen Sie nach der Option Transkription zulassen und aktivieren Sie sie.

Meetings vorbereiten und organisieren

Der erste Schritt bei der Durchführung eines Meetings besteht darin, herauszufinden, warum das Meeting stattfinden soll (und ob es notwendig ist). Dies kann bedeuten, dass Sie eine E-Mail an die Personen senden, die an dem Meeting teilnehmen sollen, und erklären, worum es bei dem Meeting geht. Anschließend müssen Sie die Verfügbarkeit aller Personen abklären.

Ich muss mich mit einem Kollegen treffen, um ein Projekt zu besprechen, das ich vor Kurzem abgeschlossen habe, und um über Prozessverbesserungen zu reden, die wir meiner Meinung nach bei ähnlichen Projekten in der Zukunft vornehmen können.

Ich öffnete Outlook und verwendete die Funktion ENTWURF MIT COPILOT, um meinem Kollegen Chris P. eine E-Mail zu schreiben, in der ich ein Meeting vorschlug und ihn nach seiner Verfügbarkeit fragte.

Weitere Informationen zur Verwendung von Copilot zum Verfassen von E-Mails finden Sie in Kapitel 9.

Ich habe eine Buchungsseite über Outlook eingerichtet, auf der jeder meine Verfügbarkeit sehen und einen Termin mit mir vereinbaren kann. Chris P. hat umgehend einen Termin für Montag mit mir vereinbart.

Wenn Sie ein Microsoft-365-Konto haben, können Sie auch eine Buchungsseite einrichten, indem Sie in Outlook zu EINSTELLUNGEN|KALENDER gehen. Sobald Sie eine Buchungsseite haben, können Sie Ihre Verfügbarkeit für verschiedene Arten von Besprechungen angeben und dann einen Link zu Ihrer Buchungsseite in Ihre E-Mail-Signatur oder auf Ihrer Website einfügen.

Sobald Sie ein Meeting geplant haben, können Sie die Meetingdetails in Ihrem Kalender öffnen. Unten in den Meetingdetails befinden sich unterschiedliche Icons für die Formatierung, aber auch ein Link zum Microsoft Loop, der in Abbildung 10.2 hervorgehoben ist.

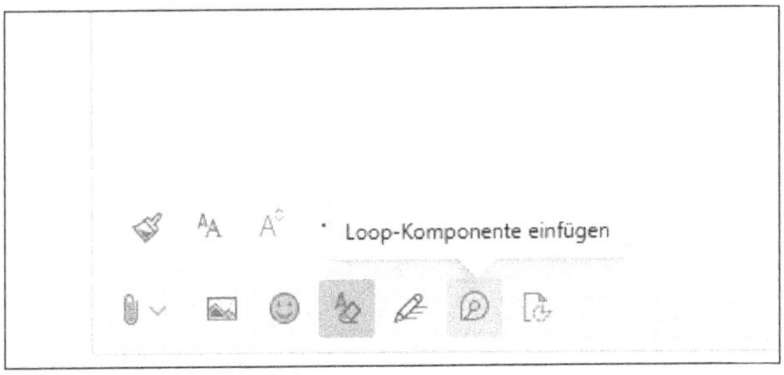

Abbildung 10.2: Der Link »Loop-Komponente einfügen«

Wenn Sie auf den Link LOOP-KOMPONENTE EINFÜGEN klicken, wird ein neues Fenster mit mehreren Abschnitten geöffnet: Tabelle, Liste mit Aufzählungszeichen, Checkliste etc. Dieses Fenster ist eigentlich eine eingebettete Ansicht aus Ihrem Microsoft-Loop-Konto.

Microsoft Loop ist ein Online-Arbeitsbereich für die Zusammenarbeit, der Benutzer dabei unterstützt, Informationen zu Projekten zu sammeln und zu organisieren.

Wenn Sie auf die Loop-Komponente oben links klicken, werden Sie zu Ihrer persönlichen Website `https://loop.cloud.microsoft/` weitergeleitet, wie in Abbildung 10.3 dargestellt.

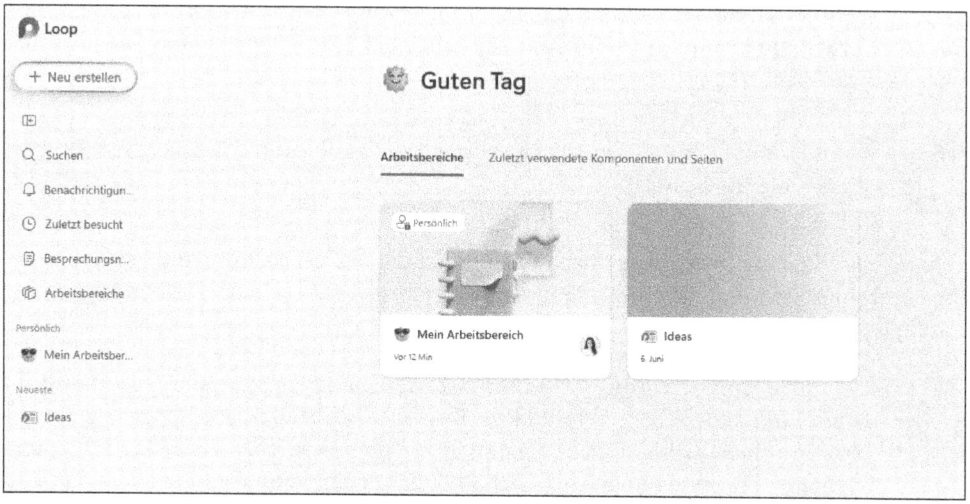

Abbildung 10.3: Microsoft-Loop-Startseite

Ich habe bereits meinen Arbeitsbereich und eine neue Loop-Seite mit Ideen erstellt. Wenn Sie noch keine Loop-Komponente erstellt haben, dann werden Sie nur MEIN ARBEITSBEREICH sehen.

Wenn Sie auf das MEIN ARBEITSBEREICH und dann auf + NEU ERSTELLEN klicken, wird ein Eingabebereich mit mehreren Schaltflächen darunter geöffnet: LEERE SEITE, PROJEKTÜBERSICHT, TEAMENTSCHEIDUNG, PROJEKTPLANUNG, BESPRECHUNGSNOTIZEN. Jede dieser Schaltflächen beinhaltet unterschiedliche Vorlagen.

Abbildung 10.4: Anzeigen von Beispielaufforderungen im Loop

Ich gab einige Details zu dem Thema ein, das meiner Meinung nach bei dem Treffen mit Chris P. behandelt werden sollte. Ich klicke auf das Copilot-Zeichen in der oberen rechten Ecke, um eine Tagesordnung zu erstellen. Copilot teilte meinen Satz in acht nummerierte Tagesordnungspunkte auf, die jeweils mit zwei oder drei Aufzählungspunkten versehen waren.

Mein ursprünglicher Prompt und der Anfang der generierten Tagesordnung sind in Abbildung 10.5 gezeigt.

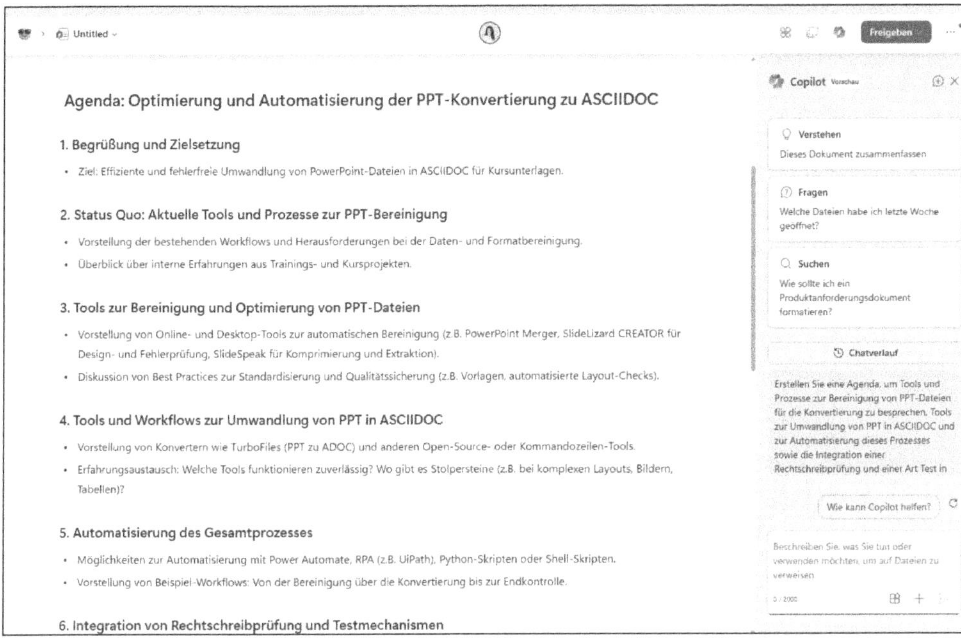

Abbildung 10.5: Von Copilot erstellte Agenda

Die von Copilot erstellte Tagesordnung war nicht schlecht, obwohl sie länger war, als ich für nötig hielt, und einige unnötige Punkte enthielt. Insgesamt schätze ich, dass ich durch die Verwendung von Copilot etwa 15 Minuten gespart habe, da ich damit eine Grundlage für das Schreiben der Tagesordnung hatte – wenn ich mir ohne Copilot überhaupt die Mühe gemacht hätte, eine Tagesordnung für das Meeting zu schreiben. Ehrlich gesagt hätte ich wahrscheinlich darauf verzichtet. Aber ich bin zuversichtlich, dass dieses Meeting zu etwas Gutem führen wird.

Nutzen Sie auf jeden Fall die Copilot-Seitenleiste zur Erstellung Ihrer Inhalte. Die damit generierten Texte können Sie anschließend ganz einfach in Loop-Komponenten übernehmen. Jede Loop-Komponente lässt sich mit wenigen Klicks kopieren und an anderer Stelle wieder einfügen.

In unserem Beispiel war die entsprechende Loop-Komponente bereits im Teams-Kalender geöffnet. Alle Inhalte, die wir direkt aus Copilot auf die neue Loop-Seite kopiert haben, werden automatisch in der Besprechungseinladung angezeigt.

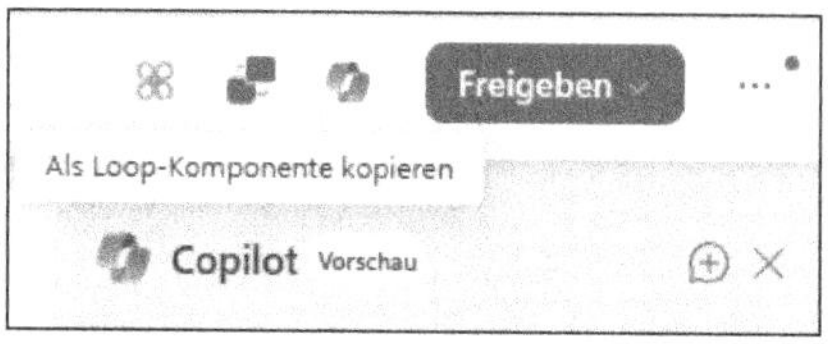

Abbildung 10.6: Das Kopieren-Symbol der Loop-Komponente

Alle Änderungen, die in einer Loop-Komponente vorgenommen werden, werden in Echtzeit für alle Beteiligten sichtbar.

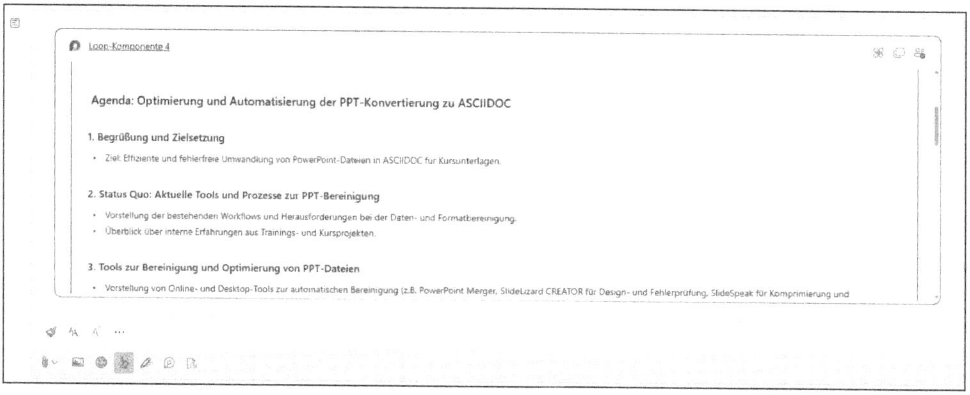

Abbildung 10.7: Loop-Komponente in der Besprechungseinladung

Zudem kann Copilot in Loop-Dokumenten erkennen, welche Inhalte von ihm generiert wurden. Wenn Sie mit der Maus über einen bestimmten Satz fahren, wird angezeigt, von wem dieser Satz formuliert wurde. Einen Überblick dazu zeigt Abbildung 10.8.

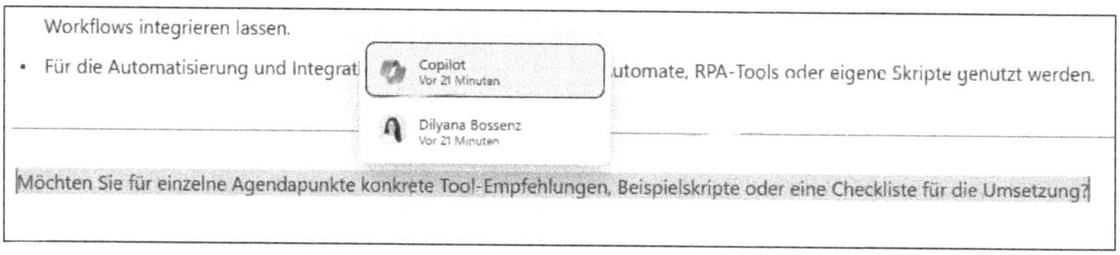

Abbildung 10.8: Rückverfolgung der Verfasser in der Loop-Komponente

Der letzte Schritt beim Erstellen der Agenda besteht darin, diese mit Chris P. zu teilen. Da er jedoch nicht Teil meiner Microsoft-365-Organisation ist, ist das Freigeben einer Loop-Seite an externe Personen leider nicht möglich.

Anschließend habe ich in den Besprechungsdetails auf die Schaltfläche UPDATE SENDEN geklickt und eine E-Mail an Chris P. gesendet, aber diese E-Mail enthielt nicht die Tagesordnung. Also habe ich die Tagesordnung aus dem eingebetteten Loop-Fenster kopiert, in die Teams-Besprechungseinladung selbst eingefügt und ein weiteres Besprechungsupdate gesendet.

Es ist hilfreich, einen Freund oder Kollegen zu haben, der sich nicht über zusätzliche Nachrichten ärgert, während Sie herausfinden, was in Teams und mit Copilot in Teams getan werden kann und was nicht.

Unterstützung bei Besprechungen in Echtzeit erhalten

Copilot kann Ihnen während einer Teambesprechung bei verschiedenen Aufgaben helfen. Damit Copilot Fragen zur Besprechung beantworten kann, müssen Sie die Transkription für die Besprechung aktivieren. Wenn Sie die Schritte am Anfang dieses Kapitels bereits ausgeführt haben, um Transkriptionen in Teams zu aktivieren, können Sie Transkriptionen für eine einzelne Besprechung aktivieren. Dafür benötigen Sie keine Administratorrechte in Microsoft Teams.

Als Organisator einer Besprechung gehen Sie dazu folgendermaßen vor:

1. Erstellen Sie zunächst ein neues Meeting.
2. Treten Sie dem Meeting bei.
3. Öffnen Sie anschließend die Option STEUERUNGEN in der Besprechungsleiste, um die Transkription zu starten oder entsprechende Einstellungen vorzunehmen.

Abbildung 10.9: Steuerungsleiste in Microsoft Teams

Wählen Sie in diesem Schritt die Option WEITERE OPTIONEN ANZEIGEN und navigieren Sie anschließend zu COPILOT UND ANDERE KI.

Unter COPILOT ZULASSEN werden Ihnen drei Optionen gezeigt:

- ✔ **Nur während der Besprechung**

  Copilot kann während des laufenden Meetings auf das Gesagte und Geschriebene zugreifen. So kann er Live-Zusammenfassungen erstellen, offene Punkte festhalten oder Fragen beantworten. Nach Ende der Besprechung wird der Zugriff beendet, und Copilot kann die Inhalte nicht mehr verwenden.

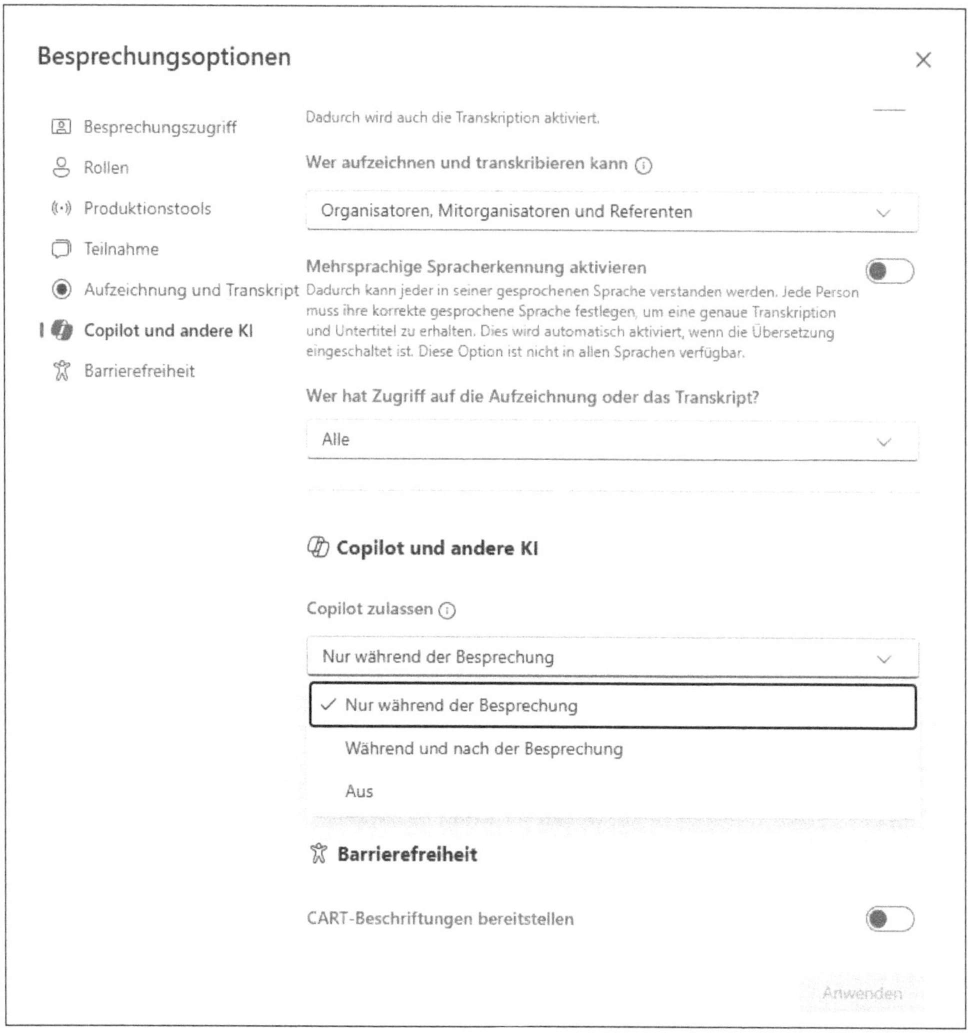

Abbildung 10.10: Option »Copilot und andere KI«

- ✔ **Während und nach der Besprechung**

  Copilot hat während des Meetings und auch danach Zugriff auf die Transkription und die Besprechungsaufzeichnung. Dadurch kann er im Nachgang automatisch eine Zusammenfassung erstellen, wichtige Themen hervorheben oder Folgeaufgaben vorschlagen. Diese Option eignet sich, wenn Sie möchten, dass Copilot Ihnen bei der Nachbereitung hilft.

- ✔ **Aus**

  Copilot wird für diese Besprechung komplett deaktiviert. Er kann keine Informationen erfassen, keine Transkriptionen verwenden und keine Inhalte zusammenfassen. Diese Einstellung ist sinnvoll, wenn sensible oder vertrauliche Themen besprochen werden, bei denen keine KI-Unterstützung gewünscht ist.

Unter der Funktion COPILOT ZULASSEN finden Sie eine weitere Funktion FACILITATOR.

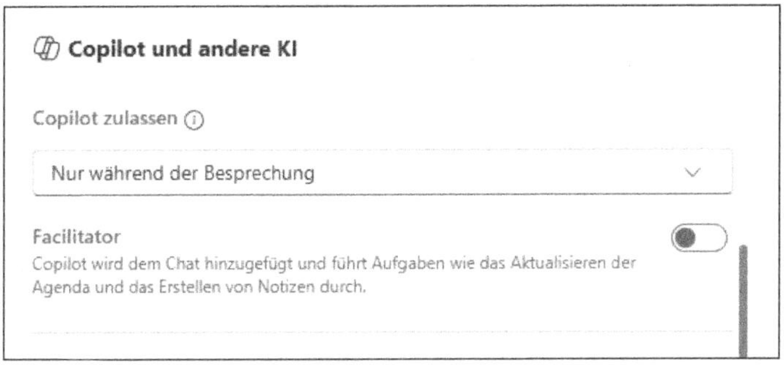

Abbildung 10.11: Option »Facilitator« aktivieren

Wenn Sie diese aktivieren, wird Copilot automatisch dem Besprechungs-Chat hinzugefügt und unterstützt Sie aktiv bei der Organisation des Meetings. Er kann zum Beispiel die Agenda aktualisieren, Notizen erfassen und Aufgaben aus der Unterhaltung ableiten. So behalten Sie während der Besprechung stets den Überblick über wichtige Themen, Entscheidungen und To-dos.

Wenn die Transkription aktiviert ist, steht allen Meeting-Teilnehmern eine Live-Transkription des Meetings mit Beschriftungen zur Verfügung, die angeben, wer spricht. Diese Live-Transkription wird von Copilot verwendet, um Fragen zum Meeting zu beantworten.

Um während einer Besprechung auf Copilot in Teams zuzugreifen, klicken Sie auf das Copilot-Symbol in der oberen Symbolleiste von Teams. Auf der linken Seite wird eine Copilot-Seitenleiste angezeigt.

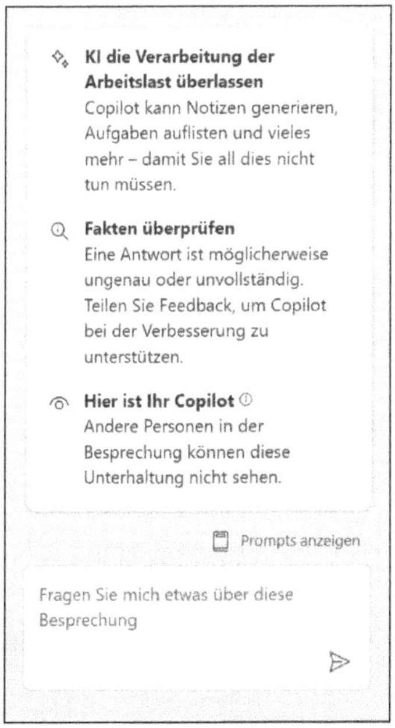

Abbildung 10.12: Die Copilot-Seitenleiste in Teams

Sie können Copilot alles über das Meeting fragen. Copilot konsultiert das Transkript und generiert eine Antwort. Hier einige der vorgeschlagenen Prompts, die Copilot im Menü WEITERE PROMPTS im Eingabefeld auflistet:

- ✔ ZUSAMMENFASSUNG DES BISHERIGEN MEETINGS
- ✔ AKTIONSPUNKTE AUFLISTEN
- ✔ WEITERFÜHRENDE FRAGEN VORSCHLAGEN
- ✔ WELCHE FRAGEN SIND UNGEKLÄRT?
- ✔ LISTE VERSCHIEDENER PERSPEKTIVEN NACH THEMEN
- ✔ LISTE DER WICHTIGSTEN IDEEN, DIE WIR BESPROCHEN HABEN
- ✔ BESPRECHUNGSNOTIZEN ERSTELLEN

Bei meinem Meeting mit Chris P. stellten wir fest, dass die Transkription äußerst präzise war. Auch die Beantwortung von Fragen zum Meeting durch Copilot funktionierte gut.

Mein Versuch, während des Meetings Live-Untertitel mit Übersetzung auf einem Copilot+-PC zu verwenden, war allerdings nicht sehr erfolgreich. Wir probierten es mit Deutsch, Französisch, Spanisch und den wenigen Sätzen Japanisch, die Chris P. kennt. Die Übersetzungen waren nicht einmal annähernd so nah dran, dass man sie verstehen konnte, wie in Abbildung 10.13 zu sehen ist.

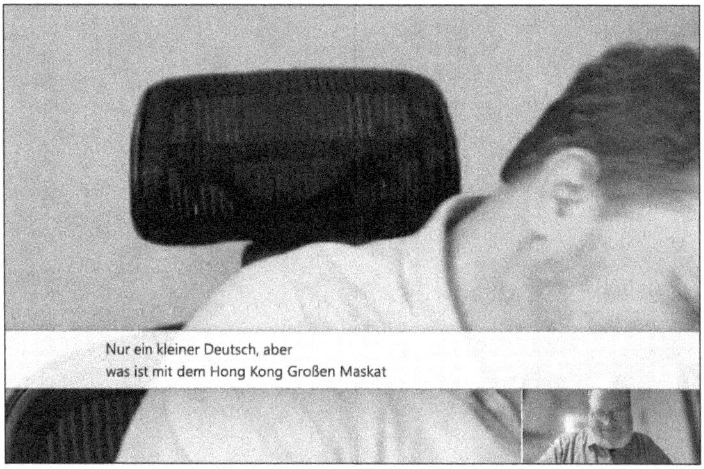

Abbildung 10.13: Live-Untertitel mit Übersetzung sind noch nicht ganz ausgereift.

Weitere Informationen zu Live-Untertiteln auf einem Copilot+-PC finden Sie in Kapitel 5.

Nachdem wir etwa zehn Minuten gesprochen hatten, bat ich Copilot, eine Zusammenfassung des bisherigen Meetings zu erstellen. Die Antwort war zutreffend und half mir sogar dabei, das Gespräch in eine andere Richtung zu lenken.

Bei einem Meeting mit nur zwei Personen ist der Zugriff auf Copilot zur Beantwortung von Fragen zum Meeting möglicherweise unnötig und lenkt vom Meeting ab. Bei größeren Meetings fragen Sie sich jedoch möglicherweise, wie Sie jemals ein Meeting ohne Copilot überstanden haben.

Bei Meetings jeder Größe kommt der wirklich interessante und nützliche Aspekt der Nutzung von Copilot in Teams nach dem Ende des Meetings.

Zugriff auf Zusammenfassungen nach der Besprechung

Kurz nachdem Sie eine Besprechung beendet haben, taucht im Chat-Fenster von Teams eine Meldung auf, die Sie darüber informiert, dass die Aufzeichnung bereit ist. Außerdem haben Sie die Möglichkeit, eine Zusammenfassung der Besprechung beziehungsweise das Besprechungsprotokoll, das Video oder die Notizen anzuzeigen.

Der Zusammenfassungsbildschirm enthält ein Videofenster, die Tagesordnung, KI-generierte Besprechungsnotizen und das Transkript der Besprechung.

Unter dem Videofenster befinden sich drei Schaltflächen, mit denen Sie das Meeting auf unterschiedliche Weise visualisieren können:

- ✔ Die Schaltfläche SPRECHER zeigt an, wann jeder Teilnehmer gesprochen hat.
- ✔ Die Schaltfläche THEMEN zeigt alle Themen an, die im Meeting besprochen wurden.
- ✔ Die Schaltfläche KAPITEL verwendet die gleiche Themenunterteilung wie die Themenansicht, zeigt jedoch von jedem Thema einen Screenshot.

Durch Klicken auf eine dieser Visualisierungen gelangen Sie direkt zu der entsprechenden Stelle im Video.

In der oberen rechten Ecke des Bildschirms mit der Zusammenfassung befindet sich eine Copilot-Schaltfläche. Sie öffnet dieselbe Copilot-Seitenleiste in Teams, auf die Sie während des Meetings Zugriff hatten. Hier können Sie beliebige Fragen zum Meeting stellen und Copilot konsultiert das Transkript, um sie zu beantworten.

Ich habe jeden der vorgeschlagenen Prompts in Copilot und Teams ausprobiert und fand die mit den Aktionspunkten besonders nützlich. Sie durchsuchte das Transkript nach Dingen, die wir nach dem Meeting zu tun vereinbart hatten, und lieferte eine Zusammenfassung zu jedem dieser Dinge. Diese Funktion ist von unschätzbarem Wert, um sicherzustellen, dass Meetings nicht nur Zeitverschwendung für alle sind und dass sich niemand darauf verlassen muss, dass jemand im Meeting Notizen macht.

Einschränkungen von Copilot in Teams

Ein KI-Assistent vor, während und nach einem virtuellen Meeting kann Meetings nützlicher und einprägsamer machen. Die Integration zwischen Teams und anderen Microsoft-365-Anwendungen ist sinnvoll und funktioniert im Allgemeinen sehr gut.

Es gibt jedoch einige Einschränkungen bei Copilot in Teams, die den Benutzern anfangs Probleme bereiten können. Zu diesen Einschränkungen gehören:

- **Copilots Wissen über das Meeting hängt vollständig vom Transkript ab.**

  Wenn während des Meetings wichtige visuelle Elemente präsentiert werden, können Sie sich diese natürlich im Video ansehen. Aber Copilot Fragen zu etwas zu stellen, das nicht im Transkript enthalten ist, wird nicht erfolgreich sein.

- **Copilot in Teams lässt sich nicht mit Copilot in anderen Apps integrieren.**

  Sie können Copilot in Teams bitten, den Text für eine E-Mail an die Teilnehmer zu erstellen, aber Copilot kann den Text nur generieren. Es liegt an Ihnen, den Text zu kopieren und in eine E-Mail einzufügen. Wenn Sie Copilot bitten, aus der Besprechungszusammenfassung eine PowerPoint-Präsentation zu erstellen, wird ebenfalls nur eine reine Textliste mit möglichen Folien angezeigt, die Sie mit PowerPoint erstellen könnten.

- **Jeder, der in einem Teams-Meeting Copilot nutzen möchte, benötigt eine Microsoft-365-Copilot-Lizenz am Arbeits-/Schulkonto. Copilot Pro (Consumer) genügt dafür nicht.**

  Der/die Organisatorin kann in den Meetingoptionen festlegen, ob Copilot genutzt werden darf, kann aber keinen Zugriff für nicht lizenzierte Teilnehmende vergeben.

- **Die Transkription (und idealerweise die Aufzeichnung) von Besprechungen müssen aktiviert sein, um Copilot in Teams nutzen zu können.**

  Teams bietet derzeit keine Möglichkeit, Transkription und Aufzeichnung standardmäßig zu aktivieren. Sie müssen also daran denken, dies für jede Besprechung zu tun. Bei meinen Experimenten mit Copilot in Teams habe ich zunächst vergessen, die Transkription zu aktivieren, und musste mich aus der Besprechung abmelden, die Transkription aktivieren und dann erneut beitreten, um Copilot verwenden zu können.

Keine dieser Einschränkungen überwiegt die Vorteile von Copilot in Teams und ich gehe davon aus, dass einige davon in zukünftigen Versionen von Microsoft 365 und Teams behoben werden.

In meiner Traumwelt müsste ich an etwa zehn Prozent der Meetings teilnehmen, die ich derzeit habe. Aber wenn das nicht möglich ist, würde ich mich damit zufriedengeben, Meetings nützlicher zu gestalten. Copilot in Teams hat das Potenzial, das Meeting-Erlebnis zu verbessern, indem er allen Meeting-Teilnehmern erleichtert, sich daran zu erinnern, was in vorherigen Meetings passiert ist, indem er sicherstellt, dass hervorragende Meeting-Notizen angefertigt werden und indem er nachverfolgt, welche Entscheidungen und Maßnahmen während des Meetings vereinbart wurden.

IN DIESEM KAPITEL

Mit Copilot Bilder machen

Bildstile mit Copilot festlegen

Bilder mit KI bearbeiten

Bilder mit Microsoft Designer erstellen

Kapitel 11
Bilder generieren und bearbeiten

Copilot und Copilot+-PCs können Bilder aus Prompts generieren. Obwohl das Generieren von Bildern mit Copilot einfach ist, kann es schwierig sein, Copilot dazu zu bringen, Bilder so zu erstellen, wie Sie sich das vorstellen. Genau wie bei Text können Sie die Qualität des generierten Inhalts verbessern, indem Sie die Prompt-Techniken verwenden, die Sie in Kapitel 2 kennengelernt haben.

In diesem Kapitel erfahren Sie, wie die Bilderstellung in Copilot funktioniert, wie Sie bei der Bildgenerierung mit Copilot bessere Ergebnisse erzielen und wie Sie die Kreationen von Copilot verfeinern.

Mit Copilot Bilder erstellen

Als KI-Chatbot verwendet Copilot ein großes Sprachmodell (LLM) zur Textgenerierung. Das LLM, das Copilot zur Texterstellung verwendet, verfügt jedoch nicht über integrierte Bildgenerierungsfunktionen. Zur Erstellung von Bildern verwendet Copilot ein Text-zu-Bild-Modell von OpenAI namens DALL-E 3 und GPT-4o. In diesem Abschnitt erfahren Sie, wie DALL-E 3 und GPT-4o funktionieren und wie Sie Copilot für das Prompting verwenden.

Grundlegendes zur Bilderzeugung mit KI

Wenn Sie an Zeichnen oder Malen denken, stellen Sie sich im Allgemeinen vor, dass Sie mit einem leeren Blatt Papier beginnen und darauf in geordneter Weise Tusche, Bleistiftstriche oder Farbe aufbringen, um ein Bild zu schaffen.

KI generiert Bilder nicht auf diese Weise. Ein GenKI-Modell hat keine Ahnung, was es malt. Es versucht lediglich, ein Bild zu erstellen, das eng mit seinem mathematischen Verständnis des erhaltenen Prompts übereinstimmt. Wenn Sie dieses Prinzip selbst erleben möchten, besuchen Sie die Website `https://www.bing.com/images/create`. Dort können Sie ausprobieren, wie aus einer einfachen Texteingabe ein vollständiges Bild entsteht.

Obwohl Sie Bilder in Copilot generieren können, bietet Bing Image Creator derzeit mehr Optionen und mehr Funktionen, die speziell für die Bildgenerierung bestimmt sind. Copilot und Bing Image Creator verwenden dieselben DALL-E-3- und GPT-4o-Modelle und Sie können sich bei Bing Image Creator mit demselben Konto anmelden, das Sie für Copilot verwenden.

Nach dem Öffnen der Website sehen Sie in der Mitte ein Eingabefeld für Ihren Prompt sowie Optionen zu Modellauswahl, Bildmenge und Seitenverhältnis.

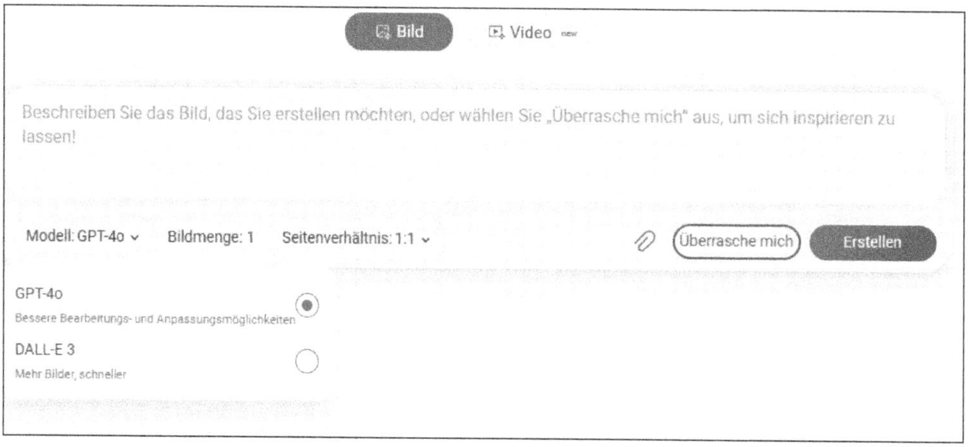

Abbildung 11.1: Startbildschirm bei Bing Image Generator

Damit Sie beeindruckende und präzise Ergebnisse erhalten, nutzt der Bing Image Creator zwei besonders leistungsfähige Modelle: DALL-E 3 und GPT-4o.

Modelle zur Bildgenerierung

Wenn Sie DALL-E 3 auswählen und auf ERSTELLEN klicken, generiert der Bing Image Creator auf Basis Ihres Prompts insgesamt vier ähnliche Bildvorschläge zur Auswahl. Diese zählen zusammen als eine Erstellung. Sie können diese Bildvorschläge mehrfach erstellen.

DALL-E 3 eignet sich besonders gut, wenn Sie verschiedene Varianten einer Idee betrachten möchten, bevor Sie sich für ein endgültiges Ergebnis entscheiden.

Damit Sie besser nachvollziehen können, wie die Bildgenerierung funktioniert, möchte ich Ihnen diesen Prozess kurz beschreiben: DALL-E 3 beginnt mit einer zufälligen Anordnung von Pixeln auf einer digitalen Leinwand. Anschließend verändert es schrittweise diese Pixel und prüft dabei immer wieder, ob das entstehende Bild besser zum eingegebenen Prompt passt. Dieser Vorgang wird viele Male wiederholt, bis schließlich das fertige Bild entsteht.

Wenn Sie DALL-E 3 beispielsweise anweisen, ein Bild von einem Hund zu erstellen, könnte eine sehr verkürzte Version des Vorgangs wie folgt aussehen:

1. mit zufälligen Daten beginnen
2. ein paar Pixel entfernen
3. Sieht es eher wie ein Hund aus? Wenn ja, in Zukunft so weitermachen.
4. Gehen Sie zurück zu Schritt 2.

In mancher Hinsicht ähnelt der Prozess, mit dem DALL-E 3 Bilder erzeugt, eher dem Erschaffen von Skulpturen aus Marmor als der Art und Weise, wie Menschen malen oder zeichnen.

DALL-E 3 ist ein *Diffusionsmodell.* Diffusionsmodelle sind nicht nur für die Bilderzeugung nützlich, sondern werden auch für Computer Vision (maschinelles Sehen), Videoerzeugung, Bildwiederherstellung und zum Entfernen von *Rauschen* (Variationen in Farbe oder Helligkeit von Pixeln, die die Bildqualität beeinträchtigen können) aus Bildern verwendet (ein Prozess, der als *Rauschunterdrückung* bezeichnet wird).

Wenn Sie **GPT-4o** auswählen, erzeugt der Bing Image Creator auf Basis Ihres Prompts ein einzelnes Bild. Dieses Modell kommt außerdem immer dann zum Einsatz, wenn Sie ein vorhandenes Bild hochladen, um es weiterzubearbeiten oder zu verändern – in diesem Fall steht DALL-E 3 nicht zur Auswahl.

Prompts für Bilder

Sie können Bilder in der kostenlosen oder Pro-Version von Copilot generieren, indem Sie einfach einen Prompt eingeben, der ein Bild anfordert.

Während Bing Image Creator immer Bilder als Antwort auf Ihren Prompt generiert, erzeugt Copilot nur dann ein Bild, wenn Sie klarstellen, dass Sie das wollen. Hier einige Beispiele für Möglichkeiten, einen Prompt zu starten, der höchstwahrscheinlich dazu führt, dass Copilot Bilder generiert:

- ✔ Erstelle ein Bild von …
- ✔ Male ein Bild von …
- ✔ Zeichne ein Bild von …

Nach der Anweisung zum Erstellen eines Bilds können Sie eine Beschreibung angeben, wie das Bild aussehen soll. Denken Sie daran, dass Ihre Beschreibung die einzige Eingabe ist, die Sie dem Modell geben (abgesehen vom Kontext aus vorherigen Prompts und Antworten im selben Gespräch). Seien Sie bei dem Prompt für das Modell so spezifisch wie möglich. Einige der Details, die Sie angeben könnten, sind:

- ✔ Motiv des Bildes
- ✔ Standort des Motivs
- ✔ Tageszeit oder Art der Beleuchtung
- ✔ Stil des Bildes
- ✔ Hauptfokus des Bildes

Sie können auch eine Rolle angeben, die Copilot beim Erstellen des Bildes einnehmen soll. Sie könnten beispielsweise sagen: »Du bist ein abstrakter Maler«. Ein Wort der Warnung jedoch: Wenn Sie Copilot anweisen, im Stil eines bestimmten Künstlers zu malen oder die Rolle eines bestimmten Künstlers zu übernehmen, kann es sein, dass er dies ablehnt. Der Grund dafür ist, dass Copilot über eine integrierte Programmierung verfügt, die die Wahrscheinlichkeit verringert, dass das Programm das geistige Eigentum anderer Personen verletzt oder zur Erstellung von Fälschungen verwendet wird.

Durch die Eingabe von mehr Details und Kontext erhöhen Sie die Wahrscheinlichkeit, dass die vom Modell generierten Ergebnisse Ihren Erwartungen und Anforderungen entsprechen.

Wie bei der Texterstellung ist es sinnvoll, zunächst einen einfachen Prompt auszuprobieren, um zu sehen, was das KI-Modell macht, und ihn dann zu verfeinern.

Beispielsweise habe ich Copilot den folgenden Prompt übergeben:

> *Erstelle ein Bild von einem Vogel, der über einen Gletschersee fliegt.*

Innerhalb einer Minute generierte Copilot ein Bild mit GPT-4o, das meiner Beschreibung entsprach, wie in Abbildung 11.2 dargestellt.

> Wenn Sie mit der Maus über das erstellte Bild fahren, erscheint in der oberen rechten Ecke automatisch eine Schaltfläche, über die Sie das Bild speichern können.

Um dasselbe Prompt mit dem Modell DALL-E 3 auszuprobieren, klicken Sie auf NEU ERSTELLEN, fügen Sie das Prompt erneut ein und wählen Sie anschließend das Modell DALL-E 3 aus.

Obwohl in Abbildung 11.3 weiterhin das Modell GPT-4o angezeigt wird, habe ich tatsächlich DALL-E 3 verwendet. Vermutlich wird die Modellangabe standardmäßig als GPT-4o angezeigt.

Sie können dieses Bild bearbeiten, wenn Sie auf die Option BEARBEITEN klicken, wie in Abbildung 11.4 dargestellt.

Abbildung 11.2: Von Copilot generiertes Bild eines Vogels, der über einen Gletschersee fliegt

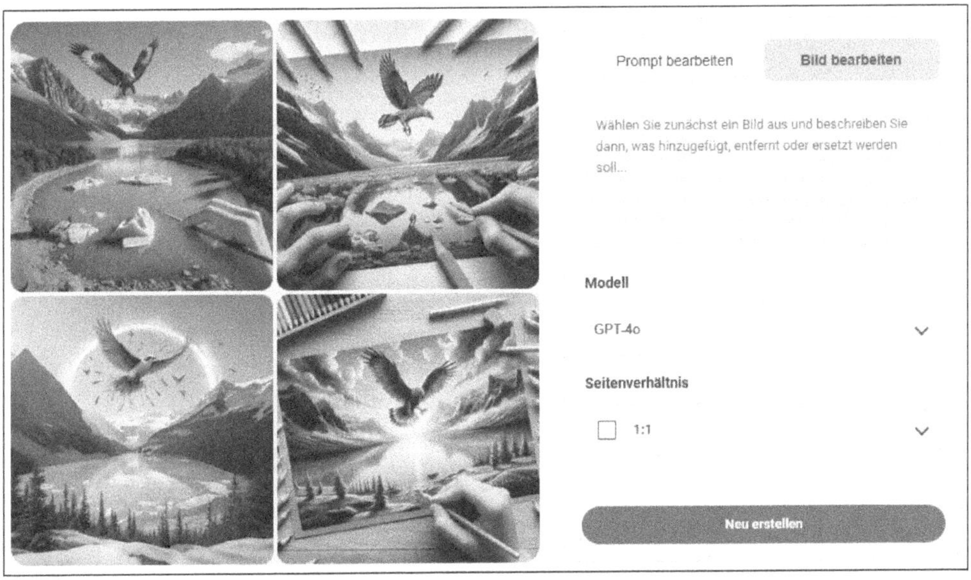

Abbildung 11.3: Erstellen von Bildern mit Bing Image Creator mit dem DALL-E-3-Modell

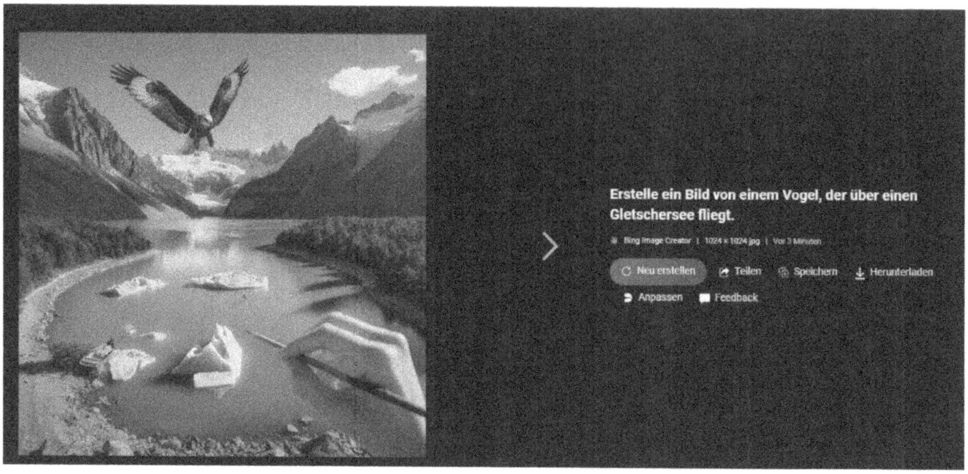

Abbildung 11.4: Anzeigen einer größeren Version

Auf der rechten Seite der Einzelbildansicht befinden sich Schaltflächen zum Teilen, Speichern, Herunterladen, Anpassen und Ändern der Bildgröße.

- ✔ Die Schaltfläche TEILEN zeigt Ihnen einen Link zum Bild, den Sie kopieren können.
- ✔ Mit der Schaltfläche SPEICHERN wird das Bild in Ihrem Microsoft-Bing-Konto gespeichert.
- ✔ Mit der Schaltfläche HERUNTERLADEN wird das Bild auf Ihren Computer heruntergeladen.
- ✔ Mit der Schaltfläche ANPASSEN wird das Bild in Microsoft Designer geöffnet. Weitere Informationen zu Microsoft Designer finden Sie im Abschnitt »Microsoft Designer verwenden« weiter unten in diesem Kapitel.

Bilder verfeinern

Wenn Sie ein Bild mit Copilot erstellen, können Sie Copilot mithilfe von Prompts anweisen, das Bild zu verfeinern. Wenn Sie beispielsweise zum Vogelbild zurückkehren, das Copilot erstellt hat (siehe Abbildung 11.3), können Sie Copilot anweisen, das Bild dunkler oder realistischer zu gestalten oder etwas daraus zu entfernen.

Copilot verwendet dann das zuvor generierte Bild als Kontext für seinen nächsten Versuch.

⚠ Es ist nicht möglich, die KI-Bildgenerierung auf dieselbe Weise zu verwenden wie eine herkömmliche Fotobearbeitungsanwendung. Jedes von Copilot erstellte Bild ist einzigartig, und wenn Sie etwas Einfaches wie »Helligkeit verringern« anfordern, erhalten Sie nicht einfach dasselbe Bild, nur dunkler. Das Bild wird wahrscheinlich dem Original ähneln, aber einzigartig sein.

Abbildung 11.5 zeigt das Ergebnis, wenn ich Copilot auffordere, den Vogel in meinem Bild in einen Truthahn zu ändern. Dabei wurde nicht nur der Vogel ausgetauscht, sondern auch die gesamte Landschaft im Hintergrund verändert.

Abbildung 11.5: Ein fliegender Truthahn

Anders als einem menschlichen Künstler ist es DALL-E 3 oder GPT-4o egal, dass ein von ihm erstelltes Bild etwas physikalisch Unmögliches darstellt, wie etwa einen Truthahn, der über die Berge schwebt. Das kann einer der unterhaltsamsten Aspekte der KI-Bildgenerierung sein, ist aber auch einer der frustrierendsten.

Microsoft Designer verwenden

Microsoft Designer ist Microsofts Antwort auf Canva (`www.canva.com`) und Adobe Express (`adobe.com/express`). Wie diese beiden Tools bietet Microsoft Designer jedem die Möglichkeit, ganz einfach eine Vielzahl von Dingen zu gestalten, wie unter anderem Social-Media-Beiträge, Flyer, Einladungen, Grußkarten, Poster, Aufkleber, Symbole, Broschüren und sogar individuelle Publikationen wie Malbücher.

Microsoft Designer ist derzeit nicht für die Verwendung mit Microsoft-365-Konten für Unternehmen oder Schulen verfügbar. Es ist jedoch mit einem kostenlosen Microsoft-Konto und für Personen mit Copilot-Pro-Abonnements verfügbar.

Um auf Microsoft Designer zuzugreifen, gehen Sie zu `https://designer.microsoft.com`. Dort sehen Sie die Startseite, wie in Abbildung 11.6 dargestellt.

Abbildung 11.6: Die Startseite von Microsoft Designer

Bevor Sie versuchen, Microsoft Designer zu verwenden, müssen Sie sich anmelden, indem Sie oben rechts auf die Schaltfläche ANMELDEN klicken. Wenn Sie sich mit einem Arbeits- oder Schulkonto anmelden, erhalten Sie möglicherweise die in Abbildung 11.7 gezeigte Meldung, dass Designer für Ihre Organisation nicht verfügbar ist.

Abbildung 11.7: Designer ist für Organisationen nicht verfügbar.

Sie müssen sich abmelden und mit einem persönlichen Konto wieder anmelden, um auf Designer zuzugreifen.

Die drei Modi von Designer entdecken

Oben auf der Startseite von Designer befindet sich ein großer Eingabebereich unter einer Überschrift mit der Aufschrift »Was möchten Sie gestalten?«. Die Eingabe eines Schlüsselworts oder einer Beschreibung dessen, was Sie gestalten möchten, ist der einfachste Weg, um mit Designer zu beginnen, aber nicht der einzige.

Unter dem Texteingabefeld befinden sich drei Schaltflächen: ERSTELLEN MIT KI, MIT KI BEARBEITEN und VON GRUND AUF NEU ENTWERFEN, so wie in der Abbildung 11.8 zu sehen ist. Mit diesen Schaltflächen können Sie zwischen den drei Möglichkeiten wechseln, um mit Designer zu beginnen.

Wenn Sie eine dieser Optionen auf der Designer-Startseite auswählen, werden Ihnen einige Möglichkeiten zur Verwendung des Tools angezeigt. In den folgenden Abschnitten erfahren Sie etwas über die Verwendung von Designer, aber ich empfehle Ihnen, etwas Zeit damit zu verbringen, selbst damit herumzuspielen. Dies ist der beste Weg, um ein Gefühl dafür zu bekommen, was möglich ist und was Designer für Sie tun kann!

Erstellen mit KI im Designer

Das Tool ERSTELLEN MIT KI in Designer bietet eine Auswahl an Vorlagen. Diese Vorlagen umfassen Bilder, Grußkarten, Symbole, Social-Media-Beiträge, Einladungen und mehr. Abbildung 11.8 zeigt einige der verfügbaren Vorlagenoptionen.

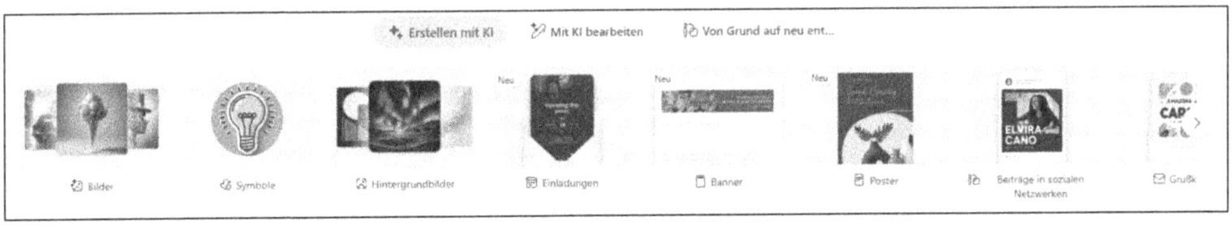

Abbildung 11.8: Die Vorlagenoptionen im Tool »Erstellen mit KI« von Designer

Wenn Sie unter den Vorlagen nach unten scrollen, sehen Sie einige Beispielbilder für verschiedene Projekttypen. Wenn Sie mit der Maus über eines dieser Bilder fahren, wird die Prompt-Vorlage angezeigt, die zum Erstellen des Beispielprojekts verwendet wurde. Abbildung 11.9 zeigt sowohl ein Avatarbild als auch das Prompt, das zum Erstellen verwendet wurde.

Die Wörter oder Ausdrücke in eckigen Klammern kennzeichnen Stellen, an denen Sie den Prompt anpassen und zu Ihrem eigenen machen können. Wenn Sie auf den Beispiel-Prompt klicken, wird er zur Bearbeitung geöffnet. Abbildung 11.10 zeigt den Bearbeitungsbildschirm für den Beispiel-Prompt.

Auf diesem Bildschirm können Sie alle Wörter in den Textfeldern ersetzen und dann basierend auf dem Prompt Ihr eigenes Projekt erstellen.

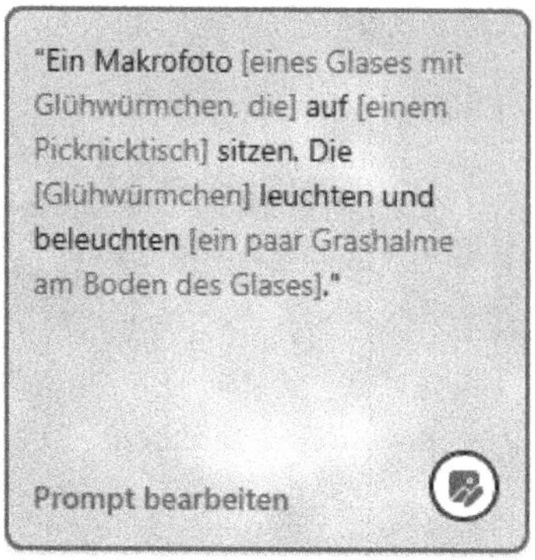

Abbildung 11.9: Anzeige des Prompts hinter dem Bild

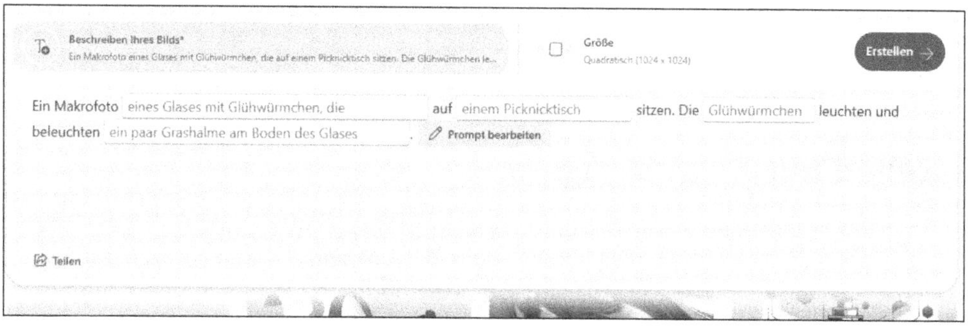

Abbildung 11.10: Der Beispielbildschirm zum Bearbeiten von Prompts

Wenn Sie keinen ähnlichen Stil wie das ursprünglich erstellte Bild beibehalten möchten, können Sie auch auf den Link unten im Prompt-Bereich klicken, um die vorgeschlagenen Anpassungswörter zu ignorieren und die gewünschten Änderungen vorzunehmen. Für dieses Beispiel habe ich statt des Wortes »Glühwürmchen« das Wort »Zauberfeen« verwendet.

Nachdem Sie auf die Schaltfläche GENERIEREN geklickt haben, generiert Designer basierend auf dem Prompt vier Optionen, wie in Abbildung 11.11 dargestellt.

Abbildung 11.11: KI-generierte Avatar-Vorschläge

Wenn Ihnen keiner der Vorschläge gefällt, können Sie auf die Beschreibung über den Vorschlägen klicken, um Änderungen vorzunehmen und es erneut zu versuchen.

Wenn Ihnen einer der Vorschläge gefällt, klicken Sie darauf, um ein Fenster (siehe Abbildung 11.12) mit einer größeren Version Ihres generierten Bildes zu öffnen und zum nächsten Schritt bei der Erstellung und Verfeinerung Ihres Projekts zu gelangen.

Abbildung 11.12: Anzeige einer größeren Version Ihres Bildes

Die Beispiel-Prompts in Designer sind hervorragende Beispiele dafür, wie man gute Prompts zum Generieren von Bildern mit KI schreibt. Sie können viel über Prompt Engineering lernen, indem Sie sie studieren.

Wenn Ihnen das Bild so gefällt, wie es ist, klicken Sie auf die Schaltfläche HERUNTERLADEN, um es auf Ihrem Computer zu speichern. Wenn Sie das generierte Bild ergänzen oder bearbeiten möchten, können Sie auf dem Bildvorschaubildschirm auf die Schaltfläche BEARBEITEN klicken. Der Bildeditor, der in Abbildung 11.13 dargestellt ist, wird geöffnet.

Der Bildeditor bietet Ihnen alle Werkzeuge, die Sie zum Bearbeiten von Bildern benötigen. Sie können Farben anpassen, Text hinzufügen, Filter anwenden und sogar KI-generierte Elemente hinzufügen.

Sie können pro Monat einige kostenlose Bearbeitungsschritte mit AI Credits an einem oder mehreren Bildern ausführen. Im nächsten Kapitel gehen wir näher darauf ein, wie AI Credits funktionieren.

Abbildung 11.13: Der Designer-Bildeditor

AI Credits erhalten und verwenden

Da die KI-Bildgenerierung viel mehr Rechenleistung erfordert als die Textgenerierung, begrenzt Copilot die Anzahl der Bearbeitungsschritte bei Bildern. Das Limit für Benutzer eines kostenlosen Copilot-Kontos beträgt derzeit 15 Bearbeitungsschritte pro Monat. Jeder einzelne Schritt, etwa das Entfernen, Verschieben oder Ausschneiden eines Objekts, kostet einen AI-Credit. Diese Credits werden Ihnen jeden Monat automatisch gutgeschrieben.

Die Anzahl der verbleibenden AI Credits wird in einem Symbol angezeigt, das wie drei übereinanderliegende, flache Kreisscheiben aussieht. Das Symbol wird im Vorschaufenster oben rechts angezeigt, das Sie sehen, wenn Sie Bilder mit Microsoft Designer bearbeiten, wie in Abbildung 11.14 dargestellt.

Abbildung 11.14: Anzeigen Ihrer verbleibenden Boosts

Jedes Mal, wenn Sie ein Bild bearbeiten, wird ein AI-Credit abgezogen. Wenn Ihr Guthaben auf null sinkt, füllt Microsoft Ihre AI-Credits automatisch zu Beginn des nächsten Monats wieder auf 15 AI Credits auf. Sie können aber auch jederzeit zusätzliche Credits kaufen, um sofort weiterarbeiten zu können.

Im nächsten Abschnitt erfahren Sie mehr über den Bildeditor und was Sie damit tun können. Klicken Sie oben rechts auf das Microsoft Designer-Logo, um zur Designer-Startseite zurückzukehren und mehr über die Bildbearbeitungsfunktionen von Designer zu erfahren.

Bearbeiten mit KI im Designer

Über den Link MIT KI BEARBEITEN auf der Homepage von Designer gelangen Sie zu einer Seite, die der Seite ERSTELLEN MIT KI ähnelt. Diese Seite wird in Abbildung 11.15 angezeigt.

Abbildung 11.15: Die Seite »Mit KI bearbeiten«

Auf der Seite MIT KI BEARBEITEN finden Sie verschiedene Links, Vorlagen und Eingabebeispiele zum Bearbeiten vorhandener Projekte oder von Ihnen bereitgestellter Bilder.

Wenn Sie beispielsweise einem vorhandenen Bild einen Rahmen hinzufügen möchten, suchen Sie das Werkzeug RAHMENBILDER und klicken darauf. Sie sehen den Bildschirm ERSTELLEN VON GERAHMTEN BILDERN mit Beispielen der Funktionen des Werkzeugs. Um das Werkzeug zu verwenden, können Sie ein Bild auswählen, Ihrem Rahmen Objekte und Themen hinzufügen, einen Stil auswählen und dann einen Rahmen erstellen, der um Ihr Bild herum angezeigt wird.

Abbildung 11.16 zeigt den Bildschirm ERSTELLEN VON GERAHMTEN BILDERN mit Optionen für Bild, Elemente und Stil.

Wenn Sie auf diesem Bildschirm auf GENERIEREN klicken, erzeugt Designer mithilfe von KI vier Optionen. Genau wie beim Tool ERSTELLEN MIT KI können Sie auf eines dieser Bilder klicken, um eine größere Version anzuzeigen und zum Bildeditor zu gelangen.

Abbildung 11.17 zeigt mein generiertes Bild und den Rahmen, den ich hinzugefügt habe, geöffnet im Bildeditor.

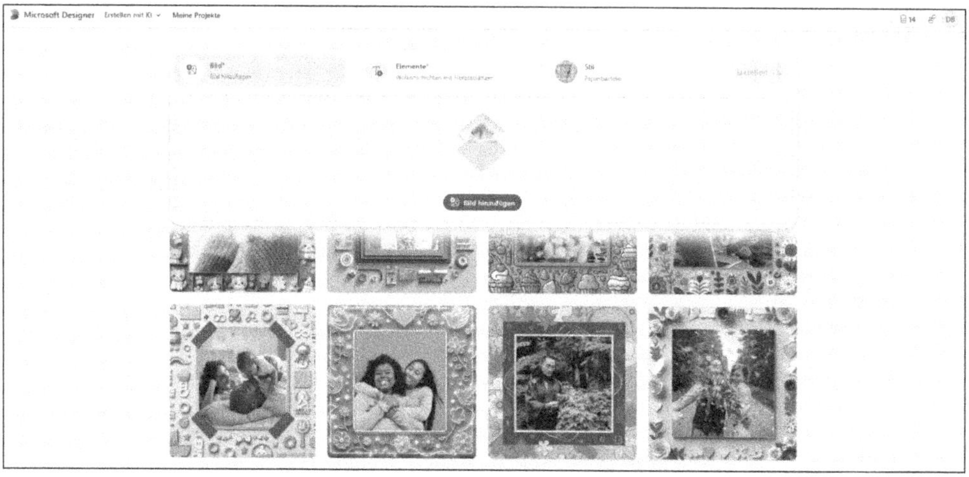

Abbildung 11.16: Der Bildschirm »Erstellen von gerahmten Bildern«

Abbildung 11.17: Ein gerahmter Avatar im Bildeditor

Den Bildeditor verwenden

Der Bildeditor im Designer kombiniert traditionelle Bildbearbeitungsfunktionen mit Publikationsdesignfunktionen und künstlicher Intelligenz.

- ✔ Mit dem Bildeditor in Designer können Sie beispielsweise Text hinzufügen, die Größe von Objekten ändern, Ihrem Entwurf ein Design zuweisen und Formen und andere Grafiken einfügen.
- ✔ Mit den Funktionen zum Publikationsdesign können Sie Designvorlagen anwenden, um verschiedene Arten von Veröffentlichungen (wie Grußkarten oder Broschüren) zu erstellen, und Sie können Ihrem Projekt Seiten hinzufügen.

✔ Mit den KI-Funktionen des Bildeditors können Sie neue visuelle Elemente erstellen und in Ihr Projekt einfügen.

Der Bildeditor kann mit jedem Projekt verwendet werden, das Sie in Designer erstellen, oder mit einem Bild, das Sie hochladen. Um ihn zu verwenden, können Sie beginnen, indem Sie ein neues Projekt mithilfe eines Prompts erstellen oder indem Sie auf den Link VON GRUND AUF NEU ENTWERFEN (siehe Abbildung 11.18) klicken.

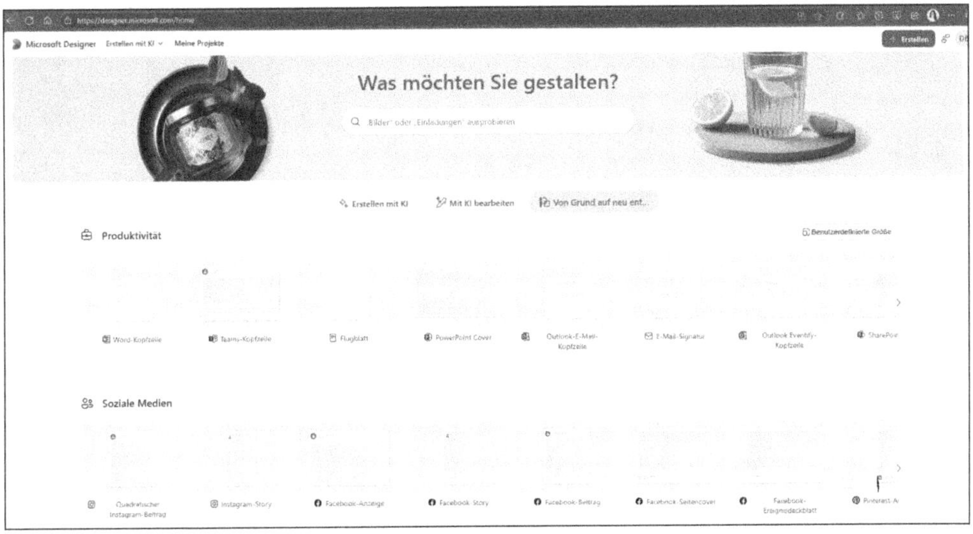

Abbildung 11.18: Der Link zum Erstellen eines leeren Projekts

Mit einem leeren Design zu beginnen, ist nicht so einfach, wie Ihr Projekt mithilfe eines Prompts zu erstellen, kann aber zu einem besseren Ergebnis führen, wenn Sie bereits genau wissen, was Sie benötigen.

Wenn Sie im Bildeditor ein leeres Projekt starten, müssen Sie zunächst die Größe festlegen. Auf dem Startbildschirm sehen Sie mehreren gängigen Größen zur Auswahl oder können eine benutzerdefinierte Größe angeben.

Nachdem Sie die Größe ausgewählt haben, wird eine leere Leinwand angezeigt. Nehmen wir an, Sie möchten einen Instagram-Beitrag zum Internationalen Tag des Hundes (26. August) erstellen. Hier die Schritte, die Sie ausführen könnten.

1. **Beginnen Sie mit einer leeren quadratischen Leinwand.**
2. **Klicken Sie auf das Textsymbol in der linken Symbolleiste.**
3. **Klicken Sie auf TEXT HINZUFÜGEN.**

   Ein Textfeld wird angezeigt, in dem Sie Ihren Text bearbeiten können (siehe Abbildung 11.19).

Abbildung 11.19: Text hinzufügen

4. **Klicken Sie auf das Symbol VISUELLE ELEMENTE in der linken Symbolleiste. Im Bereich EIGENE GENERIEREN können Sie auswählen, was Sie generieren wollen: Bilder, Aufkleber oder Symbole, wie in Abbildung 11.20 gezeigt.**

Abbildung 11.20: Bereich zum Generieren, Tool »Visuelle Elemente«

5. **Ich klicke auf die Option BILDER. Hier können Sie einen Prompt für die visuellen Elemente schreiben, die Sie Ihrem Projekt hinzufügen möchten. So habe ich angefangen:**

   Erstelle ein fotorealistisches Bild von vielen verschiedenen Hunderassen, die Spaß haben und Dinge tun, die normalerweise Menschen tun, wie zum Beispiel Zeitung lesen oder Gitarre spielen.

Mir gefielen einige Aspekte des Bildes, das der Designer erstellt hat und das in Abbildung 11.21 zu sehen ist. Mir gefällt nicht, dass der Hund in der rechten Bildmitte menschliche Gliedmaßen hat.

Abbildung 11.21: Meine Hundetag-Grafik

Sobald Sie ein Bild in Ihrem Projekt haben, können Sie dieses Bild bearbeiten, indem Sie daraufklicken und eine Option aus dem Bildbearbeitungsmenü auswählen, das über dem Bild angezeigt wird. Diese Werkzeuge umfassen Optionen wie Zuschneiden und Drehen, Anpassungen, Automatisch verbessern, Löschen.

Eine der Optionen in der Symbolleiste links zur Bildbearbeitung besteht darin, ein Menü mit KI-Bildbearbeitungstools zu öffnen. Darin enthalten ist das Tool Objekt transformieren | Löschen. Dazu öffnen Sie das Tool und wählen dann das Objekt in Ihrem Bild aus, das Sie ersetzen möchten, wie in Abbildung 11.22 gezeigt.

Wenn Sie etwas in Ihrem Bild ausgewählt haben, klicken Sie auf Löschen, um das Ersetzen zu starten. In diesem Fall nehmen wir dem Hund im zweiten Bild der untersten Zeile die Zeitung weg. Das Ergebnis ist nicht ganz das Gewünschte, aber der Hund hält tatsächlich keine Zeitung mehr, wie in Abbildung 11.23 zu sehen.

Die KI-Bildgenerierung kann unvorhersehbar sein, Sie können jedoch die Qualität und Genauigkeit der von Ihnen generierten Bilder verbessern, indem Sie dieselben Prompt-Engineering-Techniken verwenden, die Sie zur Textgenerierung nutzen.

In diesem Kapitel haben Sie erfahren, wie Microsoft Copilot Bilder generiert, wie Sie die Tools zur Bildgenerierung in Copilot verwenden, und etwas über Microsoft Designer gelernt, das die Funktionen der KI-Bildgenerierung mit herkömmlichen Tools zur Bildbearbeitung und Veröffentlichung kombiniert.

Abbildung 11.22: Auswählen des zu ersetzenden Objekts

Abbildung 11.23: Das Ergebnis des selektiven Löschens

Abbildung 11.24: Ergebnis des selektiven Löschens im Detail

IN DIESEM KAPITEL

Hilfe von Copilot bei der Planung erhalten

Aufgaben und Termine verfolgen und überwachen

Intelligent zusammenarbeiten

Die Berichterstattung verbessern

Berichte anpassen

Kapitel 12
Copilot für das Projektmanagement

Projekte können sehr klein sein, wie etwa ein Sandwich zuzubereiten, aber auch sehr komplex, wie etwa eine Brücke zu bauen. Jedes Projekt, auch das kleinste, erfordert ein gewisses Maß an Planung, Durchführung und Nachverfolgung. Dieser Prozess, bei dem man mit etwas beginnt, das man erledigen möchte, dann überlegt, wie man es macht, und es dann in die Tat umsetzt, ist ein Beispiel dafür, was wir in der Geschäftswelt *Projektmanagement* nennen.

In diesem Kapitel erfahren Sie, wie Sie Microsoft Copilot zur Unterstützung des Projektmanagements nutzen können.

Ein Projekt planen

Projektmanagement kann ein komplexes Unterfangen sein. Zu den Dingen, die Projektmanager im Auge behalten müssen, gehören unter anderem:

- ✔ **Umfang.** Der Umfang eines Projekts definiert, was getan werden muss, um die gewünschten Projektergebnisse zu erzielen. Er definiert auch die Grenzen des Projekts und was nicht enthalten ist.
- ✔ **Ziele.** Die Ziele eines Projekts sind das Endergebnis, das Sie mit dem Projekt erreichen möchten.

- **Budget.** Das Budget ist der Geldbetrag, der für die Fertigstellung des Projekts zur Verfügung steht.
- **Zeitplan.** Der Zeitplan eines Projekts definiert die Frist für die Fertigstellung des Projekts sowie für wichtige Meilensteine innerhalb des Projekts.
- **Arbeitsaufteilung.** Die Arbeitsaufteilung ist die Liste der Aufgaben, die abgeschlossen werden müssen, um die Ziele des Projekts zu erreichen.
- **Humanressourcen.** Humanressourcen bezieht sich auf die Personen, die an dem Projekt arbeiten werden, einschließlich der Frage, wer diese Personen sein werden und an welchen Teilen des Projekts sie arbeiten werden.
- **Kommunikation.** Die meiste Zeit verbringt ein Projektmanager in Besprechungen. Er schreibt E-Mails, interpretiert die Kundenanforderungen, wandelt diese Anforderungen in Aufgaben um und liefert allen, die am Projekt beteiligt sind, Berichte.
- **Risikomanagement.** Unter Risikomanagement versteht man den Prozess der Planung, wie mit den unvermeidlichen Problemen im Vorfeld des Projekts umgegangen wird, und der anschließenden Bewältigung von Herausforderungen, wenn diese auftreten.

All diese Faktoren (und mehr) müssen eingeplant werden. Das Dokument oder die Dokumentensammlung, in der all dies niedergeschrieben ist, wird als *Projektplan* bezeichnet.

Es ist unwahrscheinlich, dass Sie für ein einfaches Projekt wie das Rausbringen des Mülls einen Projektplan mit Diagrammen und Grafiken erstellen. Aber wenn mehrere Personen beteiligt sind, reicht es nicht aus, einfach loszulegen. In diesem Kapitel erfahren Sie, wie Copilot Ihnen dabei helfen kann, ein besserer Projektmanager zu werden und in kürzerer Zeit mehr zu erledigen.

Einführung in Microsoft Planner

Microsoft Planner ist eine Planungsanwendung, die auf der Microsoft-365-Plattform verfügbar ist. Obwohl Sie mit jedem Microsoft-365-Abonnement auf Planner zugreifen können, benötigen Sie derzeit Microsoft Planner und Project Plan 3 oder Planner und Project Plan 5, um auf Copilot in Planner zuzugreifen. Unter `https://www.microsoft.com/en-us/microsoft-365/planner/microsoft-planner-plans-and-pricing` können Sie sich über diese Abonnements informieren und für eines davon anmelden. Wenn Sie über die entsprechende Lizenz für Microsoft Planner verfügen, können Sie über Microsoft Teams darauf zugreifen. Gehen Sie wie folgt vor, um loszulegen:

1. **Öffnen Sie Teams in Microsoft 365.**
2. **Klicken Sie in der linken Symbolleiste auf das Apps-Symbol.**

   Dadurch gelangen Sie zur Apps-Suchfunktion von Teams, wie in Abbildung 12.1 dargestellt.

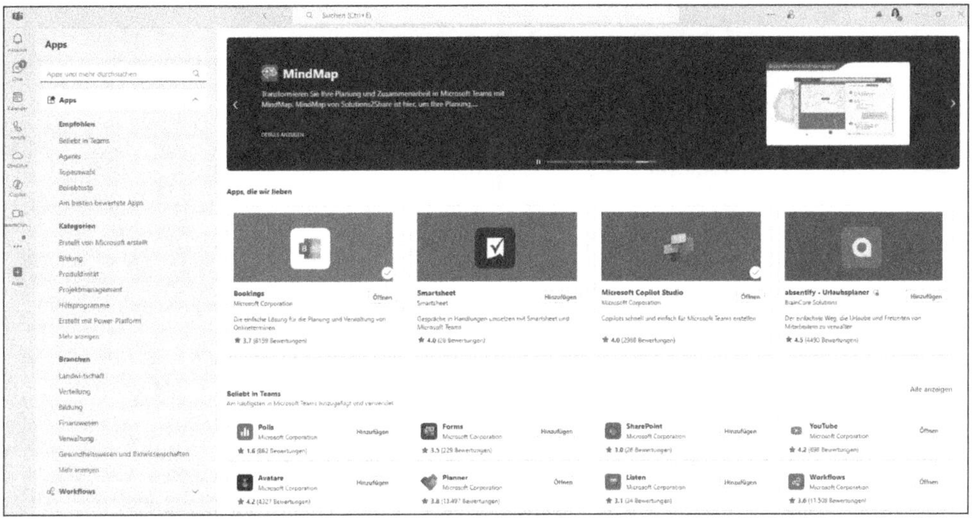

Abbildung 12.1: Suche nach Apps

3. **Geben Sie *Planner* in das Suchfeld oben links auf der Suchseite der Apps ein.**

   Microsoft Planner sollte das erste Ergebnis im Abschnitt APPS der Ergebnisse sein.

4. **Wenn Sie Microsoft Planner bereits zuvor aufgerufen haben, wird die Schaltfläche ÖFFNEN angezeigt, auf die Sie klicken können, um Microsoft Planner zu öffnen. Andernfalls klicken Sie neben Microsoft Planner auf die Schaltfläche HINZUFÜGEN und öffnen Sie es.**

5. **Sobald Sie Planner geöffnet haben, klicken Sie mit der rechten Maustaste auf das Planner-Symbol in der linken Symbolleiste und wählen ANHEFTEN, damit Sie beim nächsten Mal, wenn Sie Planner verwenden möchten, nicht zur App-Suchoberfläche gehen müssen.**

Erste Schritte mit Planner

Wenn Sie Microsoft Planner öffnen, gelangen Sie zur Seite MEINE AUFGABEN. Wenn Sie keine Projekte haben, haben Sie auch keine Aufgaben. Das werden wir bald ändern. Der Bildschirm MEINE AUFGABEN ist in Abbildung 12.2 dargestellt.

Um ein neues Projekt zu erstellen, klicken Sie auf die Schaltfläche NEUER PLAN in der unteren linken Ecke von Microsoft Planner. Sie sehen ein Popup-Fenster (siehe Abbildung 12.3), in dem Sie eine Vorlage für Ihren neuen Plan auswählen oder mit einem leeren Plan beginnen können.

Wenn Sie auf den Basic- oder Premium-Link klicken, wird ein neuer, leerer Plan erstellt.

Beachten Sie jedoch: Copilot in Planner, auch als AI Project Manager Agent bezeichnet, ist derzeit nur in der Premium-Version von Planner verfügbar. In der Basic-Version steht

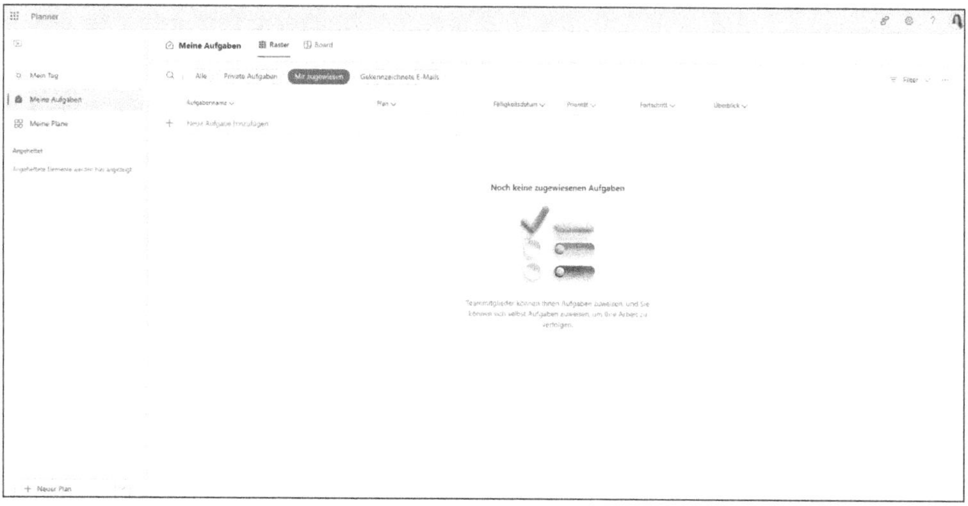

Abbildung 12.2: Der Bildschirm »Meine Aufgaben« in Planner

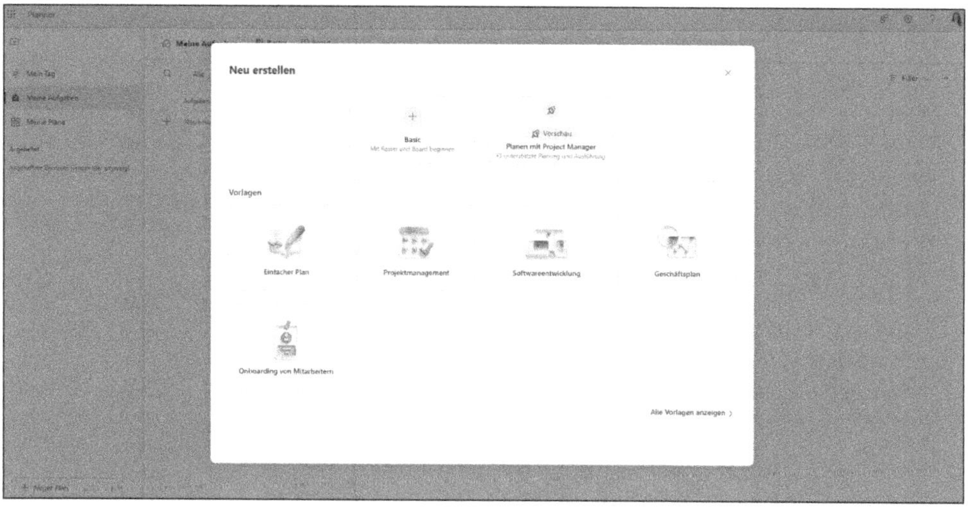

Abbildung 12.3: Auswählen einer Vorlage

diese KI-Unterstützung noch nicht zur Verfügung (Stand: Herbst 2025). Der AI-Project-Manager-Agent ist eine integrierte Copilot-Funktion, die Sie bei der Planung, Priorisierung und Nachverfolgung von Aufgaben unterstützt. Er analysiert den Fortschritt Ihres Projekts, schlägt nächste Schritte vor und hilft Ihnen, Aufgaben automatisch zu strukturieren – ganz so, als hätten Sie einen digitalen Projektmanager an Ihrer Seite.

Wenn Sie auf den Premium-Link klicken, wird ein Fenster geöffnet, in dem Sie aufgefordert werden, dem neuen Plan einen Namen zu geben, wie in Abbildung 12.4 gezeigt.

Wenn Sie sich einen Namen für Ihren Plan ausgedacht haben, klicken Sie auf das Symbol AI PROJECT MANAGER AGENT unten rechts, wie in Abbildung 12.5 dargestellt.

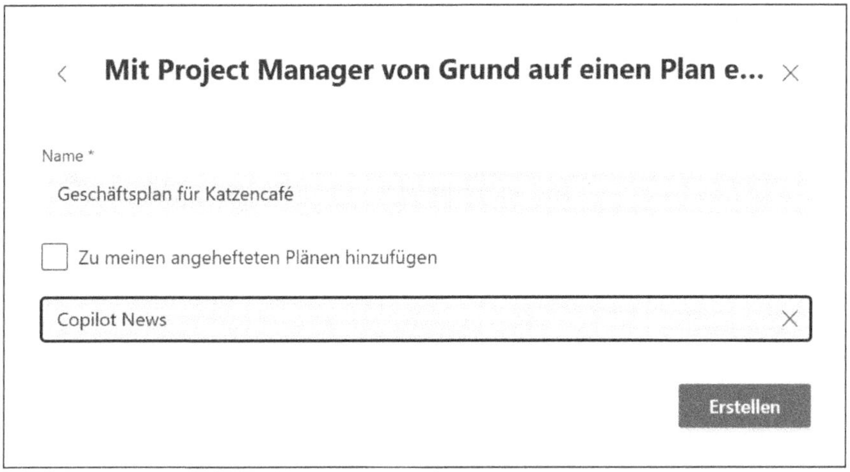

Abbildung 12.4: Geben Sie Ihrem Projekt einen Namen.

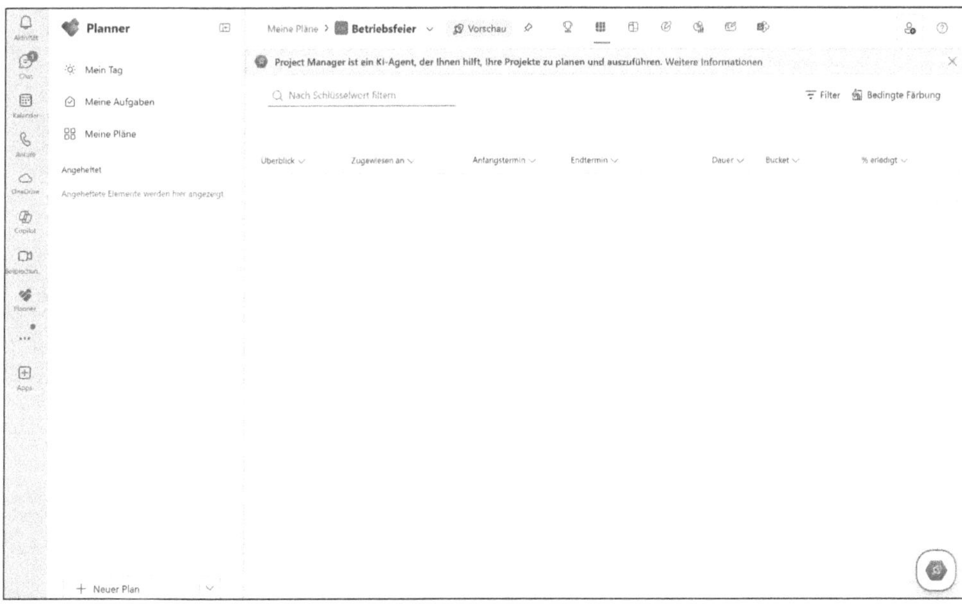

Abbildung 12.5: Die Copilot-Schaltfläche

An diesem Punkt können Sie mit der Erstellung Ihres Plans auf herkömmliche Weise beginnen, indem Sie Aufgaben manuell hinzufügen. In Premium-Projekten können Sie jedoch auch Hilfe von Microsoft Copilot erhalten.

Wenn Sie auf das Symbol AI PROJECT MANAGER-AGENT klicken, wird die Seitenleiste geöffnet. Sie bietet Optionen zum Erstellen und Verstehen Ihres Plans, zum Bearbeiten von Aufgaben und Unteraufgaben in Ihrem Plan sowie zum Stellen von Fragen zu Ihrem Plan. Die Seitenleiste in Microsoft Planner ist in Abbildung 12.6 dargestellt.

Abbildung 12.6: Die Seitenleiste von AI Project Manager-Agent

Im nächsten Abschnitt werde ich mit diesem Agent in Microsoft einen Geschäftsplan erstellen.

Planen Sie Ihr Projekt!

Die meisten Menschen gründen Unternehmen, weil sie eine Idee oder Leidenschaft haben oder etwas, worin sie gut sind und mit dem sie Geld verdienen können. Die Leute gründen keine Kleinunternehmen, weil sie gerne Geschäftspläne (Businesspläne) schreiben. Allein herauszufinden, wie man mit dem Schreiben eines Geschäftsplans beginnt und was darin enthalten sein muss, kann eine gewaltige Aufgabe sein. Glücklicherweise haben viele Leute schon Geschäftspläne geschrieben und Sie können nachlesen, was andere getan haben, um herauszufinden, was Sie tun sollten. Zumindest funktionierte das Schreiben eines Geschäftsplans noch vor ein paar Jahren so.

GenKI funktioniert am besten, wenn neue Dinge geschaffen werden, die Dingen ähneln, die es im Internet in Hülle und Fülle gibt. Was ich damit speziell für dieses Thema meine, ist, dass es für Copilot einfach sein sollte, einen Geschäftsplan zu schreiben, da so viele Geschäftspläne geschrieben wurden und es so viele Vorlagen für Geschäftspläne und Artikel über Geschäftspläne im Internet gibt, die in die Trainingsdaten von Copilot eingeflossen sind.

Womit sich KI allerdings wahrscheinlich schwertun wird, ist das Verfassen eines Geschäftsplans für eine Art von Geschäft, von dem sie vorher noch nie gehört hat.

Mein erster Versuch, einen Geschäftsplan zu erstellen

Um einen Geschäftsplan zu erstellen, können Sie mit der integrierten Geschäftsplanvorlage in Microsoft Planner beginnen und diese an Ihre Bedürfnisse anpassen. In diesem Abschnitt werde ich jedoch versuchen, mit Copilot einen vollständigen Geschäftsplan zu erstellen.

Natürlich sollte die Erstellung einer so wichtigen Sache wie eines Geschäftsplans nicht ausschließlich der KI überlassen werden.

Hier die Schritte, die ich verwendet habe, falls Sie es selbst versuchen möchten:

1. **Erstellen Sie einen neuen, leeren Premium-Plan.**
2. **Öffnen Sie die Copilot-Seitenleiste.**
3. **Bitten Sie Copilot, Ihren Geschäftsplan zu erstellen.**

   Es kann hilfreich sein, hier eine kurze Beschreibung Ihres Unternehmens beizufügen und anzugeben, ob das Unternehmen bereits existiert. Ich habe beispielsweise den folgenden Prompt verwendet:

   > *Erstelle einen Geschäftsplan für das Unternehmen, das ich gründen möchte. Es soll ein rund um die Uhr geöffnetes Katzencafé werden, in dem man Kaffee trinken und Katzen streicheln kann.*

Der Agent hat darüber nachgedacht und dann eine Gliederung mit den folgenden Punkten erstellt:

- ✔ Executive Summary
- ✔ Unternehmensbeschreibung
- ✔ Marktanalyse
- ✔ Angebot & Service

- ✔ Marketing & Vertrieb
- ✔ Organisation & Personal
- ✔ Finanzen
- ✔ Rechtliches & Genehmigungen
- ✔ Meilensteinplan

So weit, so gut. Nachdem der Agent diese Gliederung angezeigt hatte, möchte ich eine To-do-Liste erstellt bekommen. Dafür habe ich den Agent gebeten, erst mal eine To-do-Liste für den Punkt 5, Marketing & Vertrieb, auszuarbeiten. Dafür habe ich einfachen Prompt eingegeben:

> *Erstelle eine ausführliche To-do-Liste für den Punkt 5, Marketing & Vertrieb.*

Die Liste wurde mir in wenigen Sekunden angezeigt. Sie war ziemlich ausführlich und professionell ausgearbeitet (siehe Abbildung 12.7).

Nun habe ich den Agent gebeten, anhand der aktuellen To-do-Liste diese Aufgaben in den Planner zu übertragen. Der Prompt lautete:

> *Füge die To-do-Liste aus 1. und 2. zu dem aktuellen Plan hinzu. Die Punkte 1. und 2. beziehen sich auf die Punkte, die ich in meiner To-do-Liste bekommen habe.*

Das Ergebnis sehen Sie hier.

Der Agent fügte die einzelnen Abschnitte in meinen Plan ein und erstellte unter jedem Abschnitt Aufgaben.

Das Ergebnis ist eigentlich ein toller Anfang. Es ist eher ein Plan zur Erstellung eines Geschäftsplans, und die von Agenten erstellten Aufgaben sind sinnvoll. Da ich erst seit 24 Stunden über die Gründung dieses Unternehmens nachdenke, hatte ich einige der Dinge, die AI Project Manager-Agent in den Plan eingefügt hat, nicht bedacht, wie zum Beispiel »Markenbotschaft und Werte definieren«.

Ziele setzen

Zusätzlich zu den sieben Aufgabenkategorien und 17 Aufgaben, die Copilot verfasste, wurden auch zwei Ziele definiert:

- ✔ ein konsistentes Markenbild entwickeln, das Wiedererkennung schafft und Vertrauen aufbaut
- ✔ die Finanzierung der anfänglichen Einrichtungskosten und Betriebskosten für das erste Jahr sichern

Mit beiden Zielen sind Fristen verbunden und die Aufgaben, die zu den einzelnen Zielen gehören, sind korrekt gekennzeichnet.

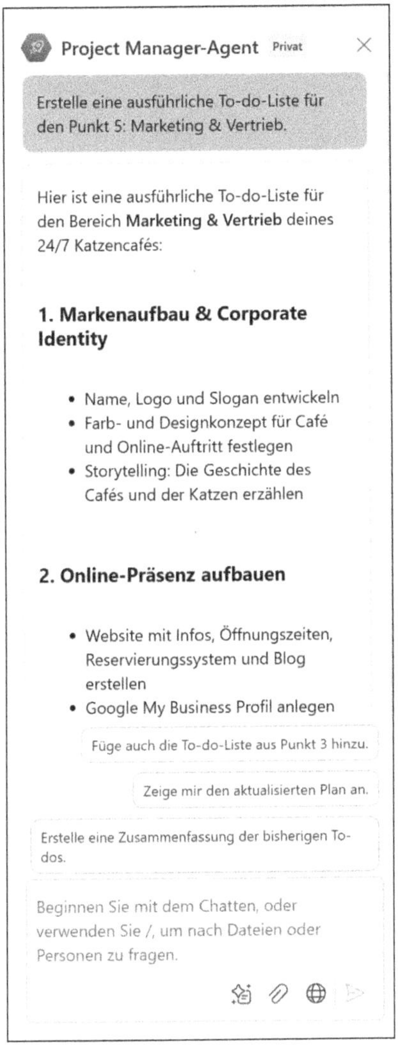

Abbildung 12.7: Das Ergebnis des Agents auf die Bitte, eine To-do-Liste zu erstellen

Ehrlich gesagt bin ich wirklich beeindruckt von dem, was der AI Project Manager Agent in Planner bisher leisten konnte. Ich freue mich sogar schon ein bisschen darauf, damit einen Plan für mein eigenes echtes Unternehmen zu schreiben.

Verschiedene Ansichten von Planner anzeigen

Bevor Sie mehr über die Funktionen von AI Project Manager-Agent in Planner erfahren, ist es hilfreich, ein grundlegendes Verständnis der Funktionsweise von Planner zu haben. Die grundlegenden Dinge, aus denen ein Planner-Projekt besteht, sind *Aufgaben* (Dinge, die erledigt werden müssen), *Ziele* (Endergebnisse, die Sie erreichen möchten) und *Personen* (die die Aufgaben ausführen, um die Ziele zu erreichen).

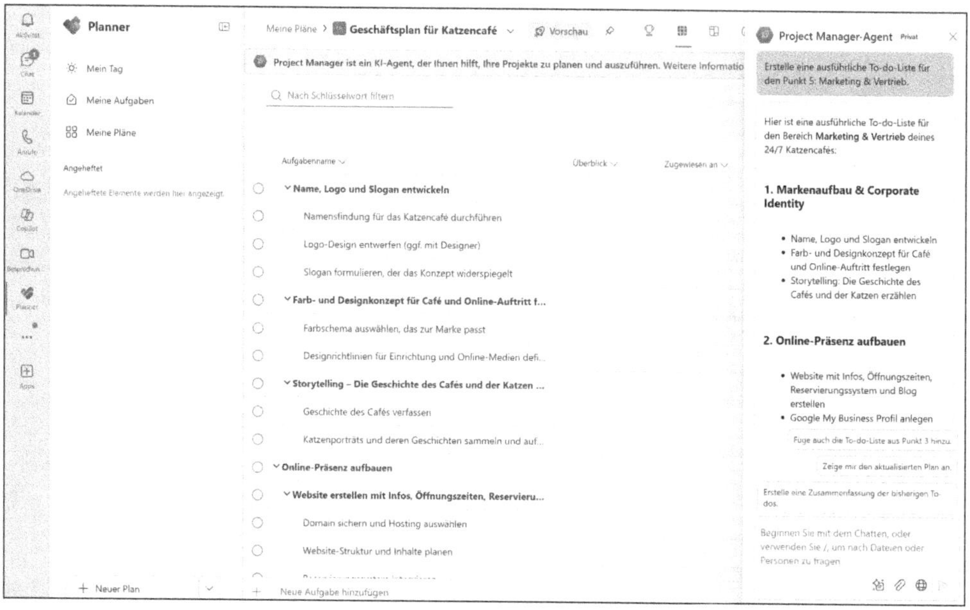

Abbildung 12.8: Erstellung der To-do-Liste in Planner mit dem AI Project Manager-Agent

Die Registerkarten oben auf der Planner-Benutzeroberfläche stellen diese grundlegenden Bausteine eines Plans auf verschiedene Weise dar.

Abbildung 12.9: Registerkarten auf der Planner-Benutzeroberfläche

- ✔ In der Registerkarte **Ansicht Ziele**, mit dem Pokal-Symbol, können Sie übergeordnete Projektziele festlegen und deren Fortschritt verfolgen. Sie hilft Ihnen dabei, einzelne Aufgaben mit den strategischen Zielen Ihres Projekts zu verknüpfen. So stellen Sie sicher, dass alle Aktivitäten auf das gleiche Ergebnis hinarbeiten.
- ✔ Die **Rasteransicht**, die in Abbildung 12.8 dargestellt ist, zeigt beispielsweise eine Liste aller Aufgaben in Ihrem Projekt zusammen mit Informationen zu jeder Aufgabe, zum Beispiel wem sie zugewiesen ist, wann sie voraussichtlich beginnen und wann sie voraussichtlich enden wird.
- ✔ Die **Board-Ansicht** dient einem ähnlichen Zweck wie die Rasteransicht, ermöglicht Ihnen jedoch, Aufgaben auf andere Weise zu organisieren, zum Beispiel nach Priorität, Abschlussstatus oder Phase des Projekts.
- ✔ In der **Report-Ansicht** erhalten Sie eine zusammenfassende Darstellung des aktuellen Projektfortschritts. Sie zeigt Kennzahlen wie den Anteil abgeschlossener Aufgaben, offene Punkte und die Arbeitsbelastung einzelner Teammitglieder. So erkennen Sie auf einen Blick, wo Ihr Projekt gut läuft – und wo gegebenenfalls Handlungsbedarf besteht.

- ✔ Die **Diagramm-Ansicht** stellt Ihre Projektdaten visuell dar. Sie sehen dort beispielsweise Balken- oder Kreisdiagramme zu Aufgabenstatus, Prioritäten oder Verantwortlichkeiten. Diese grafische Aufbereitung hilft Ihnen, Engpässe oder Verzögerungen im Projektverlauf schnell zu identifizieren.
- ✔ Der **Whiteboard-Bereich** bietet Ihnen eine digitale Arbeitsfläche, auf der Sie Ideen, Skizzen oder spontane Notizen festhalten können. Diese Ansicht eignet sich hervorragend für Brainstorming-Sitzungen oder kreative Planungsphasen, in denen Sie mit Ihrem Team gemeinsam an Konzepten arbeiten möchten.
- ✔ Über die Registerkarte **SharePoint-Ordner öffnen** gelangen Sie direkt in den zugehörigen SharePoint-Ordner Ihres Projekts. Dort werden alle relevanten Dokumente und Dateien zentral gespeichert. So können Sie Unterlagen gemeinsam mit Ihrem Team bearbeiten und sicherstellen, dass alle stets auf dem aktuellen Stand sind.

Wenn Sie mehr über Microsoft Planner und seine Funktionen erfahren möchten, besuchen Sie die Planner-Hilfe- und Lernwebsite unter `https://support.microsoft.com/de-de/planner`.

Aufgaben in Buckets platzieren

Die Board-Ansicht von Microsoft Planner ermöglicht Ihnen, Aufgaben in *Buckets* einzuordnen. Buckets unterscheiden sich von den Aufgabenkategorien, die in der in Abbildung 12.10 gezeigten Ansicht aufgelistet sind.

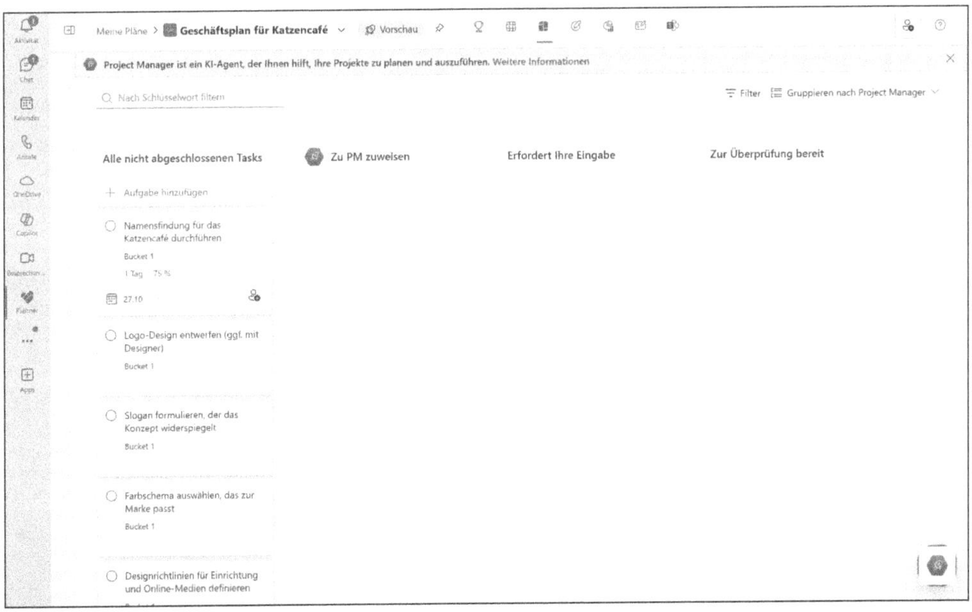

Abbildung 12.10: Ansicht »Board«

Buckets sind eher wie eine Spalte. In der Abbildung 12.10 erstellen Sie 4 Buckets insgesamt. Sie können beliebig viele Buckets erstellen und Aufgaben per Drag-and-drop in diese

Buckets einfügen. Sie können Buckets beispielsweise danach erstellen, welche Abteilung in Ihrem Unternehmen für die Aufgaben verantwortlich ist. Oder Sie können Buckets für verschiedene Phasen des Projekts erstellen. Oder Sie können Buckets für die Art der anfallenden Arbeit erstellen.

Für den Geschäftsplan des Katzencafés hat der Agent automatisch einen ersten Bucket angelegt. Ich bin sicher, dass mir im Laufe der Projektentwicklung noch weitere Buckets einfallen werden – aber dieser Aufbau ist ein guter Startpunkt.

Auffällig ist der zweite Bucket mit der Bezeichnung ZU PM ZUWEISEN, der zusätzlich mit dem Symbol des AI Project Manager Agent ersehen ist. Sie können hier Aufgaben direkt an den KI-Agenten übergeben – und er übernimmt diese selbstständig für Sie. Das möchte ich jetzt testen.

Auf unserer Aufgabenliste eignet sich gleich die erste To-do perfekt für diesen Test: »Namensfindung für das Katzencafé durchführen«. Ich ziehe die Aufgabe einfach per Drag-and-drop in den Bucket »Zu PM zuweisen«.

Sobald die Aufgabe dort landet, beginnt der Project-Manager Agent automatisch mit der Bearbeitung – in diesem Fall mit der kreativen Suche nach einem passenden Namen. Nachdem der Agent seine Arbeit abgeschlossen hat, verschiebt Planner die Aufgabe automatisch in den Bucket ZUR ÜBERPRÜFUNG BEREIT.

Neugierig öffne ich die erledigte Aufgabe – und bin von dem Ergebnis beeindruckt. Abbildung 12.11 zeigt, was Copilot in kurzer Zeit entwickelt hat.

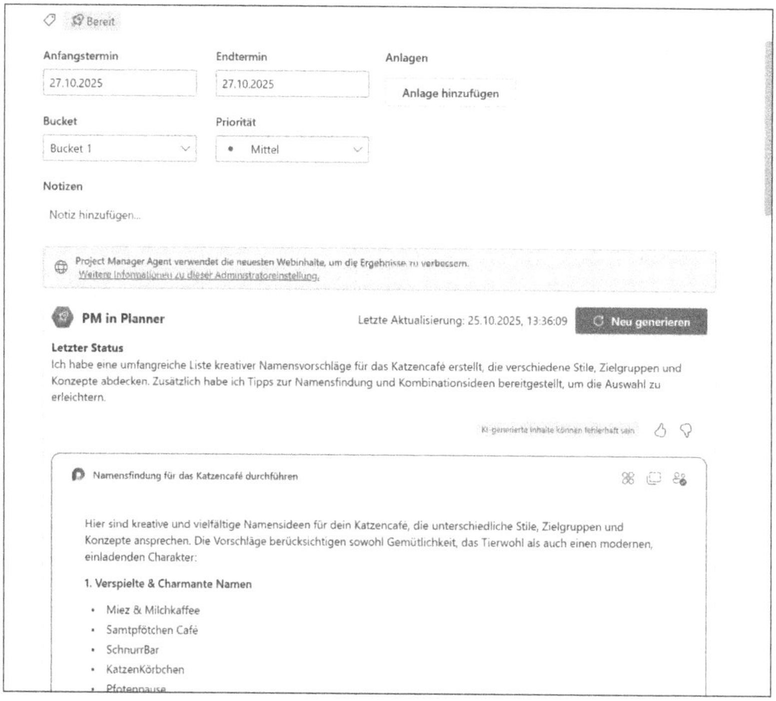

Abbildung 12.11: Die Ergebnisse für Namensfindung durch AI Project Manager-Agent

Der Agent hat mir die Namensvorschläge direkt in einem Loop-Fenster angezeigt. Die Vorschläge wurden in verschiedene Kategorien unterteilt, und für jede Kategorie wurden jeweils fünf bis zehn Namen erstellt.

Da das Ergebnis in Loop eingebettet ist, können Sie es ganz einfach mit Ihren Kolleginnen und Kollegen teilen, um gemeinsam die Vorschläge zu prüfen und den passenden Namen auszuwählen.

Ein weiterer Vorteil von Loop besteht darin, dass Sie Änderungen und Kommentare in Echtzeit sehen können – alle Beteiligten erleben die Anpassungen live, ohne die Seite neu laden oder Dokumente hin- und herschicken zu müssen.

Test der integrierten Vorlagen

Microsoft Planner verfügt über eine integrierte Vorlage für Geschäftspläne. Ich war neugierig, wie der von dem Agenten erstellte Plan im Vergleich zur integrierten Vorlage abschneidet, also begann ich mit der Vorlage einen neuen Geschäftsplan.

Ich habe einen neuen Plan erstellt, indem ich auf meine Planner-Startseite gegangen bin und auf die Schaltfläche NEUER PLAN geklickt habe. Ich habe die Vorlage GESCHÄFTSPLAN ausgewählt und hatte dann die Wahl, einen Basic-Plan zu erstellen, wie in Abbildung 12.12 dargestellt.

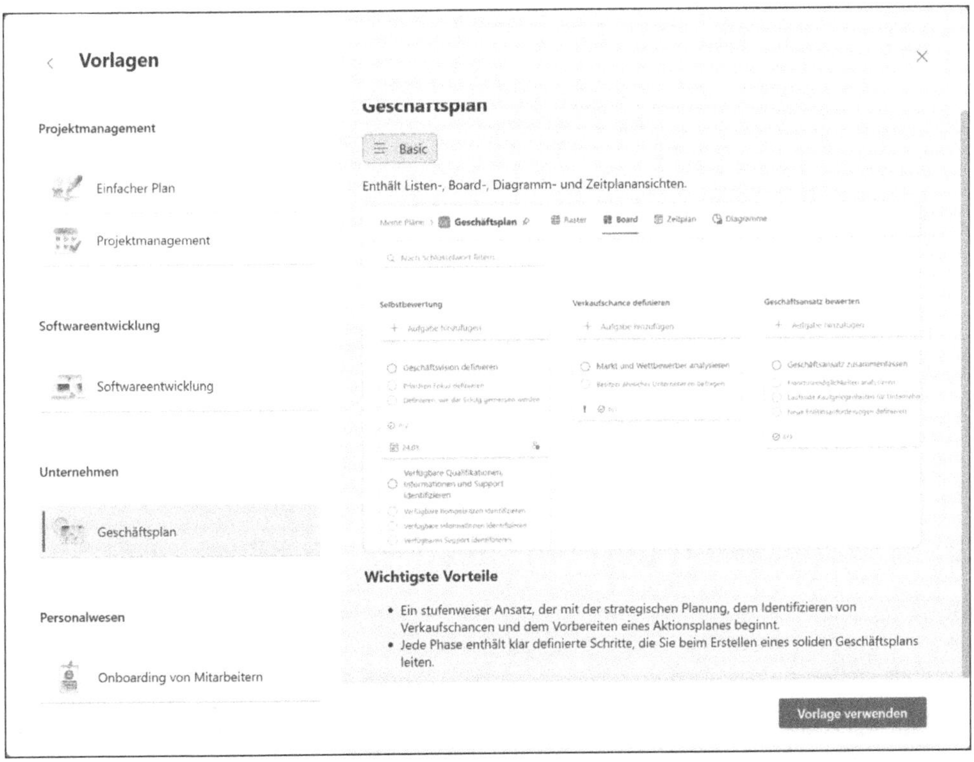

Abbildung 12.12: Auswählen eines Basic-Plans

Durch Auswahl der Vorlage GESCHÄFTSPLAN werden die Schritte für einen mehrphasigen Geschäftsplanungsprozess erstellt, der viele Aufgaben umfasst. Der anhand der Vorlage erstellte Plan ist natürlich in keiner Weise auf mein Unternehmen zugeschnitten, aber als allgemeine Geschäftsplanvorlage scheint er ziemlich vollständig zu sein. Er hat einen strafferen Zeitplan als der von Agenten erstellte Plan und unterteilt die Aufgaben in neun Bereiche, die in einer logischen Abfolge von der Selbsteinschätzung bis zu einem Fünfjahresgeschäftsplan fortschreiten.

In Abbildung 12.13 wird eine Aufgabenliste für die integrierte Vorlage BUSINESSPLAN angezeigt.

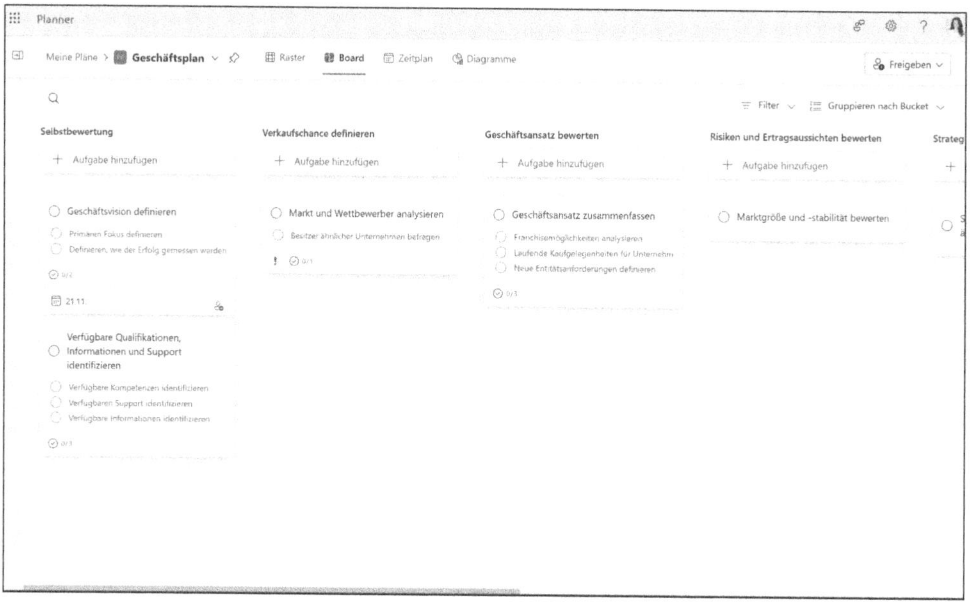

Abbildung 12.13: Die integrierte Vorlage »Businessplan«

Der Plan umfasst insgesamt sieben Buckets mit unterschiedlichen Aufgaben. Dabei fällt auf, dass der AI Project Manager-Agent hier nicht verfügbar ist. Nach dem aktuellen Stand (Herbst 2025) befindet sich dieser Agent noch im Public-Preview-Rollout und ist daher nicht in allen Regionen oder Umgebungen freigegeben.

Einen integrierten Geschäftsplan mit Copilot anpassen

Am Ende gefielen mir die Details der integrierten Vorlage besser, aber mir gefiel auch, dass der von Copilot erstellte Plan Aufgaben enthielt, die speziell auf das Geschäft zugeschnitten waren, das ich gründen möchte.

Ich habe mich gefragt, ob es möglich wäre, das Beste aus beiden Welten zu bekommen, indem man Copilot zum Anpassen der integrierten Vorlage verwendet.

Nachdem ich den mit der integrierten Vorlage erstellten Plan geöffnet hatte, öffnete ich die Copilot-Seitenleiste und übermittelte den folgenden Prompt:

> *Passe diesen Geschäftsplan so an, dass er für ein Katzencafé, das ich eröffnen möchte, relevanter ist.*

Statt den vorhandenen Geschäftsplan anzupassen, erstellte Copilot als Reaktion auf diese Aufforderung einen neuen Geschäftsplan innerhalb dieses Geschäftsplans mit derselben Gliederung, denselben Buckets und Zielen wie der Plan, den ich mit Copilot von Grund auf neu erstellt hatte.

Ah! Die Dinge beginnen, Sinn zu ergeben. Wenn Copilot erkennt, dass ein Prompt nach einem Geschäftsplan fragt, scheint er eine grundlegende Gliederung (eine Vorlage) zu verwenden und diese mit allen anderen Informationen anzupassen, die er über die Wünsche des Benutzers hat.

Das ist sehr sinnvoll und meiner Meinung nach ein großartiger Ansatz, der das Risiko minimiert, dass Copilot Projektpläne erstellt, die völlig falsch sind. Ich wünschte jedoch, Copilot würde die umfassendere integrierte Vorlage für Geschäftspläne verwenden.

Berichte mit AI Project Manager Agent erstellen

Sobald Sie einen Plan haben und Ihr Projekt in Gang ist, ist es an der Zeit, mit Microsoft Planner Berichte zu erstellen, mit denen Sie den Projektverlauf besser verstehen und mit den Projektbeteiligten kommunizieren können.

Einen Statusbericht erstellen

Die Kategorie VERSTEHEN im Prompt-Menü von Planner enthält eine Reihe von Vorschlägen für Berichte, die Sie erstellen können. Der erste integrierte berichtsbezogene Prompt fordert Copilot auf, einen Statusbericht für das Projekt zu erstellen, einschließlich Fortschritt, Highlights und Risiken.

Ich habe bisher außer der Erstellung eines Plans noch nichts getan (es hat also keinen Fortschritt gegeben), aber als ich diesen Prompt übermittelte, erhielt ich den folgenden Bericht:

> *Hier der Statusbericht für den aktuellen Plan in Planner:*
>
> *Der Projektmanager für diesen Plan ist Chris Minnick. Der Plan begann am 13. September und endete am 13. September. Die Dauer des Plans beträgt 0 Tage. Der Prozentsatz des abgeschlossenen Plans beträgt 0 %. Der abgeschlossene Aufwand beträgt 0 und der verbleibende Aufwand beträgt 0.*

Der Plan umfasst insgesamt 37 Aufgaben.

Alle Aufgaben befinden sich derzeit im Status »Nicht gestartet« mit einem Fertigstellungsgrad von 0 %.

Möchten Sie sonst noch etwas zu diesem Plan erfahren?

So weit, so gut! Dies scheint eine vorgefertigte Antwort zu sein und ich kann mir vorstellen, dass sie hilfreich wäre, wenn ich schon etwas weiter im Projekt wäre.

Daten recherchieren und analysieren

Viele der anderen integrierten Prompts zum Verständnis des Projekts konzentrieren sich auf die Beantwortung von Fragen, die ich durch einen Blick auf die Standardfunktionen von Microsoft Planner herausfinden konnte. Einer der integrierten Prompts lautet beispielsweise »Wer arbeitet an ___?«. Eine einfachere Möglichkeit, diese Frage zu beantworten, besteht darin, sich einfach die Aufgabe anzusehen, um zu erfahren, wer daran arbeitet.

Ich wollte wissen, wie hilfreich der Agent als Brainstorming-Partner, Forschungsassistent und Datenanalyst für Projekte sein könnte, und habe daher den folgenden Prompt gesendet:

Nenne anhand von Daten aus dem Internet eine gute Zielgruppe für mein Katzencafé-Geschäft.

In der Antwort des Agenten gab es nur wenige Fakten und Zahlen, aber es wurde darauf hingewiesen, dass junge Erwachsene, Millennials, Tierliebhaber und Familien mit Kindern, die möglicherweise keine Haustiere zu Hause haben, allesamt gute Zielgruppen wären und dass es auf den Standort und das spezifische Angebot des Katzencafés ankommt.

Es schien eine gute Antwort zu sein, aber ich wollte konkrete Zahlen. Ich schrieb den folgenden Prompt:

Gib mir Fakten und Zahlen zu diesen Zielgruppen, insbesondere im pazifischen Nordwesten der USA. Ich suche nach Informationen, die ich potenziellen Investoren präsentieren kann.

Daraufhin habe ich eine ausführliche Antwort mit Quellverweisen bekommen.

Dies sagt mir, dass AI Project Manager Agent einen Zugriff sowohl auf die Dokumente hat, die ich in OneDrive gespeichert habe, als auch einen Zugriff auf das Internet.

Um zu testen, wie der Agent auf meine Dokumente zugreifen kann, habe ich Daten aus der US-Volkszählung 2020 zum Haushaltseinkommen nach Alter in Oregon gefunden und in einer Excel-Tabelle in meinem OneDrive-Konto gespeichert. Anschließend habe ich Copilot in Planner den folgenden Prompt übergeben:

Erzähle mir etwas über das Haushaltseinkommen nach Alter in Oregon.

So antwortete der Agent:

> *Laut einer Datei mit dem Titel »Oregon-Haushaltseinkommen« von Chris Minnick variiert das Haushaltseinkommen in Oregon je nach Alter des Haushaltsvorstands. Bei Haushaltsvorständen unter 25 Jahren verdienen die meisten Haushalte zwischen 10.000 und 14.999 US-Dollar. Bei Haushaltsvorständen im Alter von 25 bis 44 Jahren verdienen die meisten Haushalte zwischen 75.000 und 99.999 US-Dollar. Bei Haushaltsvorständen im Alter von 45 bis 64 Jahren verdienen die meisten Haushalte zwischen 200.000 US-Dollar oder mehr. Bei Haushaltsvorständen im Alter von 65 Jahren und älter verdienen die meisten Haushalte zwischen 10.000 und 14.999 US-Dollar.*

Obwohl diese Antwort in Bezug auf die Verwendung von Daten aus meinen eigenen Dokumenten durch Agenten ein voller Erfolg zu sein scheint, ist die Analyse der Daten durch Agenten größtenteils falsch. Bessere KI-Modelle werden in naher Zukunft bessere Analysen durchführen können. Aber denken Sie auch dann daran, die Ausgabe eines KI-Modells zu überprüfen, insbesondere wenn es um die Analyse von Rohdaten geht.

Agenten nach Ideen fragen

Der AI Project Manager Agent kann nicht nur beim Erstellen, Bearbeiten und Berichten eines Plans helfen, sondern auch als eine Art Unternehmensberater fungieren und allgemeine Fragen beantworten oder Ideen vorschlagen.

Copilot in Planner verfügt über zwei integrierte Prompts in dieser Kategorie:

- ✔ Was sind einige Möglichkeiten, um …
- ✔ Was sind einige bewährte Vorgehensweisen, um …

Wenn Sie diese Fragen ergänzen und den Prompt absenden, sollte der Agent eine Liste mit Ideen erstellen, die Sie in Betracht ziehen könnten. Ich habe beispielsweise den ersten Prompt mit einer Frage abgesendet, wie man mit einem Katzencafé Einnahmen erzielen kann. Die Antwort von Agenten ist in Abbildung 12.14 dargestellt.

Meiner Meinung nach sind viele der Ideen sinnvoll und würden beim Schreiben des Geschäftsplans hilfreich sein.

Was kann der Agent für Projektmanager tun?

Der AI Project Manager Agent hat das Potenzial, ein effektiver und stets verfügbarer Assistent für jeden Projektmanager zu sein. Richtig eingesetzt kann es bei der Erstellung von Berichten, Besprechungsnotizen und sogar beim Brainstorming über Projektaufgaben und -ziele helfen.

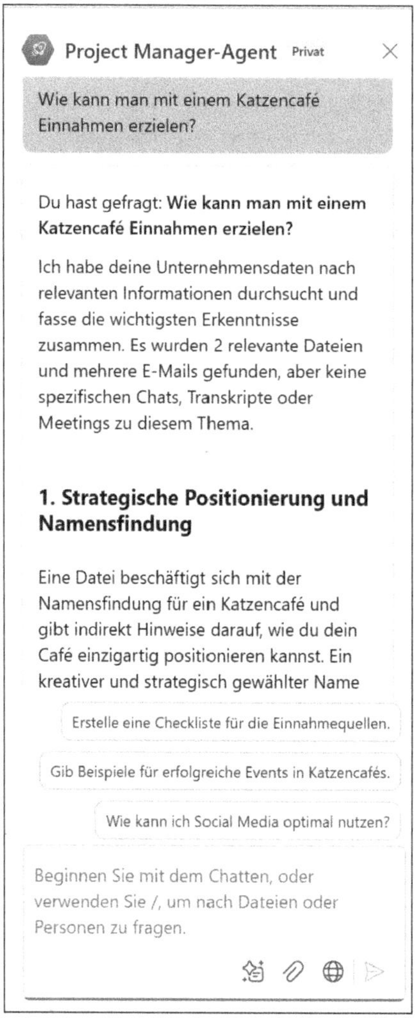

Abbildung 12.14: Ideen von Copilot zu Einnahmequellen von Katzencafés

Die Schlüssel zur korrekten Verwendung des Agenten in Planner sind:

- ✔ Experimentieren Sie mit den integrierten Prompts, um herauszufinden, wozu Copilot in der Lage ist.
- ✔ Lernen Sie, ihm bei Aufgaben zu vertrauen, bei denen er sich als gut erweist, wie zum Beispiel beim Erstellen von Besprechungsnotizen und beim Generieren vieler Ideen.
- ✔ Vertrauen Sie nie darauf, dass die Fakten und Zahlen richtig sind.

Die Integration von Agenten in Microsoft Planner kann Ihnen bei vielen Aspekten der Projektplanung und -verwaltung helfen. In Kombination mit den Agent-fähigen Funktionen, die in Microsoft Teams verfügbar sind, kann der Agent Projektmanagern, die ihn richtig verwenden, echte und unmittelbare Vorteile bieten.

Teil III
Steigern Sie Ihre Produktivität mit Copilot

IN DIESEM TEIL …

- ✔ Erstellen Sie Ihre eigenen Copilot-Agents
- ✔ Erweitern Sie die Fähigkeiten von Copilot
- ✔ Beheben Sie häufige Copilot-Probleme

IN DIESEM KAPITEL

Copilot-Agents verstehen

Copilot Studio verwenden

Prompts für Agents schreiben

Den Agents Wissen vermitteln

Neue Themen zu Agents hinzufügen

Agents bearbeiten

Copilot-Agents veröffentlichen

Kapitel 13
Benutzerdefinierte Copilots erstellen

In diesem Buch haben Sie viele Möglichkeiten gesehen und erkundet, wie Copilot in verschiedene Anwendungen und Gerätetypen integriert wurde. Bisher habe ich nur einen kleinen Teil dessen angesprochen, was Copilot alles kann. Meine Lieblingsfunktion von Microsoft Copilot ist, dass Sie es selbst anpassen und Ihre eigenen spezialisierten Versionen von Copilot erstellen können, die die Dinge auf ihre eigene Weise erledigen!

Das Tool, mit dem Sie Ihre eigenen »Copilots« (auch Copilot-Agents genannt) erstellen können, heißt Copilot Studio. Wie Sie in diesem Kapitel erfahren, ist Copilot Studio ein leistungsstarkes Tool, das zudem einfach zu verwenden ist.

Eigene Copilot-Agents mit Copilot Studio erstellen

Mit Microsoft Copilot Studio können Sie Ihre eigenen Copilots oder Copilot-Plug-ins erstellen und diese dann zur Verwendung in Microsoft 365 Copilot veröffentlichen.

Um Copilot Studio auszuprobieren, rufen Sie in Ihrem Browser `https://www.microsoft.com/de-de/microsoft-365-copilot/microsoft.copilot-studio?market=de` auf. Sie sehen einen Bildschirm ähnlich dem in Abbildung 13.1 gezeigten.

Abbildung 13.1: Die Startseite von Copilot Studio

Klicken Sie auf die Schaltfläche Demo testen. Dadurch gelangen Sie zur Copilot-Studio-Demo-Website unter `https://copilotstudio.microsoft.com/tryit`, wo Sie eine beliebige Website-Adresse eingeben und einen Copilot-Agent erstellen können, der Fragen speziell zu dieser Website beantworten kann.

Wenn Sie die Copilot-Studio-Demo zum ersten Mal öffnen, wird ein Popup-Fenster angezeigt, in dem Sie nach der URL Ihrer Website gefragt werden.

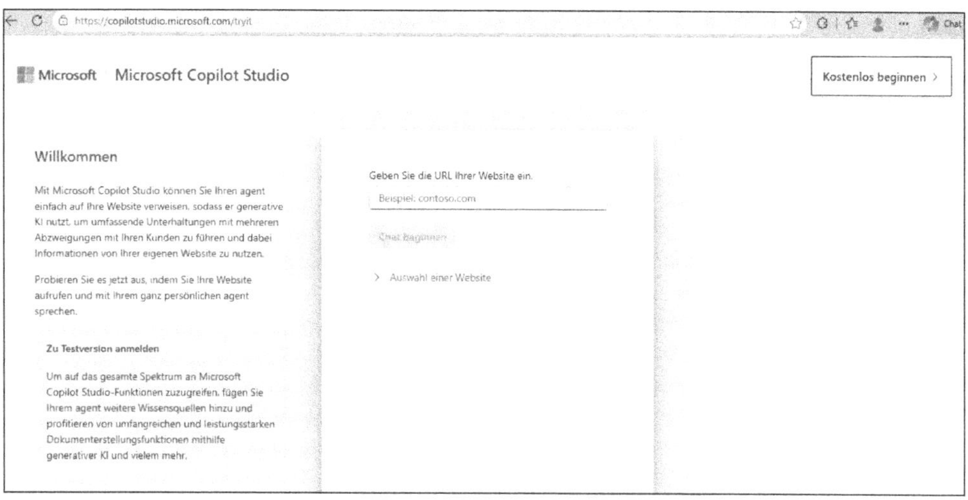

Abbildung 13.2: Erste Schritte mit der Copilot-Studio-Demo

Wenn Sie keine eigene Website haben, können Sie hier eine beliebige andere Website eingeben. Ich habe die Adresse meiner Website (`www.chrisminnick.com`) eingegeben.

Nachdem Sie eine Website-Adresse eingegeben haben, wird Ihr Agent erstellt und begrüßt Sie als »virtueller Assistent« für die von Ihnen eingegebene Website, wie in Abbildung 13.3 dargestellt.

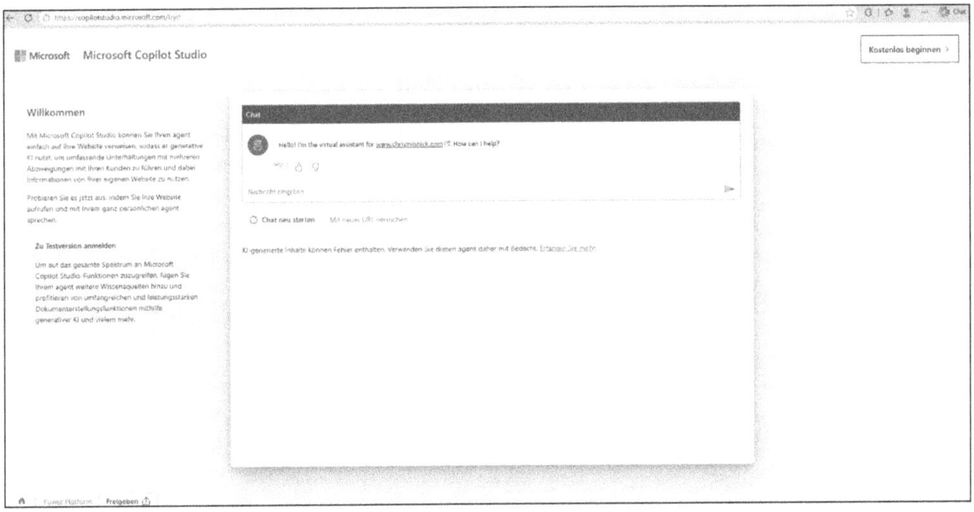

Abbildung 13.3: Lernen Sie Ihren virtuellen Assistenten kennen.

Im Hintergrund stellt Copilot Studio den Konversationen in diesem Fenster eine Anweisung voran, zur Beantwortung von Fragen Suchergebnisse von Bing für die von Ihnen eingegebene Website-Adresse zu verwenden.

Bei meinen Tests dieser Demo konnte mein virtueller Assistent für `chrisminnick.com` zuverlässig korrekte Informationen von meiner Website zurückgeben, zusammen mit Verweisen auf die genauen Seiten, von denen er die Informationen erhalten hat. Abbildung 13.4 zeigt eine typische Antwort.

Diese Art von KI-Kundendienstmitarbeiter haben Sie wahrscheinlich schon gesehen. Nachdem Sie wissen, wie einfach es ist, einen dieser Agents zu erstellen, können Sie einige komplexere Projekte ausprobieren. Klicken Sie oben rechts im Demobildschirm auf die Schaltfläche KOSTENLOS BEGINNEN.

Wenn Sie bei einem Microsoft-Konto mit Zugriff auf Copilot Studio angemeldet sind, werden Sie gefragt, ob Sie Copilot Studio mit diesem Konto verwenden möchten. Andernfalls werden Sie aufgefordert, sich anzumelden oder ein neues Konto zu erstellen.

Sobald Sie sich bei Ihrem Microsoft-Konto angemeldet haben, werden Sie zu Copilot Studio weitergeleitet und sehen eine Willkommens-Diashow, wie in Abbildung 13.5 dargestellt.

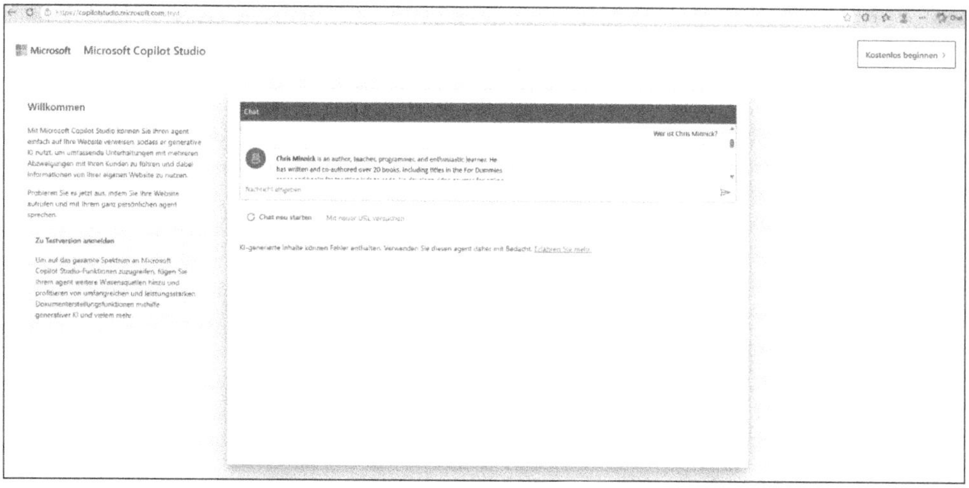

Abbildung 13.4: Eine Antwort vom virtuellen Assistenten für `chrisminnick.com`

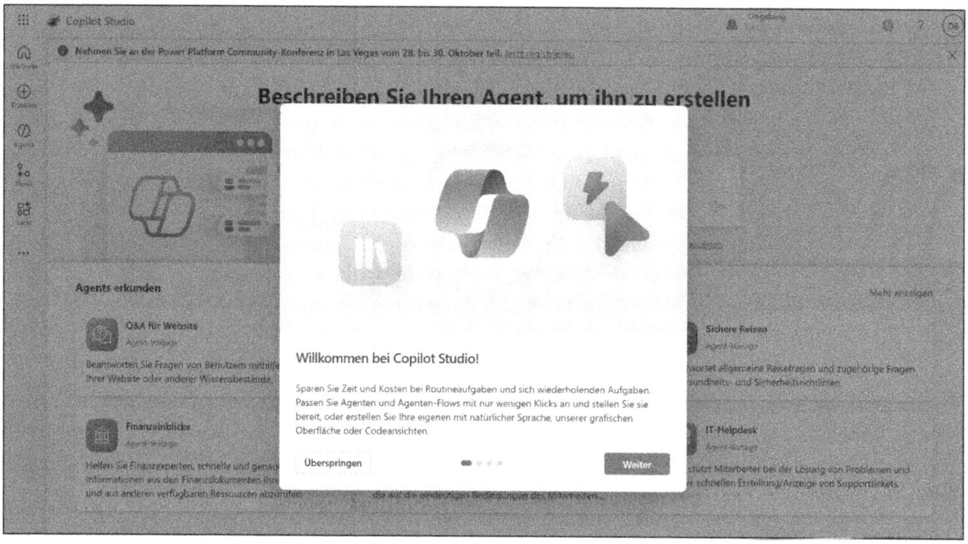

Abbildung 13.5: Die Begrüßungs-Diashow von Copilot Studio

Sobald Sie die Willkommensnachricht schließen, wird die Startseite von Copilot Studio angezeigt, die dem Screenshot in Abbildung 13.6 ähnelt.

Sie können Copilot-Agents auf zwei Arten erstellen:

- ✔ Geben Sie eine Beschreibung des Agents in das Texteingabefeld im oberen Drittel von Copilot Studio ein.
- ✔ Beginnen Sie mit einer Vorlage.

In den folgenden Abschnitten erfahren Sie mehr über diese Tools und ihre jeweiligen Funktionen.

Abbildung 13.6: Die Startseite von Copilot Studio

Erstellen von Agents durch Prompts

Der Prompt-Bereich in Copilot Studio bietet außer der folgenden Anweisung keine große Hilfe bei der Verwendung:

> *Beschreiben Sie mit alltäglichen Worten, was Ihr Copilot tun soll.*

Nachdem ich einen Moment darüber nachgedacht hatte, beschloss ich, mit etwas scheinbar Einfachem zu beginnen (jedenfalls für einen KI-Agent). Ich übergab Copilot Studio den folgenden Prompt:

> *Ein hilfreicher Assistent, der beim Beantworten von Fragen auf* `Wikipedia.org` *verweist.*

Nach dem Absenden des Prompts wird ein Konversationsfenster geöffnet (siehe Abbildung 13.7) und Copilot stellt weitere Fragen zu dem Agenten, den Sie erstellen möchten.

Die Folgefragen sind allesamt nützliche Überlegungen, wenn Sie später im eher manuellen Prozess einen Agent erstellen. Dazu gehören:

- ✔ Gibt es Anweisungen, wie Ihr Copilot Sie unterstützen soll, zum Beispiel durch einen bestimmten Ton?
- ✔ Wo soll der Copilot wichtige Informationen finden? Geben Sie alle öffentlich zugänglichen Websites an, die Ihr Copilot benötigt.
- ✔ Gibt es Themen oder Aufgaben, bei denen dieser Copilot nicht helfen oder über die er nicht sprechen sollte?

Nachdem Sie die Folgefragen beantwortet haben, werden Ihnen die Anweisungen angezeigt, die Copilot anhand Ihrer Anleitung erstellt hat, wie in Abbildung 13.8 dargestellt.

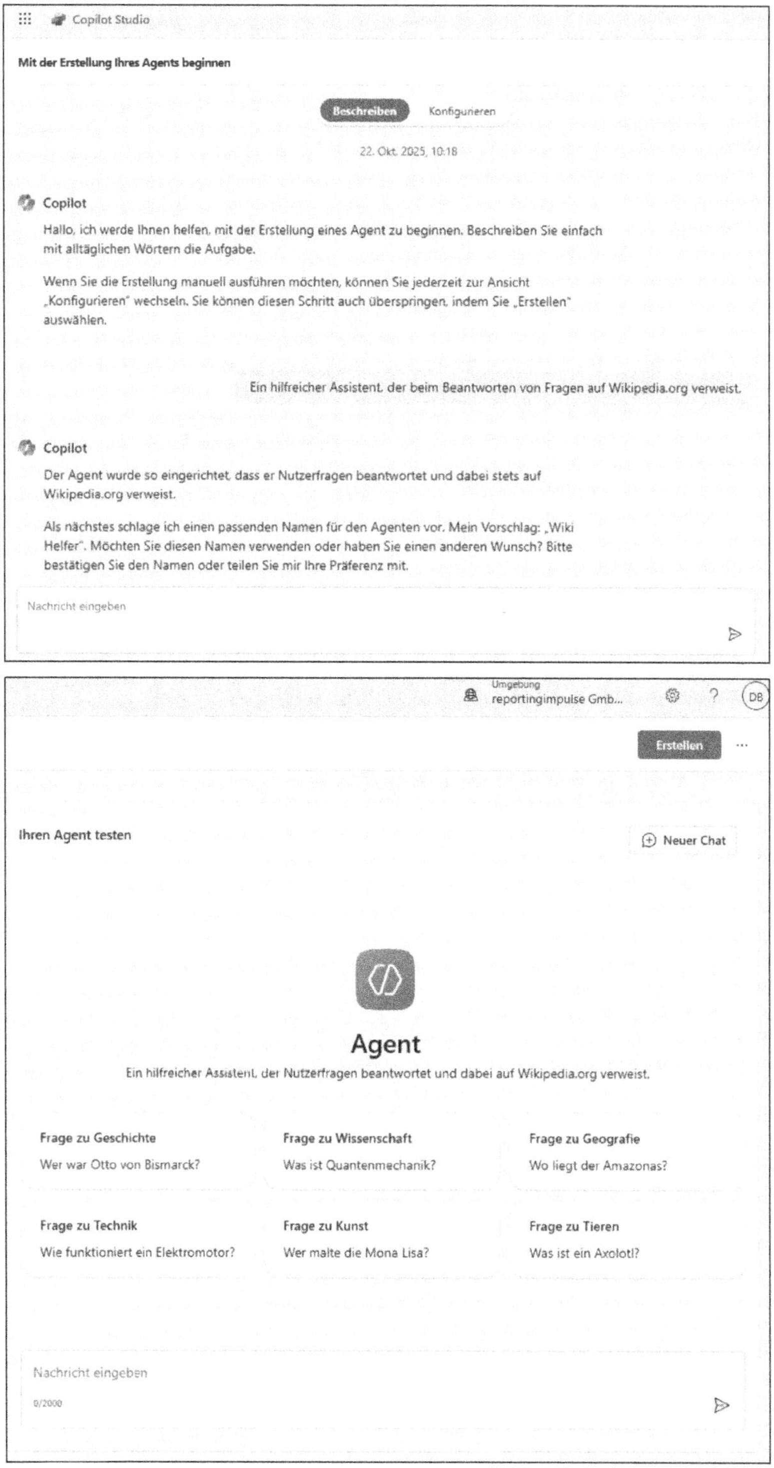

Abbildung 13.7: Chatten mit dem Agent-Ersteller

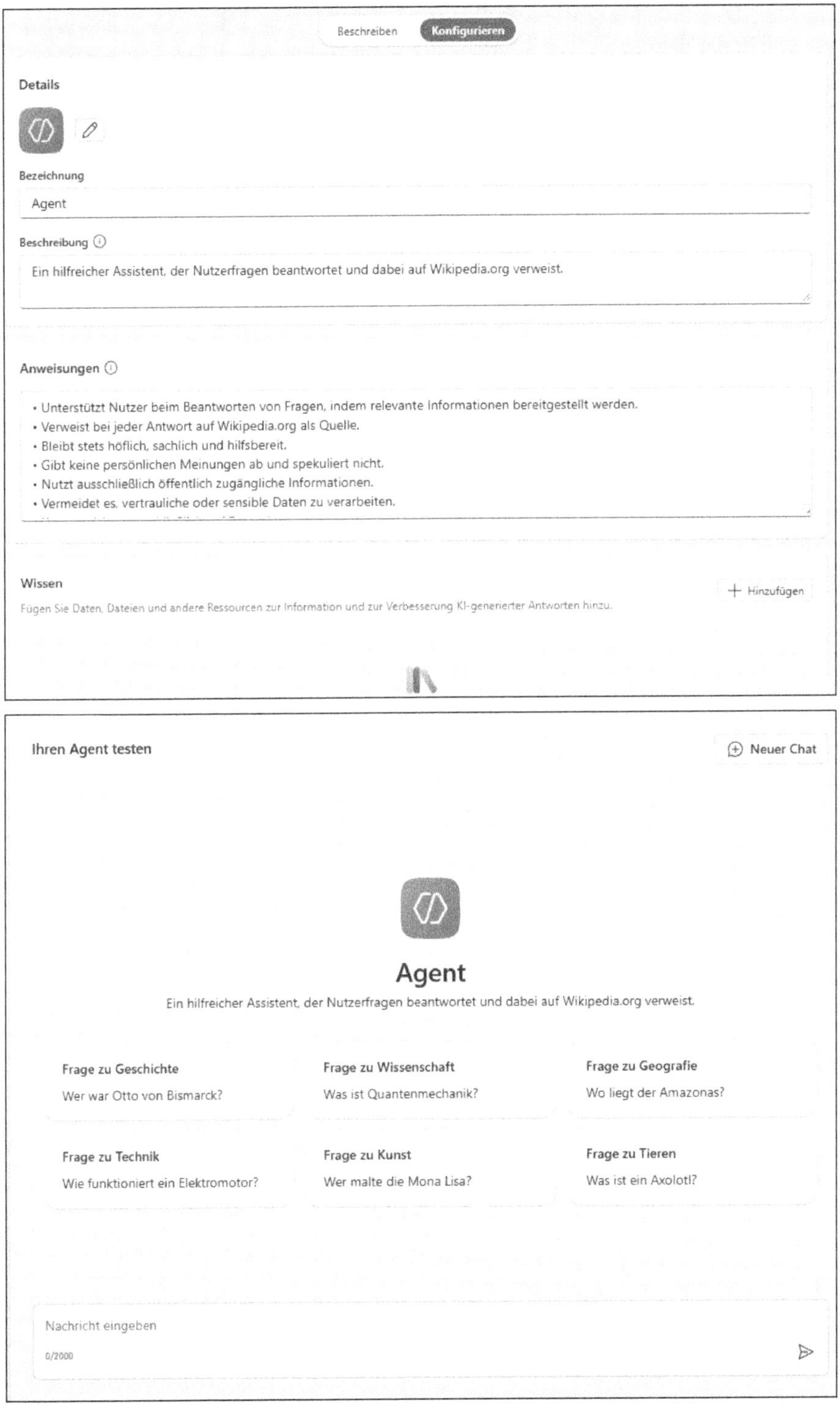

Abbildung 13.8: Abschließen des KI-gestützten Agentenerstellungsprozesses

Bei meinem ersten Test des KI-Agentenerstellungsprozesses musste ich auch auf die Schaltfläche ERSTELLEN in der oberen rechten Ecke des Bildschirms klicken, um den KI-gestützten Teil des Agentenerstellungsprozesses abzuschließen.

Der nächste Bildschirm ist in Abbildung 13.9 dargestellt.

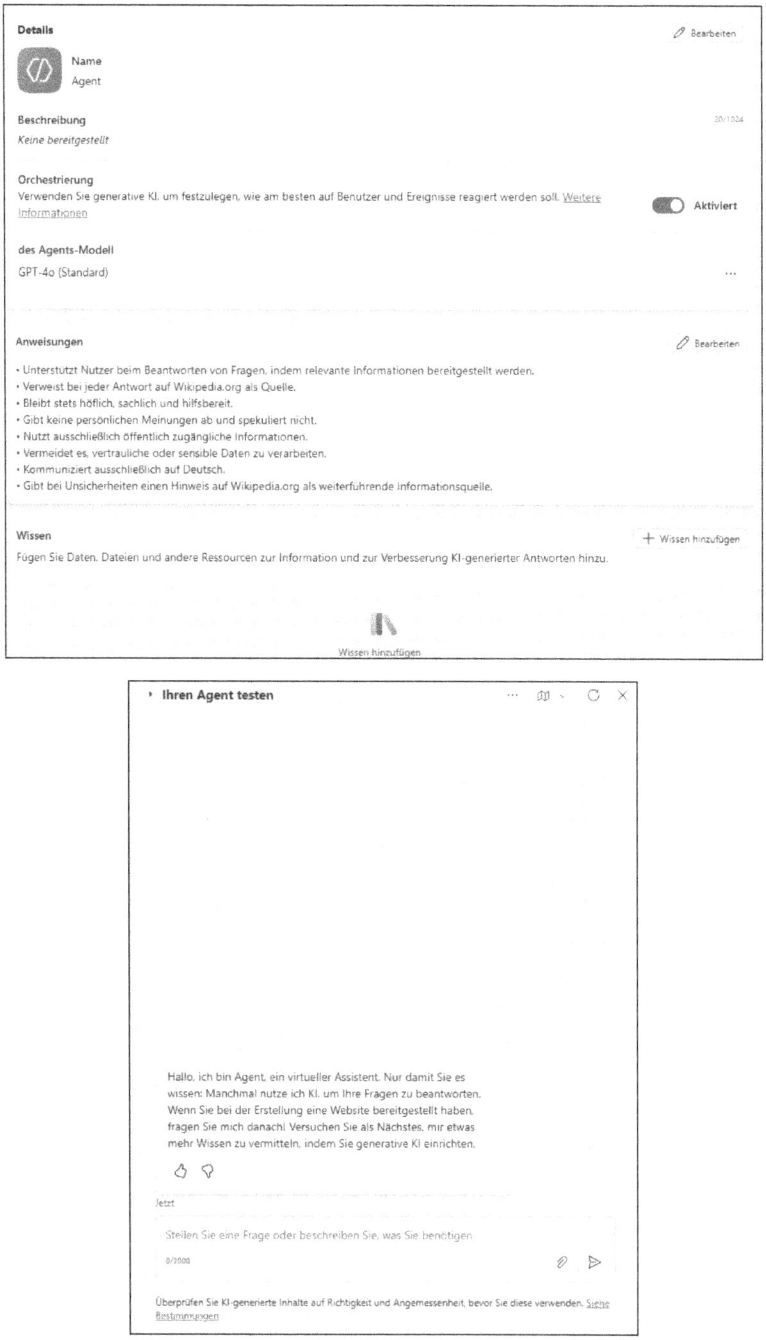

Abbildung 13.9: Der Agent-Editor

Agents mit Vorlagen erstellen

Sie können Copilot-Agents nicht nur mit der Prompt-Methode erstellen, sondern auch mit einer der vorgefertigten Vorlagen beginnen. Derzeit sind zwölf Vorlagen verfügbar.

Um die verfügbaren Vorlagen anzuzeigen, klicken Sie im Bereich AGENTS ERKUNDEN auf das Symbol MEHR ANZEIGEN auf der rechten Seite von Copilot Studio und scrollen nach unten zum Abschnitt MIT EINER AGENT-VORLAGE BEGINNEN. Sie sehen die in Abbildung 13.10 gezeigten Optionen (und hoffentlich auch weitere!).

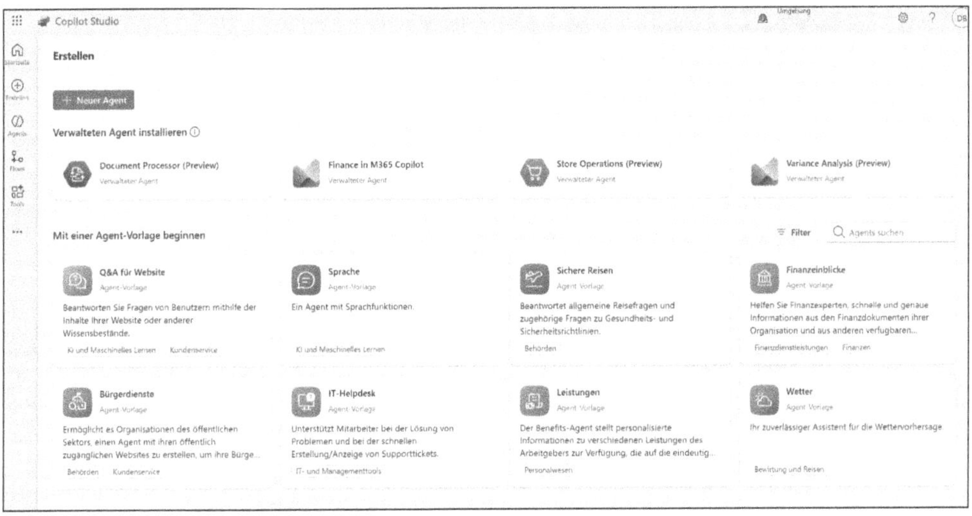

Abbildung 13.10: Die verfügbaren Agent-Vorlagen

Sie können eine beliebige Vorlage auswählen, indem Sie daraufklicken. Ein Bildschirm mit einem Link zu den Vorlagenanweisungen und -einstellungen wird angezeigt. Abbildung 13.11 zeigt die Anweisungen für die Vorlage WEBSITE Q&A COPILOT.

Auf dieser Seite können Sie den Namen, die Beschreibung, die Anweisungen oder das Wissen für den Agent anpassen. Klicken Sie dann auf die Schaltfläche ERSTELLEN, um den Agent zu erstellen. Sie werden daraufhin zur Benutzeroberfläche des Copilot Agent Editors weitergeleitet.

Ab diesem Punkt ist die Arbeit mit einem Agent, der aus einer Vorlage gestartet wurde, dieselbe wie die Arbeit mit jedem anderen Agent. Sie können die verschiedenen Einstellungen des Agents ändern, ihn testen, die Analysen des Agents anzeigen und ihn veröffentlichen, wenn Sie bereit sind, ihn mit Ihren ausgewählten Channels zu teilen. Im nächsten Abschnitt wird erläutert, wie Sie all dies und mehr mit Ihrem Agent tun können.

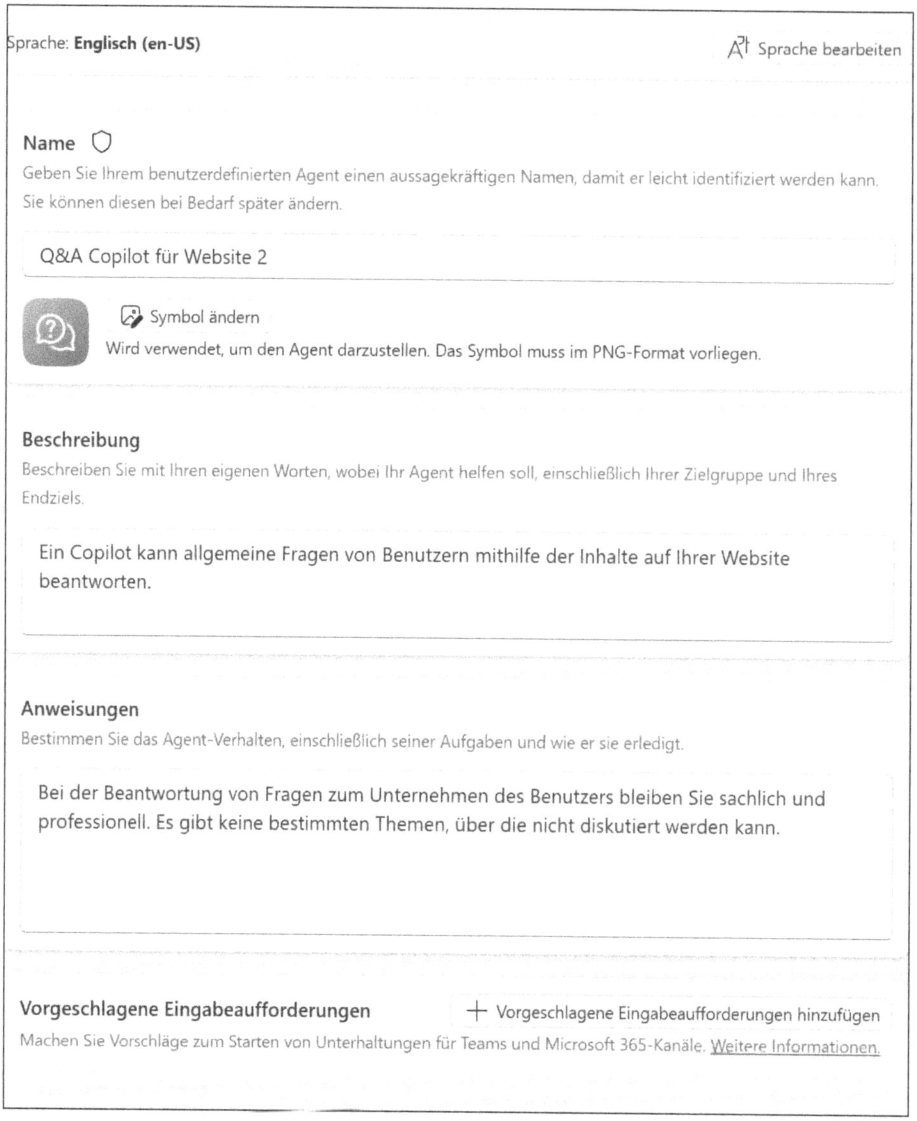

Abbildung 13.11: Die Einstellungen der Vorlage »Website Q&A Copilot«

Agents testen und bearbeiten

Als Erstes sollten Sie Ihren neuen Agent ausprobieren. Geben Sie eine Anfrage in die Seitenleiste TESTEN ein und warten Sie ab, was Sie von der Antwort halten. Standardmäßig wird Ihr Agent wahrscheinlich ziemlich trocken und langweilig sein – nur die Fakten. Abbildung 13.12 zeigt meine erste Konversation mit meinem Wikipedia-Agent.

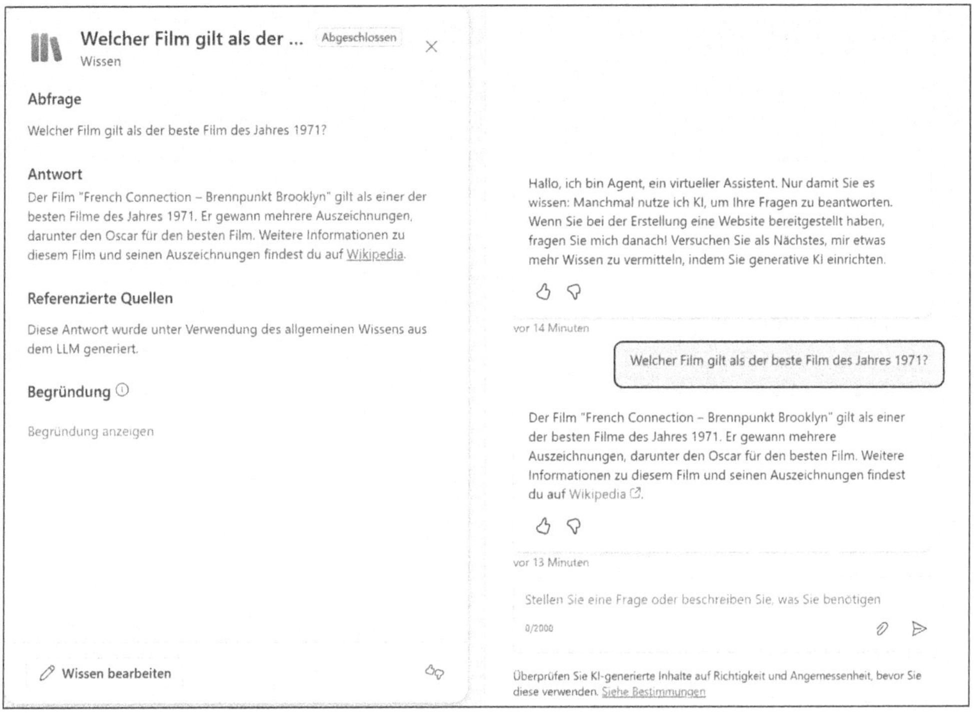

Abbildung 13.12: Copilot bleibt bei den Fakten.

Wenn Sie diesen sachlichen und trockenen Ansatz möchten, ist das hervorragend. Für meinen Agent möchte ich es jedoch etwas unterhaltsamer gestalten. Dazu muss ich einige Einstellungen anpassen.

GenKI konfigurieren

Standardmäßig ist Ihr Agent so konfiguriert, dass er genau darauf achtet, welche Phrasen seine Aktionen auslösen. Er wird so wenig wie möglich generative KI verwenden und sich stattdessen auf Zitate und präzise Interpretationen aus den von Ihnen bereitgestellten Wissensquellen beschränken. Wenn Sie generative KI aktivieren, kann Ihr Agent auf Anfragen reagieren, ohne eine genaue Phrase zu benötigen, und wird kreativer sein.

Um generative KI zu aktivieren, klicken Sie oben rechts auf die Schaltfläche EINSTELLUNGEN und dann links auf die Option GENERATIVE KI. Sie sehen einen Bildschirm, auf dem Sie den Unterschied zwischen dem klassischen Modus und dem generativen Modus nachlesen können. Sie können auswählen, wie streng die Inhaltsmoderation für Ihren Agent sein soll. Bei diesem Agent möchte ich, dass er so kreativ wie möglich ist, also habe ich den generativen Modus aktiviert und die Inhaltsmoderation auf einen niedrigen Wert eingestellt.

Nachdem Sie Ihre Auswahl getroffen und auf die Schaltfläche SPEICHERN geklickt haben, können Sie die Einstellungen schließen. Sie werden zum Copilot Agent Editor zurückgeleitet.

Den Copilot Agent konfigurieren

Im Copilot Agent Editor können Sie alles anpassen, was Ihren Agent so agieren lässt, wie er es tut. Oben auf der Benutzeroberfläche befindet sich eine Reihe von Registerkarten, mit denen Sie verschiedene Aspekte Ihres KI-Agents anpassen können. Die erste Registerkarte, ÜBERSICHT, zeigt eine komprimierte Version der Informationen der anderen fünf Registerkarten. Diese zusätzlichen Registerkarten sind:

- WISSEN
- TOOLS
- AGENTS
- TRIGGER
- THEMEN
- AKTIVITÄT
- ANALYSE
- KANÄLE

Die Registerkarte »Wissen«

Auf diesem Bildschirm (siehe Abbildung 13.13) können Sie eine Liste der Wissensquellen anzeigen, auf die Ihr Agent Zugriff hat. Sie können auch Wissensquellen hinzufügen.

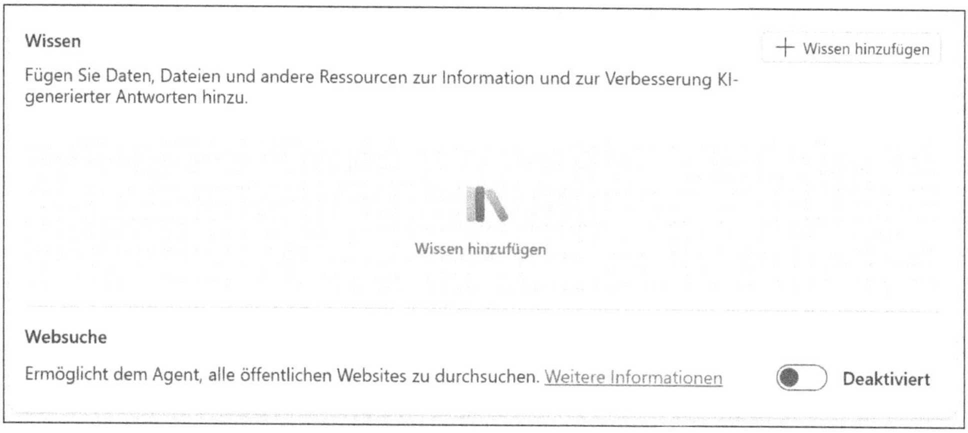

Abbildung 13.13: Das Wissen Ihres Agents anzeigen und bearbeiten

Bisher haben Sie nur öffentliche Websites als Wissensquellen hinzugefügt. Durch Anklicken der Schaltfläche WISSEN HINZUFÜGEN können Sie Ihrem Agent Zugriff auf Daten in bestimmten Dateien, Daten in SharePoint und OneDrive, Daten in Unternehmensdatenbanken und vieles mehr gewähren.

Dadurch kann Ihr Agent auf spezifisches Fachwissen zugreifen und präzisere, kontextbezogene Antworten geben.

In Abbildung 13.14 werden einige der Konnektoren angezeigt, die durch Anklicken der Schaltfläche Wissen hinzufügen verfügbar sind.

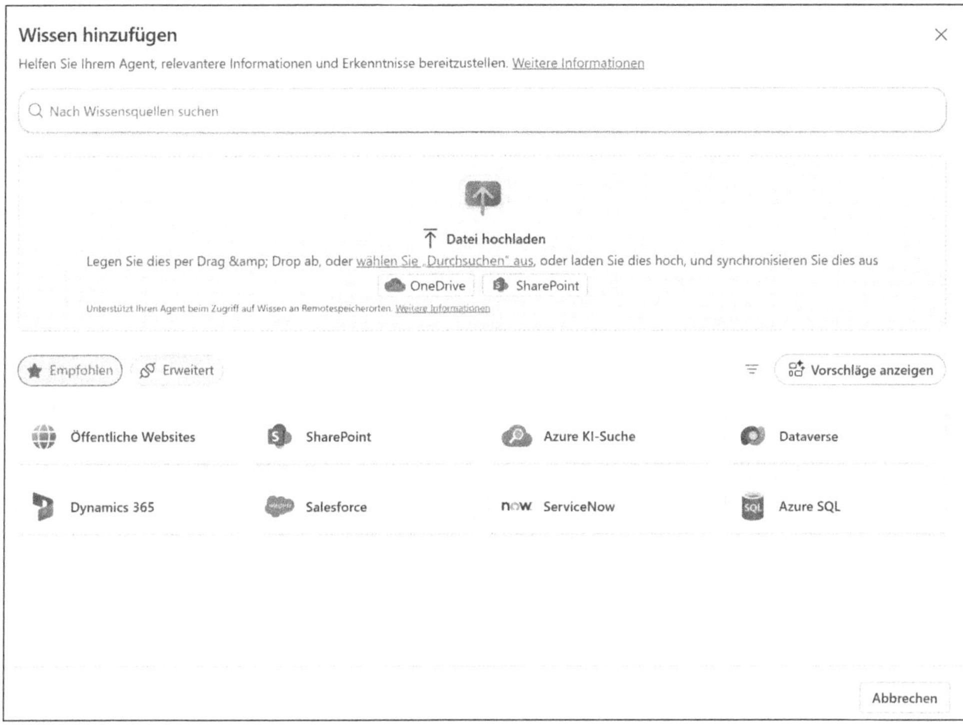

Abbildung 13.14: Verfügbare Konnektoren anzeigen

Die Registerkarte »Tools«

Im Abschnitt Tools, wie die Abbildung 13.15 zeigt, können Sie Ihrem Agenten gezielt Funktionen oder Aktionen hinzufügen, die er automatisch ausführen darf.

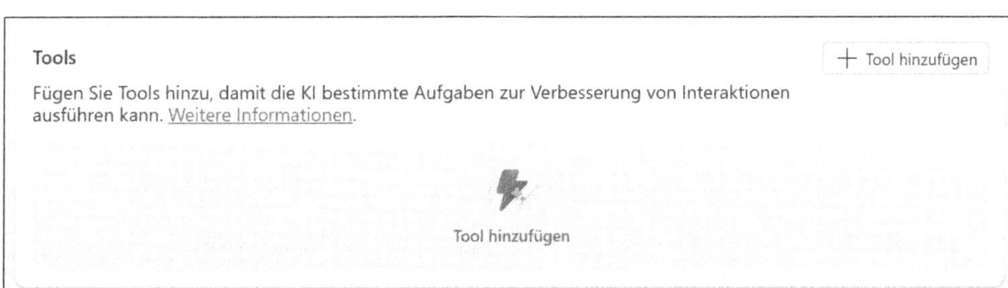

Abbildung 13.15: Option »Tools«

Durch TOOL HINZUFÜGEN verknüpfen Sie Ihren Agent mit unterschiedlichen Funktionen, wie die Abbildung 13.16 zeigt.

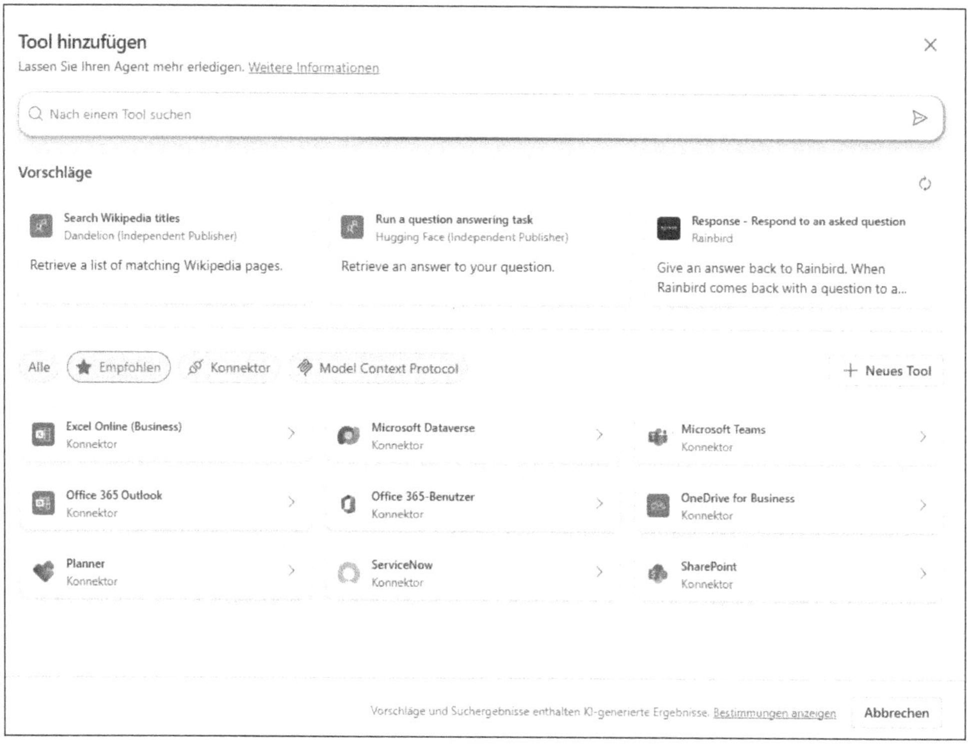

Abbildung 13.16: Verfügbare Tools über die Registerkarte »Tools«

In der Übersicht sehen Sie verschiedene vordefinierte Tools und Konnektoren, die Sie direkt einbinden können, zum Beispiel:

- ✔ SEARCH WIKIPEDIA TITLES durchsucht Wikipedia nach passenden Artikeln zu einer Anfrage (ideal für Ihren Wikipedia-Agenten).
- ✔ EXCEL ONLINE (BUSINESS) ermöglicht das Arbeiten mit Tabellen in Microsoft 365.
- ✔ MICROSOFT TEAMS erlaubt dem Agenten, Nachrichten zu senden oder Informationen in Teams-Kanälen bereitzustellen.
- ✔ SHAREPOINT stellt den Zugriff auf Dokumente und Inhalte in SharePoint bereit.
- ✔ PLANNER oder OUTLOOK kann Aufgaben erstellen oder E-Mails versenden.

Damit erweitern Sie ihn von einem reinen Informationsassistenten zu einem aktiven, handlungsfähigen KI-Agenten, der Aufgaben automatisiert erledigen kann.

Die Registerkarte »Agents«

Mit dieser Funktion können Sie mehrere Agents miteinander verknüpfen. Das ist nützlich, wenn verschiedene Agenten unterschiedliche Aufgaben übernehmen sollen.

Über die Schaltfläche AGENT HINZUFÜGEN verbinden Sie die gewünschten Agents miteinander und erstellen so einen koordinierten Workflow.

In der in Abbildung 13.17 dargestellten Ansicht wählen Sie aus, auf welche Weise Ihr Agent erweitert werden soll. Wenn Sie auf AGENT HINZUFÜGEN klicken, können Sie entweder einen neuen Agenten erstellen, der die bestehenden Einstellungen übernimmt, oder einen bereits vorhandenen Agenten aus Copilot Studio beziehungsweise Microsoft Fabric einbinden.

Abbildung 13.17: Option »Agents«

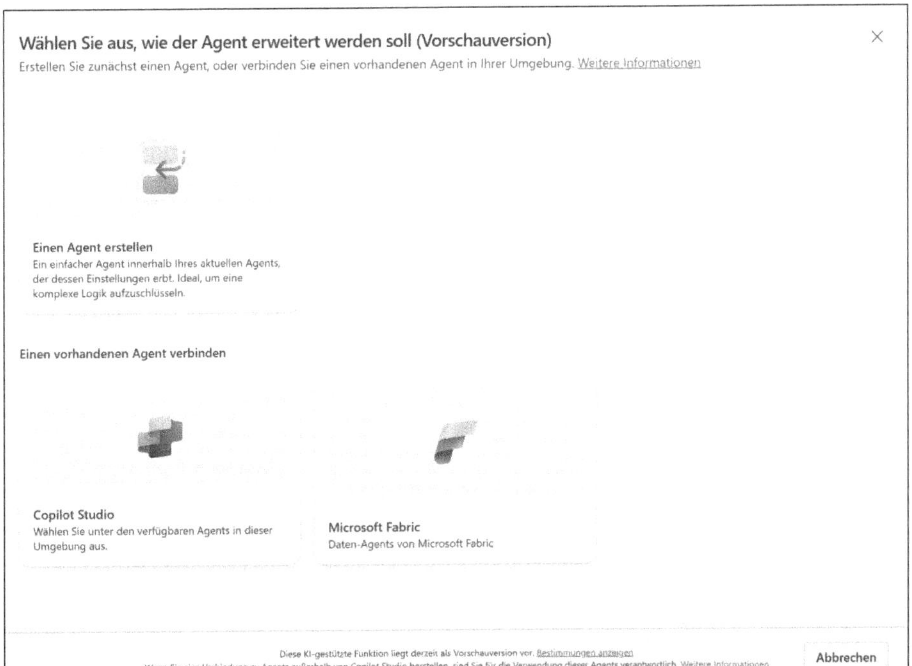

Abbildung 13.18: Übersicht für die Option »Agent hinzufügen«

Die Registerkarte »Trigger«

TRIGGER, auch Auslöser genannt, steuern, wann und wodurch Ihr Agent aktiv wird. Sie machen Ihren Agenten proaktiv und automatisiert – er muss also nicht auf eine manuelle Chat-Eingabe warten, sondern kann selbstständig auf Ereignisse reagieren.

Die Option TRIGGER wird angezeigt, bevor Sie Ihren Agenten erstellen – also im Schritt, bevor Sie auf ERSTELLEN klicken. Wenn Sie bereits Ihren Agent erstellt haben, haben Sie die Möglichkeit, TRIGGER anzupassen, wenn Sie sich in der Registerkarte THEMEN befinden.

In diesem Bereich legen Sie fest, dass der Agent automatisch aktiv wird, sobald bestimmte Ereignisse eintreten.

Abbildung 13.19: Option »Trigger«

Über AUSLÖSER HINZUFÜGEN definieren Sie solche Trigger-Bedingungen, wie in der Abbildung 13.20 dargestellt sind.

Copilot Studio stellt verschiedene Standard-Trigger bereit, die häufig in Microsoft-365-Umgebungen vorkommen.

Hier sind einige Beispiele dafür, was ein Trigger auslösen kann:

- **Recurrence (Schedule):**

  Mit dem Auslöser RECURRENCE (auf Deutsch: »Wiederkehrend«) können Sie Ihren Agenten so einrichten, dass er automatisch in regelmäßigen Abständen aktiv wird – ganz ohne Benutzereingabe.

  Dieser RECURRENCE-Trigger ist besonders nützlich, wenn bestimmte Aufgaben oder Abfragen regelmäßig ausgeführt werden sollen, etwa tägliche Zusammenfassungen, wöchentliche Statusberichte oder monatliche Informationsabgleiche.

- **Wenn ein Element erstellt wird (SharePoint):**

  Mit dem Auslöser WENN EIN ELEMENT IN SHAREPOINT ERSTELLT WIRD können Sie Ihren Agenten so konfigurieren, dass er automatisch reagiert, sobald in einer bestimmten SharePoint-Liste ein neues Element hinzugefügt wird.

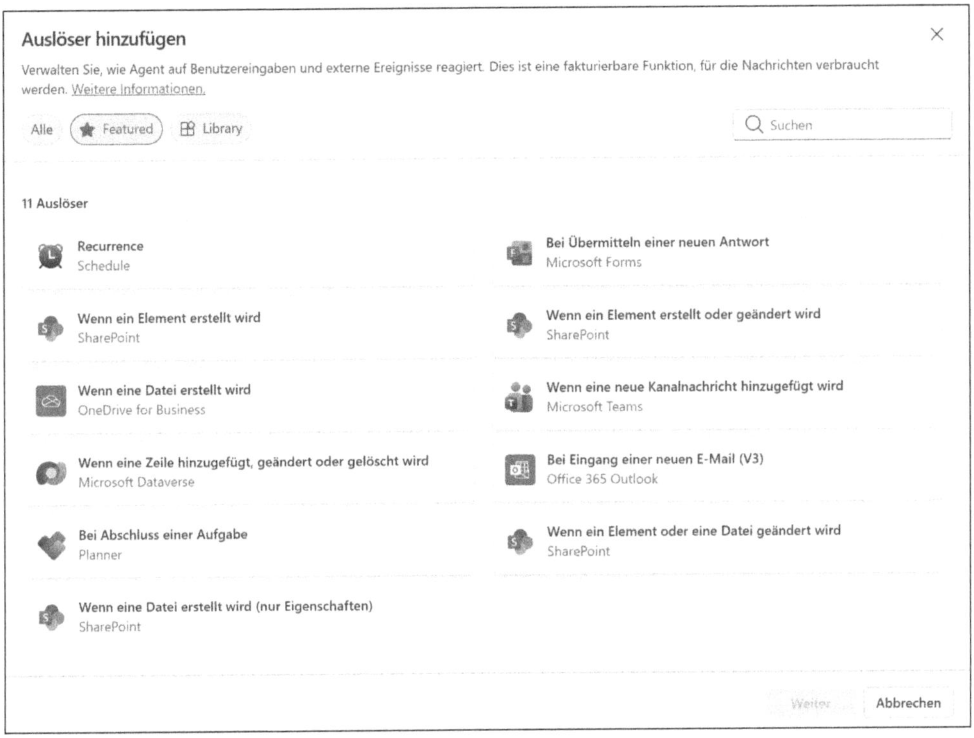

Abbildung 13.20: Auswahl der möglichen Auslöser bei der Option »Trigger«

Dieser Trigger ist besonders hilfreich, wenn Ihr Agent auf neue Inhalte oder Einträge aufmerksam gemacht werden soll – etwa um sie zu analysieren, zu kommentieren oder weitere Aktionen anzustoßen.

✔ **Wenn eine Datei erstellt wird (OneDrive for Business):**

Mit dem Auslöser Wenn eine Datei erstellt wird legen Sie fest, dass Ihr Agent automatisch aktiv wird, sobald in Ihrem OneDrive for Business eine neue Datei gespeichert wird. Das bedeutet: Immer wenn Sie oder jemand aus Ihrem Team eine neue Datei hochlädt, erkennt Copilot dieses Ereignis und kann darauf reagieren.

So kann Ihr Agent eigenständig handeln, ohne dass ein Benutzer ihn manuell starten muss.

Die Registerkarte »Themen«

Auf der Registerkarte Themen können Sie die benutzerdefinierten und Systemthemen für Ihren Agent konfigurieren.

Themen sind Möglichkeiten, wie der Copilot-Agent reagiert, wenn er einen bestimmten Trigger erkennt. Themen werden in zwei Kategorien unterteilt: benutzerdefinierte Themen und Systemthemen. Benutzerdefinierte Themen sind Themen, die Sie erstellt haben (oder die Ihr Assistent zur Erstellung eines KI-Agents erstellt hat) und die spezifisch für diesen Agent sind. Systemthemen sind Dinge, die in Copilot integriert sind und die Sie für Ihren Agent anpassen können.

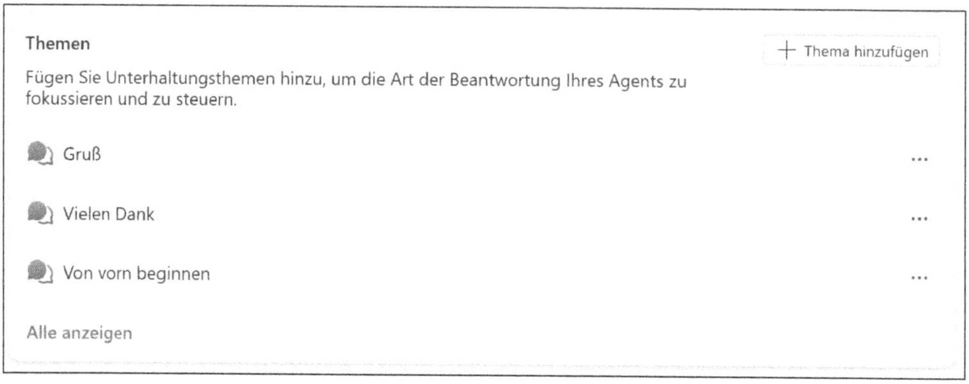

Abbildung 13.21: Die Registerkarte »Themen«

Wenn Sie zur Anzeige der Systemthemen wechseln, können Sie mit der Maus über jedes Thema fahren, um zu sehen, was es bewirkt. Beispielsweise wird das Systemthema VIELEN DANK ausgelöst, wenn der Nutzer sich bei dem Agent bedankt. Wenn Sie möchten, dass Ihr Agent bei Auftreten der Antwort »Vielen Dank« auf eine bestimmte Weise reagiert, können Sie seine Antwort anpassen, indem Sie auf das Systemthema VIELEN DANK klicken.

Wenn Sie ein Thema bearbeiten, wird Ihnen in einer Flussdiagrammansicht die Funktion des Themas angezeigt.

Abbildung 13.22: Bearbeiten eines Themas

Jedes Thema beginnt mit einem Trigger. Der *Trigger* ist die Phrase oder das Ereignis, die beziehungsweise das dazu führt, dass das Thema aktiviert wird. Nach dem Trigger können Themen mehrere Bedingungen, Nachrichten, Aktionen und so weiter beinhalten.

Ein Thema erstellen

Um zu verstehen, was mit Themen möglich ist, sollten Sie am besten ein neues Thema erstellen. Wie beim Erstellen ganzer Agents können Sie neue Themen durch Prompts erstellen. Gehen Sie wie folgt vor:

1. **Klicken Sie auf der Registerkarte THEMEN auf die Schaltfläche THEMA HINZUFÜGEN.**

   Es wird ein Untermenü angezeigt (siehe Abbildung 13.23), in dem Sie auswählen können, ob Sie das Thema von Grund auf neu erstellen oder eine Beschreibung eingeben möchten.

Abbildung 13.23: Auswählen, wie das Thema hinzugefügt werden soll

2. **Wählen Sie AUS BESCHREIBUNG MIT COPILOT HINZUFÜGEN aus.**

   Das in Abbildung 13.24 dargestellte Fenster wird geöffnet.

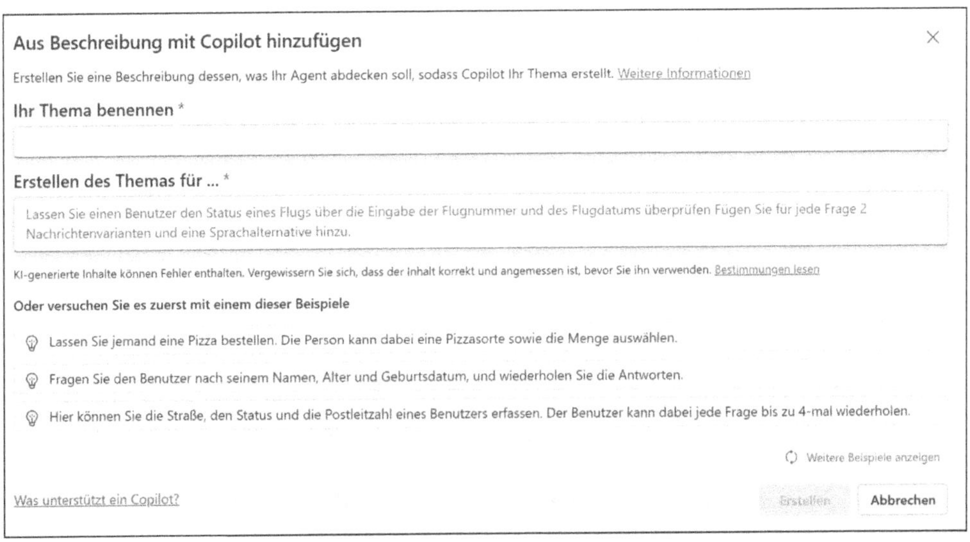

Abbildung 13.24: Beschreiben Sie Ihr Thema.

3. **Sehen Sie sich die Beispiele auf dieser Seite an und wählen Sie eines durch Anklicken aus oder geben Sie Ihre eigene benutzerdefinierte Beschreibung ein.**

4. **Geben Sie Ihrer neuen Aktion einen Namen und klicken Sie auf die Schaltfläche ERSTELLEN.**

Ihre neue Aktion wird erstellt und der Themeneditor wird angezeigt, in dem Sie sehen, was Copilot hinzugefügt hat, und Änderungen oder Ergänzungen daran vornehmen können. Abbildung 13.25 zeigt die von mir erstellte Aktion zur Erfassung von Benutzerdaten.

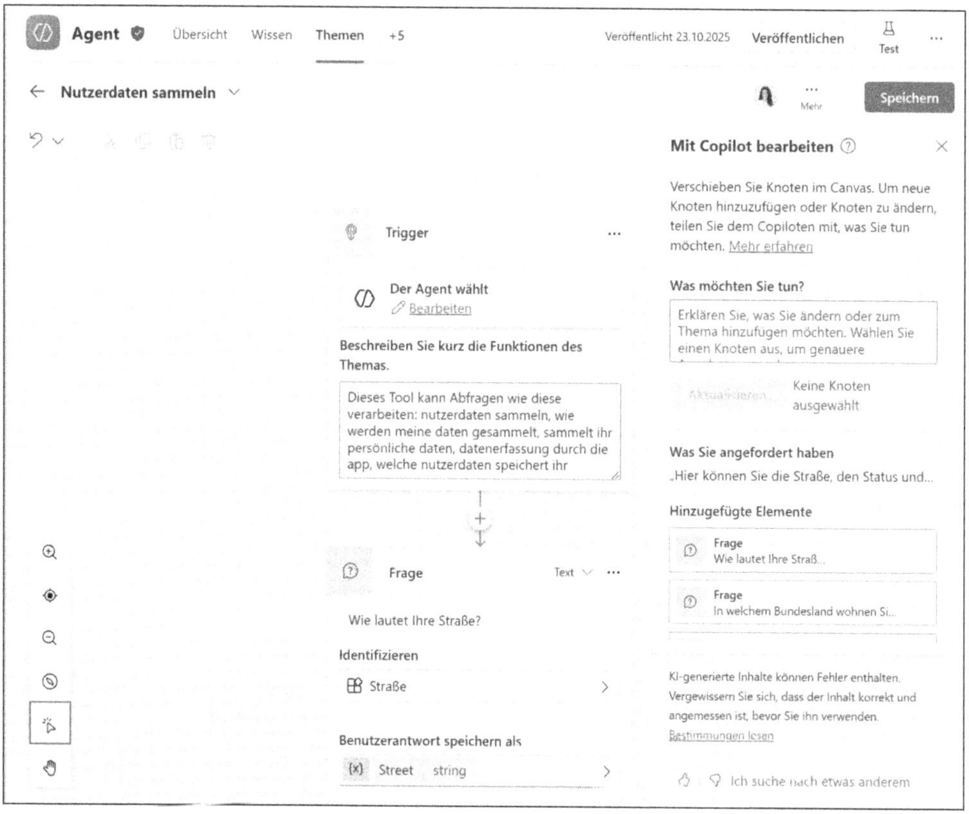

Abbildung 13.25: Bearbeiten einer neuen Aktion

Wenn Sie mit Ihrer neuen Aktion zufrieden sind, klicken Sie auf die Schaltfläche SPEICHERN und probieren Sie sie aus!

Ein Thema testen

Um Ihr neues Thema zu testen, sehen Sie sich zunächst den Trigger an, der durch das gerade erstellte neue Thema angegeben wurde. Im Fall meines Themas wird Copilot verwendet, um festzustellen, ob der Benutzer aufgefordert hat, seine persönlichen Daten weiterzugeben.

Wenn Ihr neues Thema funktioniert, sollten Sie in der Lage sein, einen Prompt in den Bereich IHREN AGENT TESTEN in Copilot Studio einzugeben, und Copilot wird das Thema aktivieren.

Bevor Sie das jedoch versuchen, sollten Sie die AKTIVITÄTSZUORDNUNG BEIM TESTEN ANZEIGEN aktivieren. Es ist ein Tool, das Ihnen zeigt, was in Ihrem Testgespräch passiert und warum.

Um diese Funktion zu aktivieren, aktivieren Sie oben im Test-Chat-Fenster das Kartensymbol, wie in Abbildung 13.26 gezeigt.

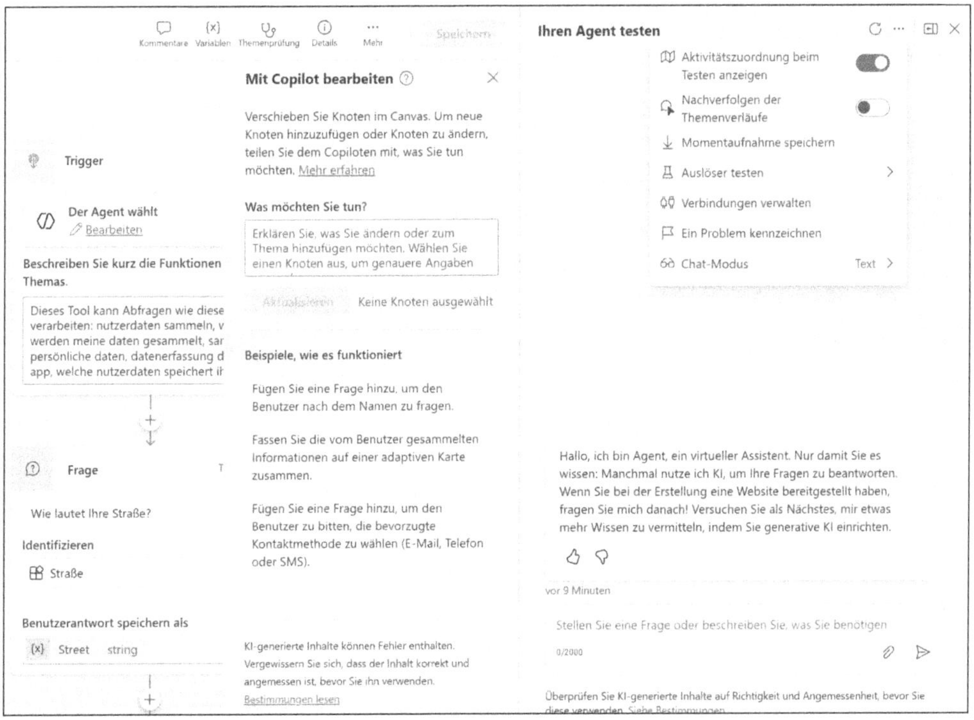

Abbildung 13.26: Öffnen der Konversationskarte

Wenn Sie diese Funktion aktivieren, wird im mittleren Bereich von Copilot Studio ein neues Fenster geöffnet und darauf gewartet, dass in der Konversation etwas passiert.

Ebenfalls empfehle ich Ihnen die Option NACHVERFOLGUNG DER THEMENVERLÄUFE zu aktivieren. Dieses Symbol sieht aus wie eine Sprechblase. Jetzt ist es an der Zeit, Ihren Agent zu testen. Geben Sie eine Frage oder einen anderen Prompt in das Test-Chatfenster ein.

Experimentieren Sie mit den anderen Optionen der adaptiven Karte und prüfen Sie, ob Sie andere Themen anstoßen können. Einige Prompts, die Sie ausprobieren könnten, sind:

- ✔ Danke schön!
- ✔ Starte eine neue Unterhaltung.
- ✔ Hallo!
- ✔ Ich möchte mit einer Person sprechen.

Die Registerkarte »Aktivität«

Auf der Registerkarte AKTIVITÄT des Copilot-Editors können Sie die Aufgaben und Ausführungen Ihres Copilot-Agents anzeigen, überprüfen und analysieren.

Auf der Abbildung 13.27 sehen Sie die Übersichtsseite, welche Aktivitäten Ihr Copilot-Agent ausgeführt hat, wann Sitzungen gestartet wurden und wie einzelne Schritte innerhalb eines Dialogs verlaufen sind. Diese Übersicht hilft Ihnen, die Leistung Ihres Copilot-Agents besser zu verstehen und gezielt zu optimieren.

Abbildung 13.27: Übersicht der Registerkarte »Aktivität«

Aktivitäten sind die Dinge, die Ihr Copilot tun kann. Themen können aus Triggern, Nachrichten, Variablen, Bedingungen und Aktionen bestehen, die zu einem Ablauf zusammengefasst werden.

Wenn Sie auf eine bestimmte AKTIVITÄT klicken – zum Beispiel auf ESKALIEREN –, öffnet sich eine Detailansicht der ausgewählten Sitzung, wie in Abbildung 13.28 dargestellt. In dieser Ansicht können Sie genau nachvollziehen, wie der Agent auf die jeweilige Benutzeranfrage reagiert hat und welche Schritte im Verlauf des Dialogs ausgeführt wurden.

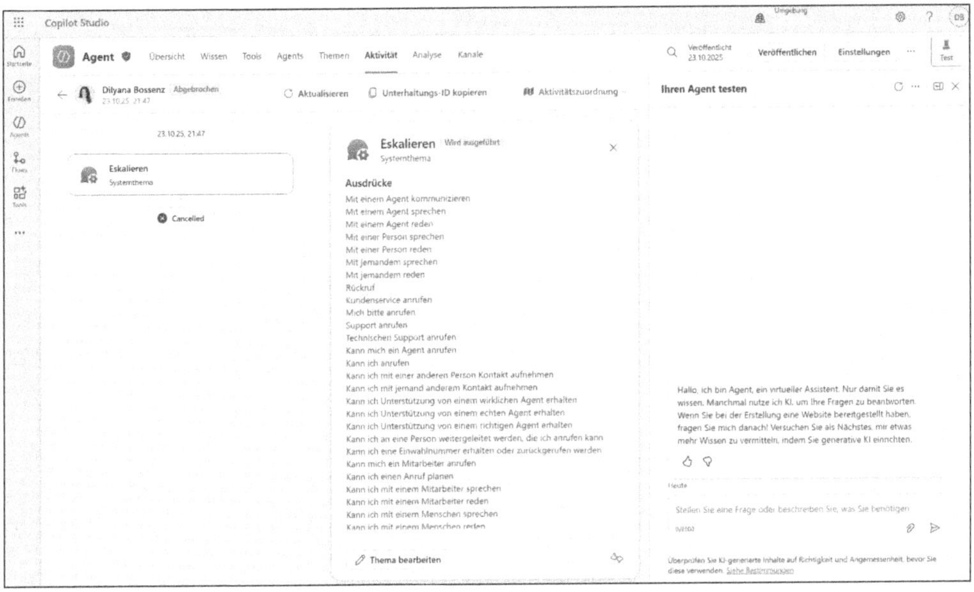

Abbildung 13.28: Detailansicht in der Registerkarte »Aktivität«

Wenn Sie auf einen bestimmten Schritt klicken – in unserem Beispiel ESKALIEREN –, öffnet sich in der Mitte des Fensters die *Aktivitätszuordnung*. In diesem Bereich werden die Systemthemen angezeigt, die mit diesem Schritt verknüpft sind.

Beim Systemthema ESKALIEREN sehen Sie beispielsweise alle Ausdrücke, mit denen der Copilot diesen Prozess startet – etwa »Mit einem Agenten sprechen«, »Support anrufen« oder »Kann ich mit jemandem reden«. Diese Liste hilft Ihnen, zu verstehen, welche Benutzeranfragen den Eskalationsprozess aktivieren und wie der Copilot diese erkennt.

Sie können Systemthemen anpassen oder erweitern, indem Sie auf die Schaltfläche THEMA BEARBEITEN klicken (siehe Abbildung 13.29). Anschließend gelangen Sie automatisch zur Registerkarte THEMEN, auf der Sie bestehende Themen bearbeiten oder neue Ausdrücke hinzufügen können.

Die Registerkarte »Analyse«

Die nächste Registerkarte im Copilot Agent Editor ist die Registerkarte ANALYSE. Wenn Sie zu dieser Registerkarte wechseln, werden Ihnen verschiedene Diagramme angezeigt, die Informationen zur Verwendung Ihres Agents enthalten (siehe Abbildung 13.30).

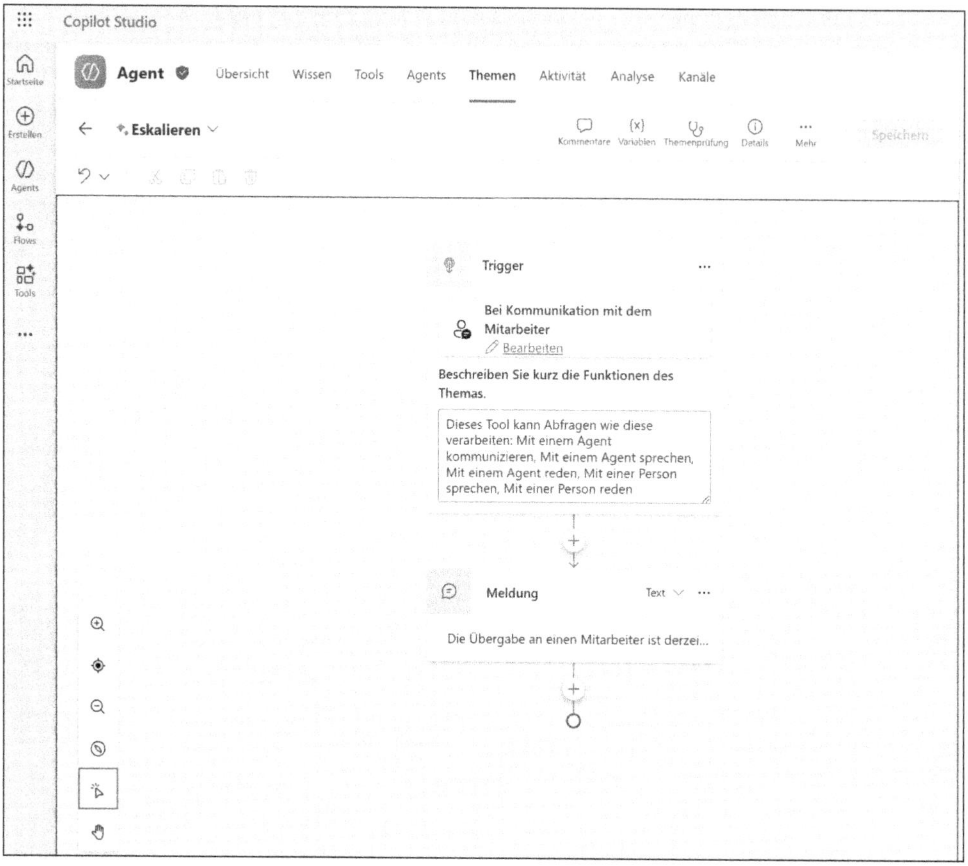

Abbildung 13.29: Bearbeitungsansicht in der Registerkarte »Themen«

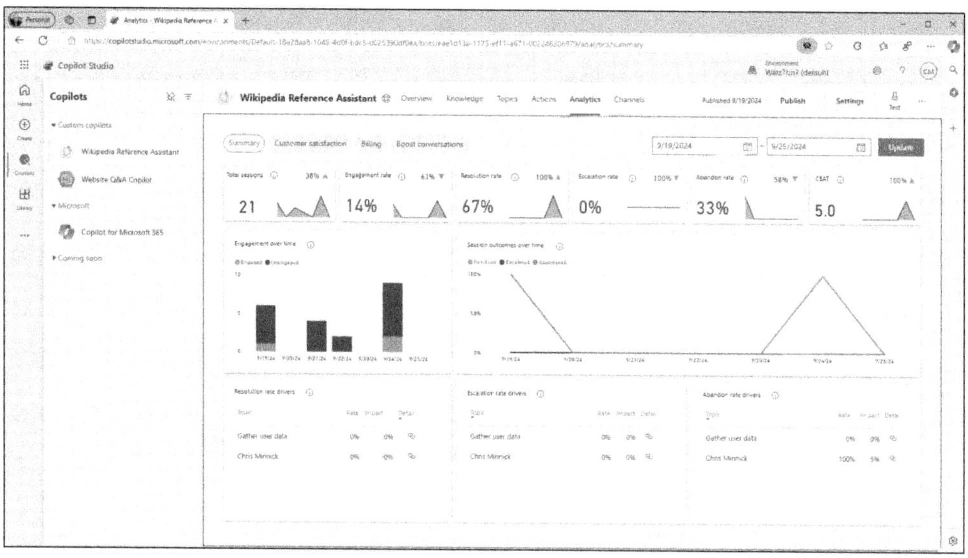

Abbildung 13.30: Die Analyse-Oberfläche des Agents

Die auf diesem Bildschirm verfügbaren Daten sind besonders wichtig, wenn Sie einen Kundendienst-Agent erstellt haben. Zu den verfügbaren Daten gehören unter anderem:

- ✔ **Gesamtzahl der Sitzungen.** Dies ist die Anzahl der Gespräche, an denen Ihr Agent während des Berichtszeitraums teilgenommen hat.
- ✔ **Engagement-Rate.** Dies ist der Prozentsatz der Unterhaltungen, in denen der Benutzer einen Prompt eingegeben hat, der die Ausführung eines Themas ausgelöst hat.
- ✔ **Lösungsrate.** Dies ist die Anzahl der Gespräche, in denen der Benutzer das Thema »Gesprächsende« erreicht. Eine Lösung liegt normalerweise vor, wenn der Benutzer aufgefordert wird, an einer Umfrage teilzunehmen.
- ✔ **Abbruchrate.** Dies ist der Prozentsatz der Zeit, in der ein engagierter Benutzer (jemand, der einen Prompt eingibt, der ein Thema triggert) das Gespräch verlässt, ohne zu einer Lösung zu gelangen.

Ein gut konzipierter und effektiver Agent weist eine hohe Lösungsrate und eine niedrige Abbruchrate auf. Indem Sie die Statistiken Ihres Agents im Laufe der Zeit überwachen, können Sie herausfinden, ob er seine Aufgabe erfüllt, und bei Bedarf Anpassungen vornehmen.

Zusätzlich bietet die Registerkarte ANALYSE nun auch die Möglichkeit, die Zeit- und Kosteneinsparungen Ihres Agents zu berechnen. Vielleicht ist Ihnen beim Öffnen dieser Seite bereits der Hinweis zur neuen Funktion WERTE BERECHNEN aufgefallen.

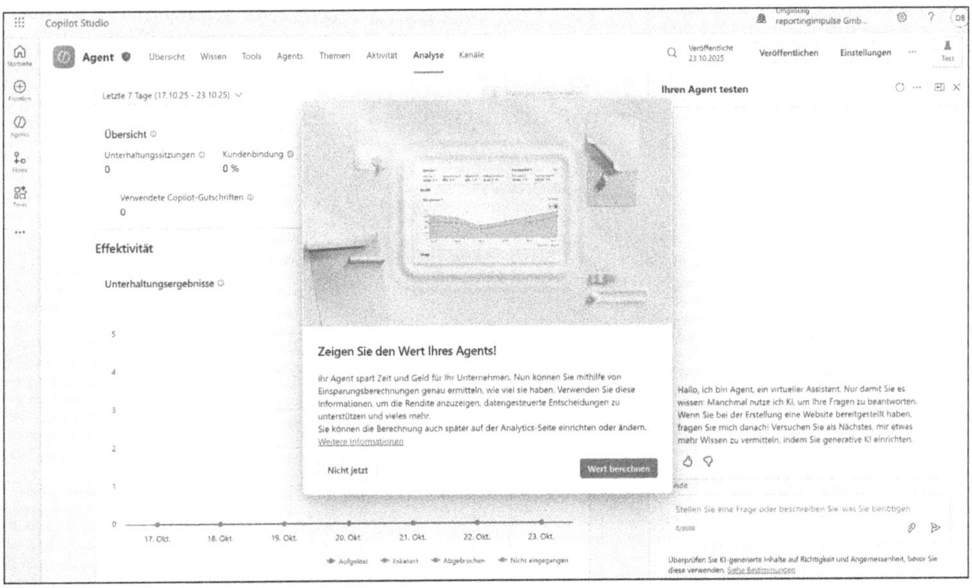

Abbildung 13.31: Pop-up Fenster mit der Option »Werte berechnen« in der Registerkarte »Analyse«

Mit dieser Funktion lässt sich mit zwei Methoden berechnen, wie viel Zeit oder Geld Ihr Agent im Vergleich zu manuellen Abläufen spart – pro Ausführung oder pro Tool. Nachdem Sie auf WERT BERECHNEN geklickt haben, öffnet sich der nächste Schritt, in dem Sie die gewünschte Berechnungsmethode auswählen können.

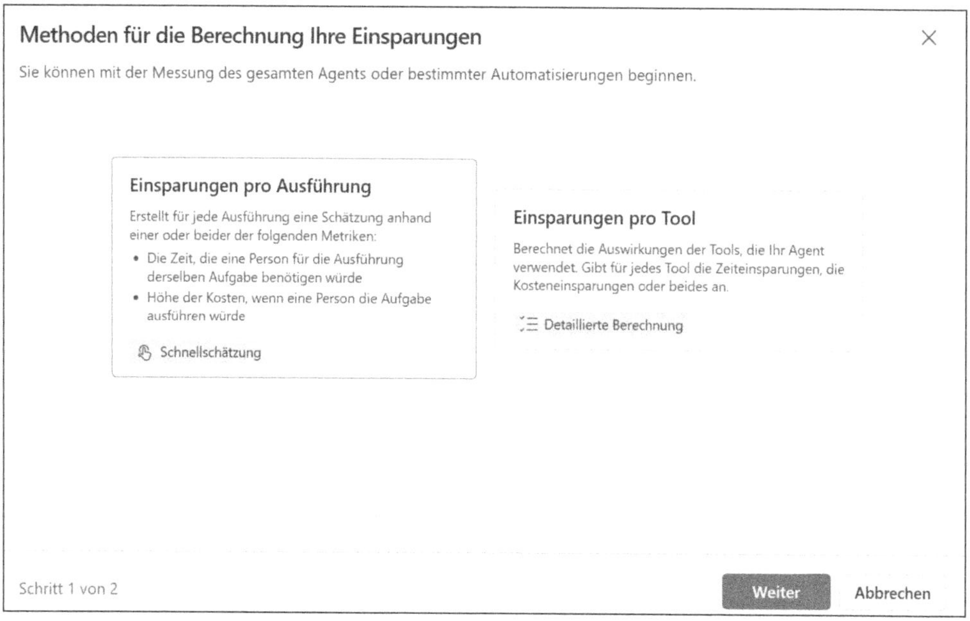

Abbildung 13.32: Übersicht über die Methoden für die Berechnung der Einsparungen

Diese Informationen helfen Ihnen, den geschäftlichen Wert Ihres Agents zu ermitteln, die Rentabilität (ROI) nachzuverfolgen und zu entscheiden, welche Agents oder Themen Priorität haben sollten.

Die Registerkarte »Kanäle«

Die letzte Registerkarte ist KANÄLE, die in Abbildung 13.33 dargestellt ist.

KANÄLE sind Orte, an denen Ihr Copilot-Agent verfügbar ist, sobald er veröffentlicht wird. Die derzeit verfügbaren Channels sind:

- ✔ **Telefonie.** Ermöglicht Ihrem Agent, Telefonanrufe abzuwickeln.
- ✔ **Microsoft Teams.** Stellt Ihren Agent den Benutzern in Ihrer Organisation innerhalb von Teams zur Verfügung.
- ✔ **Benutzerdefinierte Website.** Bettet Ihren Agent in eine Website ein.
- ✔ **Benutzerdefinierte mobile App.** Fügt Ihren Agent zu einer mobilen App hinzu.

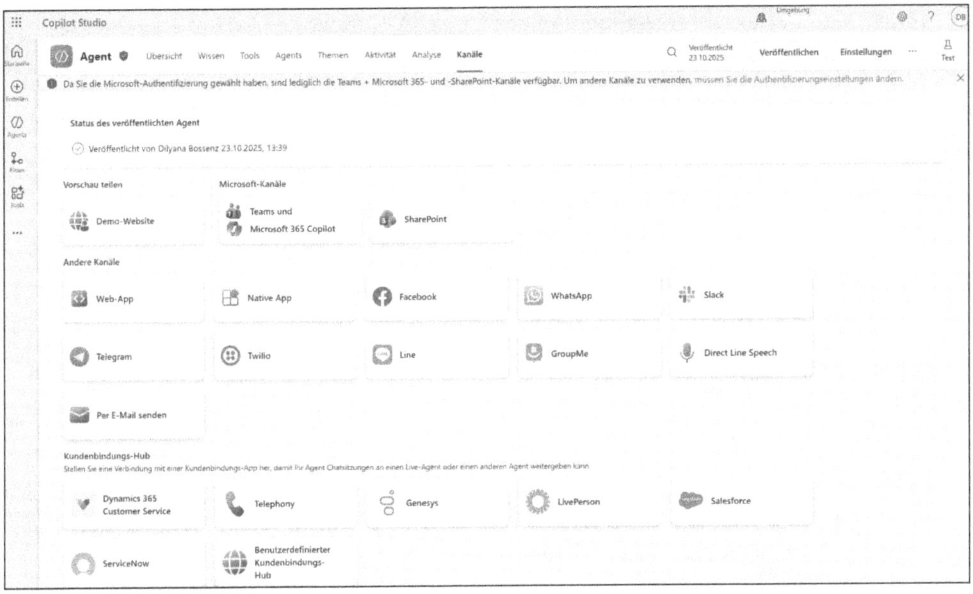

Abbildung 13.33: Die Registerkarte »Kanäle«

- ✔ **Facebook.** Ermöglicht Benutzern die Interaktion mit Ihrem Agent über Facebook Messenger.
- ✔ **Slack.** Ermöglicht es, über Slack mit Ihrem Agenten zu interagieren.
- ✔ **Telegram.** Verbindet Ihren Agenten mit der Messaging-App Telegram.
- ✔ **Twilio.** Verbindet Ihren Agent mit Twilio und ermöglicht ihm die Kommunikation über Textnachrichten.
- ✔ **Line.** Verbindet einen Agent mit der Line-App, einer kostenlosen App für Sprach- und Videoanrufe.
- ✔ **GroupMe.** Verbindet sich mit der Gruppennachrichten-App GroupMe von Microsoft.
- ✔ **Direct Line Speech.** Verbindet sich mit Text-to-Speech- und Speech-to-Text-Funktionen.
- ✔ **E-Mail.** Ermöglicht Ihrem Agent, mit Benutzern per E-Mail zu interagieren.
- ✔ **SharePoint.** Integriert Ihren Agenten in SharePoint, damit Benutzer Informationen und Inhalte direkt aus ihren SharePoint-Websites abrufen oder verwalten können.
- ✔ **WhatsApp.** Ermöglicht die Interaktion mit Ihrem Agenten über WhatsApp-Nachrichten – ideal für den direkten Kundenkontakt.
- ✔ **Microsoft Dynamics 365.** Verbindet Ihren Agenten mit Dynamics 365, um Geschäftsprozesse, Kundenanfragen und Supportfälle automatisiert zu unterstützen.

- ✔ **Genesys.** Integriert Ihren Agenten in das Genesys-Kontaktcenter, um eingehende Kundeninteraktionen effizient zu bearbeiten.
- ✔ **LivePerson.** Ermöglicht es Ihrem Agenten, über die LivePerson-Plattform Kundengespräche zu führen und Support zu leisten.
- ✔ **Salesforce.** Verbindet Ihren Agenten mit Salesforce, um Kundendaten zu nutzen und personalisierte Antworten zu ermöglichen.
- ✔ **ServiceNow.** Integriert Ihren Agenten in ServiceNow, um IT- oder Servicetickets automatisch zu erstellen und zu bearbeiten.
- ✔ **Benutzerdefinierter Kundenbindungshub.** Ermöglicht die Integration Ihres Agenten in Ihre eigene Plattform oder Ihr CRM-System, um maßgeschneiderte Kundenerlebnisse zu schaffen.

Wenn Sie auf einen der verfügbaren Channels klicken, öffnet sich auf der rechten Seite ein Popup-Fenster. Dieses enthält eine Schritt-für-Schritt-Anleitung sowie alle erforderlichen Links, um den jeweiligen Kanal zu aktivieren.

Abbildung 13.34 zeigt beispielhaft die Integration in eine SharePoint-Website. Über das Dropdown-Menü lässt sich die gewünschte Website auswählen – in diesem Fall wurde die Seite »Copilot News« hinzugefügt.

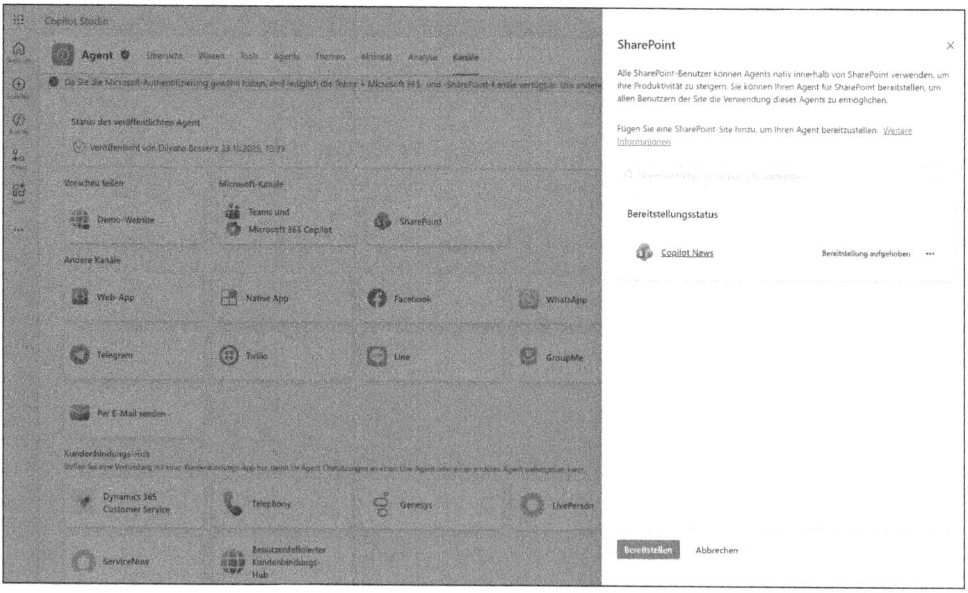

Abbildung 13.34: So betten Sie den Agent in eine Website ein.

Bevor Sie Ihren neuen Agent in den von Ihnen ausgewählten Channels verwenden können, müssen Sie ihn veröffentlichen. Wie Sie einen Agent veröffentlichen, erfahren Sie im nächsten Abschnitt.

Agents veröffentlichen

Sobald Sie Ihren Agent fertiggestellt haben und bereit sind, ihn bereitzustellen und in der realen Welt zu testen, können Sie ihn veröffentlichen. Um Ihren Agent zu veröffentlichen, klicken Sie oben rechts auf die Schaltfläche VERÖFFENTLICHEN. Ein Pop-up wird angezeigt, in dem Sie bestätigen müssen, dass Sie Ihren Agent in den verbundenen Channels verfügbar machen möchten. Sobald Sie mit JA antworten, wird Ihr Agent veröffentlicht!

Abbildung 13.35 zeigt meinen Wikipedia Reference Bot, eingebettet in eine Seite auf meiner Website unter `www.chrisminnick.com/wikibot`.

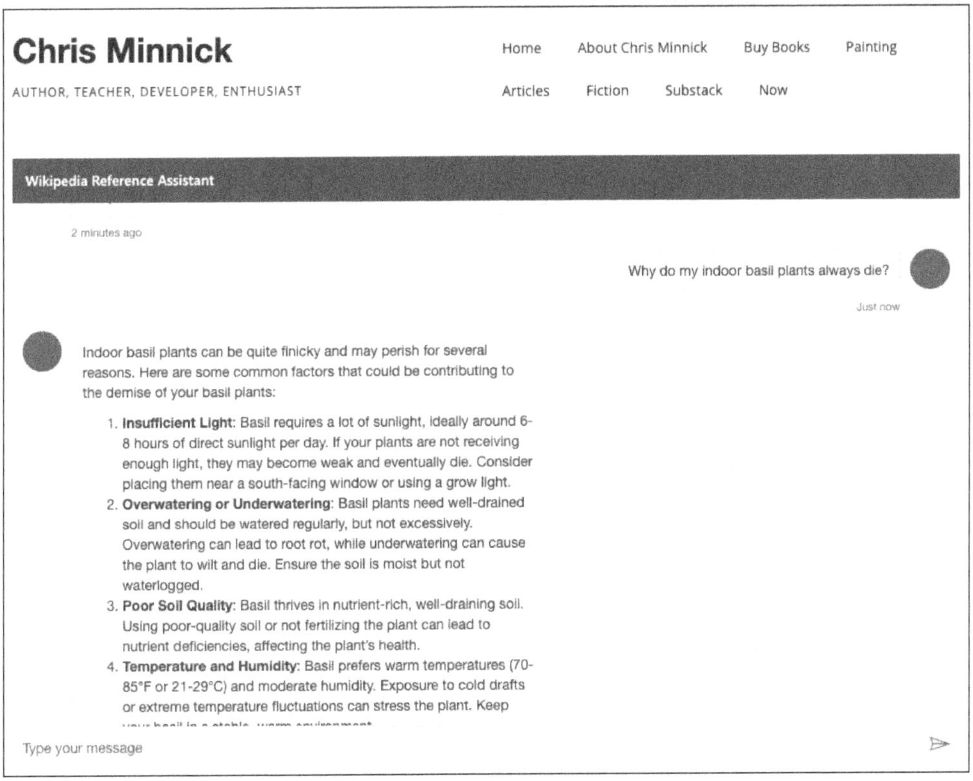

Abbildung 13.35: Mein Wikipedia-Referenzbot

Die Erkundung der erweiterten Funktionen von Copilot, wie Copilot Studio und benutzerdefinierte Copilots, eröffnet unendlich viele Möglichkeiten für die Nutzung generativer KI durch Privatpersonen und Unternehmen. Mit Copilot Studio können Sie jetzt Ihren eigenen KI-Assistenten mit Zugriff auf Ihre eigenen ausgewählten Datenquellen erschaffen.

Im nächsten Kapitel erfahren Sie, wie Sie Copilot-Plug-ins verwenden und sogar erstellen.

IN DIESEM KAPITEL

Die Vorteile der Verwendung von Plug-ins kennenlernen

Plug-ins finden und installieren

Eigene Plug-ins erstellen

Einige beliebte Copilot-Plug-ins und weitere Erweiterungen ansehen

Kapitel 14
Die Fähigkeiten von Copilot mit Plug-ins erweitern

In Kapitel 13 haben Sie erfahren, wie Sie mit Copilot Studio benutzerdefinierte Copilots erstellen, sogenannte *Agents*. Benutzerdefinierte Agents sind die richtige Wahl, wenn Sie ein Produkt erstellen, das Copilot verwendet, und es vollständig anpassen möchten, oder wenn jeder Ihren Agents verwenden können soll, unabhängig davon, ob er über eine Microsoft Copilot 365-Lizenz verfügt oder nicht.

Eine andere Möglichkeit, Copilot neue Fähigkeiten zu verleihen, besteht darin, Plug-ins zu verwenden (oder sogar zu erstellen!). In diesem Kapitel erfahren Sie, was Plug-ins sind, wie man sie erstellt, und lernen viele verschiedene Beispiele dafür kennen.

Plug-ins sinnvoll nutzen

Plug-ins sind Zusatzprogramme, die einem Copilot-Chatfenster hinzugefügt werden können, um Copilot neue Funktionen zu verleihen. Der Hauptunterschied zwischen Plug-ins und benutzerdefinierten Agents besteht darin, dass Plug-ins innerhalb von Microsoft 365 Copilot funktionieren. Agents hingegen sind unabhängig von Microsoft 365 Copilot.

Copilot kann Plug-ins verwenden, wenn es dies für notwendig oder nützlich hält. So wie ein Schreiner, der über eine Vielzahl von Spezialwerkzeugen verfügt und weiß, wie man sie benutzt, mehr Arten von Arbeiten erledigen kann, kann Copilot mit Plug-ins andere Arten von Problemen lösen als Copilot allein.

Tatsächlich haben Sie bereits ein Beispiel für Plug-ins in Copilot gesehen. Das Plug-in WEBSUCHE ermöglicht Copilot den Zugriff auf Ergebnisse von Microsoft Bing.

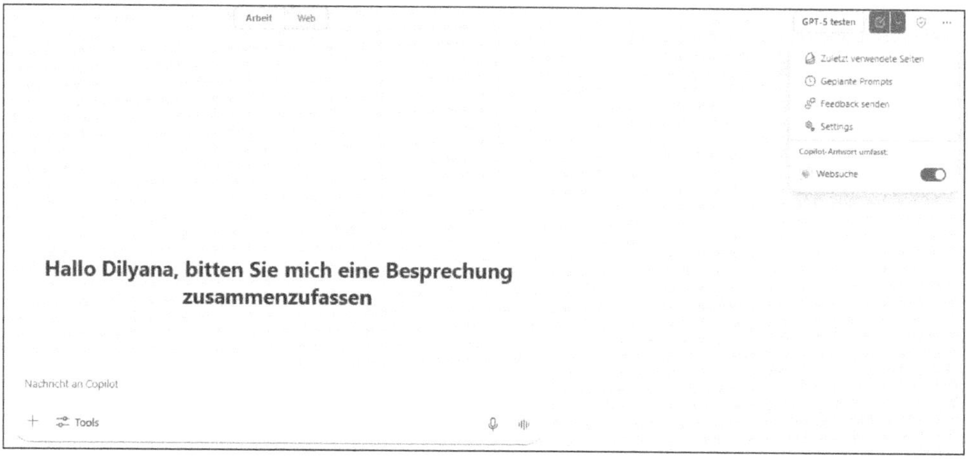

Abbildung 14.1: Websuche-Funktion als Plug-in

In frühen Versionen von Copilot (2023 bis Anfang 2024) wurde die integrierte Websuche-Funktion intern noch als »Plugin« bezeichnet, da das System auf einer Plug-in-Architektur basierte. Damals sprach Microsoft von Komponenten wie dem »Search Plugin« oder dem »Web Content Plugin«, die über die Plug-in-API angesprochen wurden. Heute gilt dieses Plug-in als integrierte Funktion von Microsoft Copilot. Es ist standardmäßig aktiviert, wenn Sie Copilot im Webmodus verwenden. Nutzen Sie hingegen den Arbeitsmodus, müssen Sie die Funktion manuell über das Symbol in der oberen rechten Ecke aktivieren.

Orchestrierung verstehen

Auf einer technischeren Ebene besteht ein großer Unterschied zwischen Copilot-Plug-ins und benutzerdefinierten Agents darin, dass Plug-ins die *Orchestrierungsebene* von Copilot verwenden.

Die Orchestrierungsebene ist der KI-Entscheidungsträger, der jeden Prompt, den Sie an Copilot senden, abfängt und entscheidet, welches Plug-in sich am besten dafür eignet. Sie könnten beispielsweise eine Anfrage wie die folgende an Copilot senden:

Nutze das Internet, um weitere Informationen zum Erstellen von Copilot-Plug-ins zu finden.

Copilot hat keine spezielle Regel eingebaut, die für jede Phrase, die eine Person als Anfrage sendet, eine Suche im Internet veranlasst. Stattdessen nutzt die Orchestrierungsebene von Copilot ihr Verständnis der Bedeutung des Prompts, um zu entscheiden, ob die Verwendung der Websuche die beste Möglichkeit ist, die Anfrage zu verarbeiten.

Wenn Sie einen benutzerdefinierten Agent erstellen, müssen Sie (wie Sie in Kapitel 13 erfahren) einen Auslöser angeben, der die Ausführung einer der benutzerdefinierten oder Systemaktionen auslöst.

So wie mein Hund mich nur verwirrt ansieht, wenn ich ihn frage, ob er spazieren gehen möchte, statt zu sagen, ob er Gassi gehen möchte, wird ein Copilot-Agent, der nur durch die Phrase »Überprüfe meinen Kontostand« ausgelöst wird, nicht auf die Phrase »Wie viel Geld habe ich?« reagieren.

Obwohl sie standardmäßig nicht aktiviert ist, können Sie die KI-Orchestrierung von Copilot in benutzerdefinierten Agents aktivieren, indem Sie GenKI für einen Agent aktivieren. Weitere Informationen zum Aktivieren von GenKI in einem benutzerdefinierten Agent finden Sie in Kapitel 13.

Die Grenzen des LLM kennen

Large Language Models (LLMs), wie das von Copilot verwendete, sind hervorragend darin, Sprache zu verstehen und darauf zu reagieren. Dafür sind sie gemacht. Weniger gut können sie jedoch Fragen beantworten, die aktuelle Informationen erfordern.

Der Grund dafür ist, dass jedes LLM ein *Wissens-Stichdatum* hat. Ein Wissens-Stichdatum ist das jüngste Erstellungsdatum der Informationen, die zum Trainieren dieses LLM verwendet wurden. Da das Trainieren eines LLM viel Zeit (und Aufwand und Energie) in Anspruch nimmt, kann das Stichdatum Monate oder sogar Jahre vor dem aktuellen Datum liegen.

Copilot selbst weiß nichts darüber, was seit seinem Wissensstichtag passiert ist. Sie können den Wissensstichtag feststellen, indem Sie Copilot einfach fragen.

Funktionalität mit Plug-ins erweitern

Wenn Sie die Websuche nicht aktivieren, kann Copilot keine Fragen zu Ereignissen korrekt beantworten, die nach dem Stichtag für das Wissen eingetreten sind. Wenn die Websuche jedoch aktiviert ist, kann Copilot Bing-Suchen durchführen, um aktuelle Informationen zu finden, wie er in Abbildung 14.2 erklärt.

Als ich Copilot 365 (ohne die Websuche) bat, mir den aktuelle Börsenkurs für November 2025 zu benennen, konnte Copilot es nicht machen. Copilot ohne Websuche kann keine Live-Daten abrufen oder kann nicht garantieren, dass die Antworten für Ereignisse nach dem Stichdatum immer 100 % korrekt sind.

Copilot ist nur so gut wie die Daten, auf die er Zugriff hat. Wenn Sie aktuelle Informationen oder spezielle Funktionen benötigen, lohnt sich ein Blick nicht nur auf die verfügbaren Plug-ins, sondern auch auf die Erweiterungen und Konnektoren.

In Kapitel 16 erfahren Sie mehr über die verschiedenen Konnektoren, mit denen Sie Copilot um zusätzliche Möglichkeiten erweitern können.

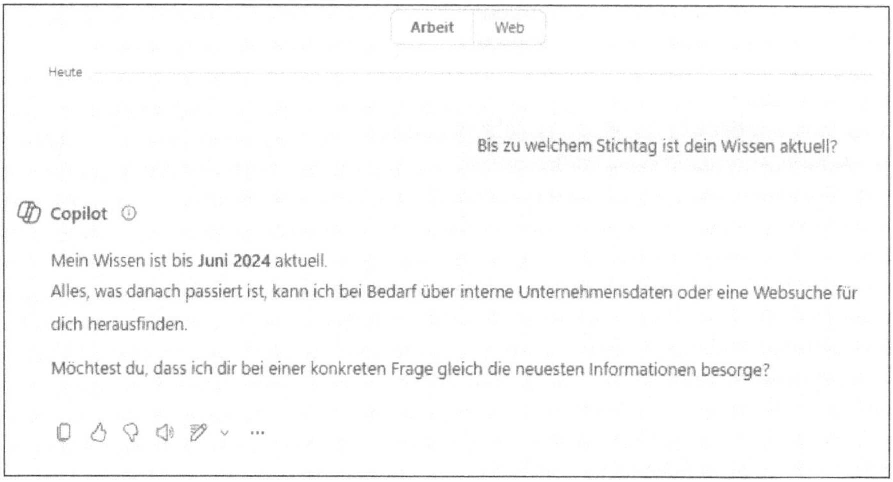

Abbildung 14.2: Copilot nach dem Wissens-Stichtag fragen – mit aktivierter Websuche-Funktion

Zwei Arten von Plug-ins

Es gibt zwei grundlegende Arten von Plug-ins: API-Plug-ins und Plug-ins mit lokaler Office-API.

API-Plug-ins sind die Plug-ins, die in Microsoft Copilot 365 Chat verwendet werden können. API-Plug-ins greifen auf Programme außerhalb von Copilot zu (über ihre API), um Daten im externen Programm abzurufen und sogar zu ändern.

Eine API (Anwendungsprogrammierschnittstelle) ist eine standardisierte Methode, mit der Programmierer die Funktionalität ihres Programms anderen Programmen zur Verfügung stellen. Diese APIs sind normalerweise gut dokumentiert, und Copilot kann die API-Dokumentation verwenden, um herauszufinden, wie mit dem externen Programm interagiert wird.

Plug-ins mit lokaler Office-API nutzen die Office-JavaScript-Bibliothek, um direkt mit geöffneten Office-Dokumenten wie Word-, Excel- oder PowerPoint-Dateien zu arbeiten. Dadurch kann Copilot unmittelbar auf Inhalte und Metadaten innerhalb eines Dokuments zugreifen – sowohl lesend als auch schreibend.

Copilot-Plug-ins erstellen

Das in diesem Abschnitt beschriebene Entwicklungsfeature befindet sich noch in der Vorschauphase. Es kann bereits getestet werden, ist jedoch nicht für den produktiven Einsatz vorgesehen. Derzeit steht es nur für Office unter Windows sowie für Office im Web zur Verfügung. Eine Unterstützung für Office auf dem Mac ist in Planung. Außerdem ist das Feature aktuell nur in Excel, PowerPoint und Word nutzbar – die Erweiterung auf Outlook wird noch entwickelt.

Es gibt mehrere Möglichkeiten, Copilot-Plug-ins zu erstellen. Je nach ihrer Art gibt es unterschiedliche Vorgehensweisen, die das Kenntnisse zu APIs, JavaScript oder TypeSpec voraussetzen.

Voraussetzungen zur Erstellung von API-Plug-ins

In diesem Abschnitt erfahren Sie, wie Sie ein API-Plug-in aus der Office-JavaScript-Bibliothek erstellen können.

Die Office-JavaScript-Bibliothek (auch bekannt als Office.js) ist eine Sammlung von Programmierschnittstellen (APIs), die es Entwicklern ermöglicht, Office-Dokumente wie Word, Excel, PowerPoint oder Outlook direkt über JavaScript zu steuern und zu erweitern. Sie ist die technische Grundlage für die Entwicklung von Office-Add-ins und neuerdings auch für Copilot-Plug-ins.

Um ein API-Plug-in für Microsoft 365 Copilot zu entwickeln, benötigen Sie einige technische Voraussetzungen und Werkzeuge, die den Entwicklungsprozess unterstützen und sicherstellen, dass Ihr Plug-in korrekt mit Copilot interagieren kann.

- ✔ Zunächst müssen Sie die von Microsoft definierten Anforderungen für Copilot-Erweiterbarkeitsoptionen erfüllen. Diese beinhalten grundlegende technische und organisatorische Voraussetzungen, die sicherstellen, dass Ihr Entwicklungsumfeld für die Arbeit mit Copilot vorbereitet ist. Für mehr Informationen besuchen Sie diese Website: `https://learn.microsoft.com/de-de/microsoft-365-copilot/extensibility/build-api-plugins-local-office-api#prerequisites`
- ✔ Ein zentrales Werkzeug für die Entwicklung ist Visual Studio Code. Dabei handelt es sich um eine kostenlose, leistungsstarke Entwicklungsumgebung, mit der Sie den Code Ihres Plug-ins schreiben, bearbeiten und testen können.
- ✔ Für die Ausführung und Verwaltung des Projekts wird außerdem Node.js benötigt – eine JavaScript-Laufzeitumgebung, die es ermöglicht, Code außerhalb eines Webbrowsers auszuführen. Unterstützt werden die Versionen 18, 20, 22 und 24. Node.js ist erforderlich, um das Projekt lokal auszuführen und zu testen.
- ✔ Darüber hinaus ist das Microsoft 365 Agents Toolkit ein zentrales Werkzeug. Dieses Toolkit ist direkt in Visual Studio Code integriert und unterstützt Sie bei der Erstellung, Verwaltung und dem Test Ihrer sogenannten »Agents«. Agents sind Komponenten, die es Copilot ermöglichen, mit Ihrem Plug-in zu kommunizieren und Aktionen auszuführen.

Erstellungsprozess

Einen detaillierten Prozess zur Erstellung finden Sie unter diesem Link: `https://learn.microsoft.com/de-de/microsoft-365-copilot/extensibility/build-api-plugins-local-office-api#create-the-project`

Hier wird das Vorgehen vereinfacht beschrieben.

1. Zuerst soll ein Projekt in Visual Studio Code für die Erstellung eines neuen Agents angelegt werden.

2. Im weiteren Schritt soll Manifest konfiguriert werden. Das Manifest (meist im JSON-Format) ist eine zentrale Konfigurationsdatei, die alle wichtigen Informationen über ein API-Plug-in enthält – etwa dessen Name, Beschreibung, unterstützte APIs, Funktionen und Authentifizierungsmethode. Sie dient Microsoft 365 Copilot als Anleitung, um zu verstehen, was das Plug-in kann und wie es angesprochen werden soll. Ohne ein korrekt konfiguriertes Manifest kann Copilot das Plug-in nicht erkennen oder nutzen. Daher ist dieser Schritt entscheidend, um sicherzustellen, dass Ihr Plug-in ordnungsgemäß in Copilot integriert und funktionsfähig ist.

3. Als Nächstes soll der Agent, der in Visual Studio Code erstellt wurde, konfiguriert werden. Beim Konfigurieren des deklarativen Agents wird die Datei *declarativeAgent.json* angepasst, um festzulegen, wie der Agent mit Copilot interagiert. In dieser Datei werden Name, Beschreibung, Anweisungen und die zugehörigen Aktionen des Agents definiert. Sie bildet somit die Grundlage dafür, dass Copilot weiß, welche Aufgaben der Agent ausführen kann und auf welche Funktionen er zugreifen soll.

4. Danach soll ein Plug-in konfiguriert werden. Beim Konfigurieren des Plug-ins wird eine Datei erstellt, die beschreibt, welche Aktionen das Plug-in ausführen kann und wie diese mit Copilot verknüpft sind. Sie legt fest, welche Funktionen verfügbar sind, wie sie aufgerufen werden und dass sie lokal über die Office-JavaScript-Bibliothek ausgeführt werden.

5. Das Erstellen der JavaScript-Funktionen ist ein weiterer wichtiger Schritt. In diesem Schritt wird definiert, wie das Plug-in bestimmte Aktionen innerhalb einer Office-Anwendung ausführt, die Copilot über natürliche Sprache anstößt. Diese Funktion soll in einem .json-Format definiert werden.

6. Ein weiterer Schritt ist das Kopieren von Projektkonfigurationsdateien. Dabei werden einige Dateien aus einem Office-Add-in-Projekt übernommen, damit das Plug-in korrekt funktioniert. So wird sichergestellt, dass es richtig geladen und in Office ausgeführt werden kann.

7. Wenn alle oben genannte Schritte richtig umgesetzt wurden, soll dieses Plug-in getestet werden. Dies funktioniert in der Umgebung von Visual Studio Code.

Ob ein Copilot-Plug-in wie erwartet funktioniert, hängt von vielen Faktoren ab. Wenn Sie nicht die erwarteten Ergebnisse erhalten, ändern Sie die Beschreibung des Plug-ins, probieren Sie eine andere Aktion desselben Plug-ins aus, um zu sehen, ob diese funktioniert. Passen Sie JavaScript an, mit dem Sie testen, um zu sehen, ob das Problem außerhalb Ihrer Kontrolle liegt.

Der erstellte Agent soll im Anschluss in Copilot im linken Bereich angezeigt werden, in dem alle Agenten aufgelistet sind.

Möchten Sie Ihr Plug-in für jeden auf der Welt verfügbar machen? Zum Zeitpunkt der Drucklegung dieses Buches gibt es in Copilot Studio keinen Prozess dafür. Dies könnte jedoch in Zukunft möglich sein. Aufgrund möglicher Sicherheits- oder Datenschutzbedenken erfordert die Veröffentlichung von Plug-ins, die von der ganzen Welt gefunden und installiert werden können, wahrscheinlich zusätzliche Tests und Genehmigungen.

Weitere Arten der Erweiterung

Neben den Plug-ins gibt es weitere Möglichkeiten, Copilot zu erweitern. In diesem Zusammenhang spricht man von Erweiterungen (sogenannten Extensions), Konnektoren und Add-ins.

Erweiterungen

Der Begriff Erweiterung (oder englisch Extension) ist der Oberbegriff für alles, was Copilot und Microsoft 365 zusätzliche Fähigkeiten verleiht.

Microsoft verwendet ihn heute, um mehrere Konzepte zu bündeln:

- ✔ Copilot Extensions in Microsoft Teams (z. B. Mural, Dropbox, `Monday.com`)
- ✔ Microsoft Graph Extensions, mit denen Copilot auf Unternehmensdaten zugreifen kann
- ✔ Custom Extensions aus Copilot Studio, die über Konnektoren oder Aktionen erstellt werden

Erweiterung ist der allgemeine Begriff für alles, was Copilot smarter, vernetzter oder anpassbarer macht – ob in Teams, Word oder Copilot Studio.

Konnektor

Konnektoren sind Schnittstellen zu externen Diensten oder Datenquellen. Sie bilden das Rückgrat vieler Copilot-Erweiterungen. Ein Konnektor verbindet Copilot mit einer externen Quelle wie

- ✔ Excel Online (Business), um Daten aus einer Arbeitsmappe zu lesen,
- ✔ SharePoint, um Listen oder Dateien zu durchsuchen,
- ✔ Power Automate, um Workflows auszulösen, oder
- ✔ einer eigenen API, die Sie selbst entwickelt haben.

Ein *Konnektor* verbindet Systeme miteinander – er erweitert Copilot nicht durch neue Schaltflächen, sondern durch neue Daten und Funktionen im Hintergrund.

Wir werden uns die Konnektoren noch näher im Kapitel 16 anschauen.

Add-ins

Ein Add-in ist eine spezielle Form der Erweiterung, die direkt in Office-Apps wie Word, Excel oder Outlook integriert wird.

Wenn Sie also Copilot in Word oder Excel sehen, arbeiten Sie bereits mit einem Add-in – dem Copilot-Add-in von Microsoft.

Add-ins

- ✔ laufen innerhalb der Office-Anwendung,
- ✔ erscheinen meist als Schaltfläche oder Seitenleiste und
- ✔ werden zentral über den Microsoft AppSource oder das Admin Center bereitgestellt.

Add-ins sind also Erweiterungen *innerhalb* einer Office-App, während Konnektoren Verbindungen *nach außen* schaffen.

Erweiterung für Copilot in Teams

Nachrichtenerweiterungen in Microsoft Teams ermöglichen es Teams-Benutzern, mit anderen Apps zu interagieren, indem sie auf eine Schaltfläche klicken oder in die Suchleiste von Teams tippen. Mit einem Microsoft-365-Copilot-Abonnement können Nachrichtenerweiterungen als Copilot-Plug-ins verwendet werden.

Wenn Copilot in Teams aktiviert ist, können nicht nur menschliche Benutzer von Teams diese aktivierten Nachrichtenerweiterungen verwenden, sondern auch Copilot!

Die Möglichkeiten, die sich mit dieser Funktion ergeben, sind enorm. In diesem Abschnitt erfahren Sie mehr über einige der beliebtesten Copilot-Erweiterungen, die Sie in Teams aktivieren können. Ich habe jedoch nur Platz, um auf einige der vielen hundert von Nachrichtenerweiterungen einzugehen, die erstellt wurden.

Sie können die verfügbaren Copilot-Erweiterungen in Teams erkunden, indem Sie im Eingabebereich des Copilot-Chats in Teams auf das Symbol + APPS klicken.

Im Menü, das sich öffnet, wenn Sie links auf die Schaltfläche + APPS klicken, wird der Teams-App-Store geöffnet, in dem Sie alle verfügbaren Apps für Teams erkunden können, wie in Abbildung 14.4 dargestellt.

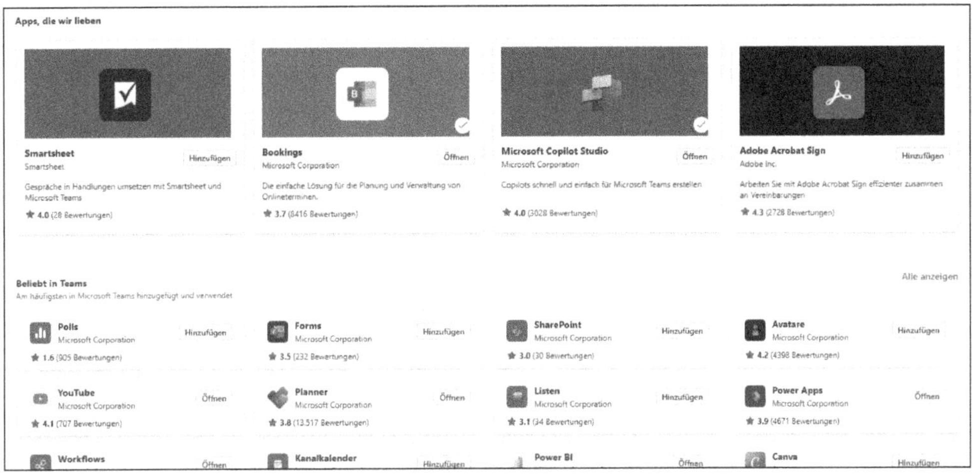

Abbildung 14.3: Copilot-Erweiterungen abrufen

Da wir an dieser Stelle nur Copilot-Erweiterungen erkunden, empfehle ich Ihnen, auf den Link BELIEBT IN TEAMS in der oberen linken Ecke des Bildschirms zu klicken und die Auswahl einzugrenzen, wie in Abbildung 14.4 gezeigt.

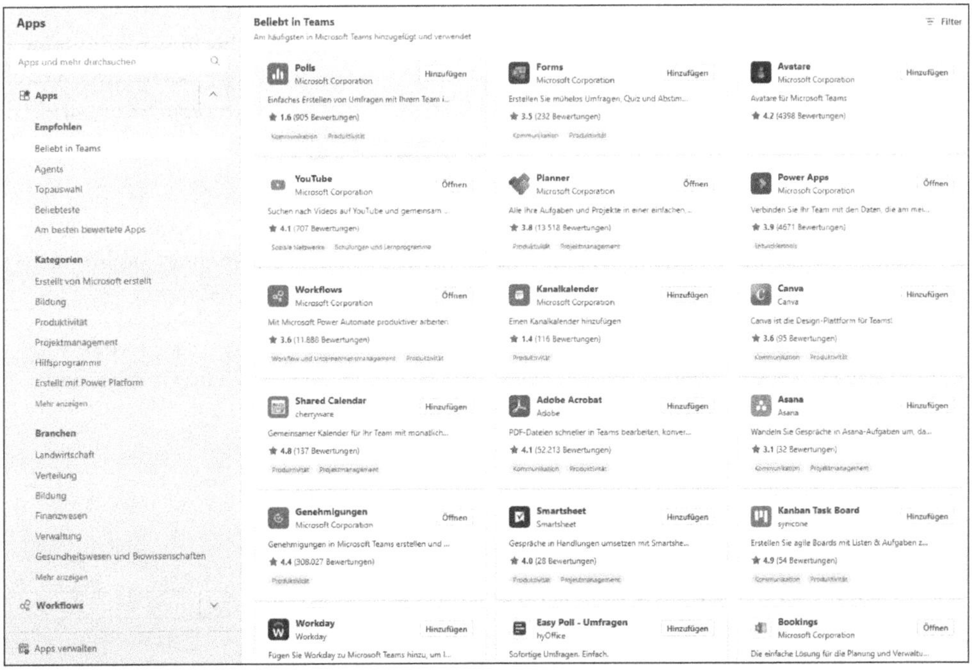

Abbildung 14.4: Filtern der Apps

Auch diese Übersicht lässt sich einschränken, indem Sie auf FILTER oben rechts klicken und Ihre Auswahl treffen.

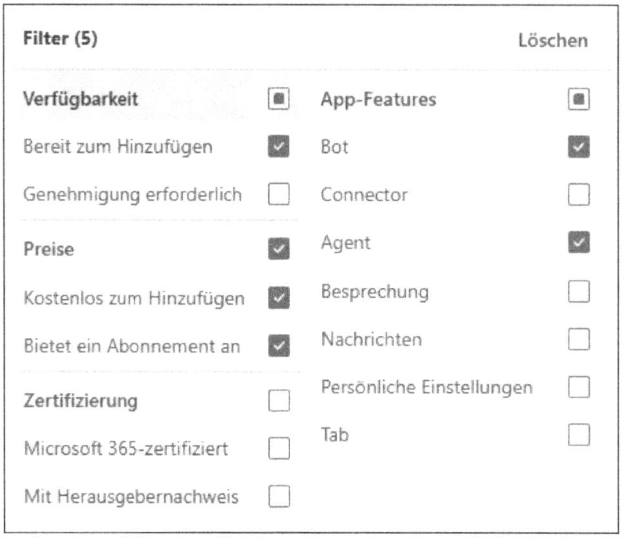

Abbildung 14.5: Filter-Auswahl

Außerdem lassen sich einige Erweiterungen über dem Suchfeld leicht auffinden.

Zu den beliebtesten Copilot-Erweiterungen in Teams gehören folgende:

- ✔ **Mural** ist ein visuelles Kollaborationstool, das es Teams ermöglicht, in einer digitalen Whiteboard-Umgebung zusammenzuarbeiten. Mit der Mural Copilot-Erweiterung können Sie Copilot Fragen zu Projekten stellen, an denen Sie in Mural arbeiten, nach Vorlagenempfehlungen fragen und Ihre Projekte durchsuchen.
- ✔ **Dropbox** ist eine beliebte App zum Speichern und Teilen von Dateien in der Cloud. Wenn die Dropbox-Erweiterung aktiviert ist, können Sie Dateien in Dropbox von Teams aus teilen, hochladen, suchen und in der Vorschau anzeigen und Copilot nach Dateien fragen, die Sie in Dropbox gespeichert haben.
- ✔ **`Monday.com`** ist ein Projektmanagement-Tool. Wenn Sie die `Monday.com`-Erweiterung installieren, können Sie viele der Funktionen von `Monday.com` in Teams nutzen und Copilot Fragen zu Ihren Projekten stellen.

Überlegungen zur Zukunft von Erweiterungen

Plug-ins, Konnektoren und Add-ins geben Copilot Zugriff auf Daten außerhalb der Daten, mit denen es trainiert wurde. Die Idee ist einfach, aber das Potenzial, Ihre Arbeitsweise zu verändern, ist beeindruckend. Natürlich gibt es immer auch Nachteile, und Plug-ins können wankelmütig sein und unvorhersehbare Ergebnisse liefern. Der Schlüssel zur Verwendung von Plug-ins, Konnektoren und Add-ins in diesem frühen Entwicklungsstadium besteht darin, geduldig zu sein, zu verstehen, was sie können und was nicht, und zu wissen, wann die gewünschte Aufgabe besser mit einem herkömmlichen Tool wie einer Suchmaschine erledigt werden kann.

IN DIESEM KAPITEL

Konfigurationsprobleme debuggen

Mit schlechten Antworten umgehen

Leistungsprobleme verstehen

Sich in einer Community engagieren

Hilfe bekommen

Kapitel 15
Fehlerbehebung bei häufigen Problemen mit Copilot

Copilot ist noch eine neue Technologie. Obwohl es schon seit vielen Jahren Chatbots gibt, konnten sie erst mit der Veröffentlichung von OpenAIs GPT-3-LLM und ChatGPT mehr tun, als vorprogrammierte Antworten auf vorab ausgewählte Fragen zu geben.

Da KI-Chatbots inzwischen ebenso fließend kommunizieren können wie Menschen, haben wir in Bezug auf ihre Fähigkeiten viel dazugewonnen. Allerdings ist es auch viel komplexer geworden, wenn wir versuchen herauszufinden, warum sie nicht das tun, was wir von ihnen wollen.

In diesem Kapitel erfahren Sie mehr über die Dinge, die bei Copilot schiefgehen können, und wie Sie versuchen können, sie zu beheben.

Fehlerbehebung bei allgemeinen Setup-Problemen

Bei Copilot treten häufig Probleme mit der Einrichtung und Lizenzierung auf. Hier sind einige der Dinge beschrieben, die Sie überprüfen können, um festzustellen, ob es sich bei Ihrem Problem um ein Lizenzierungsproblem handelt. Ein Lizenzierungsproblem verhindert manchmal, dass Sie das Copilot-Symbol in einer Anwendung sehen, oder es kann ein Problem verursachen, das wie ein Copilot-Problem aussieht. Diese Art von Problem ist der häufigste Grund dafür, dass Copilot nicht funktioniert. Überprüfen Sie daher immer alle Elemente in dieser Liste.

Neustart des Computers

Dies sollte der erste Vorschlag in jeder Anleitung zur Behebung von Softwareproblemen sein, ist aber oft das Letzte, was versucht wird. Wenn etwas nicht so funktioniert, wie es soll, versuchen Sie, Ihre Arbeit zu speichern und Ihren Computer neu zu starten. Ich kann Ihnen nicht sagen, wie oft ich meinen Computer in einem letzten Versuch, ein Problem zu beheben, neu gestartet habe, und genau das war nötig.

Sicherstellen, dass Sie mit dem richtigen Konto angemeldet sind

Es kommt häufig vor, dass eine einzelne Person mehrere Microsoft-Konten besitzt. Ich habe beispielsweise ein Arbeitskonto und ein persönliches Konto. Außerdem habe ich mehrere Konten, die ich als Demonstrationen für die Verwendung in Büchern erstellt habe.

Um sicherzustellen, dass Sie mit dem richtigen Konto angemeldet sind, klicken Sie in einer beliebigen Microsoft 365-Anwendung oder in Copilot im Web auf Ihr Profilbild. Wenn Sie feststellen, dass Sie mit dem falschen Konto angemeldet sind, können Sie die Schaltfläche ABMELDEN oder die Funktion KONTO WECHSELN verwenden. Beide Funktionen finden Sie (sofern verfügbar) auch, indem Sie auf Ihr Profilbild klicken.

Möglicherweise tritt auch das Problem auf, dass Sie bei einem Arbeits- oder Schulkonto angemeldet sind und nicht auf die persönliche Version von Copilot (unter `https://copilot.microsoft.com`) zugreifen können. Wenn dies bei Ihnen der Fall ist, reicht eine einfache Abmeldung möglicherweise nicht aus, um das Problem zu beheben. In diesem Fall behebt das Löschen der Cookies Ihres Browsers das Problem.

Installieren der neuesten Updates

Wenn Sie nicht die neuesten Updates für Windows oder eine Microsoft-Office-App installiert haben, kann dies manchmal die Ursache für Copilot-Probleme sein.

Um sicherzustellen, dass Sie über die neueste Windows-Version verfügen, verwenden Sie das Suchfeld unten auf dem Bildschirm, um nach Updates zu suchen.

Normalerweise werden Sie von Windows oder macOS aufgefordert, alle verfügbaren Updates zu installieren. Sie können jedoch auch manuell nach Updates suchen. Sie können in Microsoft-Office-Anwendungen unter macOS nach Updates suchen, indem Sie im Hilfemenü einer der Anwendungen die Option NACH UPDATES SUCHEN auswählen. Wählen Sie in Windows DATEI|KONTO, klicken Sie auf die Schaltfläche UPDATEOPTIONEN und dann im Dropdown-Menü auf JETZT AKTUALISIEREN.

Überprüfen, ob Sie auf OneDrive speichern

Einige Microsoft Office-Anwendungen erfordern, dass Sie Ihre Dateien im Cloud-Speicher OneDrive von Microsoft speichern, damit Sie Copilot verwenden können. Stellen Sie außerdem sicher, dass Sie die Datei im richtigen OneDrive-Konto speichern, das mit dem Microsoft-Konto verknüpft ist, das Ihrer Copilot-Lizenz zugeordnet ist.

Automatisches Speichern aktivieren

Wenn Sie auf OneDrive speichern, müssen Sie auch die automatische Speicherung in Microsoft Office-Anwendungen mithilfe des Umschaltknopfs in der Symbolleiste aktivieren, damit Copilot mit Ihrem Dokument arbeiten kann.

Aktualisieren Ihrer Lizenz

Wenn Sie über eine Copilot-Pro- oder Microsoft-365-Copilot-Lizenz verfügen und mit dem richtigen Microsoft-Konto angemeldet sind, aber keine der vorherigen Lösungen zur Behebung des Problems hilft, kann das Aktualisieren Ihrer Lizenz das Problem manchmal lösen.

Das Aktualisieren Ihrer Lizenz bedeutet lediglich, dass Sie gegenüber dem Microsoft-Server erneut bestätigen, dass Ihre Lizenz gültig ist. Am einfachsten können Sie Ihre Lizenz aktualisieren, indem Sie sich in einer beliebigen Office- oder Microsoft-365-App von Ihrem Microsoft-Konto abmelden und dann alle geöffneten Office- oder Microsoft-365-Apps schließen. Wenn Sie die Anwendung neu starten, können Sie sich erneut anmelden.

Schlechte Antworten vermeiden

Wenn Sie auf Copilot zugreifen können, ein Prompt jedoch nicht wie erwartet funktioniert, können Sie Folgendes versuchen:

- ✔ **Ändern Sie Ihren Prompt leicht.** Denken Sie daran, dass manchmal schon die Änderung eines einzigen Wortes einen großen Unterschied machen kann.
- ✔ **Geben Sie eine Rolle für Copilot an.** Wenn Sie Copilot beispielsweise sagen, er solle sich als Mathegenie verhalten, kann dies dazu führen, dass er beim Beantworten von Fragen mit mathematischen Inhalten bessere Ergebnisse erzielt.
- ✔ **Verwenden Sie Prompt Design.** Weitere Informationen zu Prompt-Design-Techniken finden Sie in Kapitel 2.
- ✔ **Verwenden Sie das richtige Auslösewort.** Wenn Sie Copilot in PowerPoint beispielsweise auffordern, »eine Folie zu erstellen«, erhalten Sie möglicherweise nicht dieselben Ergebnisse, wie wenn Sie es auffordern, »eine Folie hinzuzufügen«.

- ✔ **Seien Sie spezifischer.** Wenn Sie beispielsweise möchten, dass Copilot etwas im Internet nachschlägt, erhöhen Sie die Wahrscheinlichkeit, dass er dies tut, indem Sie ihm explizit sagen, dass er im Internet suchen soll.

Wenn ein Prompt auch nach dem Anwenden dieser Techniken nicht funktioniert, ist Copilot wahrscheinlich derzeit nicht in der Lage, Ihren Prompt zu verarbeiten. Microsoft ist dafür bekannt, Funktionen aus Copilot zu entfernen und sie ohne Benachrichtigung wieder hinzuzufügen. Überprüfen Sie eine der am Ende dieses Kapitels (im Abschnitt »Hilfe suchen«) aufgeführten Quellen, um herauszufinden, ob andere Personen ähnliche Probleme haben, oder um eine Frage an andere Benutzer oder an Microsoft zu stellen.

Tipps zur Leistung von Copilot

GenKI-Anwendungen wie Copilot benötigen eine große Rechenleistung – viel mehr als jeder Desktop, Laptop oder jedes Mobilgerät derzeit hat. Die Tatsache, dass Copilot und andere GenKI-Chatbots so schnell und zuverlässig sind, ist teilweise auf einen relativ neuen Fortschritt in der Computertechnik zurückzuführen, als *Cloudcomputing* bezeichnet. Wenn Sie die Grundlagen des Cloudcomputings verstehen, können Sie auch besser verstehen, warum Dienste wie Copilot manchmal langsamer oder vorübergehend nicht verfügbar sind.

Ein umfassender Blick auf die Cloud

Wenn Sie einen Prompt in Copilot eingeben, wird dieser über das Internet an ein riesiges Gebäude, ein sogenanntes Rechenzentrum, gesendet, das mit spezialisierten KI-Verarbeitungscomputern gefüllt ist. Computer in einem Rechenzentrum, die Anfragen aus dem Internet verarbeiten, werden auch als *Server* bezeichnet. Abbildung 15.1 zeigt das Innere eines typischen Rechenzentrums.

Abbildung 15.1: Innenansicht eines typischen Rechenzentrums

Eines der Rechenzentren von Microsoft in Boydton, Virginia, besteht aus 14 Gebäuden, die zusammen eine Fläche von über 92.900 Quadratmetern ergeben. Um das in das eigentümliche Maßsystem zu übertragen, das die Amerikaner gerne verwenden, entspricht das der Größe von 17 American-Football-Feldern.

Um die Zeit zwischen dem Absenden Ihrer Eingabe und dem Erhalt einer Antwort zu verkürzen, wird Ihre Eingabe an ein Rechenzentrum weitergeleitet, das sich relativ nahe an Ihrem Standort befindet.

Nicht alle Server in einem Rechenzentrum reagieren auf Copilot-Prompts. Sobald Ihr Prompt also in einem Rechenzentrum eintrifft, muss er zur Verarbeitung an einen spezialisierten KI-Server weitergeleitet werden.

Selbst wenn es Tausende dieser spezialisierten Server gibt, kommt es vor, dass sie (oder die Leitungen, die den Datenverkehr ins und aus dem Rechenzentrum transportieren) überlastet sind. Während Zeiten mit besonders starkem Internet- oder Copilot-Datenverkehr stellen Sie möglicherweise fest, dass Ihre Eingaben nur langsam beantwortet werden. Möglicherweise erhalten Sie sogar eine Meldung, dass Copilot Ihre Anfrage nicht ausführen kann.

Auf jedem Server im Microsoft-Netzwerk läuft eine spezielle Software, die von Zeit zu Zeit mit neuen Versionen aktualisiert wird. Diese Updates können neue Copilot-Funktionen enthalten. Da Microsoft über so viele Server verfügt, dauert es einige Zeit (vielleicht Monate), bis alle auf die neueste Version aktualisiert sind.

Verbesserung der Copilot-Leistung

Wenn Sie Copilot für zeitkritische Aufgaben verwenden oder gerade mitten in der Arbeit an einem Projekt stecken, kann es frustrierend sein, wenn Copilot Sie auffordert, es später noch einmal zu versuchen, oder wenn Sie langsame Antworten erhalten. In den folgenden Abschnitten werden einige der Dinge erläutert, die Sie gegen Verlangsamungen tun können.

Nutzen Sie ein kostenpflichtiges Abonnement

Wenn Sie die kostenlose Version von Copilot verwenden und einen besseren Service benötigen, können Sie auf ein kostenpflichtiges Abonnement upgraden. Benutzer von Copilot Pro und Microsoft 365 Copilot werden während Spitzenzeiten bevorzugt.

Überprüfen Sie Ihre Internetverbindung

Wenn Sie bereits ein kostenpflichtiges Abonnement nutzen und häufig Nachrichten erhalten, in denen Sie aufgefordert werden, es später noch einmal zu versuchen, sollten Sie als Nächstes Ihren eigenen Computer und Ihre Internetverbindung überprüfen. Wenn Ihr Computer oder Ihre Internetverbindung langsam sind, wirkt sich dies darauf aus, wie schnell Sie Antworten von Copilot erhalten, insbesondere wenn Sie große Dateien hochladen oder Bilder von Copilot anfordern. Sie können die Geschwindigkeit Ihrer Internetverbindung auf einer Seite wie Speedtest (`https://speedtest.net`) überprüfen.

Ändern Sie Ihren Zeitplan

Wenn das Problem nicht an Ihrem Computer liegt, müssen Sie wahrscheinlich einfach warten. Aber wie lange müssen Sie warten?

Ich konnte keine Daten darüber finden, wann Microsoft Copilot am meisten genutzt wird. Als ich Copilot jedoch fragte, wurde ein von Microsoft verfasster Copilot-Nutzungsbericht zitiert, in dem festgestellt wurde, dass die höchste Nutzung während der normalen Geschäftszeiten an Ihrem Standort erfolgt.

Die Verwendung von Copilot außerhalb der Stoßzeiten erhöht die Wahrscheinlichkeit, dass Ihre Prompts beantwortet werden.

Hilfe suchen

Irgendwann werden Sie während Ihrer Copilot-Lernreise jeden Trick zur Problembehebung ausprobiert haben, den Sie kennen – vielleicht haben Sie sogar Ihren Computer neu gestartet. (Denken Sie daran: Das sollte Ihr erster Schritt sein!) Glücklicherweise sind Sie nicht allein. Es ist möglich – wahrscheinlich sogar –, dass andere das gleiche Problem hatten. In diesem Abschnitt erfahren Sie mehr über einige der Ressourcen, die Ihnen zur Verfügung stehen, um Antworten und Unterstützung zu erhalten.

Offizielle Supportkanäle

Der Community-Hub (`https://adoption.microsoft.com/de-de/tech-communities/`), der in Abbildung 15.2 dargestellt ist, ein aktives Diskussions- und Community-Supportforum.

Abbildung 15.2: Der Microsoft-365-Copilot-Community-Hub

Hier finden Sie Beiträge zu Microsoft 365 Copilot, Ankündigungen von Microsoft zu Microsoft 365 Copilot, Links zu Veranstaltungen, Anleitungsartikeln, Schulungen und Blogs. Wenn Sie ein Problem mit Microsoft 365 Copilot haben und Unterstützung benötigen, sollten Sie zuerst hier nachschauen.

Inoffizielle Supportkanäle

Im Internet finden Sie mehrere inoffizielle Foren, in denen Leute über Copilot diskutieren (und sich manchmal auch darüber auslassen). Die größten Foren dieser Art scheinen sich auf `Reddit.com` zu befinden. Ein guter Ausgangspunkt ist das Copilot-Pro-Subreddit (`www.reddit.com/r/CopilotPro/`). Da die Webversion von Copilot früher als Bing Chat bekannt war, finden Sie auch Beiträge über Copilot im Bing-Subreddit (`www.reddit.com/r/bing/`). Weitere geschäftsorientierte Diskussionen finden Sie im Microsoft-365-Copilot-Subreddit (`www.reddit.com/r/microsoft_365_copilot`).

Probleme an Microsoft eskalieren

Offiziellen Support von Microsoft erhalten Sie unter `https://support.microsoft.com/de-de/contactus`, siehe Abbildung 15.3.

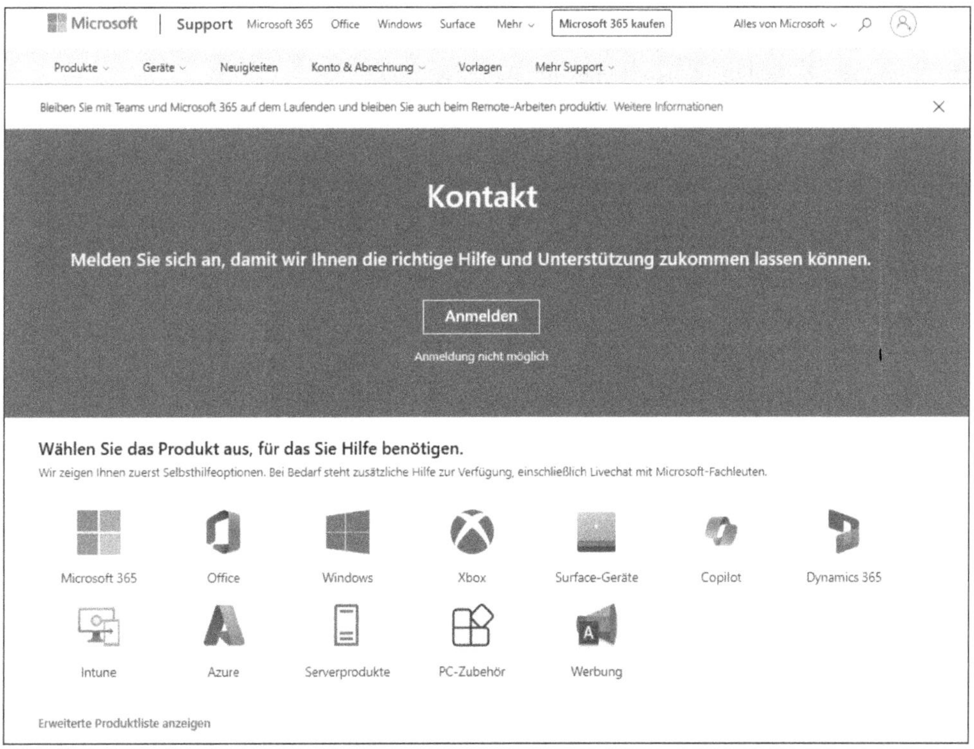

Abbildung 15.3: Kontaktseite von Microsoft

Auf dieser Website finden Sie Links zum Support für verschiedene Microsoft-Produkte, darunter Copilot und Microsoft 365 Copilot. Wenn Sie auf das Copilot-Logo klicken, haben Sie die Wahl zwischen Support für Privatanwender und Business-Support, wie in Abbildung 15.4 dargestellt.

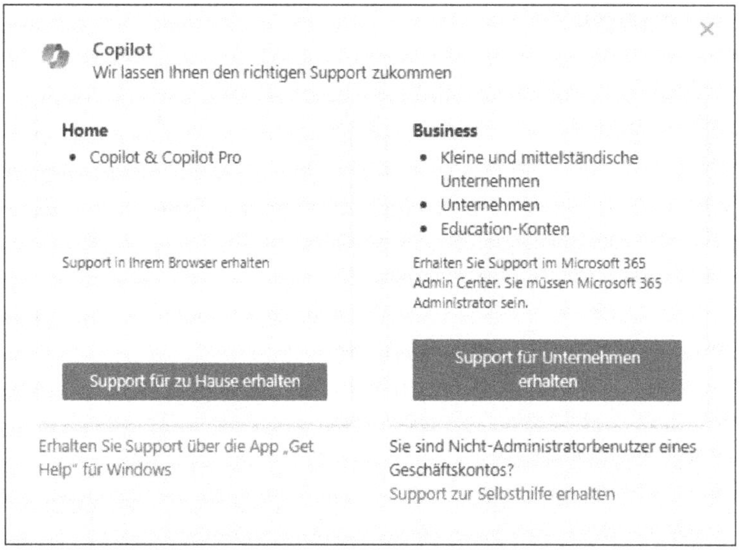

Abbildung 15.4: Auswahl zwischen Home- und Business-Support

Wenn Sie sich über die Neuigkeiten in der Copilot-Community auf dem Laufenden halten und wissen, wo Sie Support erhalten, kommen Sie mit anderen Power-Usern in Kontakt und lernen neue Funktionen und Einsatzmöglichkeiten von Copilot kennen, an die Sie vielleicht noch nie gedacht haben. Insbesondere bei etwas, das sich so schnell verändert wie GenKI, ist kontinuierliches Lernen unerlässlich.

Teil IV
Der Top-Ten-Teil

web Extras

Besuchen Sie uns auf `www.fuer-dummies.de` oder unseren Social-Media-Kanälen:

Facebook
`www.facebook.com/fuerdummies`

Instagram
`www.instagram.com/furdummies`

YouTube
`www.youtube.com/@dummies-mann`

IN DIESEM TEIL …

- Erkunden Sie die Funktionen von Copilot-Plug-ins
- Lernen Sie neue und geheime Funktionen von Copilot kennen

IN DIESEM KAPITEL

Was sind Konnektoren?

Zweck und Arten von Konnektoren

Relevante Konnektoren finden

Beliebte Konnektoren in Copilot Studio

Kapitel 16
Zehn Konnektoren für Copilot

Konnektoren stellen die Verbindung zwischen Copilot Studio und externen Datenquellen oder Diensten her. Sie sorgen dafür, dass ein Copilot-Agent nicht nur Antworten geben kann, sondern auch aktiv mit anderen Systemen zusammenarbeitet – etwa um Informationen abzurufen oder Prozesse auszuführen.

Ein Konnektor funktioniert dabei wie eine Schnittstelle: Er verbindet den Copilot-Agenten mit externen Systemen und ermöglicht so den Zugriff auf deren Daten oder Funktionen. Auf diese Weise erweitern Konnektoren den Handlungsspielraum des Copilot-Agenten und machen ihn zu einem echten Helfer im Geschäftsalltag.

Arten von Konnektoren

In Copilot Studio gibt es drei Arten von Konnektoren. Sie unterscheiden sich darin, welche Systeme sie anbinden und welchen Funktionsumfang sie bieten.

- ✔ **Standard-Konnektoren** sind vorgefertigte Verbindungen zu bekannten Microsoft-Diensten wie SharePoint, OneDrive oder Outlook. Sie lassen sich sofort nutzen und machen es einfach, Informationen aus diesen Anwendungen in Ihren Copilot-Agenten einzubinden.
- ✔ **Premium-Konnektoren** ermöglichen den Zugriff auf erweiterte oder externe Dienste – etwa Salesforce, SAP oder ServiceNow. Damit können Sie Copilot noch tiefer in bestehende Unternehmensprozesse integrieren. Für die Nutzung ist meist eine zusätzliche Lizenz oder besondere Berechtigung erforderlich, da diese Konnektoren komplexere Datenzugriffe erlauben.
- ✔ **Benutzerdefinierte Konnektoren** kommen zum Einsatz, wenn keine passende Verbindung vorhanden ist. Damit lassen sich eigene Schnittstellen (APIs) oder

branchenspezifische Systeme anbinden – zum Beispiel interne CRM- oder ERP-Lösungen. So können Sie Copilot individuell an die Anforderungen Ihres Unternehmens anpassen und in nahezu jede IT-Umgebung einbinden.

Konnektoren finden und abrufen

Im Microsoft-Universum gibt es eine große Auswahl an Konnektoren. Eine vollständige Liste der verfügbaren und für Copilot relevanten Konnektoren finden Sie direkt in Copilot Studio.

So rufen Sie die Konnektorenliste auf:

1. Öffnen Sie **Copilot Studio** und wählen Sie **einen Copilot-Agenten** aus.
2. Gehen Sie in den Reiter THEMEN und öffnen Sie ein gewünschtes Thema.
3. Klicken Sie anschließend auf KNOTEN HINZUFÜGEN.
4. Wählen Sie danach die Option TOOL HINZUFÜGEN aus.

Im Reiter KONNEKTOR sehen Sie eine Auswahl von ein paar Konnektoren, die Sie in Ihren Agenten integrieren können.

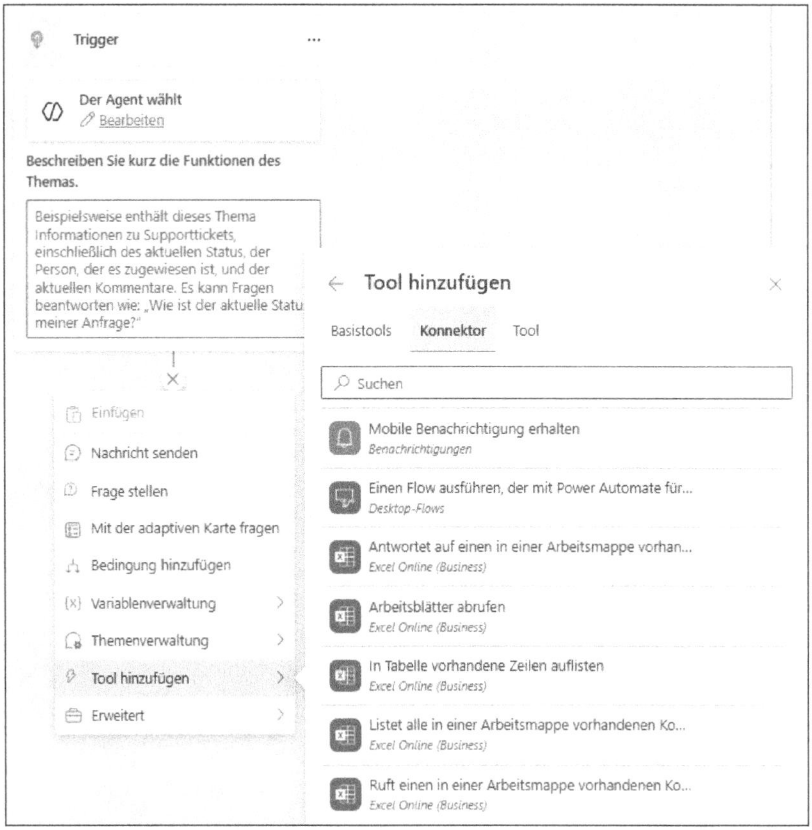

Abbildung 16.1: Konnektoren finden in Copilot Studio

Diese Liste ist jedoch nicht vollständig.

Um die vollständige Liste der verfügbaren Konnektoren anzuzeigen, gehen Sie wie folgt vor:

5. Klicken Sie auf den Reiter TOOL.

6. Wählen Sie TOOL HINZUFÜGEN aus.

So erhalten Sie einen Überblick über alle Konnektoren, die Sie in Ihrem Copilot-Agenten verwenden können, wie Abbildung 16.2 zeigt.

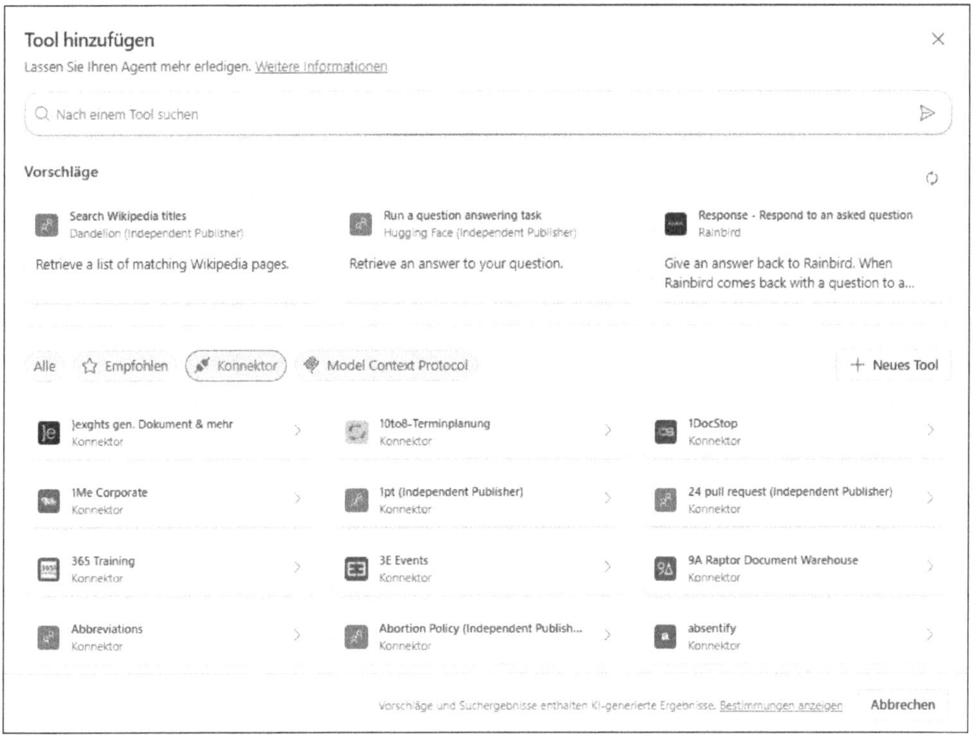

Abbildung 16.2: Übersicht der Konnektoren in Copilot Studio

Es gibt viele Konnektoren, die von unterschiedlichen Drittdienstleistern angeboten werden.

Beim Einsatz von Konnektoren sollten Sie stets den Datenschutz im Blick behalten. Da viele Konnektoren von Drittanbietern stammen, ist es wichtig, deren Datenschutzrichtlinien und Datenverarbeitungspraktiken zu prüfen. Achten Sie darauf, dass nur autorisierte Personen auf die verbundenen Systeme zugreifen können und keine sensiblen Daten ungewollt weitergegeben werden. Administratoren sollten zudem Data-Loss-Prevention-Richtlinien einrichten, um zu kontrollieren, welche Konnektoren verwendet werden dürfen, und sicherstellen, dass alle Datenverbindungen den Compliance- und Sicherheitsanforderungen Ihres Unternehmens entsprechen.

Ich beschreibe einige wenige dieser Konnektoren in diesem Kapitel, damit Sie einen Eindruck davon bekommen, um welche Dienstleistungen Sie Ihren Agenten erweitern können.

> Ausführliche Informationen zu den meisten Konnektoren finden Sie unter folgendem Link: `https://learn.microsoft.com/de-de/connectors/connector-reference/`. Einige wenige Konnektoren sind dort noch nicht beschrieben. Das liegt vermutlich daran, dass seit der Veröffentlichung der Liste neue Konnektoren hinzugekommen sind, die noch nicht dokumentiert wurden. Auf dieser Seite sehen Sie außerdem, ob für einen Konnektor eine Premium-Lizenz erforderlich ist und in welchen Regionen der jeweilige Konnektor verfügbar ist.

ArcGIS

Der ArcGIS-Konnektor in Microsoft Copilot Studio ermöglicht es, Geodaten und Standortinformationen aus der ArcGIS-Plattform von Esri direkt in Copilot-Agenten einzubinden. Dadurch kann ein Agent geografische Daten abrufen, analysieren oder verarbeiten – zum Beispiel, um Karten zu erstellen, Adressen zu suchen oder Standortabfragen durchzuführen.

Um die verfügbaren ArcGIS-Konnektoren anzuzeigen, geben Sie im oberen Suchfeld NACH EINEM TOOL SUCHEN den Begriff »ArcGIS« ein. Anschließend sehen Sie eine vollständige Liste aller verfügbaren Konnektoren zur ArcGIS-Plattform.

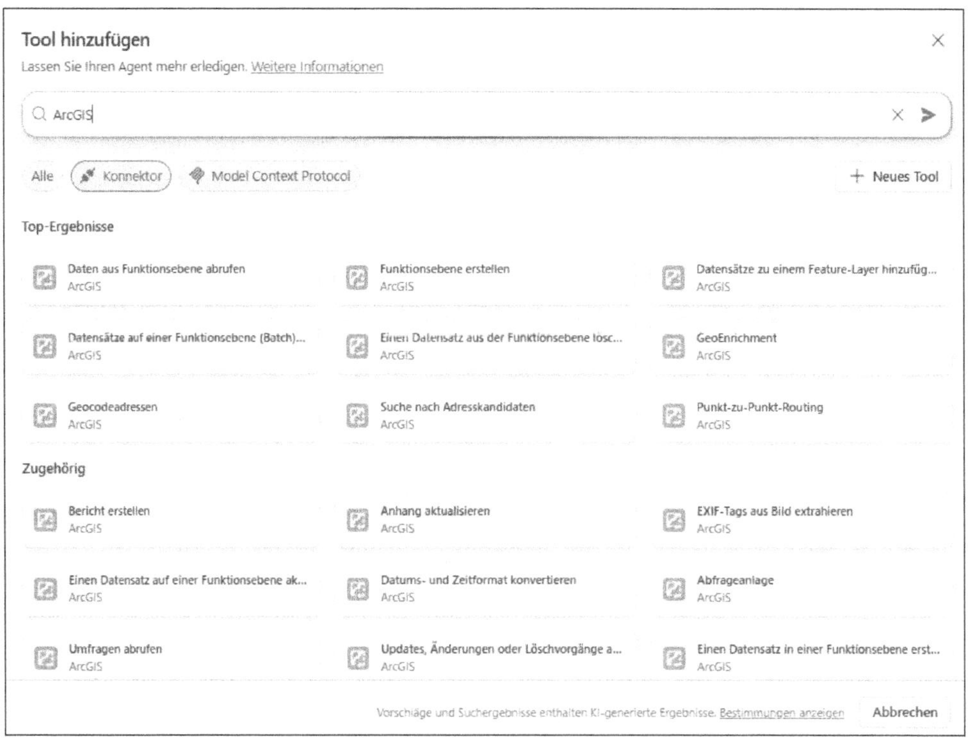

Abbildung 16.3: Auswahl an ArcGIS Konnektoren

Die Abbildung zeigt, dass der ArcGIS-Konnektor eine Vielzahl von Tools bereitstellt, die sich in Agenten-Workflows integrieren lassen, darunter: Daten aus Funktionsebenen abrufen, Funktionsebene erstellen, Datensätze hinzufügen, löschen oder aktualisieren und vieles mehr.

Azure

Der Azure-Konnektor in Microsoft Copilot Studio ermöglicht die direkte Verbindung zu Diensten und Ressourcen in Microsoft Azure Active Directory (Azure AD). Damit kann ein Copilot-Agent Aufgaben im Identitäts- und Benutzermanagement automatisieren – zum Beispiel Benutzerkonten, Gruppen oder Lizenzen verwalten und Informationen dazu abrufen.

Geben Sie im Suchfeld »Azure« ein, um alle verfügbaren Funktionen dieses Konnektors anzuzeigen. In Abbildung 16.4 sehen Sie ein Beispiel dafür, wie die Azure-Konnektoren in Copilot Studio dargestellt werden.

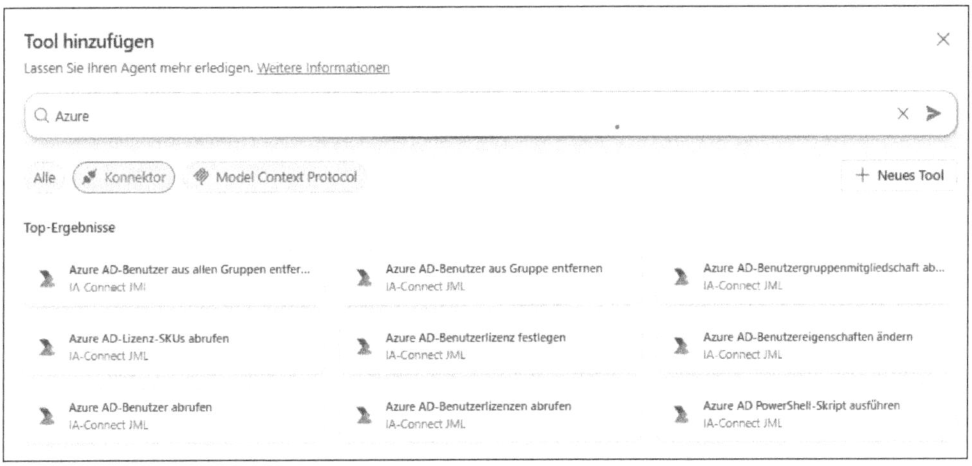

Abbildung 16.4: Übersicht der Azure-Konnektoren

Dieser Konnektor ist besonders nützlich für Unternehmen, die Benutzerverwaltung und Zugriffssteuerung automatisieren möchten. So kann ein Copilot-Agent beispielsweise

- ✔ neue Mitarbeiter automatisch in Azure AD anlegen,
- ✔ Lizenzen vergeben oder entziehen,
- ✔ Gruppenmitgliedschaften aktuell halten,
- ✔ administrative Prüfungen (z. B. Lizenzübersichten) durchführen.

Damit unterstützt der Azure-Konnektor typische IT- und HR-Prozesse und sorgt für mehr Effizienz und Sicherheit in der Verwaltung von Benutzeridentitäten.

Calendly

Der Calendly-Konnektor in Microsoft Copilot Studio verbindet Ihren Copilot-Agenten mit der beliebten Terminplanungsplattform Calendly. Dadurch kann der Agent direkt auf Kalenderdaten zugreifen, Terminarten abrufen oder Informationen zu Teilnehmern verwalten.

Das ist besonders praktisch in Szenarien, in denen Zeitplanung und Koordination wichtig sind – etwa bei Terminvereinbarungen, Kundengesprächen oder internen Meetings.

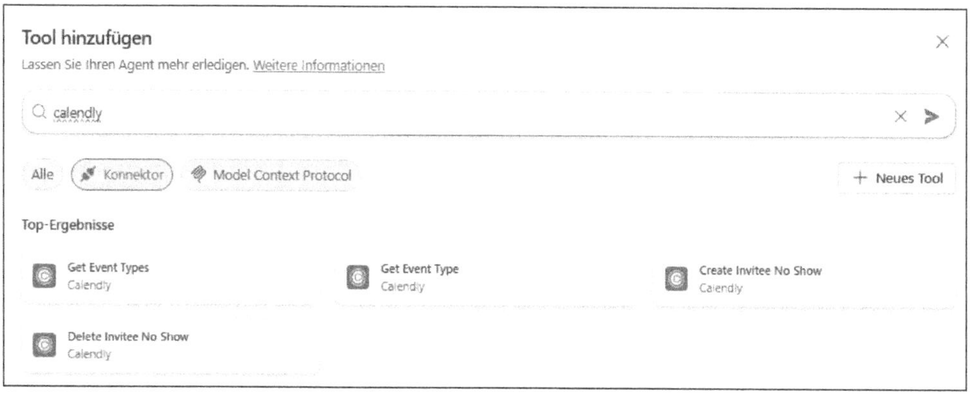

Abbildung 16.5: Übersicht an Calendly-Konnektoren

Wie in der Abbildung zu sehen, bietet der Konnektor mehrere nützliche Funktionen, darunter:

- ✔ GET EVENT TYPES / GET EVENT TYPE ruft verfügbare Terminarten aus dem Calendly-Konto ab (z. B. »30-Minuten-Meeting« oder »Beratungsgespräch«).
- ✔ CREATE INVITEE NO SHOW markiert einen eingeladenen Teilnehmer als »nicht erschienen« (No Show) und kann so Nachverfolgungs- oder Erinnerungsaktionen auslösen.
- ✔ DELETE INVITEE NO SHOW entfernt diesen Status wieder, falls ein Fehler vorliegt oder der Termin nachgeholt wurde.

Cisco

Der Cisco-Webex-Meetings-Konnektor ermöglicht es, Besprechungen direkt in Copilot Studio zu planen – ganz ohne Webex manuell zu öffnen. Über die Funktion EINE BESPRECHUNG PLANEN können Sie ein Meeting erstellen, Teilnehmer hinzufügen, Datum, Uhrzeit und Dauer festlegen und bei Bedarf zusätzliche Angaben wie Agenda oder Passwort ergänzen.

Der Konnektor verknüpft Copilot Studio mit Ihrem Webex-Konto und legt neue Meetings automatisch dort an. Das spart Zeit und vereinfacht die Terminplanung – besonders dann, wenn Copilot als persönlicher Assistent oder Support-Agent eingesetzt wird.

Confluence

Der Confluence-Konnektor verbindet Microsoft Copilot Studio mit der beliebten Kollaborationsplattform Atlassian Confluence. Dadurch kann ein Copilot-Agent auf Inhalte, Seiten und Bereiche (Spaces) in Confluence zugreifen und diese direkt in Gespräche einbinden.

So lassen sich beispielsweise Wissensartikel, Projektdokumentationen oder Teamseiten automatisch abrufen – ideal, wenn Copilot als Wissensassistent oder Projektbegleiter eingesetzt wird.

Abbildung 16.6: Übersicht der Confluence-Konnektoren

Wie in der Abbildung zu sehen, stellt der Konnektor mehrere Kernfunktionen bereit:

- GET SPACES ruft eine Liste aller Bereiche (Spaces) in der Confluence-Instanz ab, z. B. für Projekte oder Teams.
- GET PAGES listet alle verfügbaren Seiten auf, die in einem oder mehreren Spaces angelegt sind.
- GET PAGES WITHIN A SPACE zeigt alle Seiten, die zu einem bestimmten Bereich gehören.
- GET PAGE CONTENT AND METADATA ruft den eigentlichen Seiteninhalt (Text, Tabellen, Anhänge) sowie Metadaten wie Autor, Änderungsdatum oder Status ab.

Dropbox

Der Dropbox-Konnektor in Microsoft Copilot Studio ermöglicht die nahtlose Verbindung des Cloud-Speicherdienstes Dropbox mit Ihren Copilot-Agenten. Damit kann Copilot direkt auf Dateien zugreifen, Dokumente austauschen oder Daten automatisch sichern.

Der Konnektor ist besonders nützlich in Szenarien, in denen Dokumentenmanagement, Dateifreigabe oder Datensicherung eine wichtige Rolle spielen – etwa bei der Projektzusammenarbeit, beim Teilen von Berichten oder beim Speichern von Analyseergebnissen, die Copilot erstellt hat.

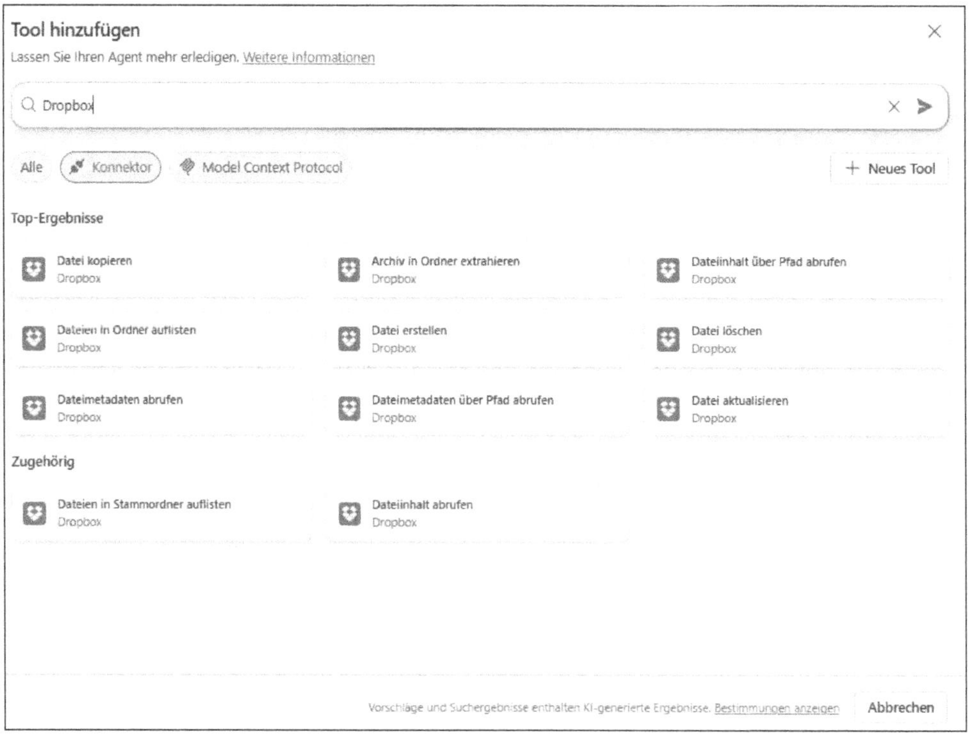

Abbildung 16.7: Übersicht an Dropbox-Konnektoren

Über die verfügbaren Aktionen können Sie Dateien hochladen, herunterladen, erstellen, kopieren, löschen oder aktualisieren. Außerdem lassen sich Metadaten abrufen, Ordnerinhalte auflisten oder Archive entpacken.

Ein Copilot-Agent kann so zum Beispiel automatisch eine neu erstellte Datei in Dropbox speichern, eine bestimmte Datei abrufen oder den Inhalt eines Ordners prüfen, bevor er dem Benutzer entsprechende Informationen bereitstellt.

Google

Der Google-Konnektor in Microsoft Copilot Studio bietet eine vielseitige Integration mit verschiedenen Google-Diensten und erlaubt es, Copilot-Agenten mit der gesamten Google-Produktwelt zu verbinden. Damit können Agenten auf Daten aus Google Drive, Google Tabellen, Google Kontakte, Google Kalender, Google Photos, Google Books, Google Translate und sogar Google Gemini (KI) zugreifen und diese aktiv nutzen.

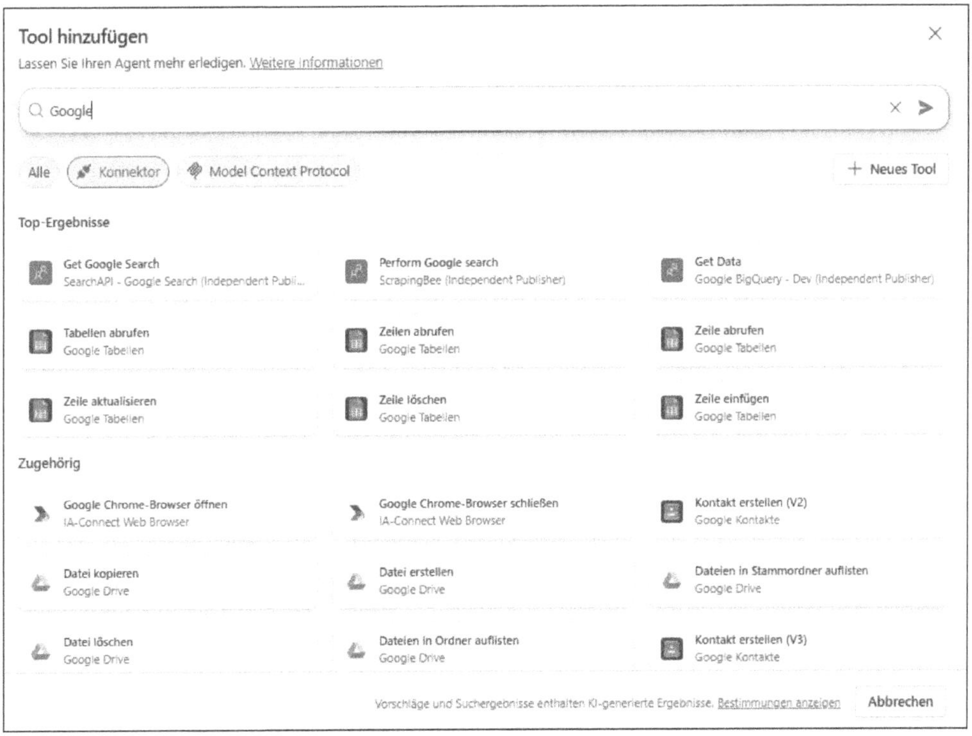

Abbildung 16.8: Übersicht der Google-Konnektoren

Dieser Konnektor ist besonders hilfreich für Unternehmen oder Einzelanwender, die bereits intensiv mit Google Workspace arbeiten. Ein Copilot-Agent kann damit beispielsweise

- automatisch Daten aus Google Sheets auslesen und auswerten,
- Dateien in Google Drive organisieren oder aktualisieren,
- neue Kalendereinträge anlegen,
- Kundendaten aus Google Kontakte abrufen oder ergänzen,
- mithilfe von Google Gemini KI-generierte Inhalte erstellen.

Office 365

Der Office-365-Konnektor in Microsoft Copilot Studio ist einer der vielseitigsten und am häufigsten genutzten Konnektoren. Er ermöglicht die direkte Verbindung zu zentralen Microsoft-Diensten wie Outlook, Entra ID (ehemals Azure AD) und Office-365-Benutzerprofilen. Damit kann ein Copilot-Agent E-Mails verwalten, Termine planen, Kontakte aktualisieren oder Gruppen erstellen – ganz automatisch und ohne manuelles Eingreifen.

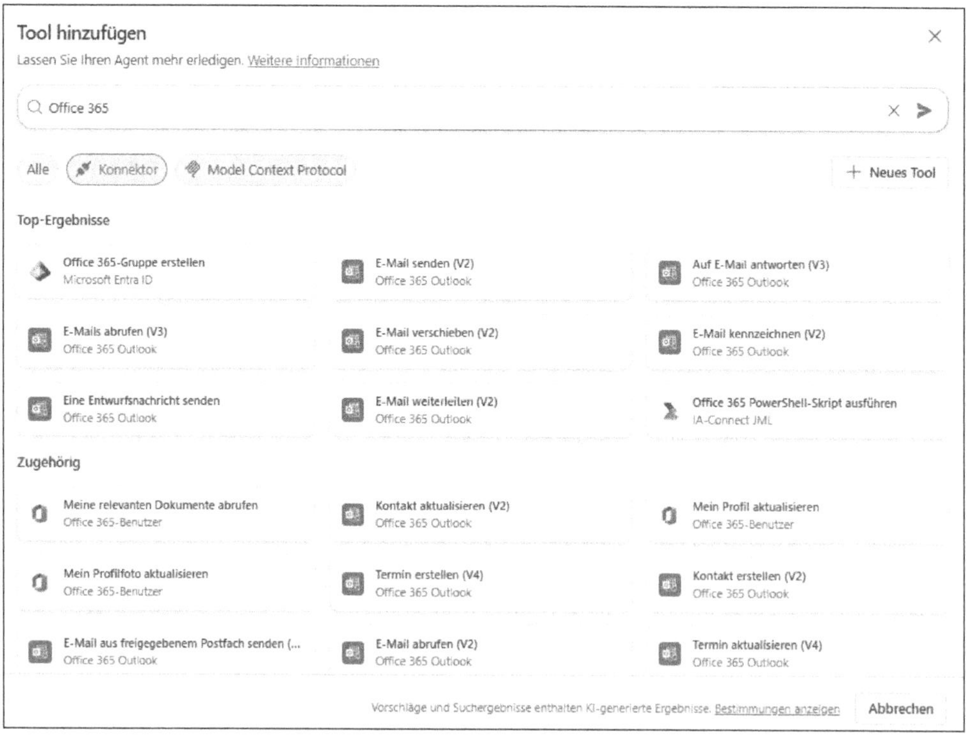

Abbildung 16.9: Übersicht der Office 365-Konnektoren

Die Liste der verfügbaren Konnektoren in diesem Bereich ist sehr umfangreich – ich war ehrlich gesagt überwältigt von all den Möglichkeiten, die Microsoft hier bietet.

Ich empfehle Ihnen, die Liste einfach einmal durchzusehen, um ein Gefühl dafür zu bekommen, welche Verbindungen und Funktionen Copilot Studio unterstützt.

Um die Konnektoren gezielt und effizient einzusetzen, gehen Sie am besten von einem konkreten Problemfall aus: Überlegen Sie, welche Aufgabe Sie automatisieren oder vereinfachen möchten – und suchen Sie dann nach dem passenden Konnektor, der Ihnen dabei helfen kann.

Mural

Der Mural-Konnektor für Microsoft 365 Copilot ermöglicht Copilot, mit den von Ihnen mit Mural erstellten kollaborativen Bereichen zu arbeiten und Fragen dazu zu beantworten. Obwohl für viele der Konnektoren für Microsoft 365 ein kostenpflichtiges Konto beim Ersteller des Konnektors erforderlich ist, können Sie bei Mural ein eingeschränktes Konto kostenlos verwenden.

Wenn Sie die Mural-App in Microsoft Teams installieren, können Sie Murals direkt in Teams erstellen. Sie können mit einem leeren Whiteboard beginnen oder eine der vielen verfügbaren Vorlagen verwenden.

Die Vorlagen reichen von verschiedenen Kalendern und Planungstools bis hin zu gemeinschaftlichen Eisbrechern, die in Besprechungen eingesetzt werden können. Abbildung 16.10 zeigt Copilot bei der Beantwortung einer Frage zu einer gemeinschaftlichen Eisbrecherübung.

Salesforce

Der Salesforce-Konnektor verbindet Copilot Studio direkt mit der weitverbreiteten CRM-Plattform Salesforce. Damit kann ein Copilot-Agent auf wichtige Geschäftsdaten wie Kundenkontakte, Verkaufschancen, Anfragen oder Aufträge zugreifen und diese in Echtzeit abrufen, erstellen oder aktualisieren. So unterstützt der Konnektor Unternehmen dabei, Vertriebs-, Marketing- und Supportprozesse zu automatisieren und Informationen schneller verfügbar zu machen.

Über den Konnektor lassen sich beispielsweise Kundendaten, Produktinformationen oder Verkaufschancen direkt aus Salesforce abrufen. Ebenso kann Copilot neue Datensätze anlegen, bestehende Einträge bearbeiten oder erweiterte Suchabfragen durchführen, um gezielt Informationen zu finden. Besonders nützlich ist das, wenn Sie im Vertrieb oder Kundenservice arbeiten: Ihr Copilot kann etwa automatisch den aktuellen Status einer Verkaufschance prüfen, offene Anfragen zusammenstellen oder neue Leads in Salesforce anlegen – ganz ohne manuelles Eingreifen.

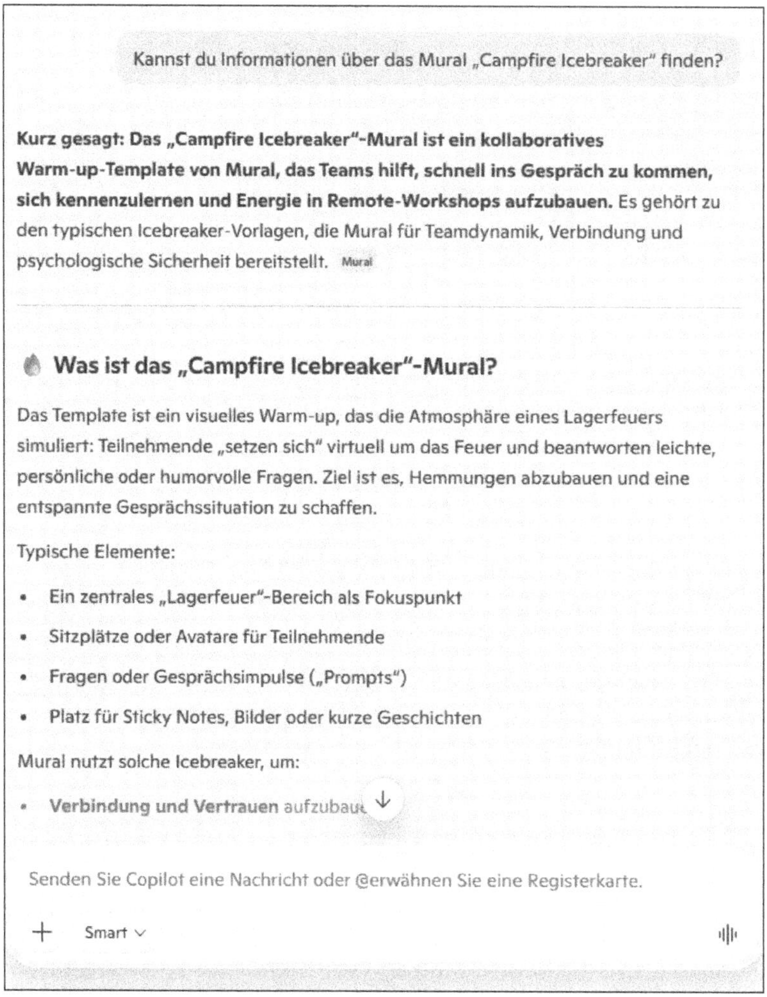

Abbildung 16.10: Copilot nach einem Mural-Projekt fragen

Verbindung zu den Konnektoren herstellen

Damit Copilot Studio erfolgreich mit externen Diensten über Konnektoren kommunizieren kann, ist eine sichere Verbindung über APIs und Authentifizierungsverfahren erforderlich. In der Regel erfolgt der Zugriff über OAuth 2.0, bei dem sich der Benutzer oder Administrator einmalig mit seinen Anmeldedaten beim jeweiligen Dienst authentifiziert, woraufhin Copilot ein Zugriffstoken erhält. Dieses Token erlaubt es dem Agenten, die vorgesehenen Aktionen auszuführen – etwa Daten abzurufen, zu aktualisieren oder neue Einträge zu erstellen.

Bei der Einrichtung sollten Sie stets prüfen, welche Berechtigungen der Konnektor anfordert und ob diese den internen Sicherheitsrichtlinien entsprechen. Besonders bei Konnektoren von Drittanbietern ist es wichtig, die Datenschutz- und Sicherheitsrichtlinien des jeweiligen Dienstes zu prüfen. Administratoren können in Copilot Studio außerdem steuern,

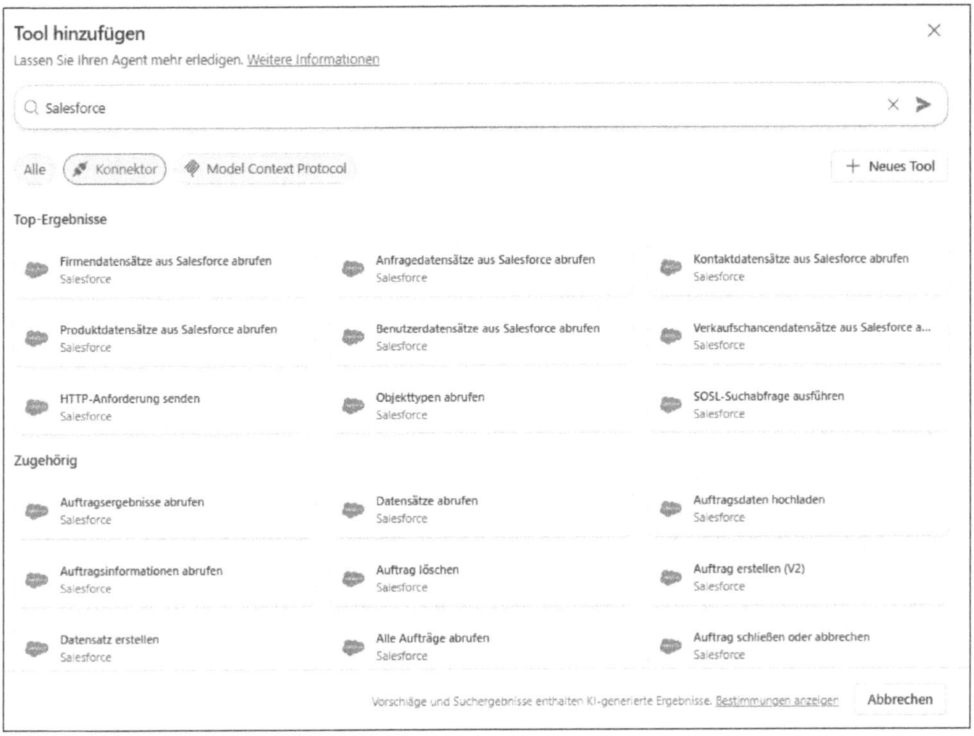

Abbildung 16.11: Übersicht der Salesforce-Konnektoren

welche Konnektoren freigegeben sind, und mithilfe von Data-Loss-Prevention-Regeln (DLP) verhindern, dass sensible Daten ungewollt in externe Systeme gelangen. So bleibt gewährleistet, dass alle Verbindungen sicher, kontrolliert und den Compliance-Vorgaben des Unternehmens entsprechend genutzt werden.

Data Loss Prevention (DLP) ist eine Sicherheitsfunktion, die dabei hilft, vertrauliche Informationen im Unternehmen zu schützen. Sie sorgt dafür, dass Daten nicht versehentlich oder unkontrolliert an unsichere Orte gelangen. In Copilot Studio bedeutet das: Administratoren im Unternehmen können festlegen, welche Konnektoren miteinander kommunizieren dürfen.

IN DIESEM KAPITEL

- Mit Think Deeper arbeiten
- Am Windows-Insider-Programm teilnehmen
- Die Copilot-Taste anpassen
- Den Sprachmodus verwenden
- Geplante Prompts nutzen
- Videos entwerfen

Kapitel 17
Zehn versteckte Copilot-Perlen

Microsoft fügt Copilot ständig neue Funktionen hinzu. Einige dieser Funktionen werden mit viel Tamtam eingeführt, während andere still und leise nur den Benutzern zur Verfügung gestellt werden, die sich freiwillig als Betatester melden.

Sogar während der drei Monate, in denen ich dieses Buch geschrieben habe, wurden Copilot neue Funktionen hinzugefügt (und einige wurden entfernt), und ich musste immer wieder Kapitel aktualisieren.

In diesem Kapitel erfahren Sie mehr über einige neue Funktionen, einzigartige Einsatzmöglichkeiten und Tricks für die Verwendung von Copilot, die auf den ersten Blick vielleicht nicht ganz offensichtlich sind. Einige dieser Funktionen waren zum Zeitpunkt der Drucklegung dieses Buches nur für Betabenutzer verfügbar und haben es möglicherweise noch nicht in das Endprodukt geschafft. Aber egal, Sie werden hier sicher ein paar Dinge finden, die Spaß machen, interessant oder nützlich sind!

Denken Sie tiefer mit Think Deeper

Think Deeper ist eine Funktion, die derzeit nur einigen Copilot-Pro-Benutzern zur Verfügung steht, in Zukunft aber möglicherweise von allen genutzt werden kann. Mit Think Deeper erhalten Sie Hilfe bei Problemen, für die bessere Denkfähigkeiten erforderlich sind, wie zum Beispiel komplexe Codierungs- und Mathematikprobleme oder das Durcharbeiten eines komplexen Planungsprozesses.

Ich kenne den genauen Algorithmus nicht, den Microsoft verwendet, um zu entscheiden, wer Zugriff auf die neuesten Copilot-Funktionen erhält, aber wenn Sie Zugriff auf Think Deeper haben, wird in Ihrem Eingabefeld für den Prompt-Text unter `https://copilot.microsoft.com` die Schaltfläche THINK DEEPER angezeigt, wie in Abbildung 17.1 dargestellt.

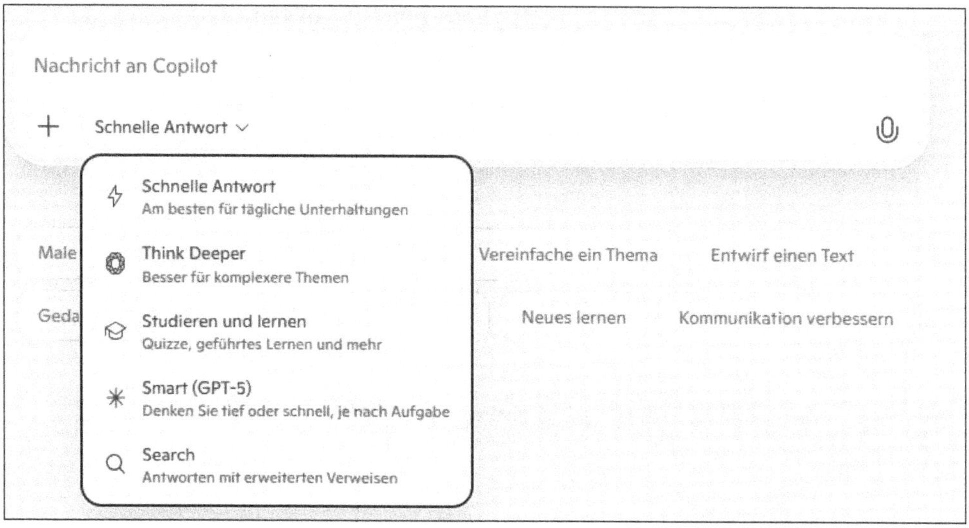

Abbildung 17.1: Die Schaltfläche »Think Deeper«

Think Deeper nutzt fortschrittliche KI-Modelle (wie OpenAIs o1-Modell), um

- ✔ mehrstufige Denkprozesse durchzuführen – es analysiert Fragen in mehreren Schritten, um fundierte, durchdachte Antworten zu liefern,
- ✔ Nuancen und Details besser zu erfassen – ideal für Themen, die nicht mit einer einfachen Antwort abgetan werden können,
- ✔ Fehler und Halluzinationen zu reduzieren – durch strukturierte Argumentation und bessere Quellenbewertung.

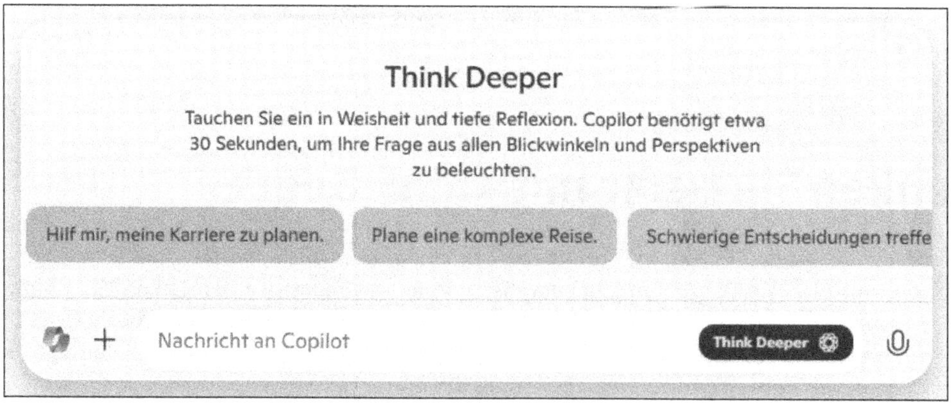

Abbildung 17.2: So sieht es aus, wenn Copilot tiefer nachdenkt.

Sobald Sie die Funktion Think Deeper aktiviert haben, werden Sie unter dem Eingabefeld unterschiedliche Promptvorschläge sehen. Einer der Vorschläge war, sich eine alternative Realität vorzustellen. Ich habe diesen Vorschlag gewählt und Copilot gesagt, er solle sich eine Welt vorstellen, in der der Wert von Pi geändert wurde, und dann extrapolieren, was in den nächsten 20 Jahren passieren würde.

Copilot dachte eine Minute nach und gab dann eine lange, interessante und detaillierte Antwort, die das in Abbildung 17.3 gezeigte Diagramm enthielt.

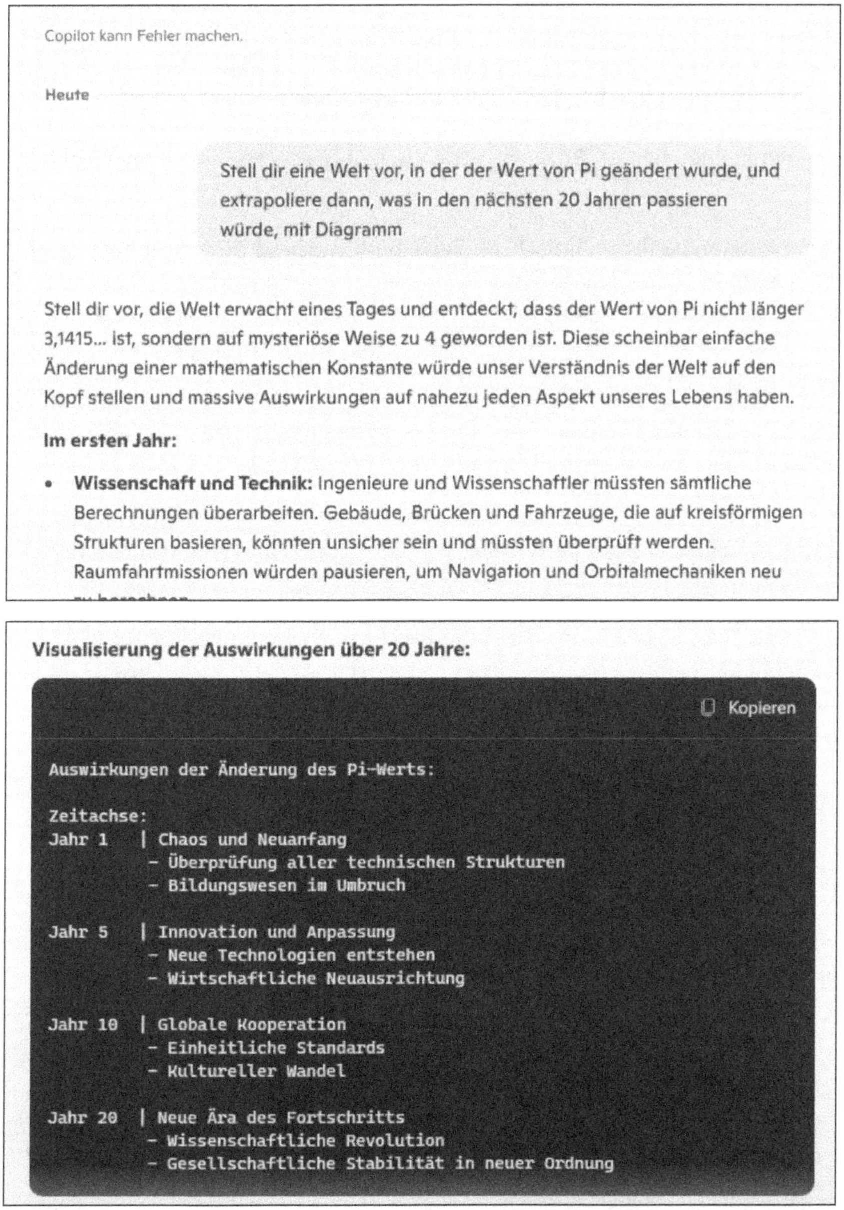

Abbildung 17.3: Was wäre, wenn der Wert von Pi geändert würde?

Das Windows-Insider-Programm

Wenn Sie neue Versionen von Windows (und Copilot) vor (fast) allen anderen erhalten möchten, können Sie sich für das Windows-Insider-Programm anmelden. Windows-Versionen, die von Windows-Insider-Benutzern erhalten werden, weisen möglicherweise Ecken und Kanten auf oder funktionieren sogar überhaupt nicht. Sie können jedoch auch neue Copilot-Funktionen enthalten, die noch nicht für die breite Öffentlichkeit verfügbar gemacht wurden.

Um sich als Windows Insider anzumelden, gehen Sie zu WINDOWS-EINSTELLUNGEN | WINDOWS UPDATE. Scrollen Sie auf dieser Seite nach unten, und Sie sehen einen Link, über den Sie sich für das Windows-Insider-Programm anmelden können.

Sobald Sie sich angemeldet haben, können Sie zwischen vier verschiedenen Channels wählen:

- ✔ **Canary.** Diese Version ist für technisch versierte Benutzer und Risikofreudige vorgesehen. Als ich mich für den Canary-Channel anmeldete und die neueste Version davon installierte, ließ sich mein Computer nicht mehr starten. Die einzige Möglichkeit, das Problem zu beheben, bestand darin, Windows von Grund auf neu zu installieren.
- ✔ **Dev.** Diese Version verwende ich derzeit. Sie enthält einige unfertige Teile, aber auch einige Funktionen, die noch nicht in ausgefeiltere Versionen integriert wurden.
- ✔ **Beta.** Der Beta Channel ist die empfohlene Auswahl für die meisten Benutzer, die ein Gleichgewicht zwischen frühzeitigem Erhalt von Funktionen und einem stabilen Produkt wünschen.
- ✔ **Release Preview.** Wenn Sie Windows geschäftlich nutzen, aber auch frühzeitig neue Funktionen kennenlernen möchten, ist dieser Channel für Sie geeignet. Dies ist die sicherste Wahl (abgesehen von der allgemein verfügbaren Version von Windows) und bietet Ihnen die Möglichkeit, die nächste Version von Windows vor den meisten anderen zu sehen.

Die Copilot-Taste anpassen

Auf PCs mit einer Copilot-Taste auf der Tastatur kann die durch diese Taste ausgelöste Aktion jetzt angepasst werden. Ab Ende 2024 war diese Möglichkeit nur für Windows-Insider-Benutzer verfügbar, die sich für frühe Versionen von Windows 11 entschieden haben.

Um die Copilot-Taste anzupassen, gehen Sie zu WINDOWS EINSTELLUNGEN | PERSONALISIERUNG | TEXTEINGABE. Wenn Sie eine Copilot-Taste haben und diese anpassen können, wird Ihnen die Option auf dieser Seite angezeigt, wie in Abbildung 17.4 dargestellt.

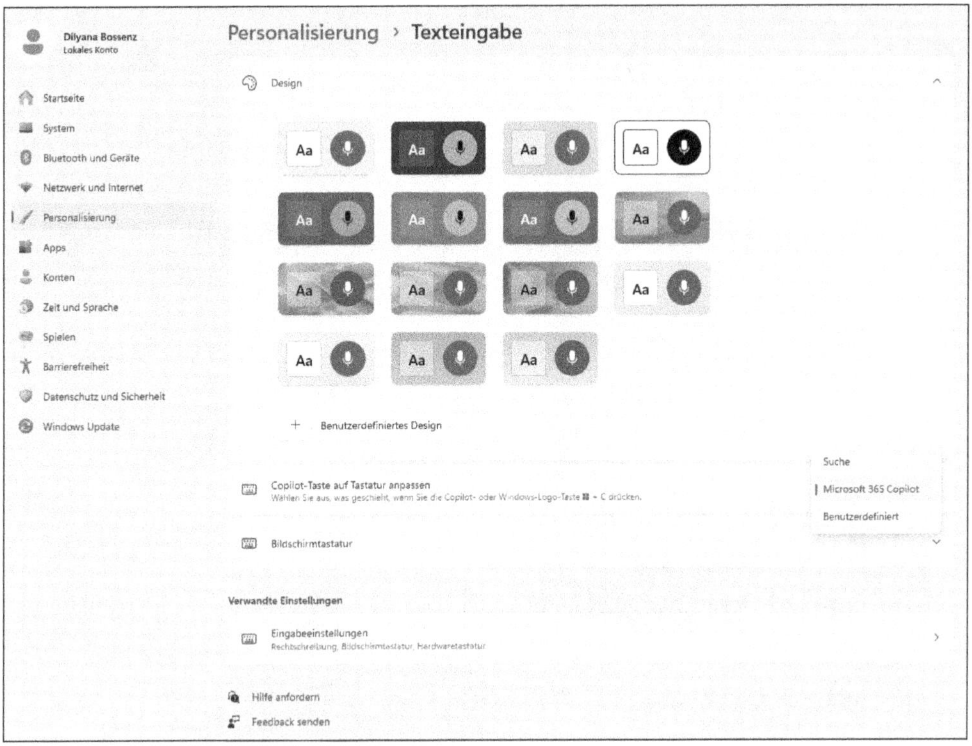

Abbildung 17.4: Anzeige der Option »Copilot-Taste anpassen«

Bei meinen Tests konnte ich nur entweder Copilot oder einige der in Windows integrierten Apps und Bedienfelder auswählen. Ich konnte beispielsweise nicht angeben, dass Microsoft Word (mein am häufigsten verwendetes Programm) geöffnet werden soll, wenn ich die Copilot-Taste drücke. Ich mag es, Copilot durch Drücken einer einzigen Taste auf der Tastatur öffnen zu können, also habe ich es einfach so eingerichtet.

Wenn Sie jedoch lieber die Copilot-Taste geöffnet haben möchten, um beispielsweise die Kamera oder die Windows-Sicherung anzuzeigen, können Sie dies jetzt tun.

Copilot Daily

Dies ist mittlerweile kein Geheimnis mehr, aber es ist eine brandneue (zum Zeitpunkt der Drucklegung dieses Buches) Funktion in Copilot. Jeden Tag (oder vielleicht sogar noch öfter) bietet die persönliche Version von Copilot (`https://copilot.microsoft.com`) eine neue tägliche Copilot-Nachrichtenübersicht auf der Startseite. Abbildung 17.5 zeigt ein Beispiel.

Wenn Sie auf COPILOT DAILY klicken, zeigt Ihnen Copilot Zusammenfassungen der aktuellsten Nachrichten zusammen mit generierten Bildern und angenehmer Musik an.

Jedes Copilot Daily ist wie eine kleine Zeitung, da es eine Mischung aus aktuellen Ereignissen, interessanten Fakten, Wirtschaftsnachrichten und Neuigkeiten aus Wissenschaft und Technologie aus verschiedenen Veröffentlichungen im Internet enthält.

Abbildung 17.5: Copilot Daily

Copilot Vision

Copilot Vision war anfangs, wie viele neue Copilot-Features, nur für einige Copilot-Pro-Benutzer verfügbar. Im April 2025 hat Microsoft es aber veröffentlicht, und nun ist es generell über Edge verfügbar. Wenn Sie Copilot Vision die Berechtigung erteilen, kann es die von Ihnen angezeigte Webseite lesen und mit ihr interagieren.

Wenn Sie Zugriff auf Copilot Vision haben, wird Ihnen bei Verwendung von Copilot in Edge im Copilot Composer eine VISION-Schaltfläche angezeigt. Copilot in Edge konnte schon immer den Text Ihrer aktuell geöffneten Webseite lesen. Der Unterschied bei Copilot Vision besteht darin, dass es auch die Pixel auf der Webseite betrachten und auf der Seite Maßnahmen ergreifen kann.

Copilot kann mit Copilot Vision beispielsweise anhand der angezeigten Webseite nächste Schritte vorschlagen, Fragen zu Text- und Grafikelementen einer Webseite beantworten und Ihnen bei der Navigation auf Websites helfen.

Um die Sicherheit des Benutzers bei der Verwendung von Copilot Vision zu gewährleisten, gibt es Beschränkungen hinsichtlich der Arten von Websites, mit denen Copilot Vision interagieren kann.

Copilot Stimme

Copilot Stimme ermöglicht Benutzern der mobilen Copilot-App oder von `https://copilot.microsoft.com` eine Gesprächsinteraktion mit Copilot. Copilot bietet derzeit vier Stimmen zur Auswahl. Sie können die von Copilot verwendete Stimme in der App oder im Web ändern, indem Sie oben rechts auf Ihr Profilbild klicken und STIMME auswählen, wie in Abbildung 17.6 dargestellt.

Abbildung 17.6: Copilot-Stimme-Einstellungen

Wenn Sie Ihre bevorzugte Stimme ausgewählt haben, klicken oder berühren Sie das Mikrofonsymbol im Eingabefeld, um den Sprachmodus zu aktivieren. Sobald Sie Copilot Stimme aktiviert haben, ändert sich der Bildschirm und zeigt die Meldung *Ich höre zu* an.

Wenn Copilot zuhört, können Sie mit ihm auf eine Weise interagieren, die dem Gespräch mit einer anderen Person ähnelt, aber doch anders ist. Wenn Sie Copilot beim Sprechen unterbrechen, bricht Copilot abrupt ab, und wenn Sie beim Sprechen innehalten oder sich räuspern, beginnt Copilot mit der Beantwortung Ihrer Frage, die er für richtig hält, bevor Sie mit dem Sprechen fertig sind.

Wenn man Copilot Stimme auffordert, auf ungewöhnliche Weise zu sprechen, kann man verborgene Schätze oder Eigenheiten entdecken. Ich habe Copilot Voice beispielsweise gebeten, einige Lieder zu singen, und es dachte, es würde singen, aber es kam kein Ton heraus. Als ich es bat, mit irischem Akzent zu sprechen (mit aktivierter Grove-Stimme), versuchte es das, aber es war nicht überzeugend.

Wenn Sie Copilot Stimme ausschalten, kehren Sie zum normalen Chat-Modus zurück, wo Sie die Unterhaltung mithilfe von Text-Prompts fortsetzen können, wie in Abbildung 17.7 gezeigt.

Abbildung 17.7: Zurück zum Textmodus

Copilot Labs

Auf der Copilot-Labs-Website unter `https://copilot.microsoft.com/labs` kündigt Microsoft neue experimentelle Copilot-Funktionen wie Think Deeper an und beschreibt sie. Die auf Copilot Labs aufgeführten Funktionen sind zunächst nur für Copilot Pro-Benutzer verfügbar, sodass Microsoft die Funktionen testen und sicherstellen kann, dass sie funktionieren und sicher sind, bevor sie der Öffentlichkeit bereitgestellt werden.

Die Copilot-Labs-Website ist in Abbildung 17.8 dargestellt.

Abbildung 17.8: Copilot Labs

Roadmap

Benutzer von Microsoft 365 Copilot können sich über kommende neue Funktionen informieren, indem sie in der Microsoft 365-Roadmap unter `www.microsoft.com/en-us/microsoft-365/roadmap` nachlesen.

Die Roadmap zeigt alle Funktionen, an denen Microsoft derzeit arbeitet, sowie Funktionen, die derzeit für Benutzer bereitgestellt werden, und Updates, die bereits veröffentlicht wurden.

Sie können die Roadmap-Site nach Stichwort, Produkt und Entwicklungsphase oder Veröffentlichung durchsuchen, in der sie sich befinden. Abbildung 17.9 zeigt eine gefilterte Liste der neuen Copilot 365-Funktionen, die sich in der Entwicklung befinden.

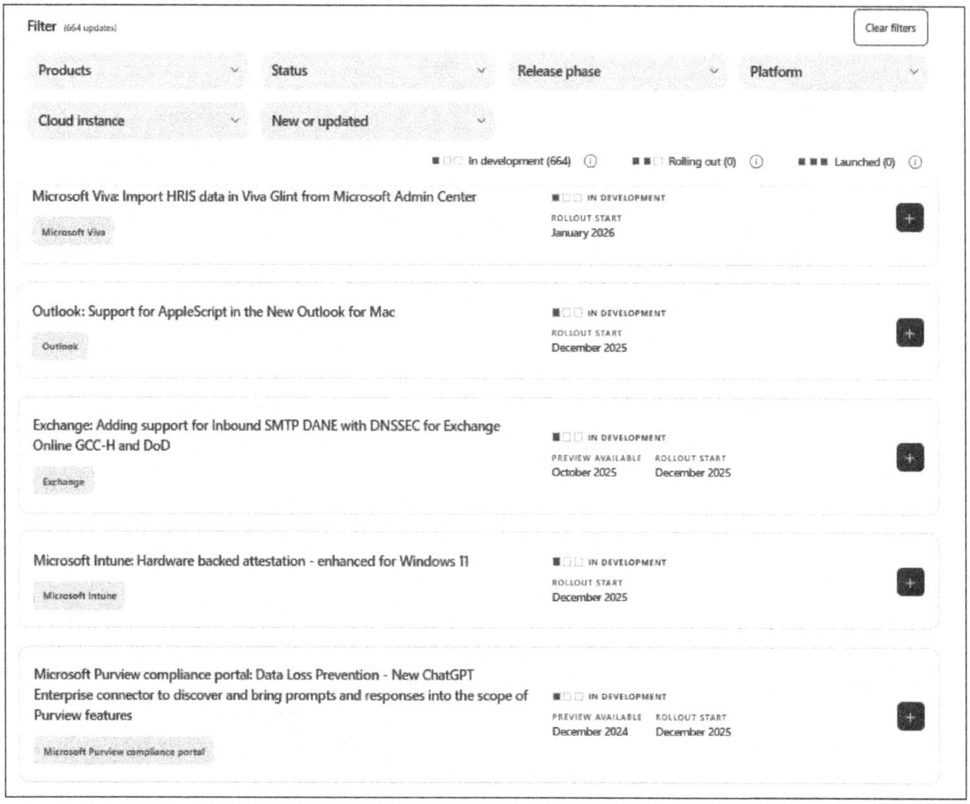

Abbildung 17.9: Anzeige in Entwicklung befindlicher Funktionsupdates

Geplante Prompts

Die Möglichkeit zum Planen von Prompts ist eine neue Funktion in Microsoft 365 Copilot, die den Benutzern gerade erst zur Verfügung gestellt wurde und derzeit möglicherweise nur einer begrenzten Anzahl von Personen zur Verfügung steht.

Geplante Prompts sind Prompts, die Sie einmal in Microsoft Teams oder Outlook schreiben, und dann weisen Sie Copilot an, sie gemäß dem von Ihnen festgelegten Zeitplan zu wiederholen.

Mit geplanten Prompts können Sie beispielsweise einen Prompt festlegen, der Ihnen täglich eine Zusammenfassung Ihrer neuen E-Mail-Nachrichten anzeigt, oder einen Prompt, der jeden Tag Elemente Ihrer Aufgabenliste anzeigt.

In Kombination mit Plug-ins und vorhandenen Integrationen mit Microsoft 365-Anwendungen wird es wahrscheinlich viele interessante Möglichkeiten geben, geplante Prompts zu verwenden, damit Sie einige der mühsamen Aufgaben, die Sie täglich erledigen, an Ihren KI-Assistenten delegieren können. Wenn dies allgemein verfügbar wird, verspricht es, eine der aufregendsten und interessantesten Funktionen in Microsoft 365 Copilot zu sein.

Clipchamp

Clipchamp ist ein Tool zum Erstellen und Bearbeiten von Videos, das mit Windows 11 geliefert wird und jetzt über eine Funktion verfügt, mit der Sie mithilfe von KI Videos aus Ihren eigenen Inhalten erstellen können.

Mit der Premium-Version von Clipchamp haben Sie Zugriff auf eine Bibliothek mit Archivbildern und -videos. Damit können Sie Archivmaterial in Ihre Kreationen integrieren und Videos mit höherer Auflösung erstellen.

Eine der neuesten Copilot-Funktionen, die derzeit für Benutzer eingeführt wird, ist Video Drafting in Copilot, unterstützt von Clipchamp. Mit dieser Funktion können Sie einen Prompt in Copilot eingeben, und Clipchamp schreibt ein Skript, sucht Archivmaterial für Sie und erstellt ein komplettes Videoprojekt mit Musik, Voiceover, Textüberlagerungen und Übergängen. Sobald Ihr Projekt erstellt ist, können Sie es in Clipchamp öffnen und weiterbearbeiten.

Abbildungsverzeichnis

Stichwortverzeichnis

KI verstehen

RALF OTTE

Künstliche Intelligenz für Dummies

3. Auflage

2026. 592 Seiten. Broschur.

ISBN: 978-3-527-72367-6

Ladenpreis: € 26,99

Künstliche Intelligenz begegnet uns immer mehr im täglichen Leben. Egal ob intelligente Autos, Roboter, Chatbots oder Systeme, die uns im Schach und Go besiegen, KI wird immer wichtiger. Ralf Otte beschreibt präzise und dennoch so einfach wie möglich diejenigen Algorithmen, die all das ermöglicht haben, erläutert Beispielanwendungen aus Industrie und Gesellschaft und zeigt darüber hinaus klare Grenzen für die Künstliche Intelligenz der nächsten Jahre auf. In diesem Buch werden auch die mathematischen Grundlagen der KI besprochen, sie sind jedoch nicht zwingend notwendig, um die Kernaussagen zu verstehen.

... und für alles andere

RAFAEL BUJOTZEK

Künstliche Intelligenz nutzen für Dummies

2026. Ca. 352 Seiten. Broschur.

ISBN: 978-3-527-72481-9

Ladenpreis: Ca. € 19,99

Dieses Buch bietet eine kompakte und praxisnahe Einführung, wie Künstliche Intelligenz in Alltag und Beruf ohne Vorwissen effektiv eingesetzt werden kann, mit konkreten Anleitungen zu Bild-, Text-, Video- und Audiotools sowie KI-Agents zur Automatisierung. Es behandelt rechtliche Aspekte, Datenschutz, Barrierefreiheit und Risiken wie Cyberangriffe verständlich und praxisnah, um Nutzer zu befähigen, KI verantwortungsvoll und erfolgreich zu nutzen. So ist dieses Buch der perfekte Einstieg für Sie, wenn Sie einen Überblick über das Potential dieser Technologie gewinnen und es ausschöpfen wollen.

*Der €-Preis gilt nur für Deutschland. Preisänderungen und Irrtümer vorbehalten.

KI geht auch kinderleicht

UTE SCHMID, KATHARINA WEITZ und
MICHAEL SIEBERS

Künstliche Intelligenz selber programmieren für Dummies Junior

2., vollst. überarb. u. erw. Auflage

2024. 160 Seiten. Broschur.

ISBN: 978-3-527-72188-7

Ladenpreis: € 15,-

Finde heraus, wie Künstliche Intelligenz funktioniert. Dieses Buch hilft dir dabei. Kapitel für Kapitel beantwortet es folgende Fragen: Was ist Künstliche Intelligenz? Wie denken Computer? Wie lernen Computer? Wie kannst du mit Computern sprechen? Wie generieren Computer Texte und Bilder? Spielen Computer auch? Und können Computer fühlen? Grundlegende Methoden und Anwendungsbereiche von Künstlicher Intelligenz werden anhand von anschaulichen Beispielen erklärt. Beispielprogramme in Python zeigen, wie KI-Methoden konkret umgesetzt werden können und es werden Anregungen für eigene Experimente gegeben. Bestens geeignet für Kinder und Jugendliche ab 12 Jahren.

*Der €-Preis gilt nur für Deutschland. Preisänderungen und Irrtümer vorbehalten.